말운동장애 제2판

진단과 치료

Motor Speech Disorders

Diagnosis and Treatment

Second Edition

Donald B. Freed 지음

권미선 · 김정완 · 이현정 · 최현주 · 하지완 옮김

CENGAGE Learning®

박학사

Andover • Melbourne • Mexico City • Stamford, CT • Toronto • Hong Kong • New Delhi • Seoul • Singapore • Tokyo

CENGAGE Learning

Motor Speech Disorders:
Diagnosis & Treatment

2nd Edition

Donald B. Freed

ISBN-13: 978-89-98521-07-3

Cengage Learning Korea Ltd.
14F YTN Newsquare 76 Sangamsan-ro
Mapo-gu Seoul 03926 Korea
Tel: (82) 2 330 7000
Fax: (82) 2 330 7001

Cengage Learning is a leading provider of customized learning solutions with office locations around the globe, including Singapore, the United Kingdom, Australia, Mexico, Brazil, and Japan. Locate your local office at: www.cengage.com/global

Cengage Learning products are represented in Canada by Nelson Education, Ltd.

For product information, visit www.cengageasia.com

Printed in Korea
2 3 4 5 20 19 18 17

역자 서문

말운동장애는 신경 말 · 언어장애 환자들 중에 가장 많은 부분을 차지하고 있음에도 불구하고 그 중요성에 대해서 아직 잘 인식하지 못하고 있다. 이제는 우리나라도 여러 대학에서 언어병리학을 전공하는 학생이 점점 증가하고 언어치료가 새로운 전문 분야로 각광을 받게 되었지만, 말운동장애는 언어병리학을 전공하는 학생들의 교육 과정에서 충분히 다루어지지 않는 경우도 있고, 임상 현장에서도 언어치료사가 전문성을 갖고 접근하지 못하는 경우가 있다.

그 이유 중의 하나는 아마도 말운동장애, 즉 마비말장애와 말실행증의 감별진단이나 유형 분류에 대해 학생들과 초보 임상가들이 느끼는 어려움 때문일 것이다. 말운동장애의 기초가 되는 해부학에는 낯선 전문 용어가 많아 이 분야를 처음 접하는 사람에게 생경함을 주는 경우도 있다. 이런 이유로 학생들에게 강의를 할 때마다 말운동장애의 개념과 특성을 쉽고 간결하게 설명해 주면서도 주요 핵심을 잘 요약한 교재의 필요성을 절실히 느끼고 있었다. 그러다 이 책을 접하고 나서 학생들은 물론이고 말운동장애 환자의 평가와 치료에 어려움을 느끼는 초보 임상가들에게도 매우 유용하고 꼭 필요한 책이라고 역자들 모두 동감하고 바로 번역에 착수하였다. 번역과 교정 작업이 매우 빠르고 효율적으로 진행될 수 있었던 것은 이 책의 장점을 잘 알고 그것이 교육과 임상에 활용되기를 바라는 역자 모두의 희망 때문이었을 것이다.

이 책의 저자도 서문에서 언급한 바와 같이 이 책의 목적은 명쾌하고 확실하게 말운동장애 분야를 설명하는 것이다. 말운동장애는 가장 복잡한 신경계 부분뿐만 아니라 매우 광범위한 원인 질환과 증상, 치료 내용을 포함하는데, 그 범위와 깊이에 압도당하지 않고 흥미롭게 배워 나갈 수 있으며, 실제 환자의 사례를 보고 익혀서 임상에도 활용하기 쉬운 것이 이 책의 장점이다. 이와 같은 교재가 만들어진 배경에는 말운동장애의 임상과 연구, 교육 분야 모두에 노력을 다한 저자의 풍부한 경험과 통찰력이 큰 몫을 하지 않았나 생각한다.

말운동장애의 초기 증상의 발견과 정확한 특성의 파악은 환자의 의학적인 진단에 중요한 정보가 되기도 하므로, 이 분야의 전문가는 다른 의학 전문가들과 원활한 의사소통을 해야 할 뿐만 아니라 전문 용어도 이해하고 있어야 한다. 이 책에 사용된 대부분의 의학 용어는 대한의사협회 홈페이지(www.kma.org)에서 제공하는 의학 용어 웹 사전을 참고로 하였다. 그러나 다른 분야의 의학 전문가나 다른 나라 전문가와의 교류가 앞으로 더욱 활발해질 것이므로 언어치료 전문가라면 한글 의학 용어와 함께 영문 용어를 반드시 알아 둘 것을 권한다.

마지막으로, 이 번역서의 출간이 우리나라에서 말운동장애 분야의 교육과 임상이 발전하는 데 조금이나마 기여할 수 있기를 바란다. 이 책의 출판을 위해 애써 주신 박학사 관계자 분들께도 감사드린다.

2013년 7월

역자 일동

저자 서문

개요

『말운동장애: 진단과 치료』 초판은 2000년에 출판되었는데, 이 책은 부분적으로는 학생들의 마비말장애와 말실행증이 이해하기 어렵다는 지속적인 호소에 부응하여 쓰였다. 초판의 주요 목적은 학생들에게 가능한 한 가장 쉽게 이 장애에 대해 소개하는 것이었지만, 한편으로는 실제 환자를 대상으로 하는 임상 현장에서 유용하게 사용될 만큼 충분히 포괄적이고자 했다. 개정판을 준비하면서 이러한 목적은 달라지지 않았다. 두 번째 개정판은 초판의 기초를 이루는 기본 원리를 모두 유지하였다.

- 학생과 초보 임상가를 위한 안내
- 장애에 대한 신경학적 기초를 단순하고 직접적인 방법으로 제시
- 읽기 쉽도록 기술
- 대부분의 장을 거의 같은 형식으로 맞추고, 주요 정보(원인, 특징, 평가 및 치료)를 포함하되 각각의 장은 개별적 장애를 집중적으로 다룸
- 이러한 장애들이 어떻게 보이며, 들리는지에 대한 이해를 돕기 위해 임상 사례와 DVD 첨부
- 초보 임상가들도 임상 현장에서 쉽게 사용할 수 있도록 치료 절차를 자세히 설명

개념적 접근

앞에서 언급한 바와 같이, 이 책은 대학원생과 초보 언어치료사를 염두에 두고 쓴 것이다. 저자는 대학원에서의 경험을 통해 말운동장애가 얼마나 혼란스럽고 복잡하게 느껴질 수 있는지에 대해 잘 알고 있다. 우수한 학생(그리고 강사)조차도 이 장애의 다양한 신경학적 · 임상적 측면을 파악하는 데 어려움을 느낄 수 있다. 이 책의 전반적인 목적은 가능한 한 가장 명쾌하고 확실하게 말운동장애 분야의 주제들을 제시하는 것이다. 그러나 주제의 복잡성 때문에 이는 매우 어려운 일이었다. 말운동장애는 신경계의 가장 복잡한 부분의 일부를 포함하고 있다. 또한 그 원인, 증상, 치료가 매우 광범위하다. 이 책에 어떤 것을 포함하고 배제해야 할지를 결정하는 것은 가느다란 줄 위를 걷는 것과 같았다. 한편으로는 장애를 전체적으로 설명하기 위해 매우 자세한 부분을 포함해야 했지만, 다른 한편으로는 독자가 해부와 신경학에 대한 너무 많은 요소들 때문에 압도당하지 않도록 어떤 세부 내용은 생략하였다.

이와 같은 주제를 가능한 한 명확하게 설명하기 위해 장애의 일부 요소들은 이 책의 여러 부분에서 반복적으로 언급하였다. 예를 들면, 소뇌의 기능은 제2장(운동계)에서 처음 논의되는데, 제7장(실조형 마비말장애)에서 다시 검토한다. 경직형 마비말장애의 신경학적 기초에 대해서도 마찬가지인데, 이 부분도 책의 여러 곳에서 볼 수 있다. 이러한 반복은 여러 장의 치료 절차의 반복적인 목록에서 가장 두드러지게 나타난다. 이렇게 반복되는 이유는 이 책의 초기 기획단계에서 별개의 장으로 치료절차를 제시하는 전통적인 방법보다는, 각 장애를 다루는 장 안에 그 특정 장애에 대한 치료적 제안을 포함하기로 했기 때문이다. 이러한 구성으로 각 장에서 특정 말운동장애에 대해 그 원인부터 치료에 이르기까지 전체적인 임상 양상을 제시하게 되었다. 그러나 많은 치료 방법이 단 하나의 말운동장애에만 적합한 것은 아니기 때문에 각 장에서 일부 반복되는 내용을 피할 수 없었다.

구성

이 책의 전반적인 구성은 단순하다. 제1장은 말 혹은 언어장애와 관련이 있는 것으로 보이는 고대 시대의 사례 보고에 대한 검토이다. 이는 말운동장애 연구에 대한 역사적 소개로 고안되었다. 제2장은 신경계의 가장 경이롭고 복잡한 한 부분임에 틀림없는 인간 운동계에 대한 소개이다. 이 장에서 언급한 바와 같이, 임상가는 말운동장애의 정확한 진단을 위해 최소한 운동계에 대한 기초적인 이해를 가지고 있어야 한다. 제3장에서는 어떻게 언어치료사들이 이러한 장애를 평가할 것인가에 대해 논의한다. 이 장의 중심 내용은 말운동 평가의 세부 사항을 각 단계별로 설명하는 것이다. 각각의 평가 과제가 무엇을 검사하는 것이고, 왜 그것이 중요한지에 대해 설명한다. 제4장부터 11장까지는 여섯 가지 마비말장애 유형과 혼합형 마비말장애, 그리고 말실행증을 다룬다. 이 장들은 같은 구조가 일관적으로 이어지는데 이를 통해 독자들의 장애에 대한 이해를 돕고자 하였다. 각 장은 장애에 대한 신경학적 기초로 시작되며 그다음 장애의 원인, 말 특성에 관련된 평가 방법, 그 장애 특정의 주요 평가 과제, 그리고 치료에 대한 제안으로 끝을 맺고 있다.

특성

- 각 장에서 논의되는 주요 주제는 장의 개요에서 확인할 수 있다.
- 말운동장애의 주요 해부학적 · 생리학적 요소에 대한 이해를 돕기 위해 20개가 넘는 그림을 포함한 새로운 도안 작업을 했다.
- 책 전체의 곳곳에 있는 새로운 DVD 아이콘은 논의되는 내용에 관련된 비디오 영상이 있다는 것을 알려 준다.
- 각 장의 간략한 요약은 효과적으로 주요 사항을 강조하여 정리해 준다.

- 마지막 부분의 연구문제는 각 장에서 논의된 주제에 대한 복습과 응용을 가능하게 한다.

개정판의 새로운 점

이 책의 거의 모든 장에서 크고 작은 수정이 많이 이루어졌다. 특히 각 장 치료 부분의 수정이 가장 두드러진데, 다양한 치료 절차에 대한 더 세부적인 설명에 중점을 두었다. 예를 들면, 말실행증의 치료에 대한 논의에서 이 분야의 최근 연구를 더 잘 반영하도록 내용을 확장하고 재구성하였다. 또한 더 많은 치료 정보가 과소운동형 마비말장애와 과다운동형 마비말장애의 장에 추가되었다. 역으로, 시대에 뒤떨어진 이완형 마비말장애의 몇몇 치료절차가 생략되었고 새로운 기법을 새로 첨가하였다. 가능한 한 근거 중심 훈련에 중점을 둔 내용을 치료 부분에 많이 포함하였다. 지난 10년간 여러 연구자들에 의해 말운동장애의 치료에 대한 중요한 연구가 많이 이루어졌다. 이러한 연구에 대한 가장 훌륭한 평론 중 일부는 신경학적 의사소통장애연구학회(Academy of Neurologic Communication Disorders and Sciences)의 후원으로 이루어졌으며, 이 책은 그러한 자세하고 종합적인 연구를 많이 참고하였다.

두 번째 주요한 변화는 그림 작업이다. 이번 개정판 대부분의 그림은 새로운 것인데 의학 미술가가 다수의 그림을 제작하였다. 분명히 이 새로운 그림들은 독자들이 말운동장애 관련 신경해부학에 대해 더 잘 이해할 수 있게 해 줄 것이다. 이러한 그림의 장점은 말산출에 사용되는 뇌신경 그림에서 가장 두드러지게 나타난다. 독자들은 이제 뇌신경의 기원과 경로, 종착점에 대해 초판 때보다 더 선명하게 시각화할 수 있을 것이다.

개정판의 세 번째 변화는 DVD가 포함된 것이다. 초판에는 낮은 해상도의 비디오 동영상만으로 된 CD-ROM이 들어가 있었다. 대용량 DVD는 말운동장애 환자의 고화질 비디오를 제공할 수 있는 공간이 있다. 더욱이 DVD 메뉴는 환자의 말산출 오류에 대한 진단의 제안뿐만 아니라 그러한 특성을 보이는 환자의 의무 기록도 쉽게 읽을 수 있게 해 준다. 이 비디오 동영상에 있는 환자분들 모두 너그러이 초보 임상가들이 이러한 장애에 대해 배울 수 있도록 시간을 내주었다. 사실 모두 기꺼이 참여해 주었는데, 그분들의 도움에 매우 깊이 감사드린다.

마지막으로, 초판이 발행된 이후 수년에 걸쳐 학생들과 강사들이 제기한 질문이나 제안에 따라 내용을 명료하게 하거나 첨가한 많은 변화가 개정판에 담겨 있다. 모두에게 깊이 감사한다.

기타 자료

『말운동장애, 진단과 치료 온라인 강의 자료』(ISBN-13: 978-1-1111-3828-8) 온라인 강의 자료에는 강의에 도움이 되는 다음과 같은 자료가 포함되어 있다.

- 영상자료 도서관에는 학생들이 주요 개념을 이해하는 데 도움이 될 수 있도록 책에 있는, 특히 말운동 시스템에 관련된 구조와 기능에 관한 모든 그림과 사진을 컬러로 제공한다.
- 주문 제작용 강의 슬라이드는 각 장마다 마이크로소프트 파워포인트로 만들어져 있다. 강의에서 혹은 학생들의 유인물로 사용할 수 있다.
- 강의 매뉴얼에는 각 장의 개관과 책에 있는 연구문제에 대한 답이 실려 있다.
- 각 장마다 제시된 15개의 객관식 문제와 5개의 괄호 채우기 문제는 학생들이 내용을 잘 이해했는지 평가할 수 있게 해준다.
- 강의 계획표는 8주 코스 강의에 이 책을 어떻게 적용할 수 있는지 예를 제시해 준다. 사용하기 편리한 구성은 강사들이 강의 일정과 내용에 맞춰 강의 계획표를 만드는 데 유용하다.
- 부록 3-1의 말운동 평가는 임상에서 이를 프린트하거나 혹은 편집하여 사

용하기 쉽도록 PDF와 마이크로소프트 워드 형식으로 만들어져 있다.

감수자

Albert "Chip" Hahn, MS, AuD

Assistant Professor

Department of Speech Pathology and Audiology, Miami University

Oxford, Ohio

Fang-Ling Lu, PhD, CCC-SLP

Associate Professor

Department of Speech and Hearing Sciences, University of North Texas

Denton, Texas

Caryn F. Melvin, PhD, CCC-SLP

Assistant Clinical Professor

University of South Carolina

Columbia, South Carolina

Laura Moss, SLPD., CCC-SLP

Assistant Professor

University of Alabama

Tuscaloosa, Alabama

저자 소개

Donald Freed는 캘리포니아 주립대학교(Fresno)의 Department of Communication Disorders and Deaf Studies 학장이다. 오리건대학교에서 석사·박사 학위를 받았고, 캘리포니아 주립대학교(Fresno) 교수로 부임하기 전에는 급성기 및 재활기관에서 언어치료사로 일했으며, Portland Veterans Affairs Medical Center에서 연구언어치료사로 근무했다. 실어증과 말운동장애를 주로 연구하였고 *Aphasiology*, *Clinical Aphasiology*, *American Journal of Speech and Language Pathology*, *Journal of Speech and Hearing Research*와 같은 학술지에 다수의 논문을 발표하였다.

DVD-ROM: 환자 사례 활용

이 책에 첨부된 DVD-ROM 환자 사례에는 이 책에서 논의된 말운동장애 환자 11명의 동영상이 수록되어 있다. DVD-ROM에 수록된 동영상은 다음과 같은 말운동장애와 관련된 것이다.

- **말실행증**(서로 다른 특성을 보이는 두 환자)
- **실조형 마비말장애**
- **이완형 마비말장애**(서로 다른 특성을 보이는 두 환자)
- **과소운동형 마비말장애**(서로 다른 특성을 보이는 두 환자)
- **과다운동형 마비말장애, 무도병**
- **과다운동형 마비말장애, 근긴장 이상증**
- **이완 · 경직 혼합형 마비말장애**
- **경직형 마비말장애**

각각의 동영상은 해당되는 배경 및 진단 정보를 포함하고 있다. 이 책의 내용 중, 특정 동영상을 보면 가장 도움이 되겠다고 생각되는 부분에 DVD 아이콘으로 표시해 놓았다.

개정판의 새로운 점

환자 사례를 DVD 형식으로 새로이 제공하여 독자가 컴퓨터나 다른 기기의 DVD 플레이어를 이용하여 볼 수 있도록 하였다. DVD의 사용자 인터페이스나

기본 기능이 보다 쉬운 내비게이션으로 업데이트되었다. 비디오의 청각, 시각 요소는 화질을 높이기 위해 디지털화하였다. DVD는 최신 컴퓨터 작동 시스템에서도 사용할 수 있다.

필요 시스템

DVD 비디오 플레이어

PC

운영체제: Windows XP w/SP2, Windows Vista, Windows 7

DVD 소프트웨어

DVD-ROM 드라이브

모니터: 최소 800×600 해상도, 65,000컬러 이상

MAC

운영체제: OS X 10.4, 10.5, 10.6

DVD 소프트웨어

DVD-ROM 드라이브

모니터: 최소 800×600해상도, 65,000컬러 이상

차례

3 말운동장애의 평가

4 이완형 마비말장애

5 경직형 마비말장애

6 일측 상부운동신경형 마비말장애

7 실조형 마비말장애

8 과소운동형 마비말장애

9 과다운동형 마비말장애

10 혼합형 마비말장애

11 말실행증

CHAPTER 1

말운동장애의 역사

이 장의 개요

고대 그리스의 사례 보고
중세와 르네상스 시대의 사례 보고
이성에 대한 국소론의 초기 두 가지 이론
19세기 이후 현재

말운동장애(motor speech disorders)라는 용어는 이 책에서 다루는 결손(deficits)을 적절히 묘사하고 있다. 말운동장애를 새롭게 공부하기 시작한 독자는 이 용어에서 각 단어의 의미를 살펴볼 필요가 있다. 우선 **운동**(motor)은 수의적인 움직임을 조절하는 신경계 영역이다. 신경해부학자는 이 부분의 신경계를 "운동계(motor system)"라고 한다. **말**(speech)은 음성신호를 이용한 의사소통(communication)으로 보통 언어(language)의 물리적 산출이라고 정의되기도 한다. **장애**(disorders)는 기능의 이상을 뜻하며, 복수형으로 사용되는 것은 이 상태에 한 가지 이상의 이상이 있다는 것을 의미한다. 따라서 말운동장애는 운동계의 기능 이상에 의해 초래되는 말산출장애를 총칭하는 것이다. 말운동장애의 집합체는 모두 일곱 가지 유형의 마비말장애(dysarthria)와 한 가지 유형의 실행증(apraxia)으로 구성된다.

이후의 장에서 마비말장애와 실행증을 자세히 논의하겠지만, 이 장애들을 여기서 간략하게 정의해 보자. 마비말장애(dysarthira)를 문자 그대로 정의하면 "발화장애(disordered utterance)"(**dys**는 장애나 이상을 의미하며, **arthira**는 분명하게 말한다는 그리스어 **arthroun**에서 온 말이다)이다. 보다 포괄적인 정의에 의하면 마비말장애는 말 체계(speech mechanism)상에서의 근육 통제 손상으로 인한 말산출의 장애이다. 비전문가적으로 마비말장애는 말이 어눌한 사람을 일컫지만 이 장애는 단순히 발음이 나쁜 것 이상의 더 다양한 말산출의 손상을 포함한다. 여기에는 호흡, 운율, 공명, 발성의 문제가 포함된다.

말실행증(apraxia of speech) 또한 말운동장애이다. 실행증은 행위의 결여를 의미한다(a는 부재, praxia는 행위의 수행을 의미하는 그리스어 praxis에서 온 말이다). 실제로 말실행증은 말산출을 위한 혀, 입술, 아래턱, 그리고 다른 말 체계 기관들의 원활하고 순차적인 운동 능력의 손상이다. 말실행증은 주로 조음과 운율에 영향을 미친다. 이는 대부분 왼쪽 대뇌반구의 손상에 의해 발생하지만, 일반적인 사람들은 마비말장애에 비해 이 장애의 특성에 대해 잘 인식하지 못하는 것 같다.

이 장에서는 말, 언어장애에 대해 언급한 고대 의학 보고서 중의 일부를 검토할 것이다. 어떤 학문이든 그 학문이 발전해 온 역사적 내용을 이해하는 것은 가치 있는 일이므로 이러한 초기의 보고를 조사하는 것은 중요하다. 주제가 과학이건 흥밋거리건 간에 역사적 관점은 다른 곳에서는 얻을 수 없는 깊이와 지속성을 더해 준다. 이후의 내용을 읽어 내려가는 동안 이 사례 연구에서 언급되는 사람들은 2000년 전에 말, 언어장애를 경험했다는 사실을 명심하라.

이 장을 준비하면서 가장 놀라웠던 점 중의 하나는 이 고대의 의학 저자들이 얼마나 "현대적"이었나 하는 것이다. 현재의 관점에서 보면, 그들이 유별나거나 놀랄 만큼 무지하다고 생각하기 쉽다. 그러나 그들이 살았던 시대 속에서 살펴보면, 이 의사들이 내린 해부학과 생리학에 대한 결론은 이들 대부분이 의학에 대해 분석적인 접근을 하고자 노력했다는 것을 알 수 있다. 이들의 의료행위에 대한 설명을 읽을 때, 오늘날 최첨단 기술을 이용하는 의사의 모습을 쉽게 상상할 수 있다. 이들의 저술은 다수의 의학자들이 인체를 더 완전하게 이해하기 위해 그리고 환자들을 치료하기 위한 더 나은 방법을 찾아내기 위해 열정적으로 노력했다는 것을 보여 준다. 물론 초기의 의학자들이 세부적인 사항에서 많은 오류를 범했을지라도 그들의 저술은 그들이 합리적이고 사려 깊은 전문가이고자 했다는 것을 입증한다.

고대 그리스의 사례 보고

말, 언어장애를 설명하는 초기 저술 중 일부는 **히포크라테스 문집**(Hippocratic Corpus)으로 알려져 있는 그리스 문서에 등장한다. 원래 이 문서는 수많은 약물, 질병, 치료에 대해 고대 그리스 의사들이 관찰한 것을 기술한 70권의 모음집이다. 이 중 60권만 현재 전해지며, 여기에는 해부, 증상에 대한 설명, 환자의 사례 연구 등이 기술되어 있다. 각각의 제목을 보면 여기에서 다루고 있는 광범위한 주제—『고대 의학에 대해』,『골절에 대해』,『예후에 관한 책』,『유행성 질환에 대해』—를 알 수 있다. 궤양과 치질에 대해 한 권을 할애하기도 했다. 이 중 일부는

그림 1-1 한 예술가의 작품인 히포크라테스(기원전 460?~377?). 그가 자신의 이름으로 된 고대 의학 서적에 기여를 했는지는 명확하지 않다.
출처: The National Library of Medicine의 History of Medicine 데이터베이스의 사진

숙련된 의사를 위한 책이며 그 안에는 의학적 장애와 이를 어떻게 다룰 것인지에 대한 방대한 양의 구체적인 정보가 들어 있다. 다른 책들은 일반인을 위해 쓰인 것이며, 따라서 더 쉬운 말로 설명하고 있다.

히포크라테스 문집의 원작자가 누구인지는 미스터리이다. 이 책이 히포크라테스(기원전 460?~377?)의 이름으로 되어 있지만, 히포크라테스는 이 문집의 단독 저자가 아니다(그림 1-1). 사실 그가 이 책들 중 한 권이라도 쓴 것이 있는지에 대해서도 의문이다. 대다수의 전문가들은 최소한 100년의 기간 동안 수많은 저자들이 이 문집이 완성되는 데 기여했을 것으로 믿고 있다. 실제 저자들은 코스(Kos)라는 그리스 섬에 히포크라테스가 설립한 학교의 의사였을 가능성이 있다.

많은 장애에 대한 히포크라테스 문집의 설명 중에서 "말이 없어진" 혹은 "말

의 상실"이 있는 환자와 관련된 다수의 보고가 있다. 이 중 일부만이 신경학적 원인의 말 혹은 언어장애와 관련이 있는 것 같다. 가령, 『유행성 질환에 대해』라는 책 1권(기원전 400년경)에 실어증(aphasia)과 오른쪽 편마비(hemiplegia)의 경우 어떠한지에 대한 설명이 있다.

> 선창에 묵고 있는 임신 3개월의 한 여자가 발열이 있었고, 바로 허리 부근에 통증이 시작되었다. 3일째에 머리와 목의 통증은 쇄골과 오른손까지 확장되었고, 곧 그녀는 말할 힘을 잃었으며, 오른손에 연축(spasm)을 동반한 마비가 왔고, 매우 두서없는 말을 하며, 불편한 밤을 보냈다〔『유행성 질환에 대해』(기원전 400년/1995)〕.

다행히 그 여자의 말 혹은 언어장애는 일시적인 것이었는데, 다음 날 그 여자의 "혀 움직임은 회복되었다" 그리고 6일째 "병이 나았다"고 되어 있기 때문이다.

히포크라테스 문집의 또 다른 책에 신경학적 원인의 말 혹은 언어장애와 관련이 있어 보이는 기술이 있다. 『잠언(Aphorisms)』(기원전 400년/1995)에서 저자는 말의 상실을 동반한 갑작스러운 발병에 대해 흥미로운 언급을 하고 있다. "건강하던 사람이 갑자기 두통을 일으키고 그대로 쓰러져서 말을 전혀 하지 못하고 숨을 끽끽거리며 1주일 안에 사망하는데, 그렇지 않으면 열이 오르게 된다." 단정하기는 어렵지만 이는 아마도 갑자기 발병한 뇌졸중(stroke)이나 다른 신경학적 질환에 대한 설명일 것이다. Garrison(1925/1969)은 이것이 거의 항상 갑작스럽고 심한 두통을 동반하며 다른 신경학적 징후(sign)가 빠르게 발현되는 지주막하 출혈(subarachnoid hemorrhage)을 묘사한 것이라고 제안하였다.

『잠언』의 두 번째 흥미로운 언급은 머리 손상 이후 말을 상실한 것과 관련이 있어 보이는 것인데, "어떤 원인에 의해서든 뇌에 충격이 가해진 경우 환자는 말을 필연적으로 상실한다." 앞에서 언급한 바와 같이, 이것이 정확하게 현대적으로 어떤 상태를 묘사하는 것인지를 알기는 어렵다. 말의 상실은 실어증의 결과일 수도 있고 마비말장애이거나 혹은 단순히 의식을 잠시 잃은 것일 수도 있다.

말 혹은 언어장애를 일으키는 머리 손상에 대한 더 자세한 설명은 5권『유행성 질환에 대해』에서 찾아볼 수 있다. 친구와 놀던 젊은 여자에게 일어난 일이 여기에 기술되어 있다.

> Nerius의 젊고 예쁜 딸은 20세였다. 그녀는 놀이 중에 젊은 여자 친구의 손바닥에 전정(머리 앞부분)을 맞았다. 그때 그녀는 앞이 보이지 않고 숨을 쉬지 못했으며, 집에 돌아오자마자 발열과 두통을 보였고 얼굴이 벌겋게 달아올랐다. 7일째 되는 날 그녀의 오른쪽 귀 주변에서 붉은 빛깔의 악취 나는 고름이 1/5컵 이상 나왔다. 그녀는 좀 나아 보였고 안도하였다. 그러나 다시 그녀는 열로 앓아 누웠고, 우울해하고, 말을 잃고, 얼굴 오른쪽이 뻣뻣해지고, 숨 쉬기 어려워하며, 연축성 진동(spasmodic trembling)을 보였다. 그녀의 혀는 마비되었고 눈은 얻어맞은 것처럼 되었다. 9일째 되는 날 그녀는 사망했다(Smith, 1994, p. 191).

이 묘사는 여자의 언어 상실이 머리의 타격으로 인한 것이라는 저자의 믿음을 명료하게 보여 준다. 그러나 그녀가 보였던 말 혹은 언어장애의 유형을 확실히 알기는 어렵다. 현대의 독자는 혀의 마비와 얼굴의 수축에 관한 것 때문에 마비말장애가 있었을 것이라고 가정할 수도 있겠지만, 이러한 결론은 추측에 불과하다.

7권『유행성 질환에 대해』에서 발성장애에 대한 다수의 예를 찾아볼 수 있다. 매우 흥미로운 보고 중 하나는 관절염이 있는 여자에 대한 묘사로, 그녀의 "음성을 밤에 그리고 한낮까지 체크하였다." 그녀는 말을 할 수 없었지만, "들을 수 있었고, 정신이 명료했으며, 손으로 고관절 주변에 통증이 있다고 가리켰다"(Smith, 1994, p. 399). 확정하기는 어렵지만, 그녀의 청각적 이해 능력이 기능적이었다는 것과 적절한 제스처를 보였다는 것은 그녀의 말 상실이 후두장애로 인한 것이라는 가정을 가능하게 한다. 또 다른 사례 보고는 올린서스(Olynthus)에 사는, 17일 동안 열이 있었던 한 남자에 관한 것이다. 저자는 그 남자가 "매우 난잡한 몸"을 가졌고, 그의 "목소리는 들었을 때 문제가 있었지만 알아들을 수는 있었다"고 묘사했다(Smith, 1994, p. 377). 여기에서도 마찬가지로 그 남자에 대한 부정확한 묘사 때문에 그의 말 혹은 음성에 어떤 문제가 있었는지 정확히 알기는 어렵다. 그 남자는 마비말장애와 같은 신경학적 말장애를 보였거나 혹은 아마도 그의 상태가 좋지 않아 음성이 단지 작아지고 숨 새는 음성이 된 것일 수도 있다.

히포크라테스 문집에 있는 이 모든 사례 보고는 고대 그리스 사람들이 신체 손상에 의해 말의 어려움이 발생할 수 있다는 것을 이해하고 있었다는 것을 보여 준다. 가장 중요한 점은, 이 저술을 통해 그리스 사람들이 머리 손상이 말의 상실을 초래할 수 있다는 점을 알았다는 것이다(O'Neill, 1980). 그러나 그 의사소통 과정에 대한 불분명한 의학적 설명으로 미루어 그들이 음성과 말과 언어가 어떻게 다른지에 대해 오늘날과 같이 이해하고 있었는지에 대한 것은 확실하지 않다. 그럼에도 히포크라테스 문집은 오랫동안 서양의학에 지대한 영향을 미쳤고 거의 2000년 동안 표준 의학 교과과정에 들어 있었다. 최소한 18세기까지 일부 의사들은 히포크라테스 의학을 공부하고 임상에 활용하였다.

중세와 르네상스 시대의 사례 보고

말, 언어장애에 대한 초기 기술이 그리스 시대에만 있었던 것은 아니다. 중세와 르네상스 시대의 의학 원문에도 이러한 문제에 대한 다양한 예가 실려 있다. 예를 들면, 1300년대 초 고든(Gordon)의 Bernard라는 의사는 말을 할 때 음절을 생략하거나 덧붙이는 환자에 대해 기술하였다(O'Neil, 1980). 발화 산출에 대한 그의 예는 (가령, "아리스토텔레스"를 "아리스톨레스"라고 함) 흥미로우며 말실행증과 유사한 특성을 보인다. 그러나 히포크라테스 문집에서와 같이 그 환자의 정확한 특성은 발화에 대한 저자의 기술만으로는 확정짓기 어렵다.

중세 시대의 말 혹은 언어장애에 대한 또 다른 예는 이탈리아의 의사 Lanfranc에 의해서이다. 그는 말에서 떨어져 머리를 다친 남자의 예에 대해 기술하였다. 의식을 회복하고 나서 그 남자가 말을 시작하려고 했을 때 그 말은 Lanfranc의 묘사에 의하면 어린아이의 옹알이 같은—오늘날로 보면 신조어로 이루어진 자곤(jargon)이나 언어 혼돈(language confusion) 같은—것이었다. 그 남자는 사고를 극복하고 살아남았고 결국에는 말도 다시 명료해졌다. 그러나 불행하게도 완전히 회복되지 못했는데 Lanfranc의 보고에 의하면 그의 지적 능력은 끝까지 완전하게 되돌아오지 않았다.

1500년대 중반에 Niccolo Massa라는 의사가 말장애를 초래한 머리 손상에 대해 자세히 보고하였다. 그의 사례 보고는 창에 머리를 맞은 젊은 남자에 대한 것이었는데, 창이 두개골 깊이 관통한 것이 분명해 보인다.

> 또한 내가 치료한 Marcus Goro는 고상한 젊은이였는데 그는 날카로운 창끝에 찔렸다. … 머리 뼈의 골절뿐만 아니라 뇌수막과 뇌의 두개골 기저부까지 손상이 있었다. … 여러 가지 문제와 함께 그 젊은이는 8일 동안 전혀 말을 하지 못했다. … 의사들이 뼈를 전혀 보지 못했다고 했으므로 나는 젊은이의 음성이 사라진 이유가 뇌 안에 박힌 뼈 조각 때문이고, 그 자리에 있던 수술 집도 의사의 도구를 받아 내가 상처 안에서 뼈를 뽑아내면 그가 즉시 말을 하기 시작하고 "하느님, 감사합니다. 제가 완치됐어요"라고 할 것이라고 생각했다(O'Neill, 1980, p. 185).

이성에 대한 국소론의 초기 두 가지 이론

초기 의학 저술이 환자에 대한 사례 보고에 국한된 것은 아니다. 그중 다수는 어떻게 인간의 몸이 기능을 하는지에 대한 저자의 생각을 담고 있다. 흥미로운 것은 인간의 이성(말하자면 말과 언어가)이 신체 어디에 있는지에 대한 이론들이다. 가장 오래 이어져 온 이론 중 하나는 이성이 4개의 뇌실(cerebral ventricle) 안에 있다는 것이다. 2개의 외측 뇌실은 신체가 바깥세상으로부터 들어오는 감각 정보를 받는 곳이라고 생각했다. 그다음 이 감각 정보는 지성을 담고 있는 제3뇌실로 이동하고, 지성은 그 정보를 분석하고 감각 정보로부터 의미를 추출한다고 믿었다. 제4뇌실은 기억—일단 분석된 감각 정보의 저장—을 담당한다고 생각했다.

Galen(기원전 130?~200?) 같은 저자는 이러한 이론에 대한 증거를 기술했는데, 그는 상처가 뇌실 가까이 있을수록 환자에게 더 심각한 문제를 초래한다는 것을 관찰하였다. 가령, 뇌 표면의 손상은 대뇌 조직 안으로 깊이 관통한 손상에 비해 심각한 결손을 초래하지 않았다. 깊은 손상이 더 심각한 피해를 일으켰고, 뇌실에 가까울수록 그랬기 때문에 뇌실이 인지 능력에 중요한 역할을 한다는 가설이 세워졌다. 이 뇌실 국소론(ventricular localization)의 이론이 옳지 않다고 해도, 언어와 감정의 센터가 심장에 있다는 그 이전의 이론보다는 진실에 가까운 것이라고 하겠다. 뇌실 이론은 오래 지속되었다. 이는 고대에서부터 16세기까지 이어졌다. 뛰어난 많은 사람들이 이 이론을 추종했는데, Leonardo da Vinci(1452~1519)는 자신의 신경계에 대한 여러 해부 그림에 뇌실을 포함하였다(그림 1-2). 이 이론에 대한 회의가 제기된 것은 Vesalius(1514~1564)에 이르러서인데, 그는 동물의 대뇌 뇌실이 모양이나 수가 인간과 매우 유사하지만 인간의 이성에서와 같이 매우 중요한 역할을 하는 것 같지는 않다고 반박하였다.

동시대의 인간 이성의 센터에 대한 두 번째 이론은 감각과 운동이 뇌수막—뇌와 척수를 싸고 있는 막—에 의해 조절된다는 것이다. 간단히 말하면, 이 이론은 뇌수막이 외상에 의해 손상을 입을 때마다 거의 항상 환자의 이성적 능력, 즉 기억, 운동, 감각, 말, 혹은 다른 어떤 지적 재능이건 간에 문제가 생긴다는 관찰에 기초한 것이다. 이 이론이 널리 받아들여진 것은 앞에서 인용한 Massa에서와 같이 초기 머리 외상에 대한 다수의 보고가 흔히 뇌수막에 손상이 있었는지에 대해 언급하고 있다는 사실을 반영하는 것이다. 이에 대한 다른 예는 1514년 Giovanni da Vigo의 의학 서적에서 찾아볼 수 있다. 그는 말에서 떨어지며 머리를 걷어차여 심하게 부상을 입은 귀족 신사에 대해 기술하였다. 그 환자가 말을

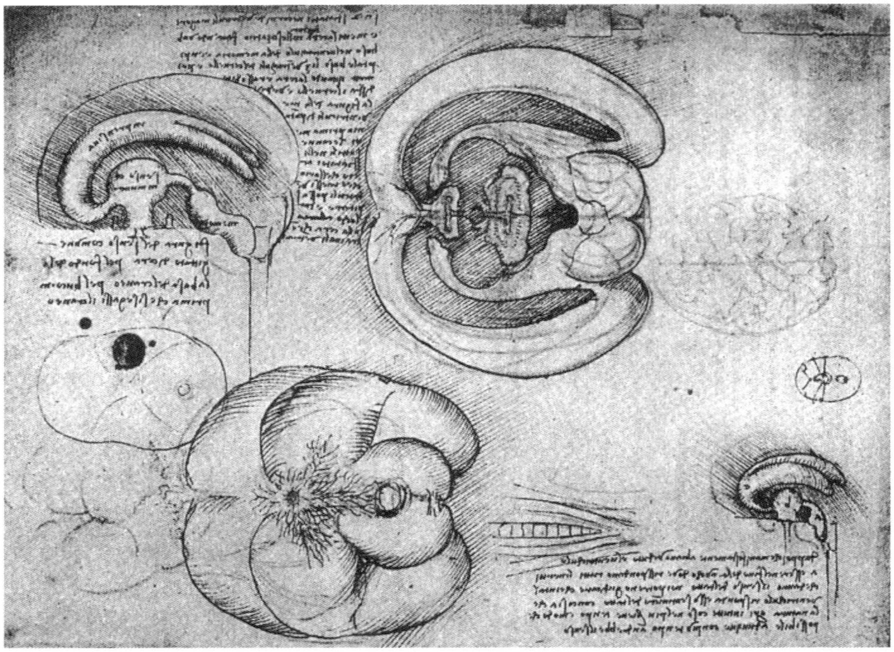

그림 1-2 Leonardo da Vinci(1452~1519)는 인간의 지능이 대뇌 뇌실에 들어 있다고 믿었고, 다수의 해부 그림에서 이를 강조하여 나타냈다. 이 그림은 거의 황소의 뇌 같다.
출처: The National Library of Medicine의 History of Medicine 데이터베이스의 사진

하지 못하게 된 것은 뇌수막을 찢은 날카로운 뼈 조각 때문이라고 여겼다. 그 뼈 조각이 아래 있는 뇌 조직을 손상시켰을 수도 있다는 것에 대한 언급은 없다. 뇌수막 이론(meningeal theory)은 여러 세기에 걸쳐 널리 받아들여졌다. 일부 의사들은 16세기까지도 이 이론을 신봉하였다(O'Neill, 1980).

19세기 이후 현재

19세기 이전의 말과 언어장애에 대한 기술은 대부분 너무 모호하여 명확하게 말

운동장애에 대한 역사적인 예라고 확인하기 어렵다. 말운동장애에 대한 묘사로 여겨지는 보고들은 세부적인 내용이 결여되어 있어 흥미로운 가능성으로만 남겨 두어야 한다. 이는 1800년대 초반 달라지기 시작했는데 이때부터 사례 보고와 의학적 기술은 훨씬 더 구체적이 되었다. 이 시기부터 의학 서적에서 현대의 말운동장애에 대한 수많은 묘사를 찾아볼 수 있다. 가령, James Parkinson(1755~1824)의 "떨림마비(shaking palsy)" 환자에 대한 보고에서는 오늘날 명확하게 "과소운동형 마비말장애(hypokinetic dysarthria)"로 알려져 있는 말운동장애의 특성에 대한 내용을 볼 수 있다(Darley, 1983).

"현대 신경학의 아버지"라고 불리는 Jean-Martin Charcot(1825~1893)는 마비말장애를 주 증상으로 하는 다발경화증(multiple sclerosis, MS), 근위축측삭경화증(amyotrophic lateral sclerosis, ALS), 파킨슨병(Parkinson's disease, PD) 같은 여러 질환에 대한 영향력 있는 내용을 출판하였다(그림 1-3). 1877년 Charcot는 다발경화증 환자의 말에 대해 묘사하면서, "환자는 느리고 질질 끄는 듯이 말을 하고, 간혹 전혀 알아들을 수 없고 … 한 자 한 자 재고 떼어 놓듯 말하며, 모든 음절 후에 쉼이 있고, 음절을 느리게 발음한다"고 하였다(Darley, 1983, p. xiv). Charcot가 매우 명확하게 묘사한 이러한 말의 손상은 "실조형 마비말장애(ataxic dysarthria)"라고 하는 말운동장애와 거의 유사하다. 오늘날 다발경화증 환자는 일반적으로 혼합형 마비말장애(mixed dysarthria)가 더 흔히 나타나지만 실조형 마비말장애를 보일 수 있다고 알려져 있다.

Marie와 Kattwinkel은 1897년 우측 대뇌반구 손상 환자의 말과 언어 능력에 대한 논문에서 또 다른 유형의 마비말장애에 대해 기술하였다. 그들은 우측 대뇌반구 손상 이후 가장 두드러지게 나타나는 말 혹은 언어 문제는 "말의 기계적 기능, 말의 조음; 이것이 실어증이 아니라 마비말장애인지는 의문이다"라고 보고하였다(Cole & Cole, 1971, p. 24). 이 유형의 마비말장애는 현재 "일측 상부운동신경형 마비말장애(unilateral upper motor neuron dysarthria)"라고 하며, 1897년에 묘사된 바와 같이 두드러진 조음의 장애이다.

Liepmann은 최초로 말실행증을 명확하게 묘사한 사람으로 인용되곤 하는

그림 1-3 Jean-Martin Charcot(1825~1893)는 주요 증상으로 마비말장애를 보이는 질환들에 대한 다수의 초기 문헌을 출판하였다.
출처: The National Library of Medicine의 History of Medicine 데이터베이스의 사진

데, 이는 이 장의 초반부에서 설명한 바와 같이, 말을 유창하게 산출하는 데 필요한 순차적이고 자발적인 운동 능력이 손상된 것을 말한다(Wertz et al., 1991). 물론 그의 1900년 논문 대부분은 환자의 사지실행증(limb apraxia)에 대해 기술하고 있지만, Liepmann은 환자의 말 문제에 대한 논의도 포함하였다. 거의 같은 시기에 Carl Wernicke는 또 다른 유형의 실행증을 기술하였다. 그의 1906년 출판물에서 Wernicke는 말실행증에 흔히 동반되는 장애인 비구어구강실행증(nonverbal oral apraxia)의 특성을 설명하였다. 그가 이 유형의 실행증에 대해 최초로 언급한 사람은 아니지만, 그의 묘사는 명료함과 정확한 세부 사항에서 매우 뛰어나다.

예를 들면, 그러한 환자는 대부분 일반적으로 지시에 따라 혀를 내밀거나,

> 볼을 부풀리거나, 치아를 보여 주거나, 혹은 혀를 내밀지 않고 입을 벌리는 것 등을 하지 못한다. 예전에는 보통의 일상적인 것이었을 이런 움직임들을 수행하려고 시도하다 실패하는 것은 그러한 운동의 실행을 조직하는 능력이 손실된 것을 명확하게 보여 준다(Eggert, 1977, p. 229).

오늘날 언어병리학자에게 Darley, Aronson과 Brown(1969a, b, 1975)의 작업은 분명 후천적 말, 언어장애 분야에서 가장 중요한 업적 중의 하나로 자리매김될 것이다. 말운동장애에 대한 이들의 설명과 유형 분류는 현재까지 널리 사용되고 있다. 이들의 작업 이전에는 마비말장애의 기술에 사용되는 의학 용어가 전문가에 따라 각양각색이었다. 간혹 장애를 일컫는 용어가 관련된 말장애의 이름으로 사용되기도 하였다. 가령, **연수마비**(bulbar palsy)라는 용어는 말의 손상만이 아니라 그 손상을 일으킨 얼굴 근육 조직의 약화를 일컫는 용어로 사용되는 것이다. 하나의 마비말장애 유형 또한 그 손상 특성을 기술하는 여러 용어로 알려졌었다. 가령, 소뇌 손상에 의한 마비말장애는 단속성 말(scanning speech), 실조형 말, 혹은 소뇌형 말 등 다양한 용어로 일컬어졌다. Darley와 동료들은 연구, 출판, 강연을 통해 말운동장애의 명칭과 분류에 대한 보다 표준화된 방법을 소개하였다. 또한 말운동장애에서 나타나는 말 오류 목록에 대한 매우 귀중한 자료를 집대성하였다(Darley, 1969 a, b).

마비말장애와 말실행증은 여전히 이 장애를 다루는 의학과 행동과학 분야 모두에 풍부한 연구 주제가 되고 있다. 최근 말운동장애 문헌에서 주된 공헌을 한 사람들은 Duffy, Kent, LaPointe, McNeil, Robin, Yorkston, Wambaugh 등이다. 컴퓨터를 비롯한 여러 도구는 수년 전만 해도 불가능했던 새로운 연구의 가능성을 열었다. 이러한 작업의 궁극적 수혜자는 말운동장애를 가지고 있는 환자들이 될 것이다.

CHAPTER 2

운동계

이 장의 개요

수의적인 움직임을 조절하는 신경계를 전체적으로 "운동계(motor system)"라고 한다. 이 시스템이 어떻게 작용하는지를 이해하는 것은 말운동장애를 효과적으로 진단하는 데 중요한 요소이다. 상부운동신경, 하부운동신경, 기저핵, 소뇌, 추체로와 추체외로의 기능에 친숙해지는 것은 말운동장애를 올바르게 진단하고 적절한 치료계획을 수립하는 데 필수적이다. 이 장에서는 이후의 다른 장에서 설명되는 말운동장애의 더 자세한 연구의 기초가 되는 운동계를 개괄적으로 살펴본다.

운동계는 생각을 행동으로 전환하게 해 주는 것으로 손이나 다리 혹은 혀를 움직이게 하는 것이다. 운동계는 매우 복잡하다. 운동계의 신경세포는 매우 다양한 경로로 되어 있고, 각 경로는 서로 다른 기능을 수행한다. 운동계의 일부는 의식적인 작업을 하지만 또 다른 부분은 무의식적으로 작용한다. 운동계의 범위 또한 방대하다. 그 범위는 뇌의 고차 인지 기능에서부터 신체의 가장 단순한 근육에까지 이른다. 운동계가 적절히 작용함으로써 손가락, 성대, 발가락, 눈썹이 모두 한꺼번에 조화로운 방법으로 움직인다. 그러나 이 중 한 부분에 손상이 발생하면 운동장애를 초래할 수 있다. 장애의 유형은 운동계 손상의 위치와 범위에 따라 다르게 나타난다. 가령, 기저핵의 손상은 우리가 자발적으로 말하거나 걷는 것 혹은 다른 여러 가지 일을 하는 데 심각한 지장을 초래하는 불수의적인 움직임을 발생시킬 수 있다. 장애의 유형과 손상 영역 간의 이러한 관련 때문에 운동계의 기초를 이해하는 것이 중요하다.

운동계의 구성

운동계는 사실 신경계의 여러 하부 영역 중의 하나이다. 따라서 신경계에 대한

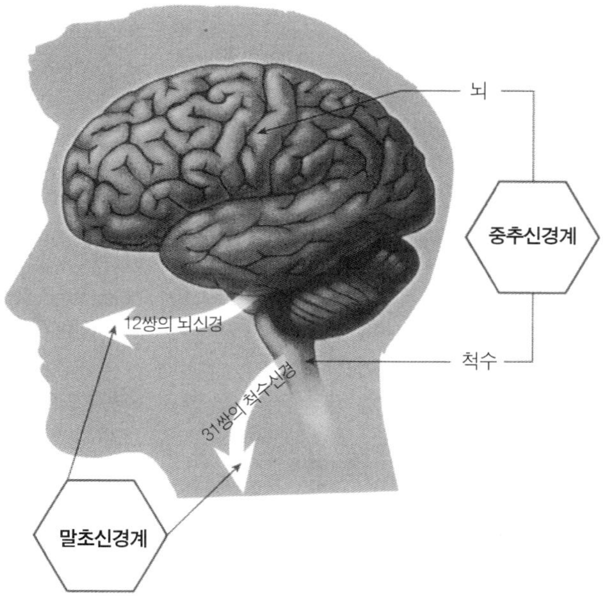

그림 2-1 중추신경계는 뇌와 척수로 구성되고 말초신경계는 12쌍의 뇌신경과 31쌍의 척수신경으로 구성된다.

기초적인 이해가 없이는 운동계에 대해 논의하기 어렵거나 혹은 불가능하다. 이러한 두 체계 간의 관계 때문에, 운동계의 세부적인 내용으로 들어가기 전에 이 장의 첫 부분에서는 신경계의 기초적인 구조를 훑어보겠다.

신경계는 중추신경계와 말초신경계로 구성된다(그림 2-1). **중추신경계**(central nervous system, CNS)는 뇌와 척수로 이루어지고, **말초신경계**(peripheral nervous system, PNS)는 뇌신경 12쌍과 척수신경 31쌍으로 이루어진다. **뇌신경**(cranial nerves)은 머리뼈(즉, 두개골 안쪽) 안의 CNS 영역에서 뻗어 나온 것이기 때문에 그렇게 명명되었다. 뇌신경은 머리, 목, 흉곽, 복부의 여러 기관과 근육에 연결된다. 반면, **척수신경**(spinal nerves)은 척수에서 나온 가지로 가슴, 팔, 다리를 포함한 신체의 다른 대부분의 근육과 연결된다.

뇌

뇌는 신경계의 핵심 구성 요소이며, 가장 복잡한 부분이다. 신경계의 거의 모든 활동이 뇌에서 비롯되거나 뇌에서 궁극적으로 처리된다. 근육에 대한 수의적인 운동 명령은 뇌에서 비롯된다. 신체로부터의 감각 정보도 뇌에서 받으며, 추론, 기억, 언어, 문제 해결과 같은 인지 기능도 뇌에서 통제한다.

인간은 신체 크기에 비해 그리고 대부분의 다른 동물들에 비해 큰 뇌를 가지고 있다. 정상 성인의 뇌 무게는 1,200~1,500g 정도이다. 뇌는 다른 신경계와의 연결뿐만 아니라, 뇌 안에 있는 여러 영역들 간의 내부 연결 또한 놀랄 만큼 복잡하다. 이어서 운동계를 이해하는 데 가장 필수적인 뇌의 영역을 살펴보자.

대뇌

뇌는 **대뇌**(cerebrum), **뇌간**(brainstem), **소뇌**(cerebellum)로 나누어진다(그림 2-2). 이 중 가장 크고 두드러진 구조는 대뇌이다. 대뇌는 뇌의 가운데를 따라 앞에서 뒤로 이어지는 세로열(longitudinal fissure)에 의해 2개의 반구로 나

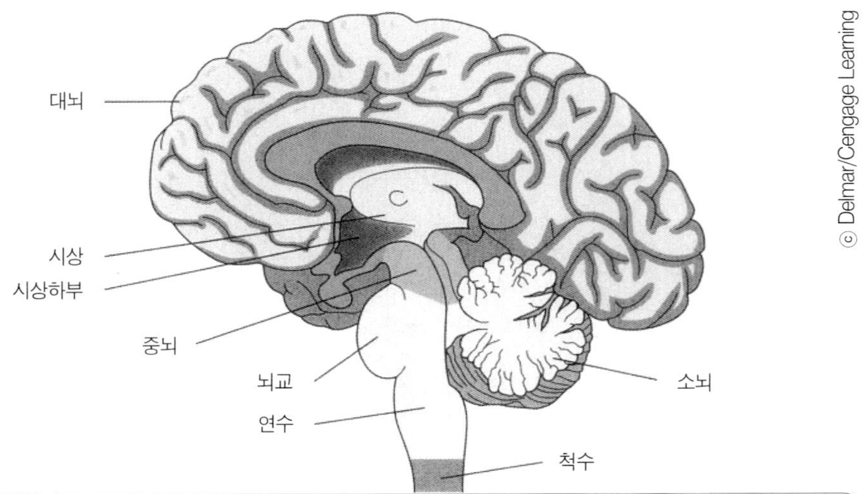

그림 2-2 뇌는 대뇌, 뇌간(중뇌, 뇌교, 연수), 그리고 소뇌로 구성된다.

누어진다. 대뇌는 "엽(lobe)"이라고 부르는 네 영역으로 구성되어 있다. **전두엽**(frontal lobe)은 대뇌의 앞부분에 위치한다. **측두엽**(temporal lobe)은 대뇌의 양측 아래에 있다. **두정엽**(parietal lobe)은 전두엽 뒤쪽 대뇌의 양측 위에 있다. 마지막으로, **후두엽**(occipital lobe)은 대뇌의 가장 뒷부분으로, 양쪽 두정엽과 측두엽 뒤에 있다. 대뇌에서 가장 두드러져 보이는 것은 대뇌 표면의 주름이다. 주름의 볼록한 부분을 **이랑**(gyrus, 복수는 gyri)이라 하고, 이랑 사이의 파인 홈을 **고랑**(sulcus, 복수는 sulci)이라 한다.

대뇌의 이랑과 고랑은 이 책에서 자주 언급하게 될 몇 개의 주요 지표를 형성한다(그림 2-3). 우선 **외측고랑**(lateral sulcus)은 대뇌의 고랑 중에서 가장 확실히 눈에 띈다. 이는 각 대뇌반구의 측면을 따라 가로로 이어지며, 전두엽과 측두엽을 나눈다. 또 다른 지표는 **중심고랑**(central sulcus)인데 아마도 대뇌에서 두 번째로 두드러지는 고랑일 것이다. 이는 (이름 그대로) 각 대뇌반구의 측면 거의 중앙에 위치하는데, 반구의 맨 위에서 수직으로 내려와 외측고랑까지 아래로 이어진다. 중심고랑은 전두엽과 두정엽을 나눈다.

중심고랑 바로 앞의 이랑은 **중심앞이랑**(precentral gyrus), **일차운동피질**(primary motor cortex), 혹은 **운동띠**(motor strip)와 같이 다양한 이름으로 알려져 있다. 이곳의 신경세포는 신체의 수의적인 운동을 통제하는 데 매우 중요한 역할을 한다. 중심고랑 바로 뒤에 있는 이랑은 **중심뒤이랑**(postcentral gyrus), **일차감각피질**(primary sensory cortex), 혹은 **감각띠**(sensory strip)라고 불린다. 뇌의 상위 센터인 이곳에서 PNS를 경유한 신체로부터의 감각 정보와 다른 CNS의 영역에서 온 감각 정보를 받는다.

대뇌의 표면은 **대뇌피질**(cerebral cortex)이라고 한다. 두께는 약 2~5mm이고, 신경계 세포의 각기 다른 6개 층으로 구성되어 있다. 전체적으로 피질은 약 150억 개의 신경세포(뉴런)를 포함한다. 피질은 회색인데 보통 뇌의 "회색질(grey matter)"로 묘사된다. 뇌의 주름 때문에 단지 대뇌피질의 약 1/3 정도만 볼 수 있으며, 나머지 2/3는 여러 고랑 사이에 숨어 있다. 만약 이를 평평하게 편다면 피질의 전체 표면은 약 340제곱인치 정도 된다. 대뇌피질은 신경계의 가장

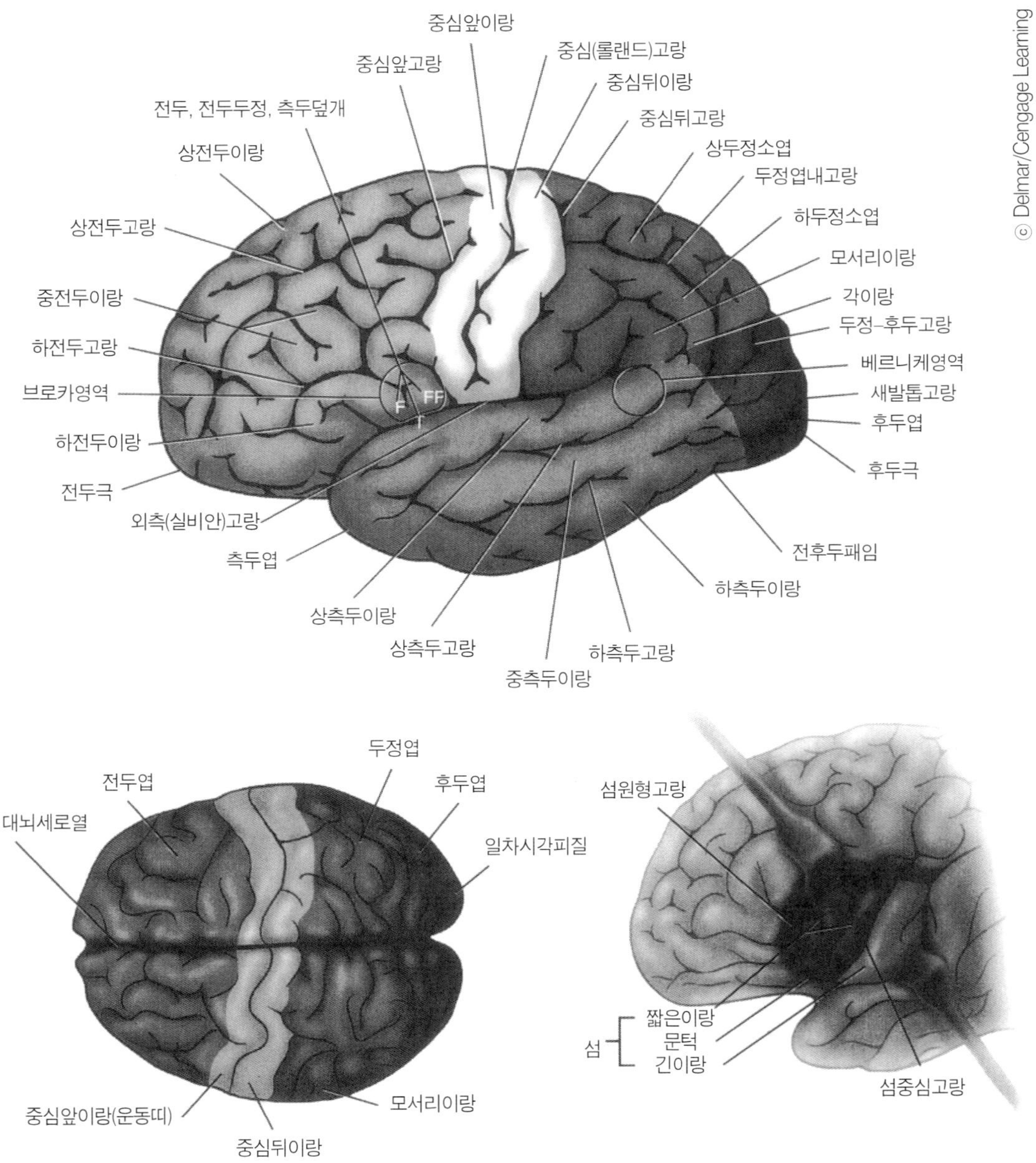

그림 2–3 뇌의 옆 표면에 있는 4개의 가장 두드러진 지표는 외측고랑, 중심고랑, 중심앞이랑, 중심뒤이랑이다.

중요한 부분 중 하나이다. 신경세포의 이 얇은 층에서 언어, 운동계획, 문제 해결, 그리고 수많은 감각 지각과 같은 고차적인 인지 활동이 수행된다. 피질은 매우 얇아서 대뇌 전체 크기의 매우 적은 비율만을 차지한다. 대뇌의 대부분은 실제로 피질 아래 자리 잡고 있는 대단위 백질 그룹으로 이루어져 있다. 백질은 다른 CNS 영역으로부터 혹은 영역을 향해 오가는 경로인 신경세포 축삭들로 구성된다. 백색을 띠는 것은 축삭을 둘러싼 지방질의 수초(myelin) 때문이다. 축삭과 수초에 대한 더 자세한 정보는 뒤에 이어진다.

뇌간

뇌간은 (위에서부터 아래로) **중뇌**(midbrain), **뇌교**(pons), **연수**(medulla)로 나누어진다(그림 2-4). 이는 대뇌와 척수 사이에 위치하고 있다. 뇌간의 중요성은 세 가지이다. 첫째는 대뇌와 척수 사이를 달리는 상행(ascending) 혹은 하행(descending) 신경로(neural tract)의 통로 역할을 하는 것이다. 둘째는 호흡, 의식, 심혈관계 일부 기능과 같은 통합적이고 반사적인 행동을 통제한다는 것이다. 셋째는 말운동 체계에서 아마도 가장 중요한 부분으로, CNS에서부터 뻗어나가는 뇌신경들이 위치하는 장소라는 것이다. CNS로부터 후두, 안면, 혀, 인두, 입천장의 근육으로 운동 임펄스를 전달하는 것이 뇌신경이다. 뇌간에 연결된 뇌신경의 부분을 **뇌신경핵**(cranial nerve nuclei)이라고 한다.

소뇌

소뇌는 대뇌와 약간 비슷한 모양을 하고 있지만 훨씬 더 작다. 이는 뇌간 뒤에 붙어 있고 대뇌피질, 수많은 다른 CNS 영역들과 신경 연결을 한다. 소뇌의 가장 중요한 기능은 수의적인 운동을 조정하는 것으로, 이를 통해 근육이 적절한 시기에 정확한 크기의 힘으로 수축하게 된다. 소뇌 손상은 큰 운동이나 세밀한 운동행동의 수행 모두에 심각한 문제를 초래한다. 걷기, 글씨 쓰기, 말하기와 같은 움직임은 소뇌가 적절한 기능을 하지 못하면 불안정하고 어색해질 수 있다. 소뇌는 이 장의 후반부와 제7장에서 더 자세하게 다룰 것이다.

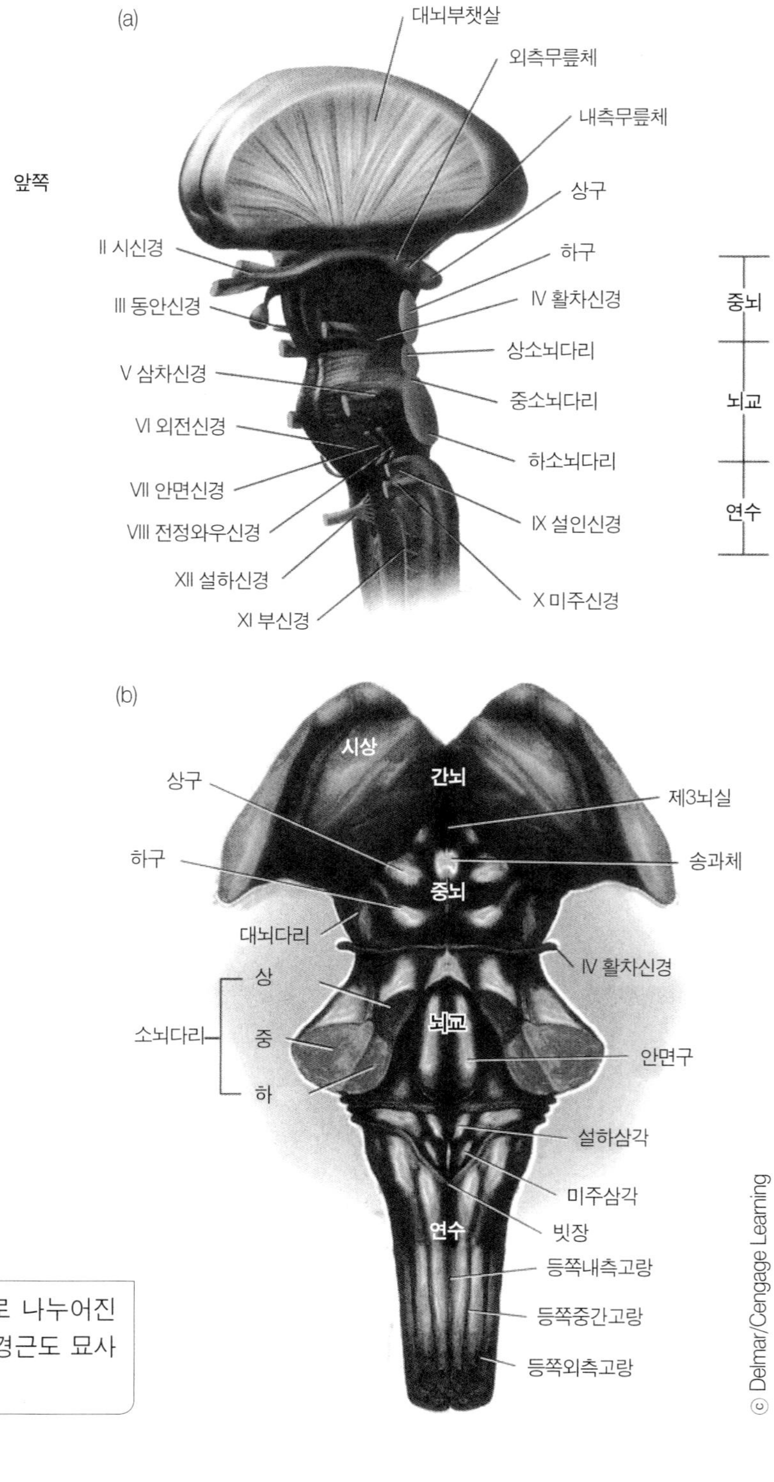

그림 2-4

뇌간은 중뇌, 뇌교, 연수로 나누어진다. 그림에 뇌신경들의 신경근도 묘사되었다.

신경계 세포

신경계에는 서로 다른 다양한 세포가 있다. 가장 중요한 것은 **뉴런**(neuron, 그림 2-5)으로, 신체 거의 대부분의 기능을 조절하는 신경화학적 신호를 전달한다. 인간의 몸에 있는 뉴런의 수를 계산해 보면 500억~1,000억 개 정도이다. 뉴런은 세 가지 주요 구성 요소로 되어 있다. 첫째는 **세포체**(cell body)로, 세포의 생체 신진대사 기능을 담당하는 핵(nucleus)이 포함되어 있다. 뉴런의 세포체는 회색이다. 대뇌피질이나 척수의 중심 부분과 같은 여러 CNS 구조에서 볼 수

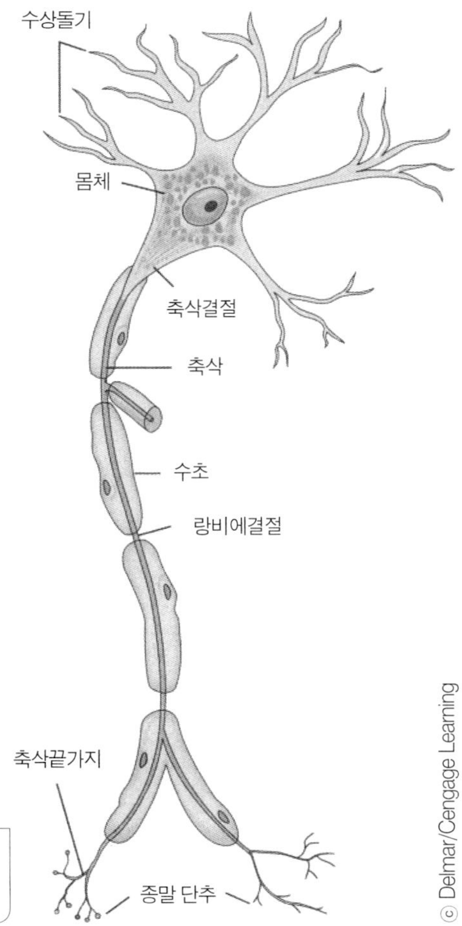

그림 2-5

하나의 뉴런에는 많은 수상돌기와 하나의 세포체, 그리고 하나의 축삭돌기가 있다.

있듯이, 여러 개의 세포체가 그룹을 형성하면 뚜렷한 회색 빛을 띠게 된다. 뉴런의 두 번째 구조는 **수상돌기**(dendrites)이다. 이는 세포체에서 돌출된 여러 작은 돌기(process)이다. 수상돌기는 다른 뉴런이나 감각기관으로부터 전기화학적 임펄스를 받는다. 세 번째 구성 요소는 **축삭**(axon)인데 세포체에서 하나로 길게 연장되어 있다. 축삭은 세포체에서 신경 임펄스를 받아 그것을 근육, 샘(gland), 혹은 다른 뉴런으로 전달한다. 축삭의 끝에는 "종말 가지형성(terminal ramification)" 혹은 **종말 단추**(terminal buttons)라고 하는 작은 가지가 많이 있는데, 이를 통해 축삭이 다른 많은 뉴런과 의사소통을 하게 된다. 축삭은 또한 뉴런의 영향을 신경계의 다른 부분으로 더 넓게 확장시키는 "곁가지(collaterals)"라고 하는 긴 가지를 갖기도 한다.

대부분의 축삭은 **수초**(myelin)로 덮여 있는데 이는 하얀색의 지방과 단백질로 된 막으로 긴 축삭을 감싸고 있다. 수초는 뉴런의 전기화학적 임펄스를 주변의 조직과 액체로부터 분리하는데, 그렇게 하지 않으면 긴 축삭을 통해 임펄스가 이동할 때 그 강도가 약해질 것이다. 수초는 마치 가전제품에서 전기 에너지의 누출을 방지하기 위한 전기 배선의 절연체와 흡사하다.

뉴런의 유형

뉴런은 그 모양과 크기에 따라 세분화된다. 어떤 뉴런은 세포체가 축삭의 중간에 있고 다른 것은 한쪽에 있다. 어떤 것은 세포체가 매우 크기도 하고 그렇지 않은 것도 있다. 어떤 뉴런은 축삭의 길이가 1mm도 넘지 않지만 어떤 것은 1m에 이르기도 한다. 또한 뉴런은 운반하는 정보의 종류에 따라 분류되기도 한다. **운동 뉴런**(motor neuron)은 근육의 수축을 일으키는 (그래서 움직임을 일으키는) 신경 임펄스를 전달한다. **감각 뉴런**(sensory neuron)은 감각 자극에 관련된 정보를 운반한다. **연결 뉴런**(interneuron)은 뉴런을 다른 뉴런과 연결하는데 가장 흔한 유형의 뉴런이다. 연결 뉴런은 다른 많은 뉴런과의 연결을 형성하기 때문에 운동을 조절하는 데 중요한 역할을 한다.

그러나 뉴런 사이의 또 다른 구별점은 뉴런이 전달하는 신경 임펄스의 방향이다. CNS로부터 바깥으로 임펄스를 운반하는 뉴런은 **원심 뉴런**(efferent neuron)이라고 한다. CNS를 향해 임펄스를 보내는 뉴런은 **구심 뉴런**(afferent neuron)이라고 한다. 일반적으로 운동 뉴런은 원심성이고 감각 뉴런은 구심성이다. 신경계의 한 영역에서 다른 영역으로 이동하는 신경 정보의 흐름을 묘사하는 데 이 용어가 자주 사용된다. 예를 들면, 대뇌피질은 감각 뉴런들로부터 구심 신경 정보를 받는다고 할 수 있다.

기타 신경계 세포

신경계에서 가장 중요한 세포는 뉴런이지만, 뉴런만 있는 것은 아니며 가장 많은 수를 차지하는 것도 아니다. 신경계에 있는 다른 세포로는 **아교세포**(glial cell)〔(혹은 신경아교세포(neuroglia)〕가 있으며 또한 PNS에 있는 축삭을 둘러싸는 수초를 공급하는 **슈반세포**(Schwann cell), 죽은 세포나 다른 노폐물을 제거하는 청소부 역학을 하는 **미세아교세포**(microglia), CNS에서 축삭을 둘러싸는 수초를 형성하는 **희소돌기아교세포**(oligodendroglia), CNS의 연결 조직을 만드는 **별아교세포**(astrocytes)가 있다. 아교세포가 뉴런보다 10배 정도 더 많고, 신경계의 전체 부피의 절반 이상을 차지한다고 알려져 있다. 아교세포는 신경계가 기능을 수행하는 데 중요한 보조 역할을 한다.

경로와 신경

축삭은 보통 신경계 여러 곳에서 다발 형태로 지나는 것을 볼 수 있다. 이 다발 안의 축삭들은 기능적으로 서로 관련이 있다. 예를 들면, 대뇌피질에서 척수로 함께 이동하는 주요 운동 뉴런의 축삭 다발은 모두 운동 임펄스를 전달한다. 다른 예로는 눈의 망막으로부터 뇌의 시각 중추로 이어지는 감각 뉴런의 축삭 다발을 들 수 있다. 그와 같은 축삭 다발이 CNS 안에 있을 때 이를 **경로**(tracts)라고 한다. PNS 안에 있을 때는 **신경**(nerves)이라고 한다. 앞에서 예로 든 두 가지 축삭 다발은 각각 **대뇌척수로**(corticospinal tract)와 **시신경**(optic nerve)이라고 한다. 대뇌척수로라는 용어는 이 경로에서 신경 임펄스가 이동하는 방향을 가리킨다는 것에 주의해야 한다. 즉, 대뇌에서부터 척수로 가는 것이다.

신경 임펄스의 전달

간단히 말해 뉴런의 기능은 신경계의 한 부분에서 다른 부분으로 신경 임펄스를 전달하는 것이다. 뉴런은 축삭을 따라 작은 전기화학적 전하량을 보내는 것으로 이를 완수한다. 이 전하량이 축삭의 종말 가지형성에 도달했을 때 **신경전달물질**(neurotransmitter)이라고 불리는 적은 양의 물질이 그 말단 지점에서 방출된다. 이 신경전달물질은 활동 뉴런과 인접해 있는 뉴런 사이의 아주 미세한 틈(**시냅스틈새**, synaptic cleft)을 건넌다(그림 2-6). 일부 신경전달물질은 흥분 기능을 하는데—인접 뉴런을 자극하여 전기화학적 임펄스가 일어날 가능성을 높인다. 다른 신경전달물질은 억제성으로—인접 뉴런에서 임펄스의 발생 가능성을 감소시킨다. 만약 인접 뉴런의 특화된 수용기관에 흥분 신경전달물질이 충분히 받아들여지면 이 뉴런의 전기화학 임펄스가 시작될 것이다. 반면 억제 신경전달물질이 너무 많으면 임펄스는 인접 뉴런으로 전달되지 않을 것이다. **아세틸콜린**(acetylcholine)과 **도파민**(dopamine)이 운동계의 두 가지 중요한 신경전달물질이다.

그러나 신경 임펄스의 전달을 설명하는 데 단지 몇 가지 뉴런의 기능에 한정하여 초점을 두는 것은 오해를 불러일으킬 수 있다. 실제 상황은 훨씬 더 복잡하다. 뉴런이 어떻게 의사소통을 하는지를 시각화할 때 기억해야 할 두 가지 중요한 점이 있다. 첫째, 하나의 뉴런은 여러 다른 축삭의 종말 가지형성, 곁가지들과 시냅스 연결을 한다는 것이다. 사실, 일반적으로 하나의 뉴런은 다른 뉴런들과 수천 개의 시냅스 연결을 한다. 따라서 한 뉴런이 흥분 신경전달물질을 생산하는 축삭들과 시냅스 연결을 하며 동시에 다른 억제 신경전달물질을 생산하는 축삭들과도 시냅스 연결을 하고 있다.

이는 두 번째 주요 점과 연결된다. 수용 뉴런은 흥분이 일정 역치에 도달했을 때만 자신의 전기화학적 임펄스를 일으키며, 이때 반드시 흥분 신경전달물질의 양이 억제 신경전달물질의 영향을 초과하는 정도여야 한다. 신경계는 효과적

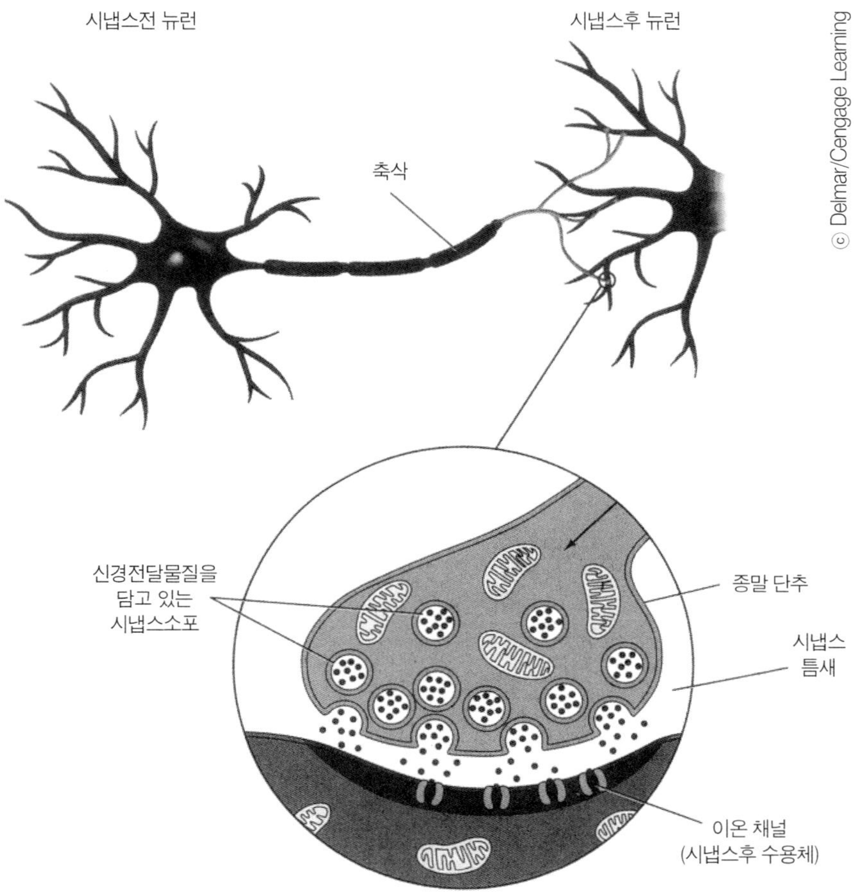

그림 2–6 뉴런은 "시냅스틈새"라고 하는 아주 미세한 틈을 사이에 두고 서로 의사소통한다.

으로 신경 임펄스를 전달하기 위해 이와 같이 복잡한 흥분 신경전달물질과 억제 신경전달물질의 상호작용을 이용한다. 이 상호작용이 균형을 유지하지 못할 때 심각한 결과가 야기될 수 있다. 운동계에서 흥분 및 억제 신경전달물질 사이의 불균형은 경직(spasticity)을 초래할 수 있다. 만약 뇌졸중이나 신체 외상으로 억제운동 뉴런경로가 손상되면, 이 뉴런들은 자신과 시냅스 연결을 하고 있는 다른 운동 뉴런에 억제 신경전달물질을 전달할 수 없을 것이다. 이러한 경우 다른 뉴런에 과도한 양의 흥분 신경전달물질이 영향을 미칠 것이고, 균형을 유지할 억제 신경전달물질을 받지 못하여 과하게 흥분한 뉴런이 분포하고 있는 근육에 지나친 수축을 일으킬 것이다. 경직의 원인은 이 책의 후반부에서 더 자세하게 논의될 것이다.

운동계 구성의 요약

- 신경계는 CNS와 PNS로 나누어진다. CNS는 뇌와 척수를, PNS는 뇌신경과 척수신경을 포함한다.
- 뇌는 대뇌, 뇌간, 소뇌로 구성된다. 대뇌는 4개의 엽, 즉 전두엽, 측두엽, 두정엽, 후두엽으로 나누어진다.
- 신경계의 가장 중요한 세포는 뉴런이다. 뉴런은 신경계 한 영역에서 다른 영역으로 신경 임펄스를 전달하는 역할을 한다.

운동계의 구조와 기능

이 장의 초점이 운동계의 구조와 기능에 있다는 것을 다시 한 번 기억하자. 운동계가 어떻게 구성되는지에 대한 모델과, 움직임이 이루어지는 동안 각 요소들이 어떻게 상호작용하는지에 대해 살펴보았다. 이미 알려진 바와 같이 이는 단순화된 모델이다. 운동계의 일부 요소들이 통합되거나 간략하게 넘어가기도 하였고, 아주 드물게는 생략된 것도 있다. 예를 들면, 운동에서 감각 정보의 영향은 상세하게 다루어지지 않았고 변연계(limbic system)의 역할도 포함되지 않았다(변연계는 감정, 기억, 학습과 그에 관련된 행동에 영향을 미치는 뇌의 피질하 영역이다). 다음의 내용을 읽는 동안 그림 2-7을 자주 참조하라. 도표의 각 상자 하나 하나를 자세하게 설명할 텐데, 상자들은 운동계의 각 영역을 나타내며, 화살표는 한 영역에서 다른 영역으로의 신경 정보 흐름을 나타내는 것이다.

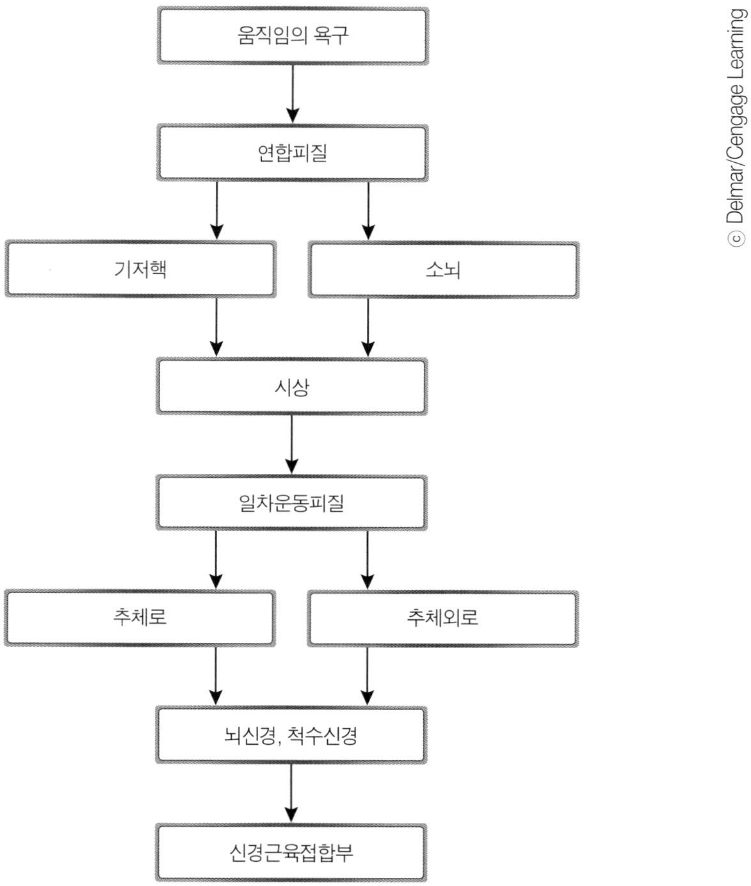

그림 2-7 운동계의 단순 구성도

움직이려는 욕구

수의적인 움직임이 시작되는 것은 움직이고자 하는 욕구에서부터이다. 물건을 줍거나, 걷고, 일어서고, 목소리를 내고, 혹은 매일매일 우리가 수행하는 다른 모든 수백 가지 움직임의 첫 단계이다. 욕구를 느끼고 그것을 움직임으로 옮기는 일은 대부분의 사람들이 쉽게 할 수 있는 것이다. 이는 매우 단순한 과제처럼 느껴지지만 실제로는 대단히 복잡한 것이다. 사실 뇌가 어떻게 움직이려는 욕구를 운동 뉴런의 순서적인 점화로 변형시키는지 확실히 알려져 있지 않다. 움직임을 계획하는 전체적인 과정이 시작되는 신경학적 "촉발(spark)"의 특성에 대해서도 잘 알려져 있지 않다. 어떤 책에서는 사람이 움직이고 싶을 때 뇌 안에 작은 사람이 있어서 필요한 줄들을 당기는 것과 같다고 재미있는 이야기처럼 설명하였다.

현재로서는 단순히 원하는 움직임을 이끌어 내는 데 필요한 뉴런의 점화를 정확하게 촉발시키는 어떤 것으로 보인다. 움직이고자 하는 욕구가 어떻게 움직임을 시작하는지는 알려져 있지 않지만, 운동계에서 그 이후로 이어지는 많은 단계에 대해서는 잘 알려져 있다. 예를 들면, 실제로 수의적인 움직임이 수행되기 약 800ms 전에 연합피질(association cortex)이라고 불리는 대뇌 양측의 넓은 영역에 신진대사 활동이 두드러지게 증가하는 것이 밝혀졌다. 따라서 이 연합피질이 자발적인 움직임의 초기 계획에 특히 중요한 역할을 하는 것으로 생각된다.

일차피질과 연합피질

연합피질에 대한 논의에 앞서 4개의 일차피질에 대해 살펴볼 필요가 있다. 왜냐하면 연합피질이 이 중 세 영역으로부터 수많은 감각 정보를 받기 때문이다. **일차피질**(primary cortex)은 어떤 종류의 신경 정보를 분석하는 데 총력을 기울이는 대뇌의 영역이다. 이 영역들의 이름은 각기 일차청각피질, 일차시각피질, 일차감각피질, 일차운동피질이다(그림 2-8). 처음 세 가지 피질이 차례대로 청각, 시각, 체감각(가령, 신체적인 감각) 정보를 초기에 처리하는 역할을 한다. 뇌의 고차적인 센터에서 수행되는 더 복잡한 분석에 비하면 이 영역들에서 이루어지는 처리 과정은 상대적으로 기초적인 것이다. 예를 들면, 측두엽의 가장 윗부분에 있는 **일차청각피질**(primary auditory cortex)은 음의 자질과 음조의 패턴을 분석하는 것으로 추정된다. 이는 또한 소리의 위치를 파악하는 데도 도움이 된다. 음에 대한 더 정교화된 분석은 연합피질에서 완수된다.

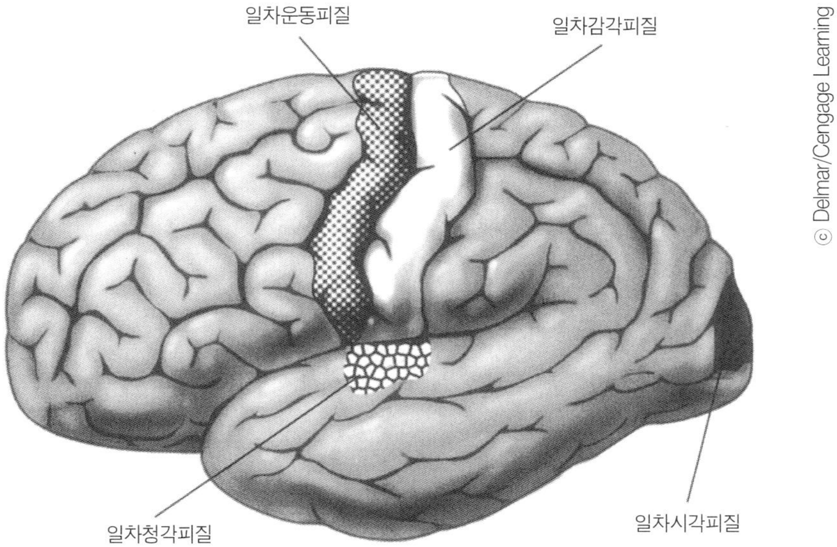

그림 2-8 일차피질의 네 영역

일차시각피질(primary visual cortex)은 후두엽의 가장 뒤쪽 끝에 있다. 이는 깊이를 감지하는 초기 분석의 수행과 아마도 양쪽 눈으로부터의 시각 정보를 통합하는 기능을 하는 것으로 추정된다. 이 영역에 손상이 생기면 시각 자극에 대한 의식적인 자각을 하지 못하게 된다.

일차감각피질(primary sensory cortex)은 중심뒤이랑(postcentral gyrus)에 있다. 신체 감각에 대한 신경 정보를 처음으로 받는 피질이 이곳이다. 압력, 온도, 감촉, 고유감각(proprioception, 관절과 팔다리의 위치 및 움직임 등)에 대한 감각을 분석한다.

이 3개의 일차피질 영역은 감각 정보를 분석하는 첫 번째 피질 영역이라는 점에서 공통점이 있다. 중심앞이랑에 위치한 **일차운동피질**(primary motor cortex)은 이에 상응하지만 반대의 방식으로 일한다. 여기는 뇌의 피질과 피질하 영역으로부터 계획된 운동 임펄스를 받아서(이 장의 후반부에서 논의될 것이다), 그것을 뇌간과 척수를 통해 내보내고 궁극적으로는 근육에 전달한다. 여기서 기억해 두어야 할 점은, 대부분의 자발적인 움직임의 계획은 일차운동피질에서 시작되지 않는다는 것이다. 자발적인 움직임의 초기 계획은 뇌의 다른 영역, 주로 연합피질에서 이루어진다.

연합피질(association cortex)은 뇌의 다른 여러 영역과 관련된 피질 영역으로, 일차피질에서 초기 분석된 감각 임펄스의 "의미를 해석하는" 곳이다. 그러나 연합피질은 뇌의 단일 영역이 아니다. 이는 실제로 피질의 네 영역, 즉 측두연합영역, 두정연합영역, 전두연합영역, 후두연합영역(그림 2-9)으로 나누어진다. 각 영역은 앞으로 개별적으로 다루겠지만, 이를 특정 유형의 처리 과정을 위한 독립적인 센터로 생각하는 것은 옳지 않다. 피질의 연합영역은 뇌의 다른 많은 영역들과 복잡하게 상호 연결되어 있고 인지적 과제를 수행하는 동안 다양한 조합을 이루며 함께 작용한다. 예를 들어, 두정연합영역은 일차감각피질, 측두연합영역, 전두연합영역을 포함하여 최소한 8개의 다른 피질 영역들과 신경 연결을 이루고 있다. 이러한 수많은 피질 연결(그리고 피질하 구조와의 수많은 연결)을 생각하면, 연합피질이 고도의 통합된 방식으로 작동한다는 것이 놀라운 일은 아니다.

측두연합영역(temporal association area)은 측두엽의 위쪽과 중앙의 많은 부분을 차지한다. 이는 전두연합영역과 일차청각피질, 아래쪽으로는 시각처리영역의 일부, 측두엽의 뒤쪽 가장자리, 그리고 기억을 담당하는 피질하 영역과 신경 연결을 갖는다. 측두연합영역의 기능은 다양한데, 복잡한 시각 자극의 재인(recognition), 청각 자극을 뇌의 다른 센터와 통합하는 것, 기억을 형성하는 일에 관여한다. 이 영역의 손상은 시각실인증(visual agnosia), 기억장애(amnesia), 그리고 고차적인 단계에서의 주의집중장애를 초래할 수 있다.

전두연합영역(frontal association area)은 전두엽의 가장 앞쪽 가운데 부분에 있다. 뇌의 이 영역은 "전전두피질(prefrontal cortex)"이라고도 하는데, 이는 같은 전두엽 내에 있는 피질운동영역(cortical motor area)과 구별하기 위해서이다(그림 2-9). 전두연합영역은 대뇌의 다른 엽들과 많은 신경 연결을 갖는다. 이러

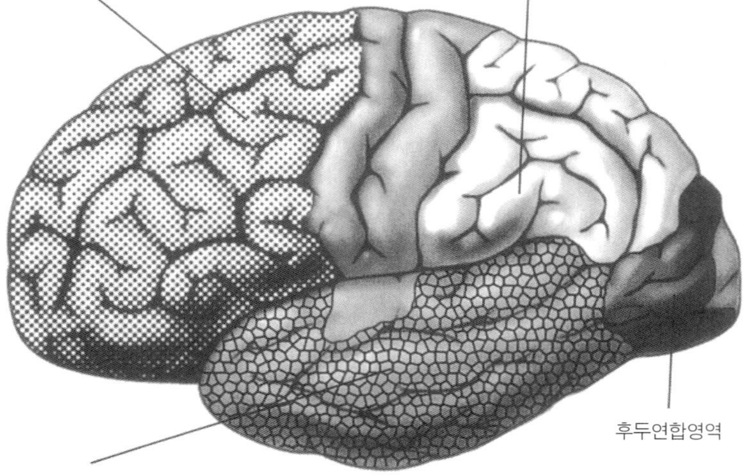

그림 2–9 연합피질의 네 영역

한 수많은 경로로 인해 이 영역은 뇌의 모든 감각 센터와 접속이 가능하다. 또한 전두연합영역은 피질하 구조들로부터 감정과 의지에 대한 정보를 받는다. 이러한 정보를 통합하여 전두연합영역은 자발적인 움직임을 계획하고 개시하는 데 분명 중요한 역할을 한다. 이 영역에 양측으로 손상이 생기면 자발성과 주도권의 감소와 주의 지속 시간이 짧아지고 추상적인 문제 해결에 어려움을 보인다.

두정연합영역(parietal association area)은 일차감각피질과 후두엽 사이에 있다. 여기에는 후두엽과의 연결뿐 아니라 전두엽의 전전두영역, 운동영역과도 중요한 신경 연결이 많이 있다. 두정연합영역의 핵심 역할은 신체 감각과 시각 정보를 통합하는 것이다. 운동계의 한 부분으로서 두정연합영역은 시각적으로 안내받는 움직임(가령, 손–눈의 협응)을 통제하는 데 중요한 역할을 한다. 이 영역의 손상은 사물을 조작하는 일의 장애나 신체 절반의 감각 무시(sensory neglect), 그리고 읽기 · 쓰기의 장애를 초래할 수 있다.

시각연합영역(visual association area)은 일차시각피질과 두정엽, 측두엽 사이에 걸친 띠처럼 생긴 피질이다. 여기에는 시각의 감각 임펄스를 받는 일차시각피질과 많은 연결이 있다. 주요 기능은 일차시각피질을 통해 들어오는 시각 임펄스에 대한 매우 복잡한 분석을 수행하는 것이다. 운동계에 대한 시각연합피질의 역할은 시각적으로 안내받는 움직임에 관여하는 정보를 두정연합영역으로 전달하는 것이다. 시각연합영역에 국한된 손상을 보이는 경우는 드물지만, 간혹 이러한 경우가 발생하면 몇 가지 특이한 장애를 초래하기도 한다. 그중 하나가 움직임 시각장애(motion blindness)이다. 이는 매우 드문 장애인데, 환자가 사물의 움직임을 감지하는 데 어려움을 보인다. 예를 들면, 흐르는 물이 고정된 장소에 얼어붙어 있는 것처럼 보이며, 방 안으로 걸어 들어오는 사람이 갑자기 사라졌다 다시 나타나는 것처럼 보이고, 달려오는 기차가 처음에는 매우 멀리 있다가 어느 순간 갑자기 매우 가까이 있는 것처럼 보일 것이다. 시각연합영역의 손상과 관련된 다른 장애는 색깔 시각장애(color blindness)와 얼굴인식불능증(prosopagnosia, 친숙한 얼굴을 인식하지 못하는 것)이다.

처리 과정에 대해서는 잘 알려져 있지 않지만, 이 네 가지 피질연합영역은 뇌의 다른 영역과 함께 움직임에 대한 막연한 욕구를 받아들여 계획화된 근육 수축의 패턴으로 전환할 수 있다. 그러나 움직임을 만드는 계획화된 수축의 초기 단계에서는 실제로 의도했던 움직임을 성공적으로 성취하는 데 필요한 것보다는 훨씬 거칠고 과장된 추정 정도에 그친다고 생각된다. 계획화된 움직임의 이후 처리 과정이 필수적인데 여기에는 기저핵, 소뇌, 시상이 참여한다. 연합피질은 이후의 처리와 정교화를 위해 초기의 다듬어지지 않은 운동 임펄스의 배열을 이러한 피질하 구조로 내려 보낸다.

기저핵과 소뇌

연합피질은 의도된 움직임에 대한 신경 신호를 기저핵과 소뇌로 보낸다. 이 두 구조는 계획화된 움직임에 대해 서로 다르지만 똑같이 중요한 영향을 미치는 것으로 생각된다. 각각은 "조절회로(control circuits)"라고도 하는 자체적인 고유의 신경회로 고리를 갖고 있다. 이 회로를 통해 기저핵과 소뇌는 연합피질을 일차운동피질과 연결한다. 즉, 이들은 연합피질에서 다듬어지지 않은 운동 임펄스를 받아서 이를 매끄럽게 조율한 다음, 이를 (시상을 통해) 일차운동피질로 올려 보낸다.

기저핵

기저핵(basal ganglia)은 측뇌실(lateral ventricle) 근처에 있는 3개의 커다란 피질하 구조를 합쳐서 부르는 이름이다(그림 2-10). 각각의 이름은 **미상핵**(caudate nucleus), **조가비핵**(putamen), **담창구**(globus pallidus)라고 한다(Haines, 2002). 이 3개의 구조는 다양한 신경섬유를 통해 서로 연결되어 있다. 미상핵과 조가비

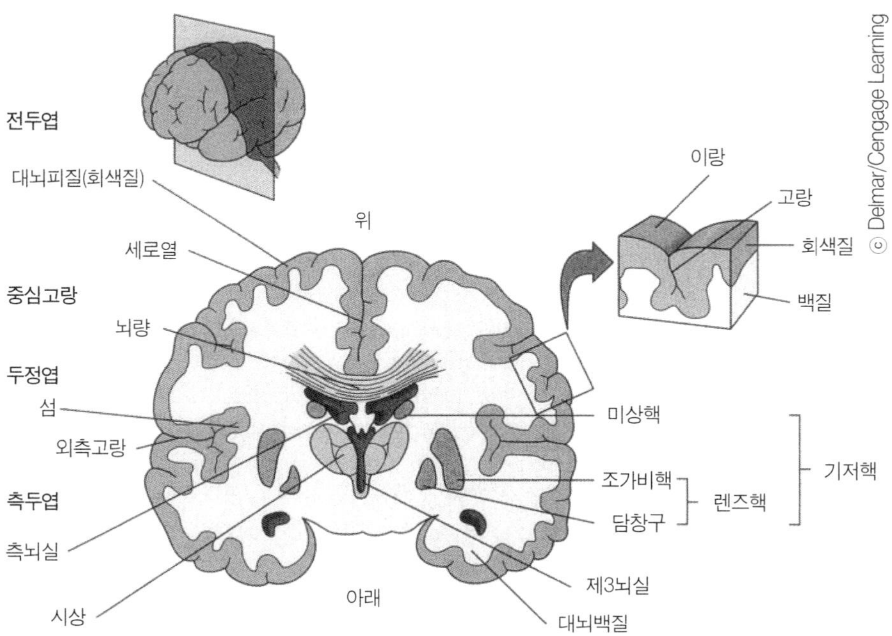

그림 2-10 기저핵(미상핵, 조가비핵, 담창구)과 시상, 그리고 다른 대뇌 주요 표지의 위치를 보여 주는 뇌의 관상면

핵을 함께 **선조체**(striatum)라고 한다. 기저핵은 짙은 회색을 띠기 때문에 (뉴런의 세포체와 같이) 주변의 백질로부터 매우 두드러져 보인다. 또한 기저핵은 매우 복잡한 신경 경로의 네트워크를 포함하며, 다양한 피질 및 피질하 영역과 연결되어 있다. 기저핵으로 들어오는 대부분의 피질 정보는 선조체로 간다. 그런 다음, 기저핵으로부터 나오는 출력물은 담창구를 통해 시상(아래에서 언급될 또 하나의 피질하 회색질 구조)으로 보내진다.

기저핵의 역할은 매우 복잡하다. 일반적으로 기저핵은 원하지 않은 움직임을 방지하는 "필터" 같은 역할을 하는 것으로 여겨진다. 이 필터 활동은 기저핵에 손상이 생겼을 때 가장 잘 관찰할 수 있다. 예를 들면, 도파민 레벨의 감소 때문에 기저핵이 과도하게 흥분하면 수의적인 운동이 심하게 억제되고 약화된다(다음에 언급되는 파킨슨병의 예를 참조하라). 반면, 기저핵의 뉴런이 퇴화되어 그 억제 기능을 잃으면 움직임은 과장되고 목적 없이 된다(다음에 언급되는 헌팅턴병의 설명을 참조하라). 기저핵은 특히 느리고 지속적인 움직임을 계획하고 정교화하는 데 중요한 역할을 한다고 알려져 있다. 따라서 기저핵은 그러한 종류의 움직임 동안에는 매우 활동적인 반면, 빠르고 앞뒤로 왔다 갔다 하는 움직임 중에는 대부분 비활동적이다.

몇 개의 다른 피질하 회색질 구조도 기저핵에 영향을 미친다. 그중 하나가 **흑질**(substantia nigra)이다(**그림 2-11**). 이는 고유의 신경회로를 통해 선조체에 연결되어 있다. 흑질에서부터 선조체로 가는 신경 경로는 신경전달물질인 도파민을 생산하는 뉴런을 매우 많이 포함하고 있다. 선조체에 있는 많은 뉴런들은 적절한 기능을 하기 위해 도파민을 필요로 한다. 흑질로부터 선조체로 오는 도파민 레벨이 저하되면 근육의 경축(rigidity), 진전(tremor), 보행장애(gait disturbance), 그리고 움직임을 시작하는 것의 어려움 등이 초래된다. 선조체에서의 도파민 감소는 질환의 진행 과정(가령, 파킨슨병)의 한 부분으로 혹은 도파민 생산을 방해하는 항정신성 약품(antipsychotic drug)의 부작용과 같은 다른 원인으로 인해 나타날 수 있다. 파킨슨병과 관련된 말운동장애는 **과소운동형 마비말장애**(hypokinetic dysarthria)라 한다. 이는 제8장에서 논의할 것이다.

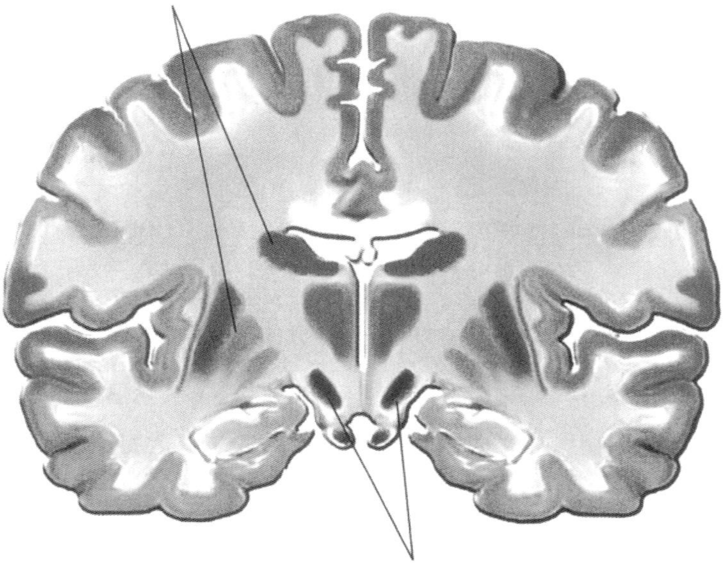

그림 2-11 기저핵에 관련한 흑질의 위치를 보여 주는 뇌의 관상면

운동장애의 다른 형태인 **과다운동장애**(hyperkinetic disorders) 또한 기저핵의 손상에 의한 것이다. 이 장애의 증상은 파킨슨 유형의 장애에서 보이는 딱딱하고 제한된 움직임과는 극적으로 다르게 나타나기도 한다. 헌팅턴병[Huntington's disease, 헌팅턴 무도병(Huntington's chorea)이라고도 한다]은 과다운동장애의 좋은 예이다. 이는 유전적 불치병으로 선조체와 다른 뇌 영역 뉴런의 점진적인 소실을 초래한다. 이 질환의 증상에는 팔, 다리, 얼굴, 혀의 빠르고 불수의적인 움직임이 포함된다. 질환이 진행됨에 따라 그러한 움직임의 강도가 증가하고 몸통 근육에도 영향을 미치기 시작하며, 궁극적으로는 치매와 행동 문제도 나타나게 된다. 헌팅턴병 환자의 손과 팔, 다리의 움직임은 간혹 "춤추는 것 같다" 혹은 "우아하다"고 묘사되었다. 어떤 면에서 아주 틀린 말은 아니지만, 그런 표현은 불수의적인 움직임이 환자의 수의적인 움직임을 방해하는 영향을 경

시하는 것이다. 헌팅턴병이나 이와 유사한 장애에서 보이는 말운동장애를 **과다 운동형 마비말장애**(hyperkinetic dysarthria)라 하며, 이는 제9장에서 논의한다.

소뇌

소뇌는 근육의 긴장도 조절, 균형 유지, 숙련된 운동의 협응을 돕는다. 소뇌는 뇌간 뒤에 그리고 대뇌의 후두엽 바로 밑에 있다(그림 2-12). 글자 그대로 "작은 뇌"라는 뜻의 이름은 초기 해부학자들이 붙인 것인데, 이들은 소뇌가 부가적인 작은 뇌라고 생각했다. 이러한 잘못된 생각은 이해할 만도 한데 대뇌와 소뇌는 겉으로 보기에 비슷해 보이기 때문이다. 대뇌와 같이, 소뇌도 세로열에 의해 2개의 반구로 나누어진다. 그 표면은 많은 주름과 파인 홈으로 이루어져 있는데—사실, 대뇌 표면에 있는 것보다 더 심하다—이러한 많은 주름으로 인해 소뇌의 표면은 대뇌 표면의 약 75%에 달한다.

기저핵과 같이 소뇌도 연합피질로부터 의도적 운동의 신경 임펄스를 받는다. 부가적으로, 내이(inner ear)의 전정미로(vestibular labyrinth)와 온몸에 있는 시각, 촉각, 청각, 고유감각 수용체로부터 감각 정보를 받는데, 이를 통해 소뇌는 신체의 균형, 자세, 체위에 대한 정보에 접근한다. 소뇌는 연합피질로부터 초기 형태의 운동 임펄스를 받고 이에 필요한 감각 정보와 통합하는 것으로 추정된다. 소뇌는 운동 임펄스를 신체의 현재 상황에 따라 조절하고 정교하게 다듬으며, 이와 같이 처리된 운동 신호를 시상을 통해 일차운동피질로 보낸다. 그러나 소뇌에서 나오는 모든 운동 출력물이 시상으로 가는 것은 아니다. 소뇌에도 하행하는 추체외로와 간접적으로 시냅스 연결하는(이후로 논의된다) 운동신경 경로가 있다. 이 추체외로 운동신경과의 연결을 통해 소뇌는 걷기와 자세 유지 같은 운동 활동에 비교적 직접적인 영향을 미친다.

이와 같은 신경계 여러 부분과의 구심, 원심 연결 때문에 소뇌에 손상이 생기면 다양한 장애가 나타날 수 있다. 그중 하나가 **실조증**(ataxia)이다. 어깨와 골반 근처의 근육 그룹이 특히 영향을 받는 것 같다. 실조증 환자의 걸음걸이는 폭이 넓고 비틀거리며 걸려 넘어지려 하는데, 이는 종종 "술 취한 것" 같다는 특징

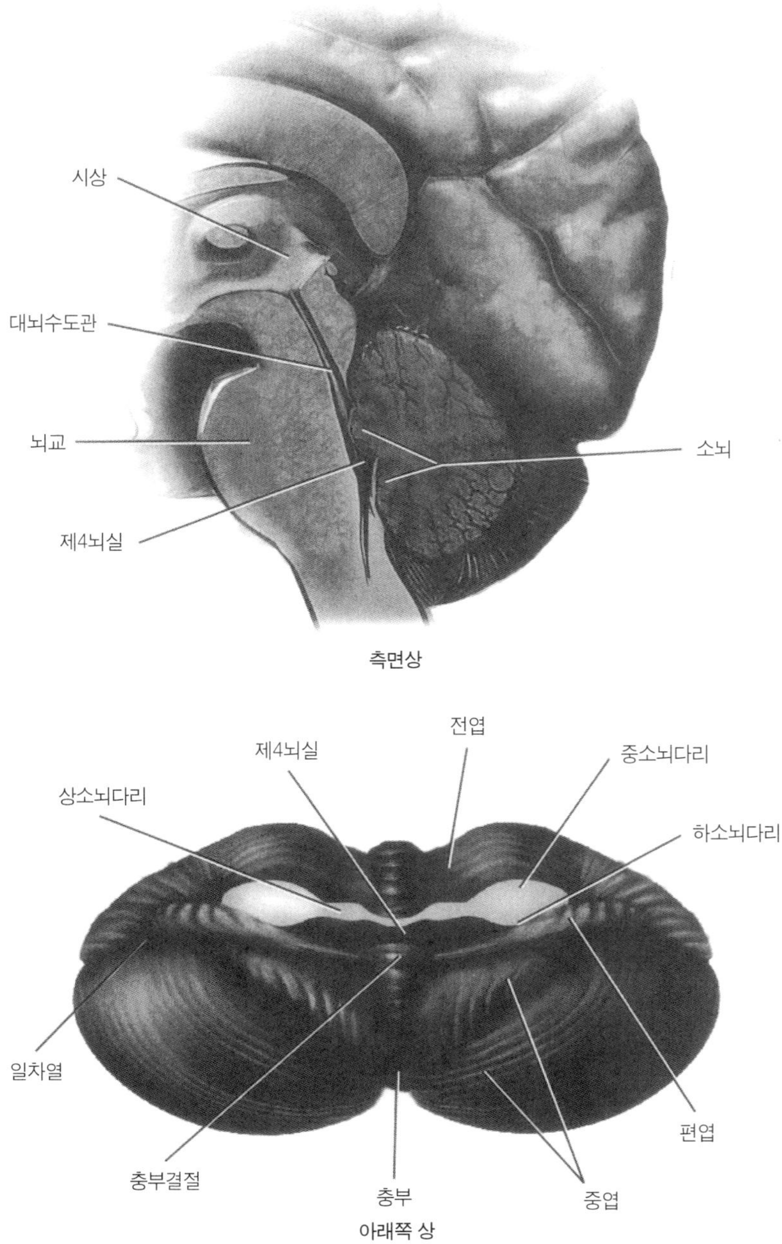

그림 2–12 소뇌는 뇌간의 뒤에 붙어 있다.

으로 묘사된다. **활동 시 떨림**(intention tremor) 또한 소뇌의 손상에서 볼 수 있다. 이 종류의 떨림은 물컵을 잡는 것과 같은 수의적인 움직임을 수행하는 동안에만 관찰되며 휴식을 취하는 동안에는 나타나지 않는다. 다른 장애로는 불수의적인 눈동자 진동운동(안구진탕, nystagmus), 근육 긴장도의 항진이나 감소, 평형 감각의 장애 등이 있다. 소뇌 손상과 관련된 말운동장애는 대부분 **실조형 마비말장애**(ataxic dysarthria)이며 제7장에서 논의될 것이다.

시상

시상(thalamus)은 또 하나의 중요한 피질하 회색질 구조이다. 기저핵 안쪽으로 그리고 제3뇌실의 측면에 자리 잡고 있는(그림 2-13) **시상**(thalamus)은 신

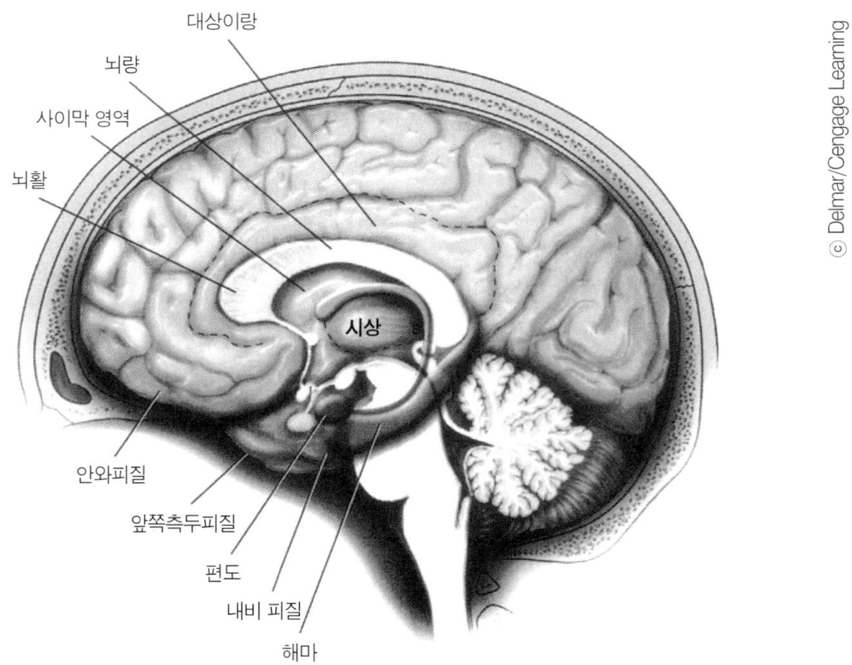

그림 2-13 대뇌와 관련한 시상의 측면상

경계의 피질하 시스템이 대뇌피질과 의사소통하는 출입구 역할을 하는 것으로 알려져 있다. 시상은 기저핵과 소뇌로부터 계획된 운동에 대한 신경 정보를 받는다. 그러나 이러한 신호를 가지고 어떤 일을 하는지에 대해서는 확실히 알려져 있지 않다. 현재 알려져 있는 것은 시상이 엄청난 양의 유용한 체감각 정보(somatosensory information)를 가지고 있다는 것이다. 실제적으로 신체로부터 오는 모든 감각 임펄스는 대뇌로 가는 길에 시상을 통과한다. 시상은 기저핵과 소뇌로부터 오는 운동 임펄스를 더 정교하게 하는 데 이 감각 정보를 이용하는 것으로 보인다.

일차운동피질

일차운동피질(primary motor cortex)은 기저핵과 소뇌, 시상에서 가공되고, 매끄럽게 조율된 신경운동 임펄스를 받는다. 일차운동피질의 뉴런은 신체에서 가장 긴 축삭돌기를 가지고 있을 것이며, 다수가 피질로부터 척수의 아랫부분까지 한 번에 이어져 있다. 이러한 축삭돌기들이 **추체로**(pyramidal system)라고 하는 하행운동로의 대부분을 구성한다. 일차운동피질에 직접 전기 자극을 함으로써 그 뉴런들이 신체 구조가 뒤집힌 형태로 배열되어 있다는 것을 알게 되었다(그림 2-14). 중심앞이랑의 아랫부분에 있는 뉴런을 전기침으로 자극했을 때 머리와 목의 근육 수축이 일어났다. 반면, 다리와 발 근육의 수축은 이랑의 윗부분에 있는 뉴런을 자극했을 때 관찰되었다.

일차운동피질에 대한 전기 자극을 통해 또 다른 중요한 발견을 하게 되었는데, 자극은 복잡하고 통합된 운동을 절대 유발하지 않는다는 것이다. 단지 단순한 근육의 수축만 관찰되었다. 이는 일차운동피질이 합목적적이고 순서적인 움직임을 설계하지 않는다는 것을 의미한다. 만약 그랬다면, 이곳의 뉴런에 대한 전기 자극은 일종의 복잡한 운동 패턴을 일으켰을 것이다. 일차운동피질의 주요 역할은 다른 곳에서 형성된 수의적인 운동 패턴을 받아서 이를 추체로라고 불리는 운동 뉴런경로를 통해 뇌신경 혹은 척수신경으로 전달하는 것으로 추정된다.

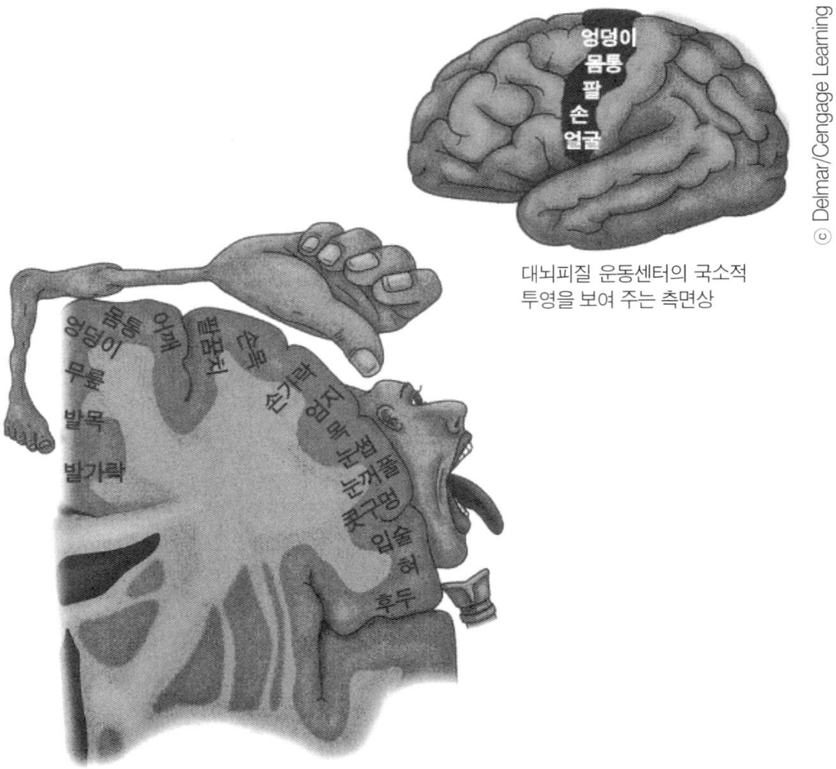

그림 2-14 일차운동피질에 있는 뉴런은 뒤집힌 신체구조의 형태로 배열되어 있는데, 아래쪽 이랑의 뉴런은 목과 얼굴 근육에 신경자극을 전달하는 기능을 하며 위쪽 뉴런은 다리와 발 근육에 신경자극을 전달한다.

그러나 일차운동피질을 운동 패턴 정보가 거쳐 가는 정거장으로만 보는 것은 너무 단순한 생각이다. 이곳에도 다른 피질 영역으로부터의 정보를 계획된 움직임으로 통합하는 능력이 있다. **전운동영역**(premotor area)과 **보조운동영역**(supplementary motor area)도 움직임이 시작되기 전에 일차운동피질에 부가적인 정보를 제공한다(그림 2-15). 이 두 피질 영역은 일차운동피질 바로 앞쪽에 위치하고, 보조 운동피질은 대뇌반구의 맨 위에서 세로열 안으로 내려가며 이어진다. 이 두 영역이 보내는 신경 신호는 일차운동피질이 내보내는 최종적인 운

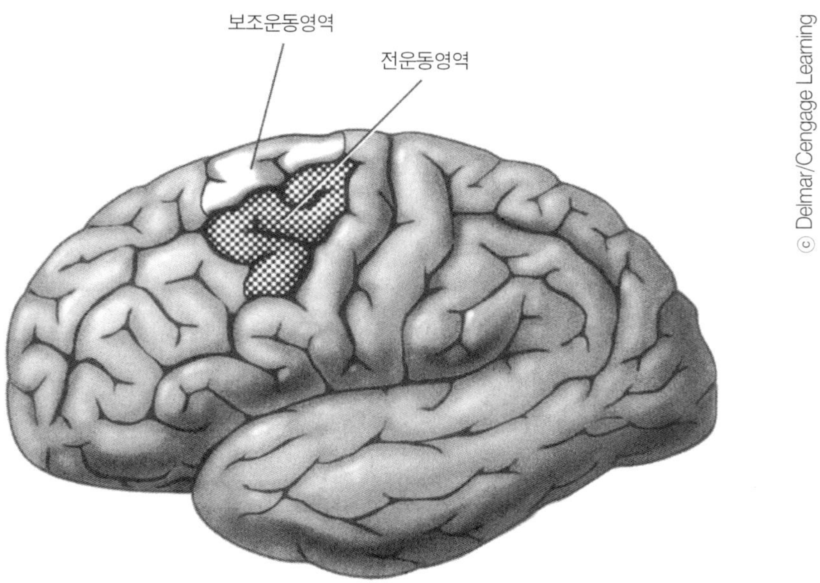

그림 2-15 전운동영역과 보조운동영역은 움직임을 조절하고 정제하는 데 중요한 기능을 한다. 전운동영역은 시각적으로 안내된 움직임에 기여하고 보조운동영역은 양손을 사용하는 복잡한 움직임의 협응을 돕는다.

동 신호를 부가적으로 조절하는 데 영향을 미치는 것으로 생각된다. 전운동영역으로부터의 임펄스는 자물쇠에 열쇠를 꽂는 행동과 같이 시각적으로 안내받는 움직임에 특히 중요한 것으로 여겨진다. 이 영역에 손상이 생기면 손의 움직임이 두드러지게 서툴러진다. 이에 비해 보조운동영역의 영향은 확실하게 알려져 있지 않다. 이 영역으로부터의 신경 신호는 복잡하고 순서적인 움직임을 하는 동안 양손의 동시적인 사용을 용이하게 하는 것으로 보인다.

하행운동로

하행운동로는 피질로부터 뇌간과 척수로 가는 운동 임펄스를 운반하는 신경 경로이다. 이는 두 범주로 나누어지는데, 추체로와 추체외로이다. 이 두 시스템의 기능은 일반적으로 말해서 추체로는 수의적이고 섬세한 운동을 조절하는 임펄스를 운반하는 역할을 하고, 추체외로는 그와 같은 섬세한 움직임에 필요한 자세를 조절하는 임펄스를 전달하는 것이라고 할 수 있다. 예를 들면, 어떤 사람이 타이핑을 할 때 자판 위에서 조화로운 각각의 손가락 움직임이 가능하게 하는 운동 임펄스를 운반하는 것은 추체로이다. 추체외로는 자판에서 손가락들이 움직일 수 있도록 팔과 어깨 등의 자세를 유지하는 임펄스를 운반한다. 이 두 시스템의 또 다른 일반화된 설명은 추체로는 의식적인 단계에서 기능을 하고 추체외로는 좀 더 무의식적이고 자동화된 기능이라는 것이다. 어떤 일반적인 설명이라도 모든 측면에서 절대적으로 옳을 수는 없지만, 뇌의 고차적인 센터에서 근육으로 연결되는 복잡한 운동 경로를 이해하는 데는 좋은 출발점이 된다.

추체로

추체로에서 대부분의 신경섬유는 일차운동피질에서부터 뇌간 혹은 척수까지 직접적인 경로를 취하며, 궁극적으로 뇌간 혹은 척수에서 뇌신경 혹은 척수신경과 시냅스 연결을 한다. 실제로 추체로는 대뇌피질에서부터 뇌신경과 척수신경으로 곧바로 가는 경로이기 때문에 "직접 활성 경로(direct activation system)"라고 불리기도 한다. 덧붙여 말하자면, 이러한 하행 섬유들이 빽빽하게 함께 모이는 ("피라미드"라고 불리는) 연수의 한 지점에서 추체로라는 이름이 기인한 것이다. 어떤 이름이건 이 운동 경로는 운동계의 핵심 요소이다. 이 섬유들은 피질척수로와 피질연수로로 나누어진다. **피질척수로**(corticospinal tract)는 피질에서부터 내포(internal capsule), 뇌간, 척수를 통해 내려가는 축삭돌기로 이루어진다(그림 2-16). 축삭돌기는 척수에서 종결되는데 여기서 대부분 척수신경과 시냅스 연결을 한다. **피질연수로**(corticobulbar tract)도 피질에서부터 내려가는 축삭으로 이루어지지만, 이 축삭들은 뇌간에서 종결되며 여기서 최종적으로 뇌신경과 시냅스 연결을 한다. 연수(bulbar, 전구 모양)라는 용어는 연수(medulla)의 옛날 이름과 관련된 말인데, 한때 "전구(bulb)"라고 일컬어지기도 했다. 요컨대, 추체로는 대부분 피질에서부터 척수(피질척수로)로 혹은 뇌간(피질연수로)으로 직행하는 운동 뉴런으로 구성된다.

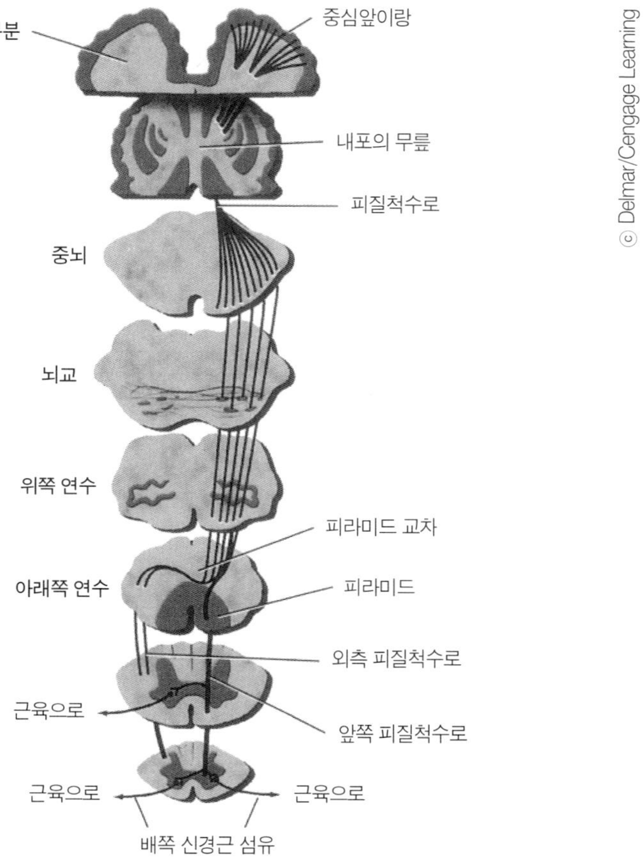

그림 2–16 추체로의 피질척수로는 일차운동피질(중심앞이랑)과 척수신경 사이를 대부분 직접 연결한다.

추체로의 축삭돌기는 대부분 그 세포체가 일차운동피질에 위치해 있다. 그러나 일부 섬유는 전운동피질, 보조운동피질, 일차감각피질로부터 오기도 한다. 대뇌에서 내려가는 피질척수로와 피질연수로 섬유들은 서로 가까운 위치에 자리 잡고 있다. 연수에서 피질척수로 대부분은 "피라미드 교차(pyramidal decussation)"라고 하는 지점에서 중앙선을 넘어 교차하여 반대측 척수를 통해 계속 내려간다. 피질연수로 섬유는 중뇌에서부터 시작하여 나머지 뇌간을 따라 점차적으로 피질척수로에서부터 분리되어 나간다.

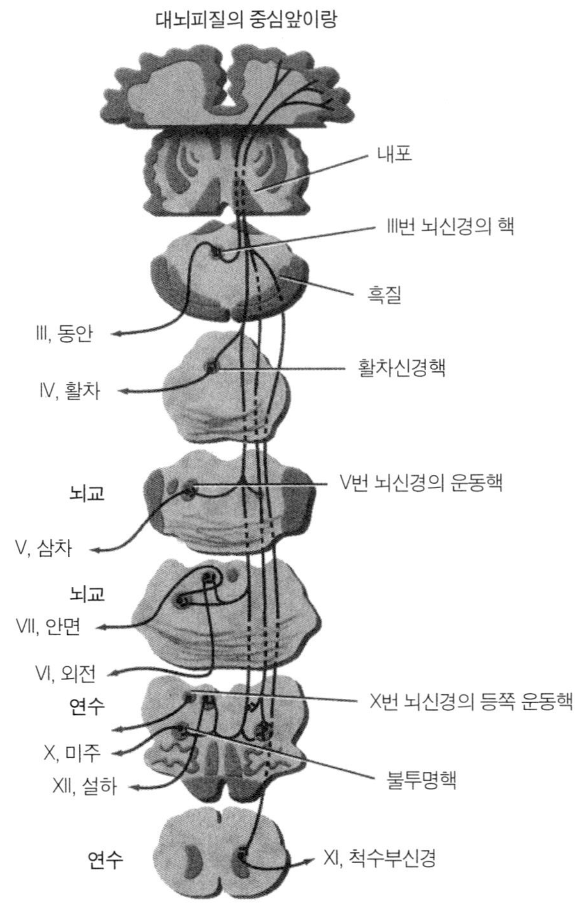

그림 2–17 추체로의 피질연수로는 일차운동피질(중심앞이랑)을 대부분의 뇌신경과 직접 연결한다.

피질척수로와는 달리, 피질연수로의 섬유는 모두 중앙선을 넘어 교차하지는 않는다. 이것들은 뇌신경과 시냅스 연결을 하기 전에 복잡한 양측 형태로 분포되며(그림 2–17), 이로 인해 대부분의 뇌신경이 양측 피질의 신경 지배를 받는 결과가 된다. 예를 들면, 뇌졸중이 좌측 대뇌반구의 피질연수 섬유에 영향을 미쳐도 좌측 뇌신경에 지배를 받는 모든 근육이 마비되는 것은 아닌데, 왜냐하면 그렇다 하더라도 손상되지 않은 오른쪽 대뇌반구로부터 오는 운동신경 지배를 오른쪽과 왼쪽 뇌신경이 모두 받기 때문이다. 후두, 인두, 구개, 얼굴 위쪽, 아래턱의 근육을 담당하는 뇌신경은 모두 이와 같이 양측 지배를 받는다. 그러나 명심해야 할 것은 얼굴 아래쪽과 혀의 근육은 주로 한쪽의 지배를 받는다는 것이다. 두경부에서 이 두 부분은 한쪽 피질의 손상으로도 현저한 영향을 받는다. 머리와 목 근육에 대한 뇌신경 지배는 제4장에서 자세하게 다룰 것이다.

추체로는 쥐나 생쥐 같은 하등동물에서는 잘 발달되어 있지 않다. 고등동물(개, 원숭이, 인간)로 갈수록 추체로가 현저하게 커지고 더 정교해진다. 이 섬유가 손상되면 보통 근육의 약화가 생기고 쉽게 피로해진다. 또한 추체로에 손상이 있는 환자는 전에는 쉽게 하던 운동 기능을 수행하는 데도 정신 집중을 많이 해야 한다고 보고한다. 말운동 시스템에서 한쪽 추체로의 손상은 조음기관의 미세한 운동에 장애를 초래하는데, 이를 **일측 상부운동신경형 마비말장애**(unilateral upper motor neuron dysarthria)라고 한다(제6장 참조). 그러나 추체로 손상의 증상은 주의해서 해석해야 하는데, 이는 대뇌와 뇌간 사이를 통과하는 다른 신경 경로들이 추체로 섬유 가까이 위치하기 때문이다. 추체로에 영향을 미치는 손상은 거의 대부분 이러한 다른 경로들에도 영향을 미치며, 임상적 양상을 복잡하게 만드는 결과를 가져온다.

추체외로

추체외로(extrapyramidal system)는 다수의 서로 다른, 그리고 상호 연결된 하행 운동 경로로 구성되어 있다. 추체외(extrapyramidal)라는 용어는 간단히 말하면 추체로 부분이 아닌 (추체로와 별도의) 운동 경로라는 말이다. 많은 신경생리학자들은 이 부가적인 운동 경로를 지칭할 때 추체외라는 용어를 사용하지 않는데, 왜냐하면 그 다양한 기능을 설명하는 데 이 용어가 부적절하다고 생각하기 때문이다. 어떤 사람들은 이를 "간접 활성 경로(indirect activation system)"라고 하며, 이것이 이 시스템의 복잡하고 다각적인 상호 연결을 더 잘 묘사한다고 믿는다. 다른 사람들은 단순히 하나의 용어로 묶지 않고, 각각의 하행 운동 경로를 개별적으로 설명한다. 그럼에도 불구하고 이 책에서는 추체외로라는 용어를 사용했는데, 이 용어가 아직도 임상 현장에서 널리 사용되며 이 운동 경로를 설명하는 광범위하고 간략한 방법이기 때문이다.

추체외로의 4개 하행 경로를 보면, 적핵척수로, 망상척수로, 전정척수로, 덮개척수로이다. 이 각각의 경로들이 신경계 고차 단계와 뇌신경 혹은 척수신경 사이를 연결하는 신경 운동 경로인 점에서 추체로와 유사하다는 것을 기억하라. 그러나 이는 대뇌피질이 아니라 뇌간에서 기원한다는 점이 다르다. 또한 말초신경으로 가면서 뇌의 다른 영역들과 많은 연결을 갖는다는 점에서도 차이가 있다. 예를 들면, 대뇌피질, 기저핵, 소뇌 모두 추체외로와 신경 연결을 갖는데, 이를 통해 직접적으로 뇌의 고차 단계로부터의 영향을 추체외로에 의해 지배를 받는 근육의 활동에 미칠 수 있다.

적핵척수로(rubrospinal tract)는 뇌간 안에 있는 "적핵(red nucleus)"이라고 하는 뉴런 그룹에서 기원한다(그림 2-18). 이 신경섬유는 적핵을 떠난 직후 중앙선을 교차하여 척수로 계속 내려간다. 많은 적핵척수 섬유가 추체로 섬유와 섞여 있고 같은 영역에서 시냅스 연결을 많이 하기 때문에 이 경로가 수의적인 운동을 조절하는 데 추체로의 보조 역할을 하는 것으로 추정된다.

망상척수로(reticulospinal tract)는 망상체(reticular formation)에서 기원하는데, 이는 중뇌, 뇌교, 연수를 가로지르는 하나의 신경세포 그룹이다(그림 2-19). 망상체는 몇 가지 중요한 기능을 한다. 이는 추체외로 운동 시스템의 한 부분이며, 부가적으로 사람의 의식 수준, 혈압, 호흡, 주의력을 조절하는 데 영향을 미친다. 망상척수로 섬유는 운동 및 감각 피질, 기저핵, 흑질, 적핵을 포함한 여러 곳으로부터 들어오는 정보를 받는다. 이와 같은 다양한 입력 정보로 인해 망상척수로는 척수신경에 중요한 영향을 미친다. 이 경로는 특히 똑바로 선 자세를 유지하고 외부 자극을 향해 몸을 돌리는 능력에 중요한 역할을 한다고 여겨진다. 이는 또한 팔이나 다리를 올리는 것과 같은 자발적이고 큰 움직임을 가능하게 하는 것 같다. 나아가 망상체와 망상척수로는 고차 신경계의 입력 정보 없이도 작동할 수 있는 "이미 짜여 있는" 반사적 운동 패턴을 포함하고 있다. 예를 들면, 이 경로로 인해 대뇌가 없이 태어난 신생아도 빨기, 기지개 켜기, 하품하기

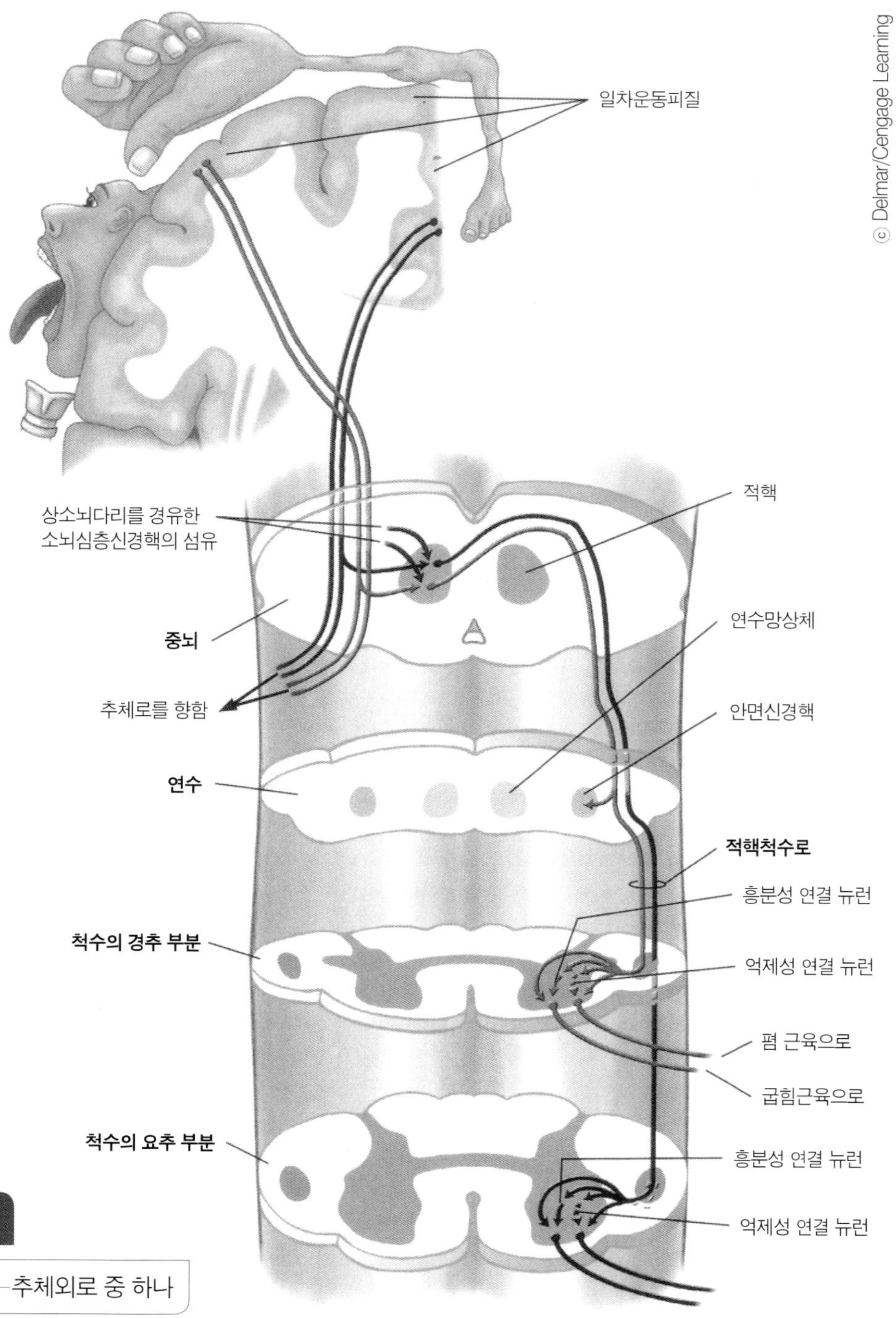

그림 2–18

적핵척수로—추체외로 중 하나

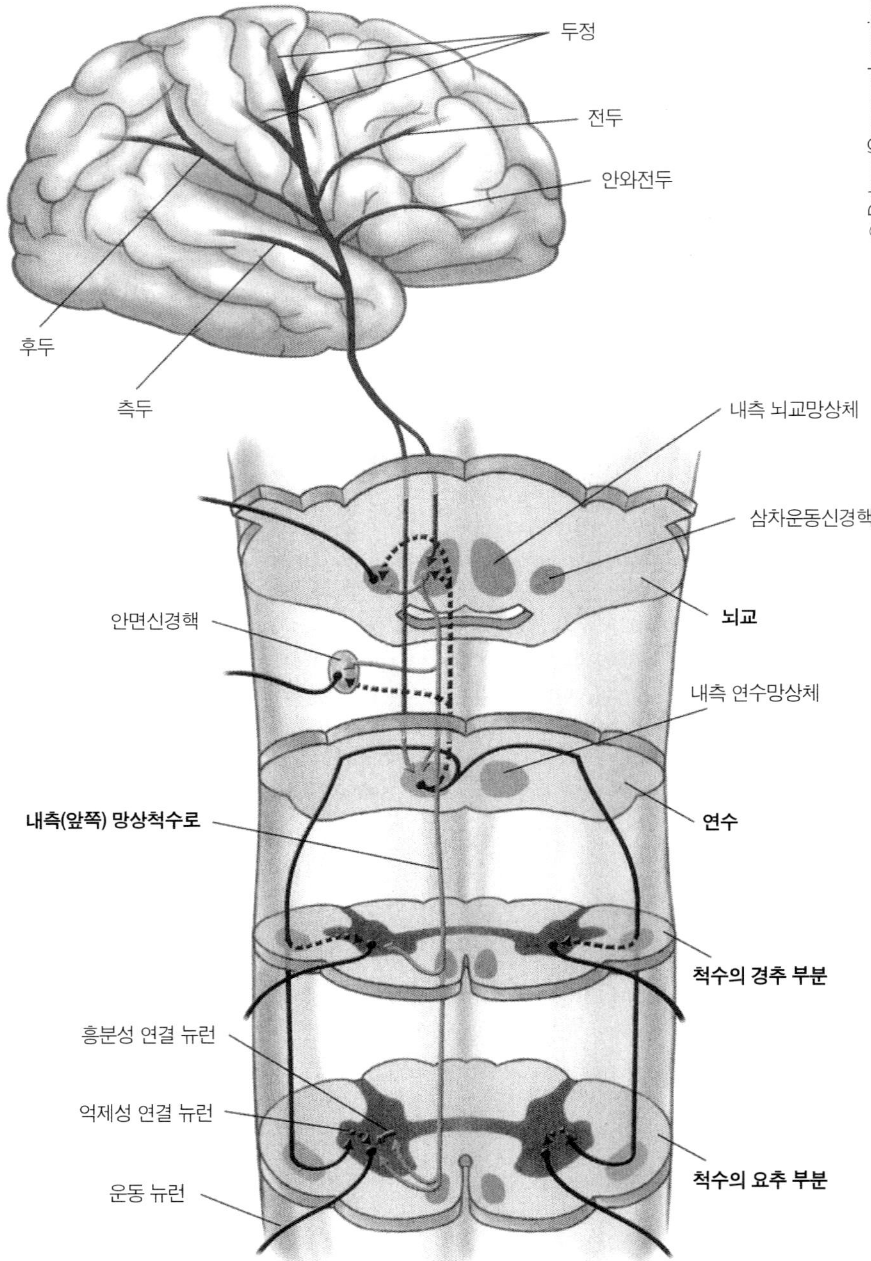

그림 2–19 망상척수로(망상척수로와 피질망상 경로)—추체외로 중 하나

와 같은 기초적인 운동을 수행하는 것이 가능하다.

마지막 2개의 추체외로는 말운동 산출과 거의 관련이 없으므로 이에 대해서는 간략하게 언급한다. **전정척수로**(vestibulospinal tract)는 내이의 전정기관에서 기원하며, 뇌교와 연수를 통해 내려가서 척수에서 종결된다. 이는 신체의 자세와 균형을 유지하는 일을 돕는다. 마지막은 **덮개척수로**(tectospinal tract)이다. 이 섬유는 중뇌에서 기원하여 척수의 경추 부위에서 종결된다. 이 경로는 눈과 시각피질로부터 많은 구심 정보(afferent inputs)를 받으며, 따라서 외부의 자극에 따라 눈과 머리를 유지하는 데 중요한 역할을 한다.

추체외로를 추체로와 평행적으로 작동하는 시스템으로 생각하면 좋다. 이 말은 추체로가 뇌신경과 척수신경으로 미세 운동의 신경 임펄스를 전달하는 동안 추체외로는 동시에 그러한 미세 운동을 수행하는 데 필요한 자세에 도움을 주는 근육을 조절한다는 의미이다. 종합하면, 추체외로의 지배를 받는 자세 근육에는 몸통 근육과 팔, 다리의 큰 근육 그룹이 포함된다. 뇌신경과 말 메커니즘의 근육에 대한 추체외로의 영향은 확실하게 알려져 있지 않다. 망상체 뉴런은 (망상척수로의 기원) 뇌신경과 많은 시냅스 연결을 갖는다. 이러한 연결을 통해 추체외로는 반사와 근육 긴장도, 그리고 아마도 말 메커니즘에서의 수의적인 운동에 영향을 줄 것이다.

뇌신경과 척수신경

뇌신경과 척수신경을 논의하기 전에, 상부운동신경과 하부운동신경의 차이에 대해 검토해 볼 필요가 있다. 많은 저자들이 이를 정의하는 데 서로 다른 기준을 적용하고 있는데, 예를 들면 어떤 사람은 상부운동신경을 추체로에 국한되는 것으로 이야기한다. 다른 사람은 CNS 내에 있는 운동 뉴런을 모두 포함하는 것으로 정의해야 한다고 주장한다. 이 책에서는 두 번째 정의를 사용할 것이다. **상부운동신경**(upper motor neurons)은 CNS를 통해서 내려가는 모든 운동 섬유를 말하며 이는 궁극적으로 PNS에 있는 운동 뉴런과 시냅스 연결을 한다. 여기에는 추체로의 경로(피질척수로와 피질연수로)와 추체외로의 경로(적핵척수로, 망상척수로, 전정척수로, 덮개척수로)가 포함된다. 요약하면, 상부운동신경은 CNS 내에 있는 운동 섬유들이다. 반면, **하부운동신경**(lower motor neurons)은 뇌신경과 척수신경의 운동 뉴런들이다. 임상적 견지에서 보자면 이 둘 사이의 구분은 중요한데, 왜냐하면 상부운동신경의 손상으로 인해 나타나는 증상은 보통 하부운동신경의 손상 후에 나타나는 증상과 매우 다르기 때문이다. 일반적으로 상부운동신경의 손상은 경직(spasticity)을 초래한다. 양측 상부운동신경의 손상과 관련된 말운동장애를 **경직형 마비말장애**(spastic dysarthria)라고 한다(제5장 참조). 하부운동신경의 손상은 근육의 마비 혹은 불완전마비(약화)를 초래한다. **이완형 마비말장애**(flaccid dysarthria)는 말산출 근육을 지배하는 뇌신경의 하부운동신경의 손상으로 초래된다(제4장 참조).

뇌신경핵

앞에서 언급한 바와 같이, 뇌신경은 **뇌신경핵**(cranial nerve nuclei)이라고 하는 지점에서 뇌간에 붙어 있다. 그림 2-20은 뇌간으로부터 뇌신경의 감각, 운동 섬유의 가지가 분리되어 나오는 것을 보여 준다. 감각 뉴런의 세포체들은 뇌신경 바깥에서 "뇌신경절(cranial ganglion)"이라고 하는 묶음 속에 함께 모여 있다. 하부운동신경의 세포체들은 뇌간 안에 그룹을 형성하고 있다. 여기가 하부운동신경이 추체로와 추체외로에서 온 상부운동신경과 뇌신경에서 시냅스 연결을 하는, 뇌간 안에 있는 영역이다. 만약 상부운동신경으로부터 온 신경전달물질의 복잡한 상호작용이 일정한 흥분 역치에 도달하면, 상부운동신경은 그 운동 임펄스를 뇌신경의 운동 뉴런으로 전달할 것이고, 뇌신경의 운동 뉴런은 자신이 지배하고 있는 근육 조직에 신경 임펄스를 바로 전달할 것이다.

척수신경핵

뇌신경과 뇌간이 붙어 있는 것과 비슷한 양상으로 척수신경은 척수에 붙어 있다(그림 2-21). 척수로부터의 감각 섬유와 운동 섬유는 별개의 가지로 분리되

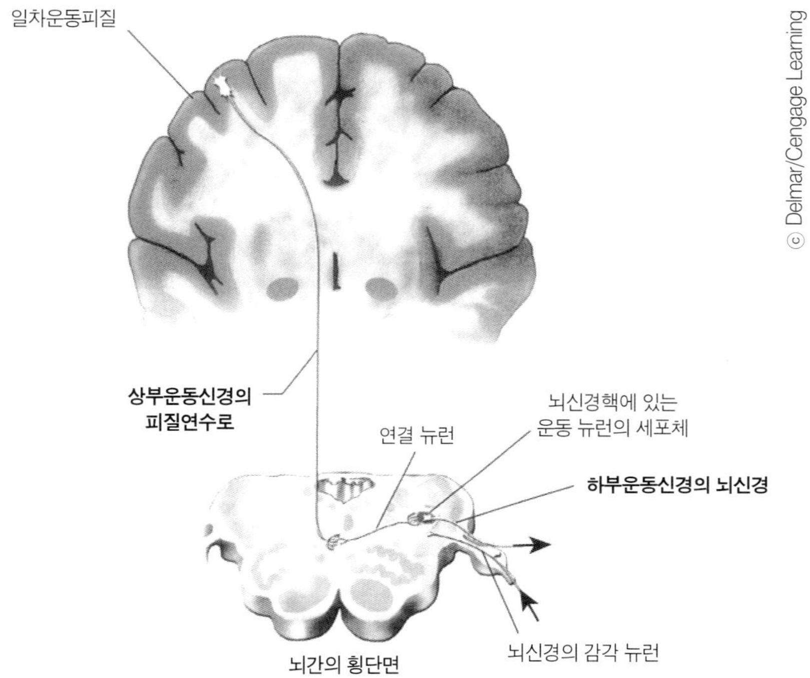

그림 2-20 일차운동피질과 하부운동신경 뇌신경 사이의 일반적인 신경 경로. 뇌신경의 운동신경 세포체는 뇌간 안의 뇌신경핵이라고 알려진 곳에 위치해 있다.

어 나온다. 뇌신경의 감각 섬유와 마찬가지로 척수신경절(spinal ganglion)은 감각 뉴런의 세포체들을 포함하고 있다. 척수 감각 섬유는 척수의 등(뒤)쪽 표면에 붙어 있다. 척수의 단면도(그림 2-21과 그림 2-22)를 보면 척수 안에 회색질의 H 모양 영역이 있다. 이 척수 회색질은 뉴런의 세포체들로 구성되어 있다. 척수 신경의 하부운동신경세포체들은 척수 회색질의 배(앞)쪽 뿔(horn)에 위치한다. 바로 여기가 척수신경의 하부운동신경이 추체로, 추체외로, 감각 뉴런과 시냅스 연결을 하는 곳이다. 앞뿔(ventral horn)에서부터 척수신경의 운동 축삭들은 자신이 지배하는 근육으로 뻗어 나간다(그림 2-23). 여기서도 마찬가지로, 척수 하부운동신경과의 시냅스 연결에서 상부운동(그리고 감각)신경으로부터 온 신경전달물질의 상호작용은 신경 임펄스를 근육으로 전달할지를 결정한다.

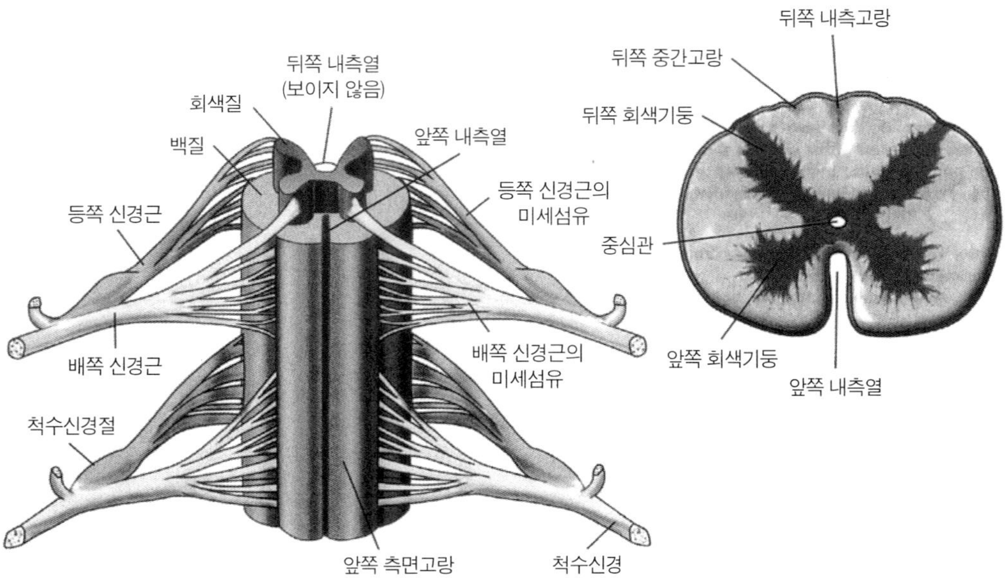

그림 2-21 척수신경의 운동 뉴런은 척수의 앞쪽 부분으로 갈라져 나간다.

신경근육접합부

최종적으로 신경 임펄스는 실제로 수축하여 움직임을 일으키는 근육에 도착한다. **신경근육접합부**(neuromuscular junction)은 하부운동신경의 축삭돌기들이 근육세포와 시냅스 연결을 이루는 곳이다(그림 2-24). 운동 뉴런 축삭돌기의 종단부에 근육세포의 막과 시냅스 연결되는 작은 종말 가지가 많이 있다. 이 작은 가지들 각각은 오직 하나의 근육세포와만 시냅스 연결을 한다. 신경 임펄스가 축삭돌기를 따라 내려가 이 종말 가지에 도달하면, 신경전달물질인 아세틸콜린이 축삭돌기에서부터 축삭돌기와 근육세포 사이의 미세한 틈 안으로 방출된다. 이 신경전달물질은 근육세포의 막에 있는 특정 수용체와 결합한다. 근육세포 수용체에서 아세틸콜린이 충분한 경우, 근육세포 전체에서 전기화학적 임펄스가 발생하고, 그로 인해 근육 섬유의 수축이 일어난다.

하나의 축삭돌기가 많은 종말 가지를 가지고 여러 근육세포 각각에 수축을

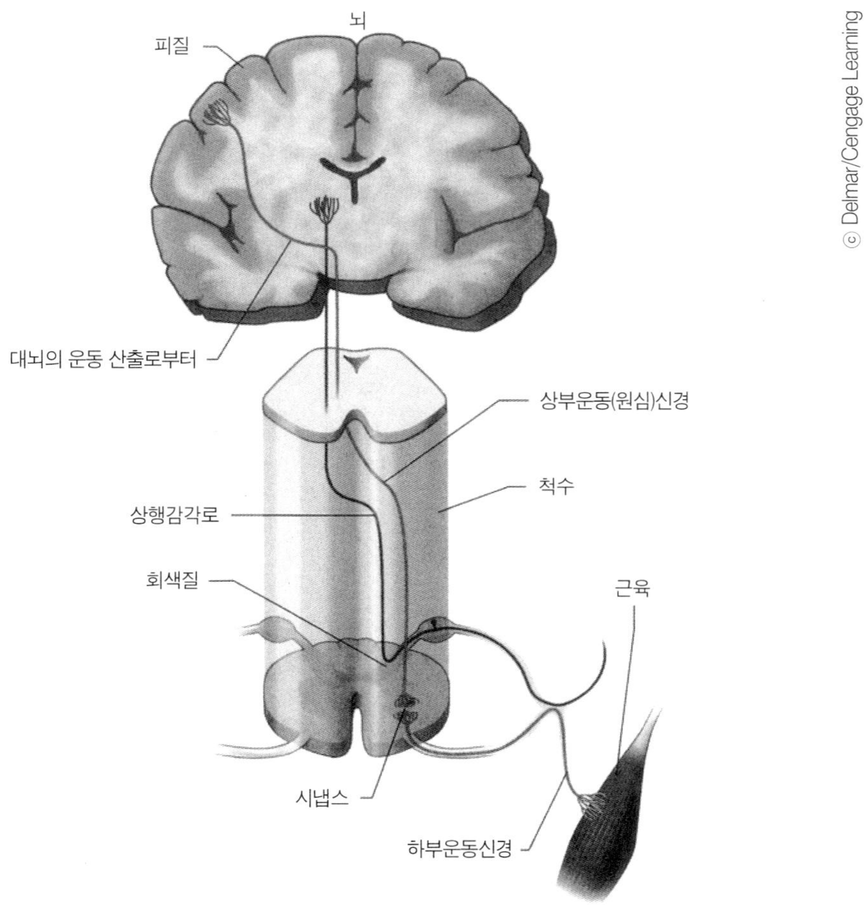

그림 2–22 척수신경 안의 운동 뉴런 세포체는 척수 회색질의 배쪽 뿔에 위치해 있다. 척수신경의 감각 뉴런 세포체는 척수 바로 바깥에 위치해 있다.

일으킬 수 있다. 축삭돌기에 의해 지배를 받는 실질적인 근육세포의 수는 그 신체 부위가 미세한 운동 조절에 필요로 하는 정도에 따라 다르다. 하나의 축삭돌기가 대근육 그룹에 속한 수백 개의 개별 근육세포를 통제하기도 하고 혹은 복잡한 운동을 수행하는 근육에서는 단지 몇 개의 세포를 통제하기도 하는 등 그 움직임이 얼마나 많은 조절을 필요로 하는지에 따라 달라진다. 예를 들어 넓적다리에서는 하나의 축삭돌기로부터의 신경 임펄스가 많은 근육세포의 동시적

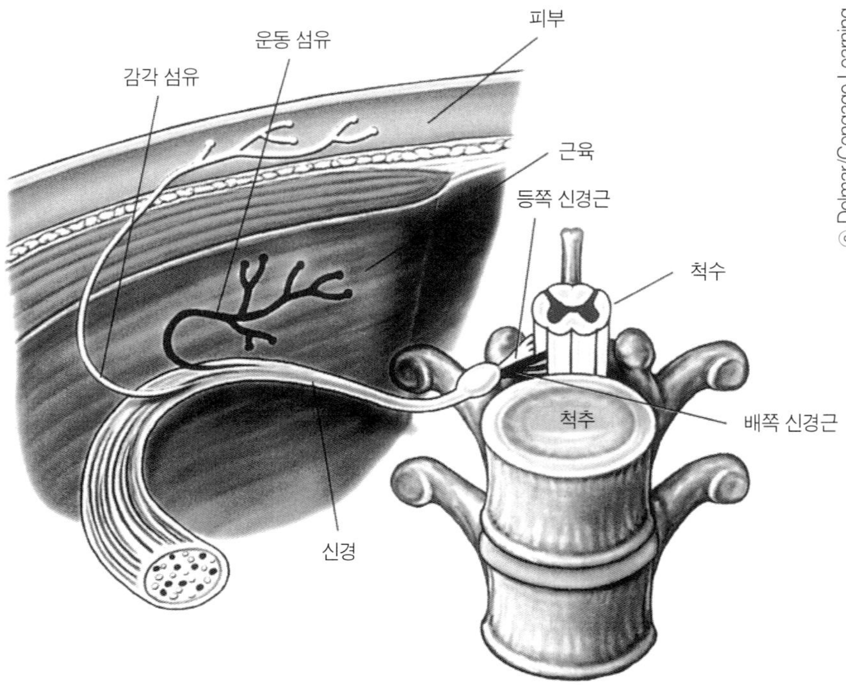

그림 2–23 척수신경은 골격근으로 운동 신경자극을, 그리고 피부나 관절, 기타 신체 영역으로부터의 감각자극을 전달한다.

수축을 일으키는데, 섬세하고 개별적인 움직임에 넓적다리가 동원되는 경우는 거의 없기 때문에 이는 적절한 것이다. 하지만 얼굴이나 손가락에서는 하나의 축삭돌기가 소수의 근육 섬유만을 통제하는데, 이렇게 함으로써 이 근육들의 수축에 대한 대뇌피질의 지배력이 더 커지게 된다. 하나의 축삭돌기가 통제하는 근육 섬유 수의 차이를 **통제율**(innervation ratio)이라고 한다.

이 장의 도입부에서 언급한 바와 같이 운동계에 대한 이해는 말운동장애에 대한 적절한 치료계획을 수립하는 것뿐만 아니라 말운동장애를 정확하게 진단하는 데 매우 중요하다. 운동계의 어떤 부분이든 손상이 발생하면 말산출을 위한 근육에 영향을 미치게 되고, 그 결과 말운동장애가 초래될 수 있다. 운동계의 어떤 부분에 손상이 있는가에 따라 특정 말운동장애가 발생하게 된다. 이어지는

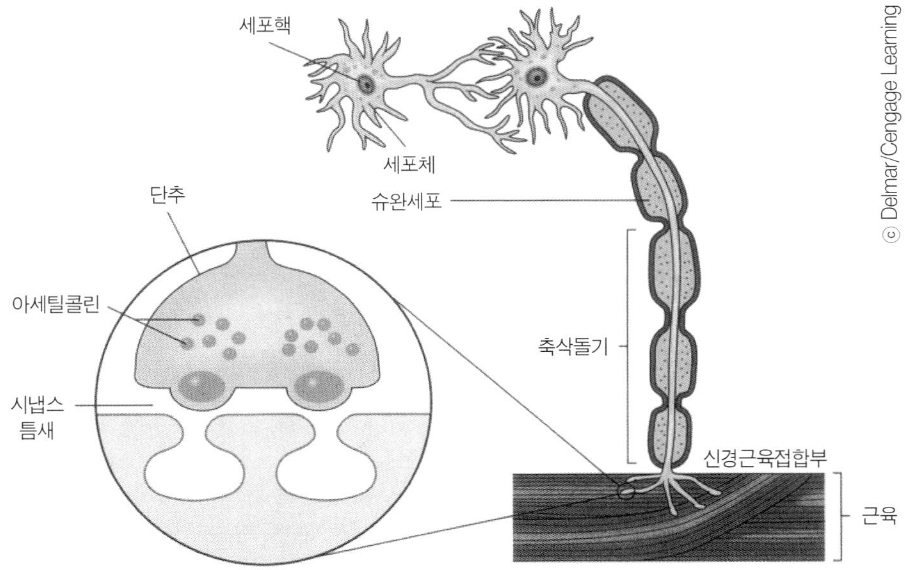

그림 2-24 하부운동신경은 신경근육접합부에서 근육 조직과 시냅스 연결을 한다.

이 책의 각 장에서 마비말장애와 말실행증에 대해 검토할 것이다. 각 장의 대부분이 이러한 장애가 운동계 특정 부분의 손상과 어떤 관련이 있는지를 설명하는데 초점을 두고 있다.

운동계 요약

- 운동계는 신경계의 중요한 그리고 매우 복잡한 부분으로 모든 수의적인 움직임을 담당한다.
- 운동계는 일차피질, 연합피질, 기저핵, 소뇌, 시상, 추체로, 추체외로, 신경근육접합부 등의 많은 부분으로 구성되어 있다. 이러한 모든 신경계의 구성요소들은 신경계 안의 매우 복잡한 경로를 통해 직접적으로 혹은 간접적으

로 서로 소통한다.

- 운동계의 어느 단계에서든 손상이 발생하면 운동장애가 초래될 수 있다. 손상이 말산출 근육에 영향을 미치면 말운동장애가 발생할 수 있다.

연구 문제

1 대뇌피질은 무엇이며, 왜 중요한가?
2 뇌신경핵은 무엇이며, 어디에 위치하는가?
3 경로(tract)와 신경(nerve)의 차이가 무엇인지 설명하시오.
4 연합피질에 대해 설명하고, 움직임을 만들어 내는 데 있어서 그 중요성을 설명하시오.
5 일차피질의 기능은 연합피질의 기능과 어떻게 다른가?
6 움직임을 만드는 데 기저핵과 소뇌의 역할은 무엇인가?
7 움직임이 일차운동피질에서 시작되지 않는다는 것에 대해 어떻게 알려져 있는가?
8 추체로와 추체외로의 차이는 무엇인가?
9 하부운동신경과 상부운동신경의 해부학적 차이에 대해 설명하시오.
10 신경근육접합부에서는 어떤 일이 발생하는가?

CHAPTER 3

말운동장애의 평가

이 장의 개요

대부분의 초보 임상가들은 여러 가지 이유에서 말운동장애를 평가하고 진단하는 것이 어렵다고 생각한다. 첫째, 마비말장애를 구별하기는 쉽지 않은데, 왜냐하면 하나의 마비말장애의 언어적 특징이 다른 마비말장애에서도 나타날 수 있기 때문이다. 예를 들면, 부정확한 자음과 거친 음질은 모든 마비말장애의 특징이다. 둘째, 정확한 진단을 위해서는 임상가가 환자의 발화 오류를 매우 자세히 듣고 의심되는 말운동장애의 특징과 일치하는지 여부를 따져 봐야 한다. 임상가들은 대개 경험으로 이러한 기술을 발전시키는데, 초보 임상가들은 아직 이런 기술을 습득하지 못했을 것이다. 마지막으로, 인간의 운동계에 대해 자세히 아는 것은 말운동장애의 정확한 진단을 위해, 환자의 발화 오류 중 어떤 부분을 자세히 살펴야 하는지를 결정하는 데 매우 중요하다.

신경세포와 신경계 구조는 복잡하기 때문에 운동계를 배우기 위해서는 많은 노력이 필요하다. 그러나 임상가가 운동계의 역할과 기능에 대해 배우게 되면 말운동장애의 증상을 구별할 수 있게 된다. 간단히 말해, 말운동장애를 성공적으로 평가하기 위해서 임상가는 환자의 발화를 듣고 인간 운동계의 기능에 대한 지식과 연결할 수 있어야 한다.

초보 임상가의 주된 문제는 말운동장애의 발화 특징이 어떻게 다른지 익숙해지는 것이다. 경험이 없는 임상가는 이완형 마비말장애와 경직형 마비말장애가 어떻게 다른지, 또 실조형 마비말장애가 과소운동형 마비말장애와 어떻게 다른지 등에 대해 배워야 한다. 다행히 초보 임상가가 말운동장애의 특징에 대해 배우고, 말운동장애의 신경근 기저부에 익숙해지고 실습 과목을 통해 직접 경험해 본다면 정확하게 평가하고 진단할 수 있을 것이다.

말운동장애를 평가하는 방법에는 도구적 분석(instrumentation analysis)과 지각적 분석(perceptual analysis)이 있다. 도구적 분석은 고성능의 기기를 사용하여 발화 산출의 구성 요소를 객관적으로 측정하는 것이다. 예를 들면, 발화 동안 발생하는 비강 기류와 구강 기류는 컴퓨터로 정확하게 측정할 수 있다. 또 다른 기기들은 성대 진동 시작 시간의 변화, 모음의 변칙적인 포먼트 주파수, 미묘한 강도 변화를 정확하게 탐지할 수 있고 그 외 다른 부분들도 살펴볼 수 있다. 반대로 지각적 분석은 검사자의 귀를 통해 말운동장애를 탐지하는 것을 말한다. 지각적 분석은 검사자의 귀가 환자의 발화 산출 문제를 판단하는 데 가장 중요하다고 여긴다. 만약 귀를 통해 말운동장애를 탐지할 수 없다면 실제로 장애가 치료될 필요가 있을까?

이 책에서는 주로 말운동장애의 지각적 분석에 대해 논의할 것이다. 물론 도구적 분석도 중요하지만, 대부분의 임상가들은 기기를 다룰 기회가 많지 않기 때문에 주로 귀에 의존하여 평가를 진행할 것이다. 게다가 도구적 분석은 다른 교재에서도 매우 자세히 다루고 있다. 기기를 통한 말운동장애의 평가와 치료에 대해 더 알고자 하는 독자는 『감각운동성 말장애의 임상적 관리(Clinical Management of Sensorimotor Speech Disorders)』(McNeil, 2008)와 같은 책을 참고하길 바란다.

말운동 평가의 목적

말운동 평가의 목적은 여러 면에서 다른 말·언어 평가의 목적과 다르지 않다. Haynes와 Pindzola(2011)는 말·언어 평가는 환자의 문제를 이해하고 치료의 기초선을 설정하는 것으로 완성된다고 말했다. 이는 확실히 말운동 평가에 적용되는 것이다. 말운동 평가를 실시하는 동안, 임상가는 환자에 대한 기본 정보를 수집하고, 말운동 체계의 기능을 평가하기 위해 다양한 과제를 실시한다. 일단 정보를 수집하고 나면 임상가는 환자의 언어 능력에 대해 잘 이해하고 기술할 수 있어야 한다. 이러한 정보를 바탕으로 임상가는 치료법의 효과를 비교해 보고 기초선을 설정해야 한다.

Duffy(2005), Swigert(1997)를 포함한 연구자들은 임상가들이 말운동 평가를 실시하는 동안 고려해야 할 몇 가지 사항을 제시하였다. 이러한 질문 목록은 임상가가 정확한 진단을 내릴 수 있도록 고안되었다(Duffy, 2005). 사실, 말운동 평가의 주된 목적은 이러한 질문에 대답하기 위해 필요한 정보를 얻는 것이라고 해도 과언이 아니다. 만약 임상가가 다음 질문에 자세하고 정확하게 답할 수 있다면 평가는 거의 완료된 것이다.

1 환자의 말에 문제가 있는가?
2 만약 문제가 있다면, 가장 잘 묘사할 수 있는 방법은 무엇인가?
3 문제가 신경학적 장애의 결과로 보이는가?
4 만약 신경학적 장애의 결과로 인한 것이라면, 갑자기 시작되었는가 아니면 점차로 나빠지고 있는가?
5 문제가 전적으로 말산출과 관련된 것인가 아니면 실어증과 같은 언어 문제와 관련된 것인가?
6 만약 문제가 말산출과 관련된 것이라면, 순차적 운동과 관련된 문제로 보이는가(예: 말실행증)?
7 만약 순차적 운동 문제가 없다면, 환자의 말 오류는 어떤 특징을 나타내고 어떤 운동 문제와 관련되는가?

마지막 두 질문은 말운동 평가의 마지막 단계로 이끌어 준다. 6번은 환자의 말장애가 마비말장애 또는 말실행증인지를 묻는 것이다. 7번은 어떤 유형의 마비말장애를 보이는지 묻는 것이다. 만약 임상가가 앞서 언급한 일곱 가지 질문에 확신을 가지고 모두 대답할 수 있다면 정확한 진단을 내릴 수 있을 것이다.

말산출 과정과 장애

말은 그냥 산출되는 것이 아니다. 말은 정상적인 발화 산출을 위해 필수적인 다섯 가지 요소(혹은 과정)—호흡, 발성, 공명, 조음, 운율—의 상호작용에 의해 발생한다. 정상적으로 발화를 산출하기 위해 다섯 가지 과정이 함께 작용한다. 운동신경장애로 인해 다섯 가지 과정 중 하나 또는 그 이상은 영향을 받는다. 이는 마비말장애 또는 말실행증과 같은 말운동장애를 유발한다.

마비말장애(dysarthria)는 말초 혹은 중추신경계의 손상으로 인하여 발생하는 말산출장애이다. 이러한 손상은 다섯 가지 말산출 과정의 어떠한 부분에라도 영향을 미칠 수 있다. 마비말장애는 실어증과 같은 언어장애 또는 치매와 같은 인지장애가 아니다. 마찬가지로, 비정상적인 해부학적 구조(예: 구개파열), 감각 손상(예: 청각장애), 또는 심리적 장애에 의한 것도 아니다. 이것은 엄밀히 운동신경계의 손상으로 인한 말산출장애이다. 마비말장애는 여러 유형으로 나타나며, 각각의 유형은 서로 다른 특징을 가지고 있다. 표 3-1은 병태생리학적 원인에 따른 마비말장애 유형과 각각의 특징에 대한 목록이다.

말실행증(apraxia of speech)은 수의적으로 말산출을 하는 동안 정확한 음소의 조음 장소에 조음기를 위치시키기 위해 필요한 순차적 운동 명령을 수행하는 데 어려움을 보이는 말운동장애이다. 말실행증의 순차성의 문제는 중추신경계 손상으로 인한 것으로, 근육의 약화나 운동 속도 저하로 인한 것이 아니다. 마비말장애와 마찬가지로 말실행증은 언어 또는 인지장애가 아니며 해부학적, 감각적, 심리적 장애로 인한 것이 아니다. 말실행증은 수의적인 말산출을 하는 동안 조음기를 한 장소에서 다른 장소로 부드럽게 움직이기 위해 필요한 순차적인 운동 명령을 수행하는 데 어려움을 보이는 장애이다.

앞서 언급한 것처럼, 운동신경장애로 인해 다섯 가지의 말산출 과정에 문제가 생겼을 경우, 마비말장애 또는 말실행증이 나타난다(신경계의 어떤 부분이 손상되었는지에 따라 마비말장애 또는 말실행증으로 나누어진다. 말실행증은 대개 좌뇌 반구의 손상과 관련된다. 반대로 마비말장애는 신경계 다양한 부분의 손상으로 인해 유발된다). 다섯 가지 말산출 과정은 말운동장애에서 중요한 역할을 하기 때문에 각각 개별적으로 논의할 것이다.

표 3-1 마비말장애 유형별 주요 원인과 특징

마비말장애 유형	원인	주요 특징
이완형	뇌신경, 척수신경 또는 신경근육접합부 손상 시.	근육 약화로 인한 부정확한 자음, 숨 새는 음성, 과다비성, 얕은 호흡 지원, 비정상적 운율.
경직형	양측 상부운동신경의 추체 및 추체외로 손상 시. 종종 뇌간 뇌졸중에 기인함.	말 근육의 경직과 약화로 인한 거친 음질 또는 쥐어짜는 음질, 부정확한 자음, 과다비성, 비정상적 운율.
일측 상부운동신경형	일측 상부운동신경 손상.	부정확한 자음이 가장 주요한 특징. 일부 환자들은 불규칙 조음 붕괴를 보이거나 거친 음질을 보이기도 함.
실조형	소뇌 또는 소뇌와 나머지 중추신경계 부분을 연결하는 신경로 손상 시.	말운동에서의 시간과 힘의 조절 문제로 인해 종종 "술에 취한" 듯한 음질을 보이고, 부정확한 자음, 모음 왜곡, 불규칙 조음 붕괴와 비정상적인 운율을 보임.
과소운동형	기저핵 부위에 도파민 감소. 파킨슨증은 이 유형의 마비말장애의 가장 흔한 원인임.	말운동 범위와 속도의 감소로 인해 거칠거나 숨 새는 음성, 부정확한 자음, 비정상적인 운율을 보임. 일부 환자들은 증가된 말 속도를 보이기도 함.
과다운동형	종종 기저핵 손상과 관련됨. 그러나 일부 원인은 알려져 있지 않음.	정상적인 말산출을 방해하는 불수의적인 움직임, 갑작스러운 흡기 및 호기, 불규칙 조음 붕괴, 비정상적인 운율.
혼합형	운동계의 한 영역 이상으로 확장된 신경학적 손상.	여섯 가지 순수 마비말장애 특징의 조합. 예를 들어, 파킨슨증 환자가 뇌간 뇌졸중이 생긴 경우 과소운동·경직 혼합형 마비말장애를 보일 수 있음.

호흡

호흡(respiration)의 주요 기능은 대기의 산소를 신체 세포의 이산화탄소와 교환하는 것이다. 호흡은 이러한 기체들의 교환으로 생명을 유지할 수 있게 해 준다. 호흡은 또한 말산출 과정에서도 필수적이다. 이는 성대가 진동할 수 있도록 성문하압력을 형성한다. 말산출은 충분하고 지속적인 공기의 공급에 의존한다. 만약 충분하고 지속적인 공기의 공급이 안 되면 말산출이 영향을 받는다. 예를 들어, 호흡 근육을 지배하는 신경이 손상을 받는다면 근육은 약해질 것이고 폐에서 정상적으로 공기가 들어가고 나가는 데 어려움이 생길 것이다. 그러므로 신경이 손상되었다는 것은 말산출에 있어 공기 부족을 의미하고, 이는 짧은 구(phase)만을 산출할 정도로 개인의 능력이 제한되었다는 것을 의미한다. 또한 호흡 능력의 결함은 말을 하기 위한 공기의 양을 감소시켜 음성의 크기가 감소되고 숨 새는 음성을 유발한다.

발성

발성(phonation)은 후두에 있는 성대의 진동을 통해 유성음이 산출되는 것을 의미한다. 정상적인 발성은 완전한 성대의 내전과 성대가 진동할 수 있을 정도의 충분한 성문하압력에 의존한다. 분명한 발성을 하기 위해서는 성대가 내전된 동안 성대에 충분한 긴장이 있어야 한다. 성대 내전근과 관련된 운동신경의 손상은 발화 산출에 많은 영향을 미친다. 이완형 마비말장애의 경우, 운동신경의 손상은 약화나 불충분한 성대 내전을 유발할 수 있다. 이러한 약화는 숨 새는 음성 또는 거친 음질을 초래한다. 경직형 마비말장애의 경우, 운동신경의 손상은 너무 심한 성대 내전을 유발하여 쥐어짜는 음질을 초래할 것이다. 또한 후두 근육의 운동신경 손상은 발성을 하는 동안 음도 또는 강도의 변화 능력을 감소시킬 것이다.

공명

공명(resonance)은 말을 하는 동안 음소에 적절한 구강 또는 비강 음조를 배치하는 것을 말한다. 이는 연구개의 위치(상승 또는 하강)에 따라 달라진다. 구강 공명은 연구개가 상승하여 비강 통로를 차단하면 성대 기류가 비강으로 흐르지 못하고 구강을 통해 음이 생성되는 것을 말한다. 비강 공명은 연구개가 하강하고 입술 또는 혀로 구강 통로를 차단하면 기류가 비강으로 흘러 들어가는 것을 말한다. 이러한 과정의 핵심 요인은 연구개의 움직임이다. 발화 산출 시 연구개 근육은 음소들의 서로 다른 공명 조건에 재빨리 반응해야 한다. 연구개 근육과 관련된 신경이 손상되면 근육이 약해지거나 움직임이 느려질 것이다. 연구개 근육이 약해지거나 움직임이 느려지면 연구개가 상승하지 못하여 구강음을 산출할 때 성대 기류가 비강으로 새어 나갈 것이다. 결과적으로 구강 공명으로만 산출되어야 할 음소에 비강 공명이 관여하여 발화 산출 시 과다비성이 나타날 것이다.

조음

조음(articulation)은 성대 기류가 음소로 형성되는 과정이다. 이러한 과정은 여러 가지 방법으로 이루어진다. 기류는 폐쇄음과 파찰음을 형성하기 위해 막힐 수도 있고, 마찰음을 위해 매우 제한될 수도 있다. 반모음을 위해 약간 제한될 수도 있으며, 모음을 위해 거의 제한되지 않을 수도 있다. 기류의 조작은 성도를 통과하면서 "조음기(articulators)"로 불리는 성도 안의 구조물에 의해 이루어진다. 조음기가 적시에 적절한 방향과 속도, 힘으로 움직이면 음소가 정확하게 산출된다. 다시 말해 매우 복잡한 일련의 움직임으로 정확한 조음이 이루어진다.

불행히도 운동신경의 손상은 종종 조음기에 영향을 미친다. 이런 손상이 입술, 혀, 턱, 연구개, 성대에 영향을 미치면 조음에 문제가 발생하게 된다. 장애의 정도는 손상의 중증도와 어떤 조음기가 가장 심하게 영향을 받았는지에 따라 달라진다. 운동신경 손상 후에 관찰되는 조음 오류로는 부정확한 자음, 왜곡된 모음, 부적절한 쉼(silences), 불규칙 조음의 붕괴를 들 수 있다.

운율

운율(prosody)은 말의 선율(melody)이다. 대개의 경우, 운율은 의미를 전달하기 위하여 강세와 억양을 사용한다. **강세**(stress)는 음도, 강도, 단어 내 음절 사이 지속 시간을 변화시키는 것으로 말의 중요성을 강조하거나 의미를 명확하게 하기 위해 사용된다. **억양**(intonation)은 음도를 변화시키고 대화에 강조를 주어 발화가 질문인지, 주장인지, 감탄인지를 나타내는 것이다. 발화에 운율을 포함하는 것은 쉬운 일이 아니다. 정확하고 뚜렷이 운율을 살려 메시지를 전달하기 위해서는 발성, 호흡, 공명, 조음의 조율이 함께 이루어져야 한다. 예를 들어, 음절 또는 단어에서 음성 크기를 증가시키기 위해서는 호기가 길어져야 하고 동시에 성대의 긴장이 조화를 이루어야 한다. 음도를 변화시키기 위해서는 성대가 길어지거나 짧아져야 하고 동시에 여러 개의 후두 근육도 움직여야 한다. 음절의 지속 시간을 증가시키기 위해서는 조음기가 한 위치에 평소보다 더 오래 머물러 있으면서 그와 함께 발성을 연장시켜야 한다. 이러한 성도 구조들의 상호작용은 반드시 정확해야 하는데, 그렇지 않으면 운율이 이상하게 들릴 것이다.

운율이 말산출 과정의 복잡한 상호작용에 의해 이루어진다는 것을 고려하면, 운동신경 손상이 여러 면에서 운율에 영향을 미칠 수 있다는 것을 쉽게 이해할 수 있다. 예를 들면, 손상이 호흡 또는 발성과 관련된 근육의 약화나 운동 속도의 저하를 유발한다면 근육 강도와 근육이 수축되는 데 걸리는 시간에 문제가 생길 것이다. 이로 인해 발화는 단조로운 음도와 음성 강도를 나타낼 것이다. 만약 손상이 성도 근육의 불수의적인 움직임을 유발한다면 수의적인 말산출이 방해를 받을 것이다. 이로 인해 발화에서 불규칙적인 음도 변화, 갑작스러운 음성 크기의 변화, 음절이나 단어 사이의 연장이 나타날 것이다.

말운동 평가 실시

이 장의 끝에는 말운동 평가 기록지가 첨부되어 있다(부록 3-1). 검사에 제시되어 있는 과제는 Marshfield Clinic의 말운동 검사(출판되지 않음), Darley, Aronson과 Brown(1975), Wertz 등(1991)의 연구를 포함한 다양한 자료들을 모아서 만든 것이다. 말운동 평가를 실시할 때, 임상가는 환자의 말운동 체계 요소에 대해 검사해야 한다.

이 과제를 통해 호흡, 발성, 조음, 공명, 운율, 모두를 평가할 수 있다. 그러나 임상가는 말산출의 이 다섯 가지 이외 요소에 대해서도 자세히 살펴보아야 한다. 평가를 실시할 때, 임상가는 환자의 근육 강도, 움직임의 속도, 운동 범위, 움직임의 정확성, 운동 안정성, 근긴장도에 대해서도 검사할 필요가 있다. 이러한 신경근의 작용은 신체의 수의적인 움직임의 기초가 된다. Darley 등(1975)은 이런 여섯 가지 작용을 신경근 기능의 "주요 특징"이라고 하였다. 각각의 주요 특징은 고유한 방법으로 정상적인 말산출에 기여한다. 이 중 하나라도 문제가 생기면 말운동 체계에 영향을 미칠 것이다. 게다가 손상의 정도와 특징은 정확한 진단을 내리는 데 중요한 정보를 제공해 준다. 그러므로 말운동 평가를 실시하는 동안 이러한 특징들을 면밀히 관찰해야 한다.

근육 강도

만약 말운동 기제에 기여하는 근육이 적합한 강도를 갖추고 있지 않다면, 말산출 과제를 적절하게 수행하지 못할 것이다. 말운동 기제의 어느 부분에서라도 근육 강도가 감소하면 호흡, 조음, 공명, 발성, 운율에 영향을 미칠 수 있다. 이 책의 말운동 평가 방법의 많은 부분에서 근육 강도에 대한 평가를 다루고 있다. 예를 들어, 환자는 설압자로 혀를 눌렀을 때 버틸 수 있어야 하고, 1부터 100까지 큰 소리로 숫자를 세어야 한다(피로도 검사).

운동 속도

정확한 말산출을 위해서는 매우 빠른 근육의 움직임이 필요하다. 특히 혀와 성대는 짧은 구를 산출하는 경우라도 매우 빨리 움직인다. 대부분의 마비말장애의 공통적인 특징은 운동 속도가 감소하는 것이다. 그러나 과소운동형 마비말장애는 운동 속도가 증가할 수도 있다. 운동 속도는 교대운동속도(alternate motion rates, AMR) 과제와 일련운동속도(sequential motion rates, SMR) 과제를 통해 측정할 수 있다. AMR 과제는 "퍼", "터", "커"를 한 음절씩 가능한 한 빠르고 정확하게 계속 반복하는 것이다. SMR 과제는 "퍼-터-커"를 순서대로 가능한 한 빠르고 정확하게 반복하는 것이다. AMR 과제와 SMR 과제 모두 말운동 평가지에 제시되어 있다.

운동 범위

운동 범위는 조음기가 얼마나 멀리 움직일 수 있는지 확인하는 것이다. 운동 범위가 감소하는 예로는 턱을 크게 벌리기가 어렵거나 완전한 성대 내전이 힘든 경우이다. Darley 등(1975)과 Duffy(2005)는 조음기의 운동 범위가 제한되면 특히 운율에 영향을 미친다고 하였다. 운동 범위는 평가의 첫 부분에서 다양한 방법으로 조음기를 움직이거나 멈추게 하여 확인할 수 있다.

운동의 정확성

조음기가 정확하게 움직여야 분명하게 발화를 산출할 수 있다. 힘, 속도, 범위, 방향, 시간이 적절하게 조합되어야 움직임이 분명해진다(Darley et al., 1975). 만약 어느 한 부분이라도 동시에 맞지 않으면 조음기가 정확하게 움직이지 않을 것이고, 이로 인해 왜곡된 자음이나 간헐적인 과다비성이 나타나게 된다. 운동의 정확성은 AMR과 SMR 과제, 문단 읽기 과제, 일상적인 대화를 통해 측정할 수 있다.

운동의 안정성

운동의 안정성이란 신체 부분을 가만히 유지할 수 있는 능력이다. 가장 흔한 떨림(tremor)과 같이 운동의 안정성을 방해하는 불수의적 움직임을 보이는 몇 가지 장애가 있다. 이러한 불수의적인 수축은 후두 근육에 영향을 미칠 수 있고 발화 시 떨림이 있는 음질을 초래한다. 다른 종류의 크고, 더욱 분명하며, 불수의적인 움직임을 야기하는 장애들도 모두 수의적인 움직임을 방해한다. 부록 3-1에 제시된 평가 방법에서는 환자에게 자세를 유지하거나 모음을 연장해 보도록 하는 과제를 통해 운동의 안정성을 평가한다. 운동의 안정성 붕괴는 환자가 가만히 자세를 유지하기가 어렵거나 부드럽고 안정되게 모음을 연장해서 산출할 수 없게 한다.

근긴장도

정상적인 근긴장도란 근육이 완전히 이완된 경우라도 지속적으로 약간 수축된 상태를 말한다. 근긴장도는 근육이 "언제든지 움직일 수 있도록" 준비하고 있다가, 필요할 땐 재빠르게 움직일 수 있게 해 준다. 신경계에 손상이 생기면 병변 부위에 따라 근긴장도가 증가하거나 감소할 수도 있다. 두 가지 경우 모두 움직임에 영향을 미친다. 근긴장도가 감소하면 근육의 약화나 마비가 발생한다. 근긴장도가 증가하면 근육이 경직(spasticity)되거나 경축(rigidity)이 나타난다. 부록 3-1의 평가 방법에서는 환자의 발화를 듣거나 영향을 받은 신체 부분을 관찰함으로써 비정상적인 근긴장도를 평가한다.

말운동 평가 방법

이 책의 독자 대부분은 아마도 말운동 평가를 실시한 경험이 많지 않을 것이기 때문에, 지금부터 각각의 항목을 어떻게 평가해야 하는지 차례대로 설명할 것이다. 평가를 올바르게 실시하기 위해 알아 두어야 할 각 항목의 핵심에 대해 살펴보자. 평가는 총 30~40분 정도 소요된다. 소요 시간은 환자의 상태에 따라 달라질 수 있다. 시간이 충분치 않다면 단축판을 사용해도 된다(평가지에서 **굵은 글씨**로 되어 있는 **항목**만을 평가하면 소요 시간은 10~15분 정도 걸리지만, 그래도 대부분의 하위 항목에서 환자의 능력을 추출해 볼 수 있다). 평가가 끝나면 임상가는 환자의 말산출 능력을 전체적으로 평가하고 기술한다. 이를 토대로 임상가는 환자가 가지고 있는 말운동장애의 정확한 진단을 내려야 한다.

배경 정보와 병력

평가의 첫 부분은 대개 큰 어려움 없이 실시할 수 있다. 환자, 환자의 가족, 다른 전문가, 진료 기록을 통해 정보를 수집한다. 이때 최대한 자세히 정보를 수집해야 하는데, 이는 정확한 진단을 내리는 데 중요한 단서를 제공할 수 있기 때문이다. 예를 들어, 서서히 나빠진 경우에는 진행성 신경학적 장애일 수도 있다. 반면에 갑자기 악화된 경우에는 뇌졸중 같은 급성질환을 의심해 볼 수 있다. 진료 기록은 환자의 병력, 의심되는 병소 위치, 현재 상태 등에 대한 중요한 정보를 제공해 준다. Rosenbek, LaPointe와 Wertz(1989)는 진료 기록을 통해 다음과 같은 정보를 수집할 것을 제안했다.

- 주요 진단명과 이차적 진단명, 그리고 주요 증상에 대한 설명
- 증상이 처음 나타난 때, "발증일(date of onset)"이라고도 함
- 병소 위치에 대한 정보(가령, 손상이 발생한 신경계 위치)
- 신경계 손상의 초기 징후
- 팔다리의 수반 증상으로 가령 약화, 불수의 운동, 혹은 순차적 운동의 문제(사지실행증)
- 시력에 대한 정보와 시야장애에 대한 징후
- 청력에 대한 정보

이 부분에 대해 환자 면담을 할 때는 평가 항목과 목적에 대해 간단히 설명해 주어야 한다. 평가에 대한 설명은 환자가 긴장을 풀고 검사에 집중할 수 있도록 해 준다. 검사자는 초기 면담을 거치는 동안 환자의 의식 상태와 과제에 대한 반응 정도를 알 수 있다. 어떤 환자들은 자신의 말이 다르긴 하지만 아직 걱정할 정도는 아니라고 생각할 수도 있다. 또 어떤 환자들은 매우 경미하여 대부분의 청자들이 인식할 정도가 아닌 문제로 아주 힘들어 할 수도 있다. 이러한 정보들은 치료 방침을 설정하는 데 많은 도움을 준다.

휴식 시와 운동 시의 얼굴과 턱 근육

이 영역은 환자의 얼굴 근육에 대한 평가로 구성되어 있다. 검사자는 근긴장도나 근육 강도의 문제, 얼굴 모양의 비대칭, 움직임의 범위가 제한적인지를 살펴봐야 한다. 이 영역의 대부분은 얼굴 근육을 지배하는 안면신경(VII)과 턱의 움직임을 지배하는 삼차신경(V)에 대한 평가 문항으로 이루어져 있다.

과제에 대한 설명

1 **입모양이 대칭적인가?** 검사자는 얼굴 아래쪽의 마비 또는 약화의 징후가 없는지 살펴보아야 한다. 마비나 약화가 있으면 입의 한쪽이 다른 쪽보다 처지게 된다. 그러나 약간 비대칭적인 것은 정상적인 것으로 운동신경장애를 의미하지 않는다는 점에 주의해야 한다.

2 **검사자가 억지로 입술을 벌리려고 하면 버틸 수 있는가?** 근육 강도를 측정하는 검사이다. 입이 처지는 쪽이 근육 강도가 약한 쪽이다. 검사자는 근육 강도가 약한 쪽을 더 쉽게 벌릴 수 있다.

3 **얼굴에 표정이 없고 가면을 쓴 것처럼 보이는가?** 파킨슨증(parkinsonism)이 나타나는지 확인하는 검사이다(제8장 참조). 파킨슨증이 있는 환자는 보통 얼굴 표정을 통해 감정을 표현하는 능력이 감소된다. 중도나 심도의 파킨슨증 환자는 자신 안의 감정 상태가 어떻든지 시종일관 얼굴 표정이 없다.

4 머리를 고정시킨 채 시선을 위로 향하게 하면 이마 양쪽에 주름이 생기는가? 신경학적 손상이 의심되는 병소 위치를 살펴보는 검사이다. 만약 뇌간으로부터 뻗어 나온 가지 근처의 오른쪽 안면신경(VII)이 손상되면 오른쪽 전체 얼굴에 약화나 마비가 발생한다. 이 상태에서 환자가 시선을 위로 향하면 오른쪽 이마의 근육이 정상적으로 수축되지 않기 때문에 오른쪽 이마에 주름이 생기지 않게 된다. 만약 왼쪽 또는 오른쪽의 상부운동신경이 손상되면 얼굴의 위쪽은 정상이나 아래쪽은 약화나 마비가 나타난다. 이는 이마 근육에 영향을 미치는 안면신경(VII)의 상부 가지는 상부운동신경으로부터 양측으로 지배를 받고 얼굴의 하부에 영향을 미치는 하부 가지는 상부운동신경으로부터 오직 일측으로만 지배를 받기 때문이다. 안면신경(VII)은 제4장에서 자세히 논의할 것이다.

5 웃을 때 입 모양이 대칭적인가? 5, 6, 7번 문항은 얼굴 아래쪽 근육의 수의적인 움직임에 관한 검사이다. 검사자는 약화 또는 운동 범위가 감소되는지 살펴야 한다. 또한 탐색행동(groping)이 나타나는지도 관찰해야 한다. 탐색행동을 보인다면 비구어구강실행증(nonverbal oral apraxia)이라고 할 수 있다. 비구어구강실행증의 경우, 실행증 검사를 실시해야 한다. 실행증은 제11장에서 자세히 논의할 것이다.

6 입술을 오므릴 수 있는가? 입둘레근(orbicularis oris muscles)의 근육 강도와 움직임의 범위를 살펴보는 검사이다. 입의 한쪽이 약화되면 입술을 오므릴 때 비대칭적으로 된다.

7 입을 다문 채 볼을 부풀리고, 검사자가 눌렀을 때 이를 유지할 수 있는가? 입술과 연구개의 근육 강도를 살펴보는 검사이다. 입술이나 연구개에 약화가 나타나면 검사자가 손으로 양 볼을 눌렀을 때 입이나 코로 공기가 빠져나가게 된다. 볼을 누를 때 공기가 어디로 빠져나가는지 자세히 관찰해야 한다. 만약 공기가 코로 빠져나간다면 연인두 부분에 문제가 있는 것이다. 연구개의 기능은 다른 여러 문항을 통해서도 검사할 수 있다.

8 턱이 벌어져 있는가? 만약 그렇다면 턱 근육을 지배하는 삼차신경(V)의 양측

이 모두 손상을 입은 것을 의미한다. 보통 일측 손상이 흔히 나타나고 양측 손상은 드문 일이다. 턱의 한쪽만 손상을 입으면 손상이 없는 쪽은 아래로 처지지 않는다.

9 **입을 최대한 크게 벌리게 했을 때 턱이 한쪽으로 기울어지는가?** 삼차신경(V)의 일측 손상을 확인할 수 있는 검사이다. 턱 근육의 약화가 한쪽에서만 나타난다면, 입을 최대한 크게 벌리게 했을 때 약화가 나타난 쪽으로 처지게 된다.

10 **턱을 좌우로 움직일 수 있는가?** 검사를 수행할 수 없다면 양쪽 턱 근육의 약화를 나타낸다. 탐색행동이나 머뭇거림을 보인다면 비구어구강실행증일 수도 있다.

11 **입을 꼭 다물게 하고, 검사자가 턱을 억지로 벌리려고 하면 버틸 수 있는가?** 턱을 다무는 데 필요한 근육, 주로 교근(masseter), 측두근(temporalis)의 근육 강도를 측정하는 검사이다. 검사자가 환자의 턱을 벌릴 수 있으면 이러한 근육 양측에 약화가 있음을 의미한다. 이는 삼차신경(V)의 양측 손상으로 인한 것일 수도 있다.

12 **입을 벌리게 하고, 검사자가 억지로 다물게 하면 버틸 수 있는가?** 이 과제는 턱을 벌리는 데 필요한 근육을 검사한다. 이 근육에는 악이복근(digastricus), 하악설골근(mylohyoid), 이설골근(geniohyoid)이 있다. 검사자가 환자의 턱을 다물게 할 수 있으면 이러한 근육들 양측에 약화가 있음을 의미한다.

휴식 시와 운동 시의 혀

혀는 중요한 조음기 중 하나이다. 혀의 구조 또는 기능에 이상이 생기면 조음에 큰 영향을 미치게 된다. 휴식 시와 운동 시의 혀를 검사하는 것은 진단을 내리는 데 중요한 정보를 제공한다. 이 영역의 과제를 통해 혀의 내근과 외근을 지배하는 신경인 설하신경(XII)의 기능에 대해 평가할 수 있다. 평가하는 동안 탐색행동이 나타나면 실행증 평가를 실시해야 한다.

과제에 대한 설명

1 휴식 시 혀의 크기가 적당한가? 뇌신경과 같은 하부운동신경에 손상을 입으면 이 신경의 지배를 받는 근육이 위축될 것이다. 만약 설하신경(XII)에 일측 손상을 입으면 손상이 있는 쪽의 혀는 주름지고 위축될 것이다. 만약 양측에 손상을 입으면 혀 전체에 근위축이 생겨 혀가 위축될 것이다.

2 휴식 시 혀의 모양이 대칭적인가? 한쪽 설하신경(XII)만 손상된다면 손상을 입은 쪽에 위축이 생긴다. 결론적으로 혀의 모양은 비대칭적이 된다. 영향을 받지 않은 쪽은 정상이고 받은 쪽에서만 위축을 관찰할 수 있다.

3 휴식 시 혀에 근섬유다발수축(fasciculation)이 나타나는가? 근섬유다발수축은 작은 불수의적 움직임으로, 하부운동신경의 손상으로 인해 운동신경의 지배를 받지 못하는 근육에서 관찰할 수 있다. 설하신경(XII)의 손상 후에 나타난 근섬유다발수축은 혀의 표면을 따라 작고 불규칙적인 잔물결(dimpling)을 보인다. 또한 혀 전체에서 미세한 "벌레 같은(wormlike)" 움직임을 볼 수도 있다.

4 휴식 시 혀가 안정적인 상태로 있는가? 휴식 시 근섬유다발수축 외에 다른 이유로 불수의적인 움직임이 나타날 수도 있다. 무도증(chorea), 근긴장 이상증(dystonia)과 같은 과다운동장애가 있으면 혀가 불수의적으로 나오거나, 뒤로 당겨지거나, 꼬이거나, 좌우로 움직일 수 있다. 과다운동장애는 제9장에서 자세히 논의할 것이다.

5 혀를 끝까지 내밀 수 있는가? 혀를 완전히 내밀 수 있도록 해 주는 턱끝혀근(genioglossus muscle) 후방 섬유의 운동 범위와 혀를 내밀었을 때 혀끝을 넓고 평평하게 만들어 주는 혀의 내근인 가로근(transverse muscle)과 수직설근(vertical muscle)을 평가하는 검사이다. 이러한 근육에 양측으로 약화가 있으면 혀를 완전히 내밀 수 없게 된다. 약화가 일측으로 나타나면, 혀를 내밀었을 때 약화가 있는 쪽으로 혀가 기울어지게 된다. 영향을 받은 쪽으로 혀가 돌아가는 것은 턱끝혀근의 왼쪽과 오른쪽의 수축 정도가 다르기 때

문이다. 손상받지 않은 쪽 혀 근육의 수축이 손상된 쪽 근육의 약화된 수축을 압도함으로써, 혀가 손상된 쪽을 가리키며 돌아가는 것이다. 검사자는 환자에게 혀를 내밀게 하고 설압자로 환자의 혀를 밀었을 때 환자가 견딜 수 있는지 확인하는 검사를 통해 혀를 내밀 수 있게 하는 근육의 강도를 측정할 수 있다.

6 **검사자가 혀를 왼쪽 또는 오른쪽으로 밀었을 때, 환자는 혀끝을 중앙에 유지할 수 있는가?** 턱끝혀근, 혀위세로근(superior longitudinal muscle), 아래세로근(inferior longitudinal muscle)과 같은 혀 근육의 강도를 측정하는 검사이다.

7 **혀끝이 윗입술에 닿는가?** 혀를 내밀 수 있게 해 주는 근육인 턱끝혀근, 수직설근, 가로근과 혀끝을 올려 주는 혀위세로근의 운동 범위를 확인하는 검사이다.

8 **환자가 혀를 볼 안쪽에 대고 바깥쪽으로 밀 때 검사자가 억지로 이를 누르면 버틸 수 있는가?** 이 과제는 몇몇 혀 근육, 주로 세로근의 강도를 측정하는 검사이다. 혀끝을 왼쪽 또는 오른쪽으로 돌리기 위해서는 왼쪽 또는 오른쪽 혀위세로근과 아래세로근이 동시에 수축해야 한다. 이러한 근육들의 일측 약화는 혀를 좌우 볼 쪽으로 향하게 하고 미는 힘의 정도를 비교해 봄으로써 분명해진다.

9 **혀를 좌우로 움직일 수 있는가?** 혀위세로근과 아래세로근의 움직임 범위를 측정하는 검사이다. 이러한 근육들은 입안에서 혀가 한쪽에서 다른 쪽으로 움직일 수 있도록 해 준다. 혀가 한쪽 측면으로 잘 움직이지 않으면 혀위세로근과 아래세로근에 일측 약화가 생긴 것이다.

휴식 시와 운동 시의 연구개와 인두

이 영역은 연구개와 인두의 구조와 기능을 평가하는 문항으로 구성되어 있다. 연구개와 인두 근육의 대부분을 지배하는 신경은 미주신경(X)이다. 확실하게 보기 어렵기 때문에 검사를 통해 연구개와 인두의 구조에 대한 자세한 정보를 얻기는 어렵다. 사실 검사자는 두드러진 해부학적 구조나 기능 이상만을 확인할 수 있다. 연구개와 인두에 대한 추가적인 정보는 이 검사의 후반부에 있다.

과제에 대한 설명

1 **/a/를 소리 낼 때마다 연구개가 대칭적으로 상승하는가?** /a/ 모음을 4~5회 반복해서 말하되 음절 사이에는 짧은 쉼을 두도록 한다. 이는 각각의 /a/ 모음 산출 후 연구개가 휴식 상태로 돌아오도록 하여 검사자가 환자의 연구개 움직임을 확인할 수 있도록 한다. 정상적으로는 구강음 산출 시 연구개와 인두가 같이 움직여 연인두 영역을 폐쇄한다. 검사자는 환자의 발성 바로 직전에 연구개가 상승하는 것을 관찰할 수 있다. 동시에 상인두의 옆면과 후면이 안쪽으로 약간 움직여 상승한 연구개와 만나는 것도 확인할 수 있다.

연구개와 인두의 양측이 중도에서 고도의 약화를 보이는 경우에는 환자가 /a/ 모음을 산출할 때 연구개와 인두 움직임의 속도와 범위가 감소하는 것을 관찰할 수 있다. 그러나 양측으로 경도의 약화가 있는 경우에는 이러한 감소가 두드러지지 않을 수도 있다. 연구개와 인두에 일측 약화가 있는 경우에는 영향을 받지 않은 쪽이 정상적으로 움직이는 것을 볼 수 있다. 손상을 입은 쪽은 약간 움직이거나 아예 움직이지 않을 것이다. 목젖은 손상을 입지 않은 쪽의 연구개가 상승할 때 그쪽으로 기울어질 것이다.

2 **인두 후벽을 자극했을 때 인두 구토 반사가 나타나는가?** 구토는 보호 반사이다. 구토는 기도를 막는 상인두의 방해물을 제거하기 위해 일어난다. 이러한 반사 검사는 인두 근육과 조직에 있는 감각신경에서 시작되는 신경근육의 연결고리(loop)를 평가하기 위한 것이다. 외부 이물질이 인두의 감각신경을 자극하면 설인신경(IX)을 통해 뇌간에 감각 임펄스가 전달된다. 뇌간으로부터 미주신경(X)을 통해 인두근과 연구개근을 재빨리 수축시키는 운동 임펄스가 전달된다. 이러한 연결고리에 손상을 입으면 구토 반사가 감소하거나 일어나지 않게 된다. 그러나 신경 손상이 없는 많은 사람들이 인두 자극에 반응을 나타내지 않고 구토 반사도 보이지 않는다는 점에 주의해야 한다.

후두 기능

후두의 기능을 직접 관찰하기는 힘들다. 후두의 기능을 직접 관찰하기 위해서는 후두경(laryngeal mirror)이나 비강내시경(nasoendoscope)과 같은 장비가 필요하다. 그러나 몇 가지 다른 방법으로 후두의 기능을 간접적으로 평가할 수 있다. 다음에 소개할 세 가지 과제를 통해 성대 내전근과 외전근의 근육 강도와 운동 범위에 대해 검사할 수 있다. 이 평가의 후반부에서 후두의 주요 기능 중 하나인 발성에 대해서도 살펴볼 것이다.

과제에 대한 설명

1 **기침을 세게 할 수 있는가**? 성대 내전 시 성대의 근육 강도를 알아보는 검사이다. 기침을 세게 하기 위해서는 충분한 성문하압력으로 성대가 완전히 내전되어야 한다. 폐의 공기를 완전히 밀폐할 힘이 성대 내전근에 없다면 성대 내전이 완전히 이루어지지 않고 그로 인해 기침이 약하고 숨 새는 음성을 내게 된다. 경우에 따라서는 이 과제가 적절한 호흡 체계를 갖추고 있는지에 대한 평가라고도 할 수도 있다. 호흡근이 공기를 강하게 내보낼 만큼의 충분한 힘이 없으면 기침은 역시 약하고 숨 새는 음성을 낸다. 이 검사의 다음 단계는 숨 새는 음성을 내는 기침이 후두의 문제인지 호흡 기능의 문제인지 결정하는 것이다.

2 **강한 성문 폐쇄음을 산출할 수 있는가**? 성대 내전근을 평가하기 위해 환자에게 갑작스러운 성문 폐쇄음(또는 강한 끙끙거림, grunt)을 산출하라고 지시한다. Duffy(2005)는 이 검사를 통해 약한 기침이 불충분한 성대 내전으로 인한 것인지 호흡 기능의 문제인지 알아볼 수 있다고 하였다. 만약 약한 기침을 보인 환자가 강한 성문 폐쇄음을 낼 수 있다면, 그 환자는 성문을 단단히 닫기에 충분한 강도의 성대 내전근을 갖고 있다는 것이다. 이러한 경우 약한 기침은 불충분한 호흡 기능 때문이며 내전근의 약화는 아닌 것이다.

3 **흡기협착음(inhalatory stridor)이 나타나는가**? 성대 외전근이 마비되어 성대가

완전히 열리지 않으면 흡기협착음—숨을 들이쉴 때 들리는 쌕쌕거리는 소리—이 날 수 있다. 이러한 성대 외전근 마비는 미주신경(X)의 일측 또는 양측 손상으로 나타날 수 있다. 심한 경우에는 흡기 시 실제 협착음이 발성으로 들릴 수 있다. 조용히 숨 쉬고 있을 때도 협착음이 날 수 있지만 대부분의 환자들은 빠르고 깊게 숨을 들이쉴 때 이 소리가 난다.

말운동 기제의 청지각적 평가

대개의 경우, 귀는 말운동 기제의 손상을 평가하기에 가장 좋은 도구이다. 경험이 풍부한 임상가는 환자가 말하는 것을 듣는 것만으로도 빠르고 정확하게 진단을 내릴 수 있다. 말운동장애를 평가하기 위해 귀를 예민하게 만드는 것은 매우 중요하다. 결국엔 검사자가 들은 것이 말산출에 손상이 있는지를 판단하는 궁극적인 기준이 된다. 따라서 이후의 검사 과제들은 환자의 말에 대한 임상가의 지각적인 분석에 의존하는 것이다.

호흡 · 발성 체계

말산출 기제에서 호흡과 발성을 동시에 평가하는 것은 매우 합리적인데, 이는 성문하압력이 충분해야 정상적인 발성이 가능하기 때문이다. 이 영역에서 임상가는 /a/ 모음 연장 발성의 시간을 측정할 것이다. 환자가 발성을 할 때의 음질과 음의 높이, 강도를 정확하게 들어야 하는데, 이 각각에 대한 특징이 진단을 내리는 데 매우 유용하게 사용될 수 있기 때문이다.

과제에 대한 설명

1 **"숨을 크게 들이마신 다음, 최대한 길게, 안정적으로, 명확하게 /a/ 하고 소리를 내 보세요."** 발성에 필요한 충분한 호흡과 성대 내전 여부를 확인하는 검사이

다. 호흡이 충분하지 않다면 15초 동안 /a/ 모음을 지속하기엔 성문하압력이 부족할 것이다. 성대 내전이 완전히 이루어지지 않는다면 발성을 하는 동안 후두에서 많은 기류가 빠져나갈 것이다. 이로 인해 성문하압력이 감소되고 발성 시간도 줄어들 것이다. 발성 시간이 줄어드는 이유가 호흡 부족인지 성대 내전 문제인지 확인하기 위해서는 성대 내전이 완전히 이루어지는지 알아보는 이전 단계의 평가 결과를 확인해야 한다.

2 **/a/ 모음 연장 과제나 발성의 시작 시 잠복기가 나타나는가?** 잠복기가 나타난다면 호흡 · 발성 체계에 약화가 있을 수 있다는 것을 의미한다. 또한 /a/ 모음 산출 시 필요한 순차적인 움직임에 문제가 있을 수도 있다. 순차적인 움직임의 문제는 실행증의 징후이다.

3 **발성 시 음질, 음도, 강도는 어떠한가?** 정상적인 발성에서 음질은 안정되고 균일하고 부드러우며 명확하다. 과다비성이 나타나면 연인두 폐쇄부전이 있음을 의미한다. 숨 새는 음성(breathiness)은 불완전한 성대 내전으로 인한 것이다. 거친 음질(harshness)은 성대가 완전히 내전된 상태에서 공기가 빠져나와 비정상적인 음질을 보이는 것이다. 이중음성(diplophonia)은 발성 시 두 가지 음(pitch)이 동시에 산출되는 것을 말한다. 이는 말운동장애에서 보통 성대의 일측마비로 인한 결과이다.

말운동장애는 음도에 영향을 미칠 수 있다. 예를 들어, 경직형, 과다운동형과 같은 마비말장애에서는 음도가 너무 낮을 수 있다. 발성 시 떨림을 관찰할 수도 있는데 본태 음성 떨림(essential voice tremor)과 같은 장애에서 나타나며, 이는 과다운동형 마비말장애의 한 유형이다. 음도 일탈(pitch breaks)은 말을 하는 동안 음도가 갑자기 바뀌는 것이다. 이는 이완형과 경직형 마비말장애에서 자주 볼 수 있다.

말운동장애는 강도에도 영향을 미칠 수 있다. 과다운동형 마비말장애에서 불수의적인 움직임은 발성 중 음성의 크기에 심한 변화를 초래한다. 호흡이 부족하거나 부적절한 발성은 강도를 감소시키는데 주로 이완형과 과소운동형 마비말장애에서 관찰할 수 있다.

공명 체계

이 영역은 연인두 기능에 대한 평가로 구성되어 있다. 약화를 보이거나 마비된 연인두 근육은 연인두를 완전히 폐쇄하지 못하고, 이로 인해 과다비성이 나타난다. 말운동장애에서 과다비성은 이완형 또는 경직형 마비말장애의 증상으로 자주 나타난다. 과다비성의 반대 개념인 과소비성은 마비말장애 또는 말실행증이 있는 환자에서 거의 관찰할 수 없다. 이전 영역에서 공명 체계에 대한 검사가 이루어졌기 때문에(연구개 움직임과 과다비성 음질) 다음 두 과제를 이전 과제들의 결과와 결합하여 환자의 연인두 기능에 대한 정확한 검사가 이루어질 수 있도록 해야 한다.

과제에 대한 설명

1 **"숨을 깊게 들이마신 다음, 최대한 길게 /u/ 하고 소리를 내 보세요."** 연인두 폐쇄가 가장 많이 이루어지는 후설고모음인 /u/를 연장 발성하게 하는 검사이다. 환자가 /u/를 소리 내는 동안 작은 거울을 한쪽 콧구멍 밑에 대고 검사한 다음, 다른 쪽도 검사를 한다. 발성을 하는 동안 비강 누출이 나타나면 거울에 김이 서리게 된다. 검사의 시작과 끝에 서리는 김은 무시해야 한다. 그러나 검사 도중에는 거울이 깨끗해야 한다.

2 **"이번에는 제가 코를 손으로 잡을 겁니다. 그래도 계속 방금 한 것처럼 다시 해 보세요."** /u/ 모음을 연장 발성하는 동안 과다비성이 나타나는지를 지각적으로 판단하는 검사이다. 검사자는 환자가 /u/ 소리를 내는 동안 환자의 코를 잡았다 놓았다 함으로써 발성 동안 간헐적으로 비강 기류를 차단하는 것이다. 환자의 코를 잡았다 놓았다 할 때 소리가 다르다고 느껴진다면 과다비성이 있는 것이다.

종합적 체계(발성, 호흡, 공명, 조음)

교대운동속도(alternate motion rate, AMR) 과제는 반복적으로 조음기를 빠르고 자연스럽게 움직일 수 있는지 확인하는 검사이다. 이는 "길항반복운동속도(diadochokinetic rate)"로도 불린다. AMR 과제는 음절 산출의 속도와 규칙성에 대한 중요한 정보를 제공해 준다. 또한 여러 유형의 마비말장애는 AMR 과제를 수행하는 동안 각기 다른 특징을 보이기 때문에 말운동장애 평가에서 AMR 과제는 매우 중요하다고 할 수 있다.

- 이완형과 경직형 마비말장애 환자는 대개 느리지만 규칙적인 특징을 보인다.
- 실조형과 과다운동형 마비말장애 환자는 보통 느리고 불규칙적인 특징을 보인다.
- 과소운동형 마비말장애 환자는 정상보다 빠르게 음절을 산출한다. 어떤 환자는 너무 빠르게 산출하여 조음이 불명확해지는 문제를 보이기도 한다.

AMR 과제를 통해 환자의 마비말장애를 진단하는 데 중요한 정보를 얻을 수 있다.

과제에 대한 설명

"숨을 깊게 들이마신 다음, '퍼(터, 커)'를 가능한 한 빨리 규칙적으로 반복해 보세요." 환자에게 이렇게 설명한 다음, 시범을 보여 준다. 반복한 음절의 개수를 정확하게 세기 위해 컴퓨터나 녹음기 등을 사용하여 환자의 발화를 녹음해야 한다. 경험이 풍부한 임상가도 녹음을 하지 않으면 정확하게 시간을 재고 횟수를 세기가 어렵다. 환자가 과제를 수행하는 동안 주로 환자의 발화 속도와 규칙성을 평가해야 하고, 강도, 음도, 조음 또한 확인해야 한다. 예를 들어, 실조형과 과다운동형 마비말장애의 전형적인 특징은 강도가 심하게 변화되는 것이다. 과소운동형 마비말장애에서는 부정확한 조음을 관찰할 수 있다.

SMR 과제는 순차적으로 빠르고 자연스럽게 조음기를 움직일 수 있는지 확인하는 검사이다. 전형적으로 SMR 과제는 AMR 과제보다 수행하기 어렵다. 특히 이 과제는 말실행증을 확인하는 데 유용하게 사용할 수 있다. 대개 말실행증이 있는 환자는 AMR 과제는 성공적으로 수행하지만 SMR 과제는 어려워한다(그러나 모든 말실행증 환자가 AMR 과제를 성공적으로 수행하는 것은 아니다. 많은 환자들이 AMR과 SMR 과제 모두를 어려워한다). 말실행증 환자는 SMR 과제를 시작하는 데 어려움을 보이고, 음소 대치나 음절의 순서 바뀜, 정확한 음소 위치를 찾기 위한 탐색행동을 보인다.

"이제는 '퍼-터-커'를 가능한 한 빨리 규칙적으로 반복해 보세요." AMR 과제와 마찬가지로 SMR 과제도 녹음해야 한다. 검사자는 검사를 시작하기 전에 반드시 시범을 보여 줘야 한다.

말운동 기제의 피로도 검사

피로도 검사는 지속적인 운동 활동 중에 빠르게 근육의 피로가 발생하는 중증근무력증(myasthenia gravis)을 선별하는 검사이다(제4장 참조). 중증 근무력증을 검사하기 위해 환자에게 1부터 100까지 빠른 속도로 세어 보라고 한다. 환자가 숫자를 세는 동안 조음, 공명, 발성에 문제가 있는지 살펴야 한다. 전형적으로는 휴식을 취한 후 빠른 속도로 근육의 기능이 회복되지만, 지속적으로 근육에 과한 부담을 주면 수행 속도가 느려지게 된다.

비구어구강실행증 검사

실행증은 순차적이고 복잡한 움직임을 의도적으로 정확하게 할 수 있는 능력의 손상이다. 이는 근육의 약화, 운동 범위의 감소, 인지 문제로 인한 것이 아니다. 실행증은 뇌에서 미리 계획한 복잡한 운동의 순차적인 수행에 어려움을 보이는 장애이다. 두 가지 유형의 실행증, 즉 **비구어구강실행증**(nonverbal oral apraxia)과 **말실행증**(apraxia of speech)은 말산출 근육에 영향을 미친다. 비구어구강실행증은 실제로 말산출과는 관련이 없는 구강의 순차적인 움직임에 장애가 있는 것이다. 이는 종종 "무의식적인 움직임(vegetative movements)"으로 묘사된다. 비구어 구강 움직임의 예로는 미소 짓기, 입술 오므리기, 혀 내밀기, 아랫입술 깨물기 등이 있다. 이러한 유형의 실행증 환자는 비구어 구강 움직임을 수행할 때 주저하거나 수정하거나 탐색행동을 보인다. 환자가 비구어구강실행증이 있지만 말실행증은 보이지 않을 수도 있다. 반대로 말실행증은 있지만 비구어구강실행증은 없는 환자가 있을 수 있다. 그러나 대개 이 두 가지 유형의 실행증이 같이 나타난다.

과제에 대한 설명

"제가 말하는 대로 한번 해 보세요." 수의적인 비구어 구강 움직임을 확인하는 검사이다. 지시 사항을 말해 준 다음 환자가 스스로 수행할 때까지 기다리며, 바로 시범을 보여 주지는 않는다. 평가를 실시하는 동안 환자의 수행에 점수를 매긴다. 점수는 정확하고 즉각적인 반응에서부터 수행하지 못하는 단계까지 11점 척도로 구성된다. 이러한 점수 체계는 단순히 옳고 그름을 나타내는 점수 체계보다 자세한 정보를 제공해 준다. 검사자는 평가를 실시하기 전에 점수 척도를 숙지해야 한다.

말실행증 검사

말실행증은 말산출을 위한 수의적이고 순차적인 움직임의 장애로, 말운동에 영향을 미칠 수 있는 실행증의 또 한 가지 유형이다. 말실행증 환자는 종종 말을 하려고 할 때 순차적 운동에 오류를 보이는데, 특히 다음절 단어를 어려워한다. 증상으로는 느린 말 속도, 비정상적인 운율, 탐색행동, 음소 대치 등이 있다. 흥미로운 것은 자동 발화와 감정적인 발화(emotional speech)에서는 오류를 보이지 않는다는 것이다. 이는 숫자 세기, 감탄사나 욕설, 인사하기 등은 잘한다는 의미이다. 말실행증은 제11장에서 자세히 논의할 것이다.

과제에 대한 설명

1 **"제가 말한 단어를 따라 해 보세요."** 환자에게 단어를 따라 하게 하거나 읽게 하는 검사이다. 자음-모음-자음(CVC) 음절로 시작하는 이음절 단어로 시작하여, 점차 같은 음절로 시작하지만 복잡한 음절 구조와 길이를 가지고 있는 단어로 진행한다. 말실행증 환자가 실수 없이 모든 단어를 따라 말하는 것은 어렵다. 대부분의 단어는 다음절, 저빈도어로 일상생활에서 잘 사용하지 않는 것들이다. 실행증 환자들은 대개 고빈도 단어보다 저빈도 단어의 산출을 어려워한다.

2 **"이번엔 이걸 따라 해 보세요."** 말실행증 환자들은 일반적으로 초성과 종성이 동일한 자음으로 구성된 CVC 구조의 일음절 단어는 어려워하지 않는다. 이러한 유형의 단어는 다음과 같은 두 가지 이유로 평가에서 사용된다. 첫째, 환자는 앞의 어려운 과제와 비교하여 성공적으로 자신의 수행이 변화되는지 알아내야만 한다. 둘째, 환자가 이 단어들에서 많은 실행증적 오류를 보인다면 이는 중증도가 심하다는 것을 보여 주는 강력한 지표가 된다. 이 단어들은 대부분의 말실행증 환자들에게 매우 쉬운 편이므로 여기서 어려움을 보이는 환자는 실행증이 매우 심하다고 볼 수 있다.

3 **"이제는 다음 문장을 따라 해 주세요."** 검사에 사용되는 문장은 말실행증 환자에게 어렵게 느껴진다. 많은 다음절 단어로 구성되어 있고 일상에서 잘 사용되지 않는 문장이기 때문이다. 말실행증이 의심되는 환자들 대부분은 많은 실행증 오류를 보인다.

4 **"1부터 20까지 세어 보세요."** 숙련된 자동 발화 과제이기 때문에 말실행증 환자는 다음에 수행할 과제에서 훨씬 적은 오류를 보인다.

5 **"이번에는 20부터 1까지 거꾸로 세어 보세요."** 대부분의 말실행증 환자들은 이 과제를 수행하면서 여러 가지 오류를 보인다. 환자들이 앞선 과제에서와 동일한 단어를 산출함에도 불구하고 거꾸로 세기 과제는 자동 발화 과제는 아니다. 따라서 이것은 대부분의 말실행증 환자들에게 어려운 과제가 될 수

있다.

6 **"이 그림에서 어떤 일들이 일어나고 있는지 설명해 보세요."** 이 과제는 두 부분으로 나누어진다. 첫 번째 부분에서는 환자에게 보스턴 실어증 진단검사(Boston Diagnostic Examination for Aphasia, BDAE)(Goodglass, Kaplan, & Baressi, 2001)의 쿠키 도둑(Cookie Theft) 그림을 제시한 후 설명해 보도록 한다. 임상가는 환자가 그림을 설명하는 동안 산출하는 문장 가운데 네 문장 정도를 적어 둔다(만약 환자가 4개 이상의 문장을 설명할 수 없다면, 평가 시 환자가 산출한 어떠한 문장이든 적어 둔다). 이 과제의 두 번째 부분에서는 그림 설명 시 적어 놓은 네 문장을 환자가 따라 말하도록 한다.

이 과제의 근거는 일반적으로 자발화상에서는 의도적 발화와 비교하여 실행증의 오류가 줄어든다는 것이다. 문장을 따라 말하도록 요구할 때보다는 그림을 설명할 때 환자는 더 자발적인 발화 활동을 보인다. 따라서 환자는 자신이 발화를 한 후에 그것을 따라 말하는 것보다 그림을 설명하는 과제에서 오류가 감소할 것이다.

연결 발화의 분석

평가의 마지막 부분에서 임상가는 환자에게 Grandfather 문단이나 Rainbow 문단과 같은 표준문단 읽기 과제를 실시한다. 환자의 연결 발화에 대한 정확한 분석을 위해 이 과제를 수행할 때 질이 좋은 오디오나 비디오로 기록하는 것이 매우 중요하다. 이 평가 기록지의 마지막 부분에 열거되어 있는 각 문항별로 환자의 말 특징을 평가한다(Darley et al., 1975). 연결 발화에 대한 충분한 분석은 마비말장애 유형을 구별하는 데 필요한 많은 정보를 제공해 준다.

말운동장애 평가에 대한 요약

- 말운동장애 평가는 경험이 없는 임상가들에게는 도전적인 과제가 될 수 있다. 적절한 진단을 위해서는 말산출의 다양한 요소가 평가되어야만 한다. 임상가는 말운동 평가 시 환자의 호흡, 발성, 공명, 조음, 운율을 평가해야 한다.
- 도구적, 지각적 분석은 말운동장애를 평가하는 두 가지 주요 방법이다. 대부분의 임상가들은 진단 시 지각적 분석을 사용한다. 임상가는 눈과 귀를 통해 환자가 말운동장애를 보이는지를 결정한다.
- 말산출의 요소(예: 호흡, 발성 등)를 평가하는 것과 더불어 완벽한 말운동 검사는 모든 수의적 움직임의 기초가 되는 여섯 가지 과정—근육 강도, 운동 속도, 운동 범위, 운동의 정확성, 운동의 안정성, 근긴장도—을 평가해야만 한다.
- 가장 기본적인 수준에서, 말운동 평가를 통해 임상가는 환자의 말산출 능력에 대해 전체적으로 설명할 수 있다. 이러한 기술을 완성함으로써 임상가는 환자의 결손에 대한 관련 질문에 대해 논리적으로 답할 수 있어야만 하고, 정확한 진단에 도달할 수 있어야 한다.

연구 문제

1. 말운동장애를 평가하는 두 가지 기초적인 방법은 무엇인가?
2. Haynes와 Pindzola에 따르면, 모든 말・언어 평가의 두 가지 목적은 무엇인가?
3. 말산출의 다섯 가지 요소는 무엇인가?
4. 마비말장애를 정의해 보시오.

5 말실행증을 정의해 보시오.

6 Darley, Aronson과 Brown이 말한 신경근 기능의 핵심적인 자질은 무엇이며, 왜 이것이 중요한지 이유를 말해 보시오.

7 혀의 근육 강도를 평가할 수 있는 두 가지 평가 과제를 열거하시오.

8 AMR과 SMR은 무엇이며, 이 과제는 왜 중요한가?

9 흡기협착음이 의미하는 것은 무엇인가?

10 말실행증 환자들은 왜 20부터 1까지 거꾸로 세기 과제에서 어려움을 보이는가?

부록 3-1 말운동 평가

환자 이름:

검사일:

환자 나이:

신경학적 진단명:

개인 관련 정보:

병력:

지시 사항: 각 항목에 '예' 또는 '아니요'로 체크하고 손상 정도를 다음과 같이 표시하시오.

0 = 정상(no impairment)
1 = 경도 손상(mild impairment)
2 = 중등도 손상(moderate impairment)
3 = 고도 손상(severe impairment)

또한 비정상 혹은 이상이 있는 경우 빈칸에 특징을 서술하시오.

	예	아니요	정도

I. 구조 · 기능적 말기제 평가

A. 휴식 시 안면 근육: CN VII

1. 입 모양이 대칭적인가? ______ ______ ______
   비대칭이라면, 특징 서술 ______________________________
   ____
2. 검사자가 억지로 입술을 벌리려고 하면 버틸 수 있는가? ______ ______ ______
3. 눈을 뜰 수 있는가? ______ ______ ______
4. 눈을 한쪽만 감을 수 있는가? ______ ______ ______
5. 얼굴이 경직되거나 가면을 쓴 것처럼 보이는가? ______ ______ ______
6. 머리를 고정시킨 채 시선을 위로 향하게 하면
   이마에 주름이 생기는가? ______ ______ ______
7. 코의 모양이 대칭적인가? ______ ______ ______
   비대칭이라면, 특징 서술 ______________________________
   ____

B. 수의적 움직임 시 안면 근육: CN VII

1. 미소 짓게 하였을 때 입 모양이 대칭적인가? ______ ______ ______
   비대칭이라면, 특징 서술 ______________________________
   ____
2. 탐색행동(groping)이 있는가?* ______ ______ ______
3. 입술을 오므릴 수 있는가? ______ ______ ______
   오므릴 수 없다면, 특징 서술 ______________________________
4. 탐색행동이 있는가?*
5. 압력이 가해졌을 때, 입을 다문 채 볼을 부풀려
   유지할 수 있는가? ______ ______ ______
   유지할 수 없다면, 특징 서술 ______________________________
   ____

*어떠한 분류든 간에 완벽히 갖춰진 실행증 검사도구를 갖고 확인해야만 한다.

	예	아니요	정도
C. 휴식 시 아랫턱 근육: CN V			
1. 아랫턱이 비정상적으로 밑으로 처져 있는가?	____	____	____
D. 수의적 움직임 시 아랫턱 근육: CN V			
1. 입을 최대한 크게 벌리게 하였을 때, 한쪽으로 처지는가?	____	____	____
처진다면, 특징 서술 ________________			
2. 탐색행동이 있는가?*	____	____	____
3. 수의적으로 아랫턱을 좌우로 움직일 수 있는가?	____	____	____
4. 입을 꼭 다물게 하고 검사자가 억지로 턱을 벌리려고 하면 버틸 수 있는가?	____	____	____
5. 입을 최대한 크게 벌리게 하고, 검사자가 억지로 다물게 하면 버틸 수 있는가?	____	____	____
E. 휴식 시 혀 근육: CN XII			
1. 혀의 크기가 적당한가?	____	____	____
적당하지 않다면, 특징 서술 ________________			
2. 혀가 중앙에 위치하는가?	____	____	____
중앙에 위치하지 않는다면, 특징 서술 ________________			
3. 혀의 모양이 대칭적인가?	____	____	____
비대칭이라면, 특징 서술 ________________			
4. 혀를 앞니 아랫부분 끝에 두었을 때, 근섬유다발수축(fasciculation)을 관찰할 수 있는가?	____	____	____
5. 혀가 편안한 상태로 있는가?	____	____	____
아니라면, 특징 서술 ________________			

*어떠한 분류든 간에 완벽히 갖춰진 실행증 검사도구를 갖고 확인해야만 한다.

	예	아니요	정도

F. 수의적 움직임 시 혀 근육: CN XII

1. 혀를 완전히 내밀 수 있는가? ______ ______ ______
   내밀 수 없다면, 운동 범위와 처진 정도 서술 ______________________________
   ____
2. 탐색행동이 있는가?* ______ ______ ______
3. 혀를 바깥으로 내밀었을 때, 검사자가 억지로 안으로 밀어 넣으려고 하면 버틸 수 있는가? ______ ______ ______
4. 검사자가 혀를 왼쪽 또는 오른쪽으로 밀었을 때, 혀끝을 중앙으로 유지할 수 있는가? ______ ______ ______
5. 혀끝이 윗입술에 닿는가? 혀끝이 치조에 닿는가? ______ ______ ______
   닿지 않는다면, 특징 서술______________________________
   ____
6. 혀로 볼을 밀고 있는 상태에서 검사자가 혀를 안으로 밀어 넣으려고 하면 견딜 수 있는가? ______ ______ ______
7. 혀를 좌우로 움직일 수 있는가?
   움직일 수 없다면, 특징 서술 ______________________________
   ____

G. 휴식 및 움직임 시 연구개와 인두: CN X

1. '아'를 소리 낼 때마다 대칭적으로 연구개가 상승하는가? ______ ______ ______
   대칭적이지 않다면, 특징 서술 ______________________________
   ____
2. 인두벽을 자극하였을 때, 구토 반사가 나타나는가? ______ ______ ______

H. 후두의 기능: CN X

1. 강한 기침을 할 수 있는가? ______ ______ ______
2. 성문 폐쇄음을 산출할 수 있는가? ______ ______ ______
   할 수 없다면, 특징 서술 ______________________________
   ____
3. 흡기협착음(inhalatory stridor)이 나타나는가? ______ ______ ______

---

*어떠한 분류든 간에 완벽히 갖춰진 실행증 검사도구를 갖고 확인해야만 한다.

나타난다면, 특징 서술______________________________________

____

II. 음향학적 말운동 평가

A. 발성 · 호흡 단계

1. 환자에게 다음과 같이 설명하시오.
"지금부터 숨을 크게 들이마신 다음, 최대한 길게 쉬지 말고 편안하게 '아–' 소리를 내 보세요."

a. 지속시간

1차: ________

2차: ________

3차: ________

평균: ________

(평균 MPT는 성인의 경우 15초, 학령기 아동의 경우 10초)

	예	아니요	정도
b. 잠복시간: '아' 모음 연장 및 발성의 시작 시 잠복시간이 나타나는가?	______	______	______
c. 음질			
고르게 지속됨	______	______	______
매끄럽고 분명한 음성	______	______	______
과다비성	______	______	______
숨 새는 음성	______	______	______
거친 음질	______	______	______
이중음도	______	______	______
d. 음도			
너무 높음	______	______	______
너무 낮음	______	______	______
정상	______	______	______
떨림(tremor)	______	______	______
음도 이탈(pitch breaks)	______	______	______

e. 강도

너무 큰 강도 ______ ______ ______

너무 작은 강도 ______ ______ ______

정상 강도 ______ ______ ______

f. 그 외 특징 서술 ____

____

____

B. 공명 단계

1. **환자에게 다음과 같이 설명하시오.**

   "숨을 깊게 들이 마신 다음, 최대한 길게 '우–' 하고 소리를 내 보세요."

   (먼저 왼쪽 콧구멍 아래에 거울을 대고 검사한 다음, 오른쪽 콧구멍도 실시하시오.)

   (왼쪽 / 오른쪽 / 양쪽) 비강 누출 ______ ______ ______

2. 환자에게 다음과 같이 설명하시오.

   "이번에는 제가 당신의 콧구멍을 손가락으로 막을 겁니다.
   방금 한 것처럼 최대한 길게 '우–' 하고 소리를 내 보세요."

   (왼쪽 / 오른쪽 / 양쪽) 콧구멍을 막았을 때 공명의
   변화 ______ ______ ______

   비음이 없는 연속발화 ______ ______ ______

C. 종합적 단계(발성, 호흡, 공명, 조음)

1. 교대운동속도(AMR) (조음교대운동)

   환자에게 다음과 같이 설명하시오.

   "숨을 깊게 들이마신 다음, '퍼'를 가능한 빨리 규칙적으로 반복해서 말해 보세요."

   속도가 느린가? ______ ______ ______

   속도가 너무 빠른가? ______ ______ ______

   불규칙적인가? ______ ______ ______

   음성의 크기가 커졌다 작아졌다 하는가? ______ ______ ______

   음성의 높이가 높아졌다 낮아졌다 하는가? ______ ______ ______

   떨림이 있는가? ______ ______ ______

   음절 사이의 간격이 규칙적인가? ______ ______ ______

   불분명한 조음(음절 간 구별의 어려움)이 있는가? ______ ______ ______

	예	아니요	정도
과다비성이 있는가?	____	____	____
비강 누출이 있는가?	____	____	____
입술과 턱의 운동 범위가 제한되어 있는가?	____	____	____
부정확하거나 왜곡된 자음이 있는가?	____	____	____

5초 동안 반복한 횟수를 기록하시오.

	/퍼/	/터/	/커/	/퍼터커/
1차				
2차				
3차				
평균				

5초 동안 '퍼'와 '터'의 반복 횟수의 평균은 약 30~35개이고, '커'는 시간이 더 오래 걸린다.

2. 일련운동속도 (SMR)

환자에게 다음과 같이 설명하시오.

"이제는 '퍼-터-커'를 가능한 한 빨리, 규칙적으로 반복해서 말해 보세요."

(기록: 결과를 〔5초 동안 시도한 횟수〕로 하단에 기록할 것)

a. **음절과 음절 사이가 부드럽게 연결되는가?** ____ ____ ____

b. **음이 막히거나 순서가 바뀌거나 생략되지는 않았는가?** ____ ____ ____

그렇다면, 특징 서술 ________________________________

____

3. 말운동 기제의 피로도 검사(stress testing) (중증 근무력증 선별검사)

환자에게 빠른 속도(약 1초당 두 숫자 정도)로 100까지 세어 보게 하시오.

1에서 10까지 시범을 보여 주시오.

발성 또는 조음에서 눈에 띌 만한 문제가 있는가? ____ ____ ____

있다면, 특징 서술 ________________________________

____

III. 비구어구강실행증 평가

A. 비구어구강실행증 평가

환자에게 다음과 같이 설명하시오.

"지금부터 제가 하는 말을 잘 듣고 최대한 정확하게 해 보세요. 준비되셨나요?"

반응	과제
______	1. **혀를 내밀어 보세요.**
______	2. 성냥불을 불어서 끄는 흉내를 내 보세요.
______	3. 이(teeth)를 보여 주세요.
______	4. **입술을 동그랗게 만들어 보세요.**
______	5. 혀끝을 코에 닿게 해 보세요.
______	6. 윗니로 아랫입술을 물어 보세요.
______	7. **휘파람 부는 흉내를 내 보세요.**
______	8. **혀로 입술 전체를 핥아 보세요.**
______	9. 목을 가다듬어 보세요.
______	10. 혀를 내밀었다가 다시 넣어 보세요.
______	11. 어금니를 한 번 부딪혀 보세요.
______	12. 웃는 흉내를 내 보세요.
______	13. **혀 차는 소리를 내 보세요.**
______	14. 추워서 어금니가 부딪치는 흉내를 내 보세요.
______	15. 혀끝을 아래턱 끝에 닿게 해 보세요.
______	16. 기침을 해 보세요.
______	17. **볼을 부풀려 보세요.**
______	18. 혀를 내밀어 좌우로 움직여 보세요.
______	19. 입술을 오므려 보세요.
______	20. **입술을 오므렸다가 미소 짓는 행동을 반복해 보세요.**

반응 점수 척도

1. 정확하고 즉각적인 반응
2. 검사자의 요청에 따른 자가 수정 후, 정확한 반응
3. 검사자의 요청에 따른 강도, 정확성, 또는 속도의 결함을 보이는 반응
4. 검사자의 요청에 따른 부분적 반응(중요 부분 생략)
5. 검사자의 시범 후, (1)과 같은 반응
6. 검사자의 시범 후, (2)와 같은 반응
7. 검사자의 시범 후, (3)과 같은 반응
8. 검사자의 시범 후, (4)와 같은 반응
9. 보속증
10. 관계없는 반응
11. 수행하지 못함

IV. 말실행증 평가(구강구어실행증)

환자에게 다음과 같이 설명하시오. "제가 말한 단어를 그대로 따라 해 보세요." 만약 환자가 따라 말하지 못할 경우, 인쇄된 단어를 제시하고 읽게 하시오. 환자가 읽거나 따라 말한 것을 전사하거나 녹음하시오.

1. slowpoke ______________________
2. conference ______________________
3. Tahiti ______________________
4. dressmaker ______________________
5. Annapolis ______________________
6. kindergarten ______________________
7. condominium ______________________
8. industrial revolution ______________________
9. Winnie-the-Pooh and Tigger too ______________________
10. stiff-stiffer-stiffening ______________________
11. base-baseball-baseball cap ______________________
12. fan-fancy-fantastic ______________________
13. glow-glowing-glistening-glamorously ______________________

14. rid–riddle–ridicule–ridiculous ______________________________

____

"자, 계속 따라 말해 주세요."

mime ______________	shush ______________
George ______________	dude ______________
pipe ______________	tent ______________
babe ______________	Nan ______________

"이제는 다음 문장을 그대로 따라 해 주세요."

1. The beautiful girl was dancing. ______________________________

____

____

2. Open this birthday present first. ______________________________

____

____

3. The stranger walked into the store. ______________________________

____

____

4. The birdwatcher saw a Norwegian Blue parrot. ______________________________

____

____

"1부터 20까지 세어 보세요."

〔주의: 숨을 쉬기 위해 멈춘 부분에 빗금(/) 표시를 하시오.〕

1 ________	2 ________	3 ________	4 ________	5 ________
6 ________	7 ________	8 ________	9 ________	10 ________
11 ________	12 ________	13 ________	14 ________	15 ________
16 ________	17 ________	18 ________	19 ________	20 ________

"1부터 20까지 거꾸로 세어 보세요."

20 ________	19 ________	18 ________	17 ________	16 ________
15 ________	14 ________	13 ________	12 ________	11 ________
10 ________	9 ________	8 ________	7 ________	6 ________
5 ________	4 ________	3 ________	2 ________	1 ________

"이 그림을 보고 어떤 일이 일어나고 있는지 설명해 보세요." BDAE 검사도구에 삽입된 "쿠키 도둑" 그림을 사용하여, 적어도 1분 동안 계속해서 설명하도록 유도하시오. 필요하다면, 환자가 그림에서 설명하지 못한 부분을 가리키며 "여기는 어떤 일이 일어나고 있나요?" 하고 물어 발화를 유도하시오.
환자가 말한 문장 중 네 문장을 골라 아래 빈칸에 받아쓰시오. 만약 환자가 충분히 말하지 못했다면, 평가를 하는 동안 산출한 문장을 사용하시오.

1. ______________________________

2. ______________________________

3. ______________________________

4. ______________________________

"다음 문장을 듣고 따라 하세요." 바로 위에 받아 적었던 문장을 사용하시오. 환자가 따라 말한 것을 받아쓰시오〔필요하다면, 국제음성기호(IPA)를 사용하여 적으시오.〕.

1. ______________________________

2. ______________________________

3. ______________________________

4. ____

____

____

V. 연결 발화 샘플

환자에게 "나의 할아버지" 또는 다른 표준 문단을 읽게 한 후, 질문에 해당하는 사항에 표시하시오.

	예	아니요	정도
1. 자음과 모음이 정확하게 산출되었는가?	____	____	____
2. 발화 속도가 너무 느리지 않았는가? 아니면 너무 빠르지 않았는가?	____	____	____
3. 단어와 단어 사이에 부적절한 쉼이 나타났는가?	____	____	____
4. 과다비성이 나타났는가?	____	____	____
5. 비강 누출이 나타났는가?	____	____	____
6. 강도를 정상적으로 변화시켰는가?	____	____	____
7. 그렇지 않다면, 단조로운 음성 크기의 징후를 보였는가?	____	____	____
8. 목소리에 떨림이 나타났는가?	____	____	____
9. 비정상적인 음도 변화가 나타났는가?	____	____	____
10. 거친 음질이 나타났는가?	____	____	____
11. 쥐어짜는 음질이 나타났는가?	____	____	____
12. 숨 새는 음성이 나타났는가?	____	____	____
13. 비정상적으로 짧은 구를 산출하였는가?	____	____	____
14. 불수의적인 흡기나 호기가 나타났는가?	____	____	____
15. 흡기협착음이 나타났는가?	____	____	____
16. 적절한 강세를 사용하여 음절이나 단어를 산출하였는가?	____	____	____
17. 그렇지 않다면, 강세가 감소되었는가?	____	____	____
18. 또는 과도하게 균등한 강세를 사용하였는가?	____	____	____

CHAPTER 4

이완형 마비말장애

이 장의 개요

이 책의 다음 7개 장에서는 각각 한 가지 말운동장애를 설명한다. 각 장은 해당 장애의 신경학적 기초와 주요 원인, 다양한 말 특징, 그리고 적용 가능한 치료의 개념에 대해 설명한다. 이 장에서는 하부운동신경 손상과 관련된 이완형 마비말장애에 대해 설명한다. 제5, 6장에서는 각각 경직형 마비말장애와 일측 상부운동신경형 마비말장애를 다루고, 제7, 8, 9장에서는 실조형, 과소운동형, 과다운동형 마비말장애를 각각 다룬다. 이 세 가지 마비말장애 유형은 뇌의 가장 복잡한 영역 중 일부가 손상되었을 때 나타날 수 있다. 실조형 마비말장애는 소뇌 손상과 관련되어 있다. 과소운동형과 과다운동형 마비말장애는 기저핵 손상과 관련이 있다. 제10장에서는 신경계의 다양한 영역이 손상되었을 때 나타날 수 있는 혼합형 마비말장애를 다루고, 제11장에서는 말실행증에 대해 설명한다. 마비말장애는 아니지만, 말실행증은 말운동장애로 분류된다. 이것은 대부분 좌측 전두엽 손상과 관련이 있다.

이완형 마비말장애의 정의

이완형 마비말장애에 대한 정의는 대부분 이 장애의 두 가지 명확한 특징을 강조한다. 첫째, 이완형 마비말장애는 뇌신경 또는 척수신경의 하부운동신경 손상으로 인해 나타난다. 이것은 이 마비말장애가 말초신경계(PNS) 손상으로 인해 나타난 결과라는 점에서 중요하다. 둘째, 이완형 마비말장애 환자는 대부분 말운동장애의 변별적 특질인 말산출 근육 또는 호흡 근육의 약화를 보인다는 진술을 포함하고 있다는 점이다. 다음의 두 가지 정의는 이완형 마비말장애의 주요한 특징을 강조하고 있다.

> 말산출 근육(하부운동신경 관련)을 조정하는 뇌 또는 척수신경의 운동 단위 손상이라는 신경병리적 특징을 갖고 있는 말운동장애, 대부분 근육 약

화나 근긴장 저하로 인해 나타나는 말의 문제(Singh & Kent, 2000, p. 84).

이완형 마비말장애 환자는 거의 항상 느릿느릿한 조음, 두드러진 과다비성 공명, 그리고 목쉰, 숨 새는 음성을 동반한 발성을 보인다. 이러한 특징들은 뇌신경 공급의 손상 또는 유전적인 근육질환으로 인해 관련된 말 하부 체계의 마비, 약화, 근긴장 저하, 위축, 과소반사로 인한 것이다(Dworkin, 1991, p. 13).

이완형 마비말장애의 신경학적 기초

앞에서 언급한 바와 같이, 이완형 마비말장애는 말초신경계의 운동신경 손상으로 인해 나타난다. 이러한 운동신경은 두 가지 다른 이름으로 알려져 있다. 이 신경들은 말초신경계의 일부분이기 때문에 **하부운동신경**(lower motor neurons)으로 불리기도 한다. 여기서 하부란 **상부운동신경**(upper motor neurons)으로 불리는 중추신경계의 운동신경으로부터 말초신경계의 운동신경을 구분하기 위한 용어이다. 그림 4-1은 하부와 상부운동신경의 관계를 보여 준다. 이러한 운동신경들은 때로는 **최종공통경로**(final common pathway)로 알려져 있다. 왜냐하면 이 뉴런들은 상부운동신경으로부터 온 신경 임펄스가 근육에 도달하기 위한 마지막이자 유일한 "통로"이기 때문이다. 이완형 마비말장애는 호흡, 발성, 조음, 운율, 또는 공명 근육을 지배하는 하부운동신경을 따라 신경 임펄스가 전달되는 데 방해가 되는 어떤 장애에서든 발생할 수 있다.

말산출에 관여하는 뇌신경

말산출에 중요한 역할을 하는 뇌신경은 여섯 쌍—삼차(V), 안면(VII), 설인(IX), 미주(X), 설하신경(XII)—이 있다. 이 여섯 쌍의 신경은 때로는 "말산출의 뇌신경"이라고도 일컬어진다. 이 신경들이 중요한 이유는 이 신경 내부의 하부운동

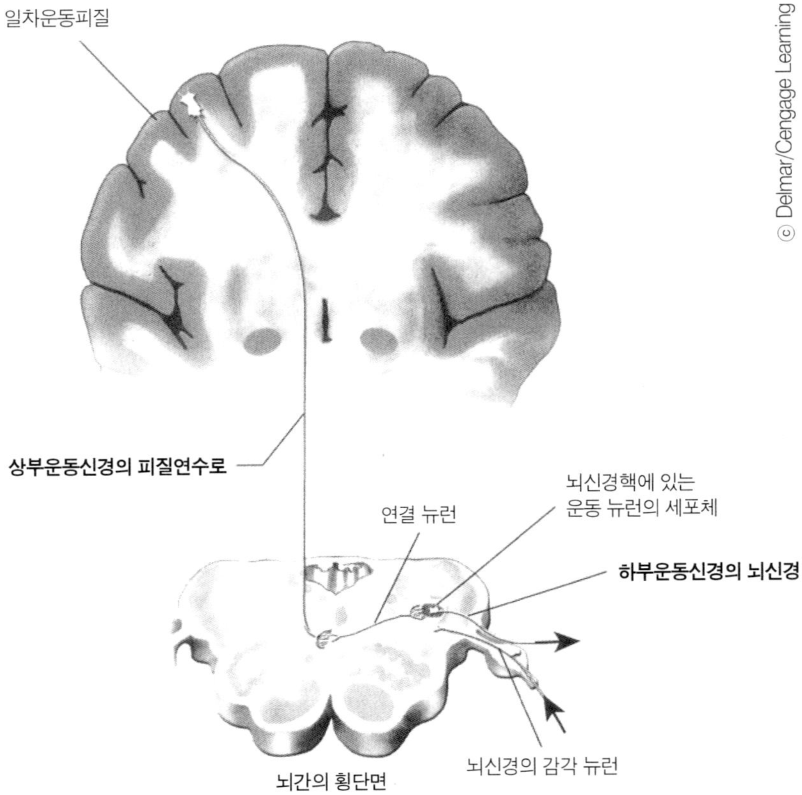

그림 4-1 상부운동신경은 중추신경계 내에 운동 신경자극을 전달하고, 이 자극은 최종적으로 뇌신경 또는 척수신경 내의 하부운동신경에 도달한다.

신경들이 상부운동신경으로부터 말산출 관련 근육까지 전달되는 운동 임펄스를 전달하기 때문이다. 정상적인 말산출은 이러한 뇌신경들이 운동 임펄스를 정확하게 전달해야만 가능하다. 만약 뇌신경이 손상된다면 근육으로 전달되는 운동 임펄스가 왜곡되거나 심지어 완전히 중단될 수도 있다. 어떠한 경우에도 뇌신경 손상은 정확한 말산출에 영향을 미칠 수 있을 것이다.

말산출에 관여하는 뇌신경이 손상될 수 있는 원인은 다양하다. 예를 들어, 뇌간 뇌졸중은 하부운동신경의 세포체로 가는 혈류를 막음으로써 뇌신경에 손상을 입힐 수 있다. 이와 비슷하게, 증식하는 종양은 그 기능에 장애가 생길 정도로 뇌신경을 압박할 수 있다. 바이러스 또는 박테리아 감염은 신경 조직에 직접적으로 손상을 입히게 된다. 신체적 외상은 골절된 뼈가 신경을 누르거나 잘라 버림으로써 뇌신경에 상해를 입힐 수 있다. 수술 시 사고로 메스가 빗나가 이러한 신경 중 하나에 상처를 내거나 완전히 잘라 버릴 수 있다.

위에 열거한 여러 상태 중의 하나가 말산출에 관여하는 뇌신경과 연관될 경우, 그 결과로 이완형 마비말장애를 보일 수 있다. 그러나 이러한 뇌신경의 모든 손상이 이완형 마비말장애 전체 특징의 원인이 되는 것은 아니다. 이완형 마비말장애의 구체적인 특성은 어떤 신경 혹은 신경의 조합이 손상되었는지에 따라 달라진다. 미주신경(X) 가지가 손상되면 이완형 마비말장애의 가장 흔한 특징인 과다비성을 보일 수 있다. 설하신경(XII) 손상 시, 이완형 마비말장애의 또 다른 일반적 특징인 혀 관련 자음의 왜곡된 산출을 보일 수 있다. 미주신경(X)과 설하신경(XII)이 모두 손상되면 과다비성과 왜곡된 자음을 모두 보이게 된다. 따라서 이 장의 다음 부분에서는 특히 말산출에 관여하는 여섯 가지 뇌신경과 이 신경들이 손상되었을 때 나타나는 결과에 중점을 두고 살펴보고자 한다.

삼차신경(V)

삼차신경(V)은 뇌간의 뇌교(pons) 위치에 부착되어 있다. 이 신경은 뇌간에서 뻗어나와 3개의 주요 가지로 나누어진다—눈측(ophthalmic), 상악(maxillary), 하악(mandibular)가지(그림 4-2). 말산출에 있어 가장 중요한 부분은 하악가지로 교근(masseter), 날개근(pterygoid), 하악설골근(mylohyoid), 그리고 다른 턱을 올리고 내리는 역할을 하는 아래턱 근육 등에 관여한다. 이 가지는 또한 연구개 내의 구개범장근(tensor veli palatini)에 관여한다. 이 근육이 수축하면 연구개가 경직되고 유스타키오관을 여는 데 도움을 준다.

삼차신경(V)의 일측 손상은 손상된 부분과 같은 쪽의 턱과 연구개 근육의 약화나 마비를 일으킨다. 이런 경우, 턱을 벌릴 때 손상된 부분 쪽으로 기울어지기도 한다. 시간이 지나면서 손상된 턱 근육(근육 위축) 내의 조직이 점차적으로

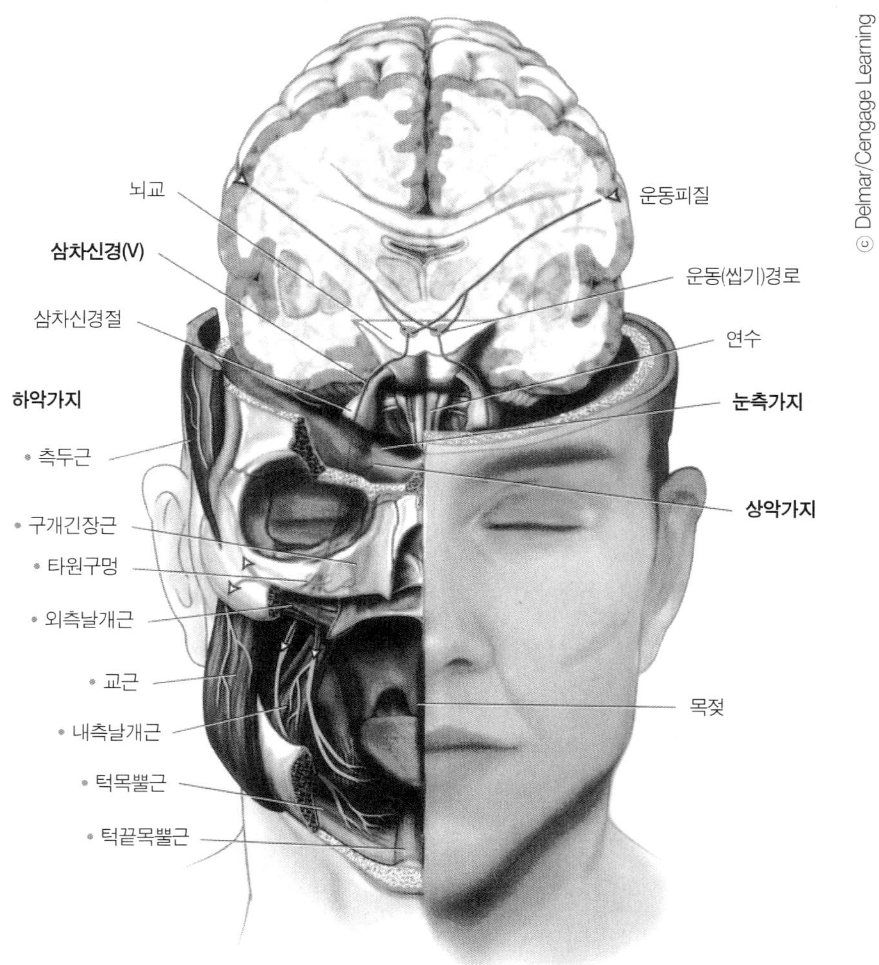

그림 4-2 삼차신경(V)은 3개의 주요 가지를 갖고 있다—눈측, 상악, 하악. 하악가지는 턱 근육을 지배하는 하부운동신경을 이룬다.

소실되어 비대칭적인 안면 형태를 보일 수도 있다. 다행히도 삼차신경(V)의 일측 손상은 말산출에 미치는 영향이 크지는 않은 편이다. 왜냐하면 손상을 받지 않은 쪽의 턱과 연구개 근육이 손상된 쪽의 약화된 근육을 충분히 보상할 수 있을 정도로 강하기 때문이다.

그러나 삼차신경(V)의 양측 손상은 조음에 매우 심각한 영향을 미칠 수 있

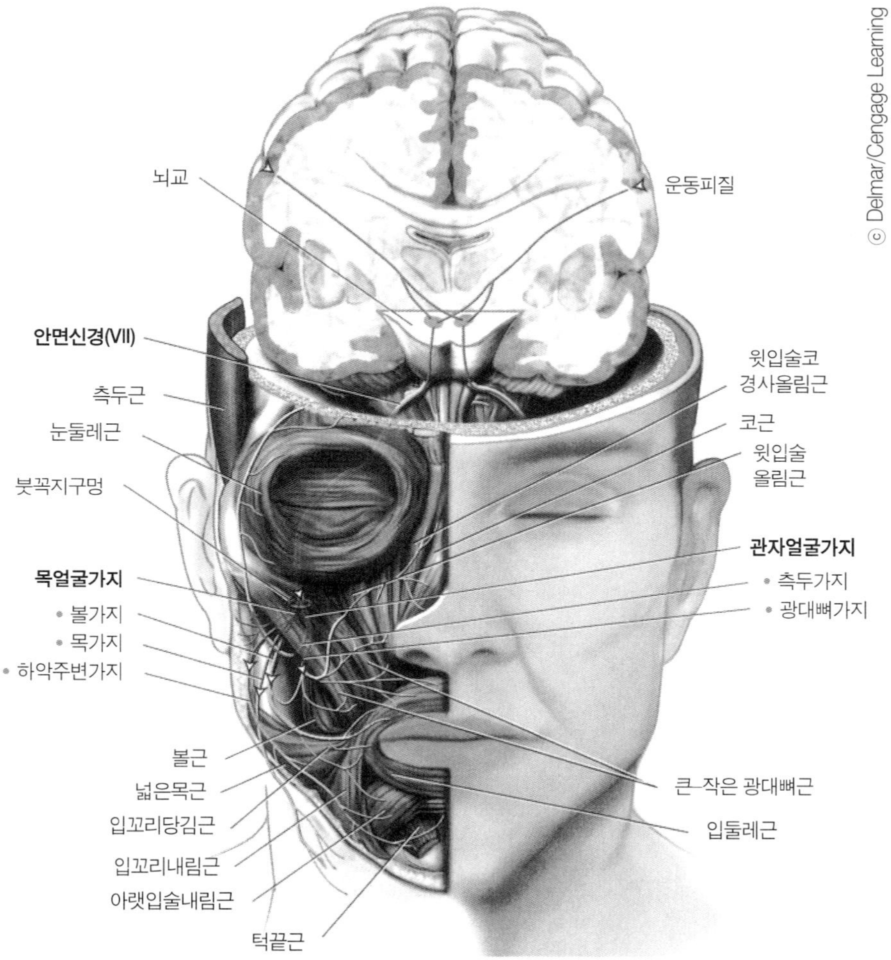

그림 4-3 안면신경(VII)의 주요 가지

다. (여기서 양측 손상이란, 뇌간의 좌측면과 우측면에서 뻗어 나온 삼차신경(V)의 가지들이 모두 손상된 것을 의미한다.) 만약 양측 손상이 심한 정도라면 대부분의 자음과 모음, 특히 양 입술 또는 혀치아 또는 혀구개 간 접촉이 필요한 음소의 산출이 가능할 만큼 충분히 턱을 올리지 못할 것이다. 게다가 턱의 거상 능력 감소로 인해 종종 말 속도가 느려지게 된다.

안면신경(VII)

안면신경(VII) 가지는 뇌간의 삼차신경(V) 아랫부분에서 뻗어 나온다(그림 4-3). 얼굴 근육으로 뻗어 나가면서, 안면신경(VII)은 2개의 주요 가지로 나누어진다. 대부분을 차지하는 목얼굴(cervicofacial) 가지는 볼, 혀, 아래턱의 하부 가지를 포함한 얼굴 아랫부분의 근육을 지배한다. 관자얼굴(temporofacial) 가지는 관자놀이와 광대 쪽 하부 가지를 포함한 얼굴 윗부분의 근육을 지배한다. 안면신경(VII) 손상은 만약 손상이 목얼굴 가지와 관자얼굴 가지로 나누어지는 지점 위쪽에서 일어난다면, 같은 쪽(동측, ipsilateral) 전체 얼굴 근육에 영향을 미칠 수 있다. 그런 경우에는 손상된 쪽과 같은 쪽의 얼굴 근육 전체가 어느 정도의 약화나 마비를 보일 수 있다. 이러한 안면신경(VII) 손상의 결과는 손상으로 인해 영향을 받는 쪽 얼굴의 눈꺼풀이나 입, 볼, 그리고 다른 구조들이 처지는 양상을 보일 것이다. 만약 안면신경(VII) 손상이 이 가지들 중 한 곳에만 일어난다면 그 가지가 지배하는 근육만 영향을 받을 것이다. 예를 들어, 신경 손상이 목얼굴 가지에만 영향을 미친다면 입술 근육이 영향을 받게 될 것이고, 이로 인해 양순음 또는 순치음의 산출이 왜곡될 수 있다.

상부운동신경의 안면신경(VII) 통제 안면신경(VII)의 두 가지에서 피질연수로의 상부운동신경이 하부운동신경을 통제하는 방법에는 차이가 있다(그림 4-4). 얼굴 윗부분을 지배하는 안면신경(VII) 가지는 좌측과 우측 모두의 피질연수로로부터 오는 **양측** 상부운동신경의 통제를 받는다. 이것이 의미하는 바는, 가령 우측 피질연수로의 일측 손상은 좌측 얼굴 윗부분의 약화 또는 마비를 야기하지 않는다는 것이다. 그 이유는, 좌측 피질연수로 역시 이 안면신경(VII)의 가지를 통제하기 때문이다. 따라서 우측 피질연수로가 손상되었을지라도 얼굴의 윗부분은 여전히 일부의 상부운동신경 통제를 받을 수 있다. 결과적으로 얼굴 윗부분에 있는 모든 근육은 양쪽 모두 매우 정상적인 수축을 보이게 된다.

그러나 상부운동신경의 통제는 얼굴의 아랫부분 근육을 담당하는 안면신경(VII) 가지의 경우에는 다르다. 이 안면신경(VII)의 가지는 오직 뇌의 반대측

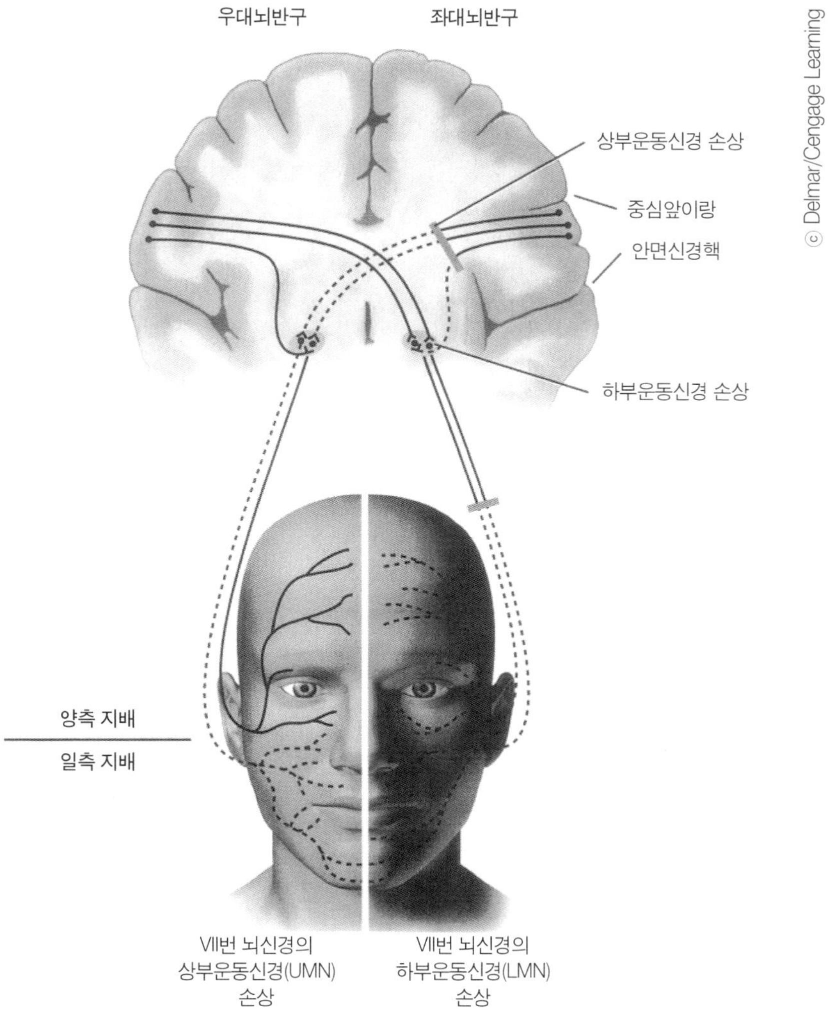

그림 4-4 안면신경(VII)을 지배하는 상부운동신경의 일측 손상은 아래쪽 얼굴에만 영향을 미친다. 이는 안면신경(VII)의 아래쪽 얼굴을 담당하는 가지가 일측 상부운동신경의 지배만을 받기 때문이다. 반면, 위쪽 얼굴을 담당하는 안면신경(VII) 가지는 양측 상부운동신경의 지배를 받는다. 그러므로 하부운동신경의 손상은 손상된 지점 아래쪽의 모든 근육이 영향을 받게 된다.

으로부터의 일측 상부운동신경의 통제를 받는다. 이러한 일측 통제로 인해 우측 피질연수로의 손상은 좌측 얼굴 아랫부분의 약화나 마비를 일으킨다. 반대로 좌측 피질연수로의 손상은 우측 얼굴 아랫부분의 약화나 마비를 일으킬 수 있다.

요약하면, 한쪽 뇌반구 내에서의 일측 상부운동신경의 손상은 거의 정상적으로 눈썹, 이마, 눈꺼풀 등을 포함한 양측 얼굴 위쪽의 움직임을 가능하게 한다. 그러나 손상된 부분과 반대쪽 얼굴의 볼이나 입의 움직임은 상당히 약화될 것이고, 얼굴 아래쪽 이 두 부분의 운동 범위는 감소될 것이다. 이렇게 일측 상부운동신경 손상으로 인해 나타나는 마비말장애를 **일측 상부운동신경형 마비말장애**(unilateral upper motor neuron dysarthria)라고 한다. 이는 제6장에서 논의될 것이다.

설인신경(IX)

이 뇌신경은 뇌간의 연수에서 시작되며(그림 4-5) 붓인두근(stylopharyngeus)과 상인두수축근을 통제할 수 있도록 인두 지점에서 뻗어 나간다. 이 근육들은 상부 인두의 올림과 개방을 돕는다. 구토 반사를 유발시켜 보는 것은 이 뇌신경의 기능을 평가할 수 있는 한 방법이다. "말"과 관련하여 설인신경(IX)의 중요성을 국한하여 말하기 어려운데, 그 이유는 이 부분의 손상은 보통 말산출에 주요한 기능을 하는 미주신경에도 영향을 미치기 때문이다. 그럼에도 불구하고 설인신경은 다양한 음소를 정확히 산출할 수 있도록 적절한 위치에서 인두의 형태를 잡아 줌으로써 공명과 발성에 중요한 역할을 한다.

미주신경(X)

미주신경(X)은 말산출에서 가장 중요한 신경 중 하나이다(그림 4-6). 이 신경은 뇌간의 연수에서, 즉 설인신경(IX)의 바로 아랫부분에서 시작된다. 그리고 설인신경(IX)과 부신경(XI)에 인접하여 뻗어 나간다. 미주신경(X)은 매우 길며, 후두, 내장, 심장, 연구개 등 신체의 다양한 부분으로 많은 가지를 보내고 있다. 미주신경(IX)의 세 가지, 즉 인두가지(pharyngeal branch), 외측상후두가지

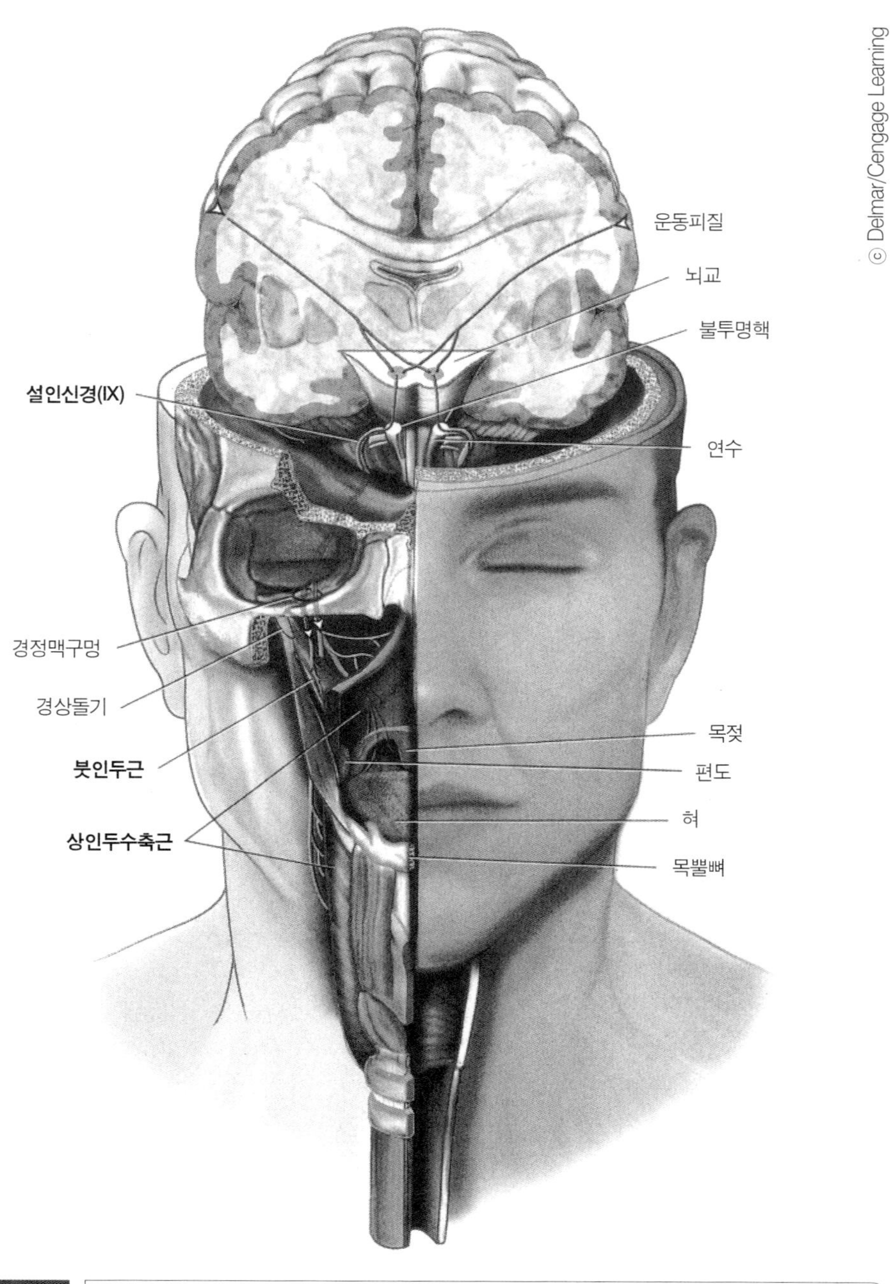

그림 4-5 설인신경(IX) 가지는 미주신경(X) 바로 위의 뇌간에서 갈라져 나오고 인두와 혀로 뻗어 간다.

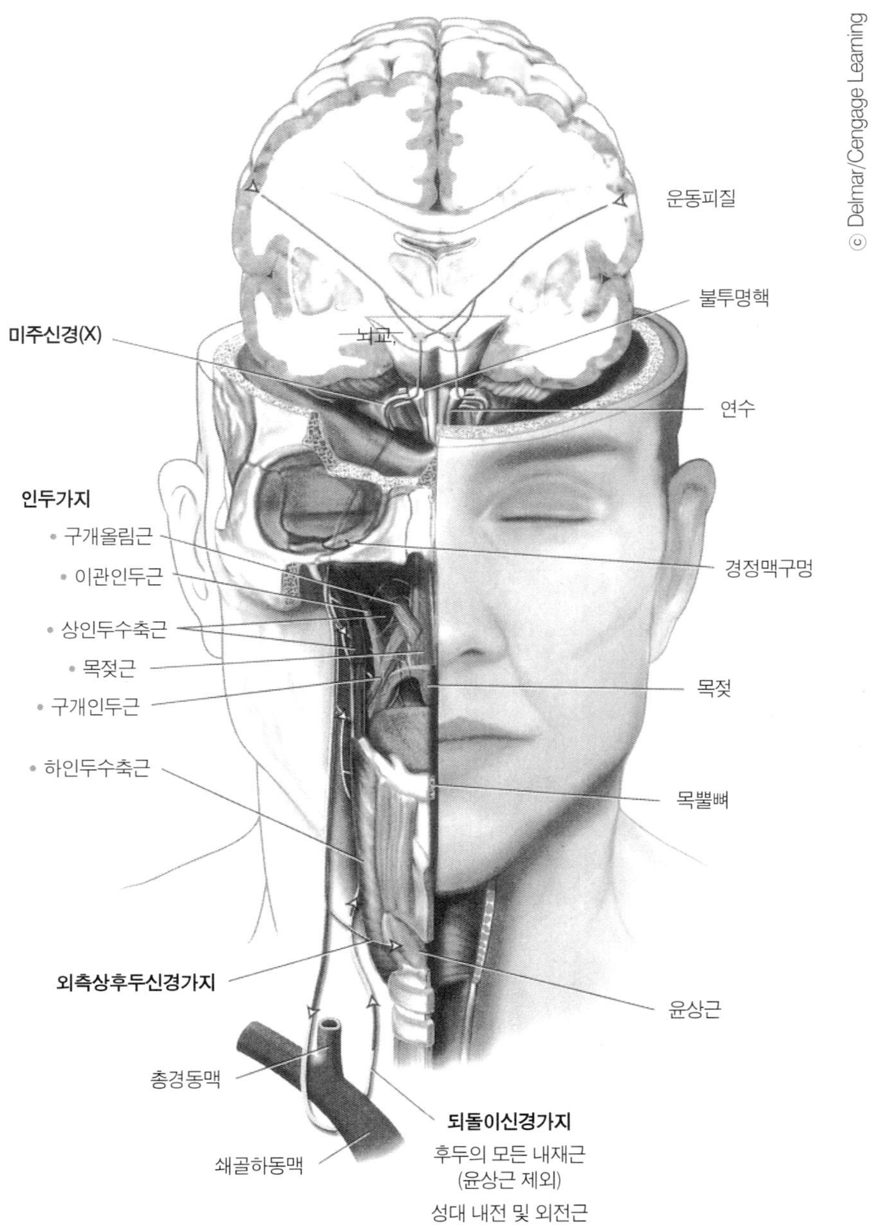

그림 4–6 미주신경(X)의 많은 가지들은 매우 복잡하다. 되돌이신경과 상후두신경가지는 후두의 내재 근육을 지배한다. 인두가지(인두얼기, pharyngeal plexus)는 인두와 연구개의 많은 근육을 지배한다.

(external superior laryngeal branch), 되돌이신경가지(recurrent nerve branch)는 말운동 산출에 특별히 중요하다.

인두가지 미주신경(X)의 인두가지는 목젖, 연구개올림근(levator veli palatini), 이관인두근(salpingopharyngeus), 구개인두근(palatopharyngeus), 상·중 인두수축근(pharyngeal constrictor)을 포함한 인두의 많은 근육의 운동을 통제한다. 미주신경(X)의 인두가지가 손상되면 연구개의 움직임에 영향을 미칠 수 있다. 예를 들어, 이 가지의 일측 손상은 손상된 쪽의 연구개가 눈에 띄게 반대편보다 낮아져 있다. 많은 경우에 일측 손상은 과다비성을 초래하지 않는데, 그 이유는 손상받지 않은 쪽의 연구개 근육이 구강음 산출을 위해 적절한 연인두 접촉을 할 수 있도록 충분히 연구개를 들어 올릴 수 있기 때문이다.

그러나 인두가지의 양측 손상은 공명에 매우 중요한 영향을 미친다(기억할 것! **양측 손상**이라 함은 신경의 좌·우측 가지 모두가 어떤 방법으로든 손상받은 것을 의미한다). 손상이 양측일 때, 연구개의 거의 모든 근육이 약화나 마비를 보일 것이다. 그 결과로 중등도·고도의 과다비성을 보일 수 있다. 게다가 완전히 폐쇄되지 않은 연인두 영역을 통해 비강 기류가 새어 나가면서 압력자음(예: 폐쇄음, 마찰음, 파찰음)이 약화되거나 왜곡될 수도 있다.

외측상후두신경가지 외측상후두신경가지는 후두의 윤상갑상근(cricothyroid muscle)을 통제한다. 이 근육은 말하는 동안 성대를 늘려 주고 긴장을 부여하는 데 도움을 준다. 따라서 이 근육은 음도를 조절하는 데 필수적이다. 이 신경가지의 일측 손상은 보통 음도를 다양화하는 데 어느 정도의 어려움을 초래한다. 양측 손상 시, 성대를 늘려 주고 긴장시키는 윤상갑상근의 능력이 감소하게 된다. 그런 경우, 환자는 음성의 크기가 감소하고, 숨 새는 음성이 증가할 수 있으며, 음도를 변화시키는 데에도 현저하게 어려움을 겪을 수 있다.

되돌이신경가지 미주신경의 이 가지는 뇌간에서 후두로 갈 때 "이중 되돌이(double-back)" 경로를 갖고 있다는 데에서 이런 이름이 붙었다. 미주신경(X)의

되돌이신경가지는 두개골 바깥으로 나간 후 위쪽으로 다시 돌아오기 전까지 목과 심장까지 내려갔다가 최종적으로 후두에 도달하기 전까지 기관을 따라 이동한다. 되돌이신경은 외측상후두신경의 통제를 받는 윤상갑상근을 제외한 후두 내전 근육의 운동 통제를 담당한다. 되돌이신경은 성대의 모든 내전, 외전 근육의 운동을 통제하기 때문에 발성에 매우 중요한 역할을 한다.

되돌이신경이 일측으로 손상되면 손상된 쪽의 성대는 정중앙주변(paramedian) 위치에 고정될 수 있다. 이는 성대가 완전한 내전과 외전 사이의 중간 위치에 있다는 것을 의미한다. 일측 성대마비가 있는 사람은 숨 새는 음성과 음성 크기의 감소를 보일 수 있다. 되돌이신경의 양측 손상 시 양측 성대는 정중앙주변 위치에 고정될 수 있다. 양측 성대가 이 위치에 있게 되면 호기 시 발성을 할 수 있을 정도의 충분한 접촉은 할 수 있을 것이다. 그러나 이 발성은 매우 심한 숨 새는 음성과 목쉰 소리일 수 있다. 흡기 시 발성(협착음)도 나타날 수 있는데, 이는 성대가 호기 시뿐만 아니라 흡기 시에도 이 위치에서 성대가 고정되어 있기 때문이다.

부신경(XI)

부신경(XI)은 "순수한" 뇌신경이 아니라는 점에서 독특하다. 이 신경도 척수로부터 뻗어 나온 신경가지를 포함하고 있다. 이 신경의 뇌신경세포들은 연수의 미주신경 아랫부분에서 시작된다(그림 4-7). 사실 이 운동신경의 축삭은 연수를 떠난 직후 바로 미주신경(X)과 합쳐진다. 부신경(XI)에서 시작된 뇌운동신경은 미주신경(X)과 함께 일하며 입천장, 인두, 후두의 내재 근육(intrinsic muscle)을 통제하는 것을 돕는다. 부신경(X)의 척수 구성군은 흉쇄유돌근(sternocleidomastoid)과 승모근(trapezius)의 운동 통제를 담당한다. 이 뇌신경의 뉴런은 미주신경(X)의 뉴런과 면밀히 통합되기 때문에 실제적으로 두 기능을 분리시키는 것은 불가능하다. 거의 모든 경우에 부신경(XI)의 뇌 구성군 손상은 미주신경(X)에 영향을 미칠 수 있으며, 반대의 경우도 마찬가지이다.

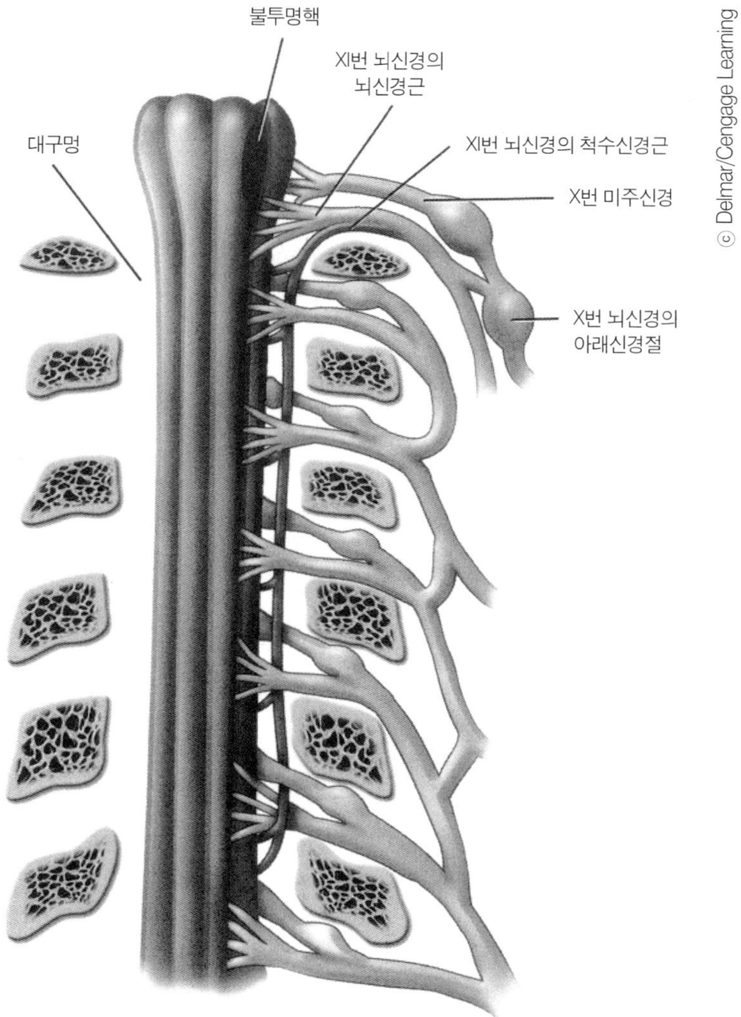

그림 4-7 부신경(XI)의 뇌신경근과 척수신경근

설하신경(XII)

설하신경(XII)은 연수에서 시작되며 혀로 진행한다(그림 4-8). 이 뇌신경은 혀의 내재 근육과 외인 근육(extrinsic muscle)의 거의 대부분의 운동 통제를 담당

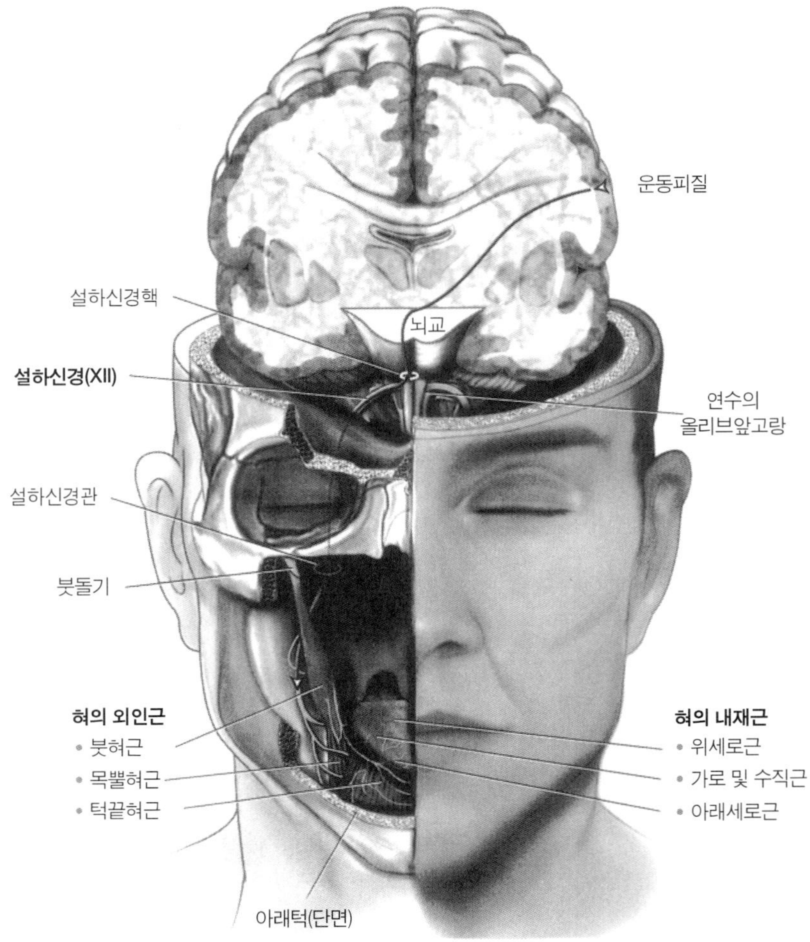

그림 4–8 설하신경(XII)은 혀의 모든 내재근과 대부분의 외인근을 지배한다.

한다. 일측 설하신경(XII) 손상은 손상된 신경과 같은 쪽에 있는 혀(반쪽)에 약화나 마비를 유발할 수 있다. 만약 손상이 심한 정도라면 손상된 쪽의 혀 근육은 위축되거나 쪼그라들게 될 것이다. 게다가 혀를 내밀었을 때 혀의 반쪽만 턱설근(genioglossus muscle)이 수축되기 때문에 손상된 혀의 방향으로 기울어질 것이다. 양측 설하신경 손상은 혀의 전반적인 약화를 일으키며, 혀의 운동 범위 감소와 혀 양쪽 면의 근육 위축을 초래할 수 있다.

안면신경(VII)의 가지가 얼굴 아랫부분을 통제하는 것처럼, 설하신경(XII)은 주로 일측 상부운동신경의 지배를 받는다. 이 말의 의미는, 예를 들어 오른쪽 설하신경(XII)은 좌측 대뇌의 피질연수로에서 오는 상부운동신경의 지배를 받는다는 것이다. 좌측 상부운동신경의 손상은 혀의 우측에 약화를 일으킬 수 있다. 반대로 말하면, 우측 상부운동신경의 손상은 혀 좌측의 약화를 일으킨다.

부정확한 조음은 설하신경(XII)이 손상된 사람들의 주요한 특징이다. 일측 손상 시, 혀의 손상되지 않은 부분이 손상된 혀 부분의 약화된 움직임을 보상해 줄 수 있기 때문에 조음 왜곡이 경미하게 나타날 수 있다. 그러나 양측 손상은 조음에 매우 큰 영향을 미친다. 이런 경우, 혀끝이나 혓등의 상승을 필요로 하는 음소의 경우 심하게 왜곡될 수 있다(Duffy, 2005). 느린 혀운동 또한 분명하게 나타난다.

척수신경

척수신경은 경추와 흉추 부분부터 요추 부분에 이르기까지 척수를 따라 뻗어 나간다. 척수신경의 많은 부분은 호흡에 관여하는 근육의 운동 지배를 담당하기 때문에 말운동 산출에 중요한 역할을 한다. 호흡에서 가장 중요한 신경 중 하나가 격막신경(phrenic nerve)이다. 이 격막신경은 척추의 경추 부분에서 시작되며 횡격막의 운동을 지배한다. 척수신경의 지배를 받는 다른 흡기와 호기 근육들도 척추의 경추와 흉추 부분을 따라 시작된다.

경추와 흉추의 척수신경 손상은 호흡에 영향을 미치며, 이는 곧 말산출에 영향을 미칠 수 있다. 그러나 대부분의 경우, 손상이 매우 광범위해져서야 호흡에서의 유의한 장애가 분명히 나타나게 된다. 예외적으로 격막신경이 손상되면 횡격막을 마비시키거나 눈의 띄게 약화된 흡기를 보일 수 있다. 호흡 능력이 손상된 사람들은 성문하압력이 감소되어 음성의 크기가 줄어든다. 게다가 이러한 사람들은 발성에 필요한 공기량의 감소로 인해 짧은 발화를 보이게 된다. 이렇게 짧은 발화는 그들의 말뿐만 아니라 운율에도 확실히 영향을 미친다. 호흡 기능이 손상된 사람은 확보 가능한 기류의 양보다도 더 길게 말하기 위해 노력하기도 한다. 그 결과, 이들은 발화 끝으로 갈수록 숨 새는 음성이나 쥐어짜는 음질을 보이기도 한다(이것은 "잔존 기류로 말하기"로 알려져 있다).

이완형 마비말장애의 원인

이완형 마비말장애는 말산출 근육을 지배하는 뇌신경 또는 척수신경을 통과하는 운동 임펄스의 흐름이 방해를 받게 되는 경우 나타날 수 있다. 하부운동신경에 손상을 주는 뇌간 뇌졸중, 종양 등의 몇 가지 조건에 대해서는 이 장의 앞부분에서 언급한 바 있다. 다음에서는 이완형 마비말장애를 유발할 수 있는 조건에 대해 더욱 상세히 다루고자 한다.

신체적 외상

외과적 외상, 머리 손상, 목 손상은 이완형 마비말장애의 흔한 원인이다. Duffy(2005)는 23년간 Mayo Clinic에 등록된 사례 중 이완형 마비말장애의 31%에서(이완형 마비말장애에 대해 보고된 모든 원인 중 가장 높은 비율을 차지한다) 이러한 손상이 원인이 된다고 언급하였다. 이완형 마비말장애를 유발하는 신체적 외상은 뇌간의 세포체로부터 신경근육접합부까지 하부운동신경의 어떤 과정에서든 일어날 수 있기 때문에 이렇게 높은 발생률은 놀라운 일이 아니다.

경동맥 혈관 내막 절제술(경동맥에 침전된 플라크를 제거), 심장 수술, 머리와 목의 종양 제거, 치과 수술과 같은 외과적 수술 과정에서 의도치 않게 말산출에 관여하는 뇌신경에 손상을 입힐 수 있다. 이런 경우 대부분 수술 부위에 인접해 있던 뇌신경이 의도치 않게 잘리게 된다. 자동차 사고나 머리에 가해진 타격, 그리고 낙상으로 인한 머리와 목 외상은 말산출에 관여하는 뇌신경에 상해를 입히게 된다. 골절된 뼈가 뇌신경을 누르거나 자를 수도 있다. 또한 이러한 외상 중 회전되는 힘으로 신경이 비틀리거나 늘어나게 되는 손상이 발생할 수 있다. 이러한 경우 운동 임펄스를 전달하는 뇌신경의 능력이 손상될 수 있고, 이 신경이 지배하는 근육은 약화나 마비를 보이게 된다.

뇌간 뇌졸중

이완형 마비말장애는 의학 전문가들이 보통 **뇌혈관 사고**(cerebrovascular accident, CVA)로 부르는 뇌졸중으로 인해 나타날 수 있다. 뇌졸중은 동맥이 터지거나 막힘으로써 뇌의 혈류가 방해를 받았을 때 일어난다. 어떠한 경우에라도 뇌조직은 혈류의 부족으로 인해 손상되며, 신경세포의 대사 과정이 방해를 받게 된다. 뇌의 다른 부분과 마찬가지로 뇌간에는 많은 동맥이 지나간다. 그리고 뇌간 동맥의 한 부분에 뇌졸중이 발생했을 때, 그 동맥에서 공급받는 뉴런이 파괴될 수 있다.

뇌간 뇌졸중은 하부운동신경의 세포체(뇌신경핵)가 뇌간 내에 위치해 있기 때문에 뇌신경에 직접적인 영향을 미칠 수 있다. 이 세포체에 공급되는 혈액이 막힐 경우, 이러한 뉴런의 대부분이 괴사될 수 있다. 이러한 손상은 뇌신경이 운동 임펄스를 근육으로 전달하는 능력에 손상을 준다. 이 손상된 정도는 뇌졸중으로 인해 손실된 하부운동신경의 수에 따라 결정된다. 만약 일부 뉴런만 손상을 입었다면 운동 지배의 손상은 경미할 것이다. 만약 뇌신경의 운동 뉴런 대부분이 손상을 입었다면, 뇌신경의 지배를 받는 상당히 많은 근육들이 약화되거나 마비될 수 있다.

단일 뇌간 뇌졸중만으로도 1개 이상의 뇌신경이 손상될 수 있다. 만약 하나의 뇌신경 핵보다 더 많은 세포가 손상될 정도로 뇌졸중의 정도가 크다면 하나 이상의 뇌신경이 손상될 수 있다. 사실 하나 이상의 뇌신경이 손상되는 데 늘 광범위한 뇌졸중이 원인이 되는 것은 아니다. 많은 뇌신경핵들은 뇌간 내에 서로 매우 근접해 있다. 한 예로, 설인신경(IX)과 미주신경(X), 부신경(XI)의 뇌신경핵들은 뇌간 내에서 서로 가까이 붙어 있다. 따라서 단일 뇌간 뇌졸중이라 하더라도 이 세 뇌신경핵의 하부운동신경에 모두 영향을 미칠 수도 있다.

중증 근무력증

중증 근무력증은 하부운동신경이 근육 조직에 연결되는 신경근육접합부에 영향을 미치는 질환이다. 이 질환의 주요 증상은 짧은 시간에 근육 수축이 급속도로 피로해지는 것이며, 쉬고 나면 회복이 된다. 중증 근무력증은 자가항체가 생성되어 하부운동신경으로부터 전달되는 아세틸콜린 물질을 근육세포가 받아들이는 데 어려움이 생긴 것이다. 근육에는 근육 수축을 일으키는 아세틸콜린 수용체가 있다. 너무 많은 아세틸콜린 수용체가 차단되면 근육은 운동신경에 의해 생성된 아세틸콜린 모두를 사용할 수 없게 된다. 따라서 근육은 시간이 갈수록 근육 강도를 유지하기 어려워진다. 그 결과 급격한 피로감을 느끼게 되며, 근육 강도의 약화를 보인다. 그러나 휴식을 취하고 나면 근육은 더욱 능률적으로 아세틸콜린을 사용할 수 있으며, 또다시 강한 근수축이 일어나게 된다. 이 질환에 대한 매우 일시적인 치료로서 염화에드로포늄[텐실론(Tensilon)]을 주입할 수 있는데, 이를 통해 몇 분간 거의 즉각적으로 근육 수축이 향상된다. 그러나 얼마 시간이 지나지 않아 근수축력이 다시 감퇴된다.

중증 근무력증 환자의 말 특징은 과다비성, 감소된 음성 크기, 숨 새는 음성, 연장 발화 과제에서의 감소된 조음 정확도 등을 포함한다. 말운동 평가에서 피로도 검사는 이 질환이 있는지를 알아내는 데 종종 도움을 준다. 보통 이 검사는 환자에게 1부터 100까지 세어 보라고 하거나, 긴 문단을 읽어 보게 한다.

길랭바레 증후군

길랭바레 증후군(Guillain-Barré syndrome)은 축삭 주변에 있는 수초가 점진적으로 소실되면서(탈수초화) 나타난다. 이 질환의 정확한 원인은 밝혀지지 않았지만, 주로 감염이나 면역 조치 이후에 빈번히 발생한다. 탈수초화 현상은 보통 말초신경계에서 일어나며, 감각신경보다 운동신경에 더 영향을 미치게 된다. 이 질환의 진행은 매우 급속도로 일어나며, 종종 며칠 또는 몇 주에 걸쳐 진행된다. 이것은 몇 달 또는 몇 년에 걸쳐 진행되는 파킨슨병과 같은 진행성 신경장애와는 대조적으로 두드러진 특징이라 할 수 있다. 어떤 경우에 길랭바레 증후군은 온몸이 거의 마비되는 결과를 낳을 수도 있다. 사지 약화나 저림은 이 질환의 초기에 흔한 편이다. 다른 초기 증상으로 일단 탈수초화가 일어나고 나면 이완형 마비말장애나 삼킴장애를 보일 수 있다. 길랭바레 증후군의 회복률은 일반적으로 높은 편이다. 그러나 이 중 약 5% 정도는 급성기에 사망한다(Warlow, 1991). 일반적으로 회복은 몇 주 또는 몇 달에 걸쳐 일어난다. 그러나 중증도가 심한 사람들의 경우 완전하게 회복하지 못할 수도 있고, 영구적인 약화를 보일 수도 있다.

회색질 척수염

회색질 척수염은 하부운동신경의 세포체를 공격하는 감염성 바이러스성 질환이다. 백신이 이 질환의 발생을 크게 감소시켰지만, 백신 예방접종을 하지 않은 사람들은 백신 접종을 받은 지 얼마 안 된 아동과 접촉한 후에 감염될 수 있다(Wiederholt, 1995). 회색질 척수염은 경추와 흉추의 척수신경에 주로 영향을 미치며, 종종 호흡 약화만 보이기도 한다. 호흡 약화가 일어날 때 보이는 말운동 증상은 발화 시 호흡 곤란, 짧아진 문구, 잔존 기류로 말하기, 음성 크기 감소 등이 있다. 불행히도 회색질 척수염 감염은 척수신경에만 늘 한정되는 것이 아니다. 회색질 척수염은 뇌신경에도 영향을 미칠 수 있다. 회색질 척수염 환자의 약 10~15%는 바이러스가 삼차(V), 안면(VII), 설인(IX), 미주신경(X)의 하부운동신경에 손상을 입혀서 이 신경들의 지배를 받는 근육의 약화를 초래하기도 한다.

이완형 마비말장애의 기타 원인

그 밖의 많은 질환들도 이완형 마비말장애의 원인이 될 수 있으며, 이 중 몇 가지를 요약하였다. 뇌간 내 혹은 그 주변에서 증식하는 **종양**(tumors)은 신경 임펄스를 근육으로 전달하는 뇌신경 기능을 손상시킨다. 목 또는 구강안면 구조와 같은 뇌신경 경로를 따라 발생하는 종양은 신경 기능에 영향을 미칠 수 있다. **근육 퇴행 위축**(muscular dystrophy)은 근육 조직세포가 점진적으로 퇴행하면서 나타나는 질환이다. 이것은 뇌신경 자극을 받는 혀, 안면, 인두와 같은 많은 근육의 약화를 초래한다. **진행 연수마비**(progressive bulbar palsy)는 주로 하부운동신경에서 나타나기는 하나, 상부 및 하부운동신경 모두에 영향을 미칠 수 있다. 하부운동신경이 침범되면 이완형 마비말장애를 보일 수 있다. 상부와 하부운동신경 모두 침범될 경우에는 보통 이완 · 경직 혼합형 마비말장애를 보이게 된다(제10장 참조).

이완형 마비말장애의 말 특징

이 절에서는 이완형 마비말장애의 주요 말 특징에 대해 살펴보고자 한다. 이완형 마비말장애가 공명, 조음, 발성, 호흡, 운율에 미치는 영향을 논의할 것이다. 그러나 경우에 따라 다르지만, 이완형 마비말장애 환자가 모든 영역에서 결손을 보이는 것은 아니라는 점을 기억해야 한다. 게다가 각 영역 내에서의 중증도가 모두 같은 경우도 드물다. 말운동장애에서 같은 유형의 마비말장애를 보이는 환자일지라도 개인 간의 차이는 흔히 나타난다. 이러한 차이 때문에 마비말장애의 특정 유형을 진단하고자 할 때에는 해당 증상의 집합체를 찾아내는 것이 중요하다. 일단 증상의 집합이 확인되고 나면, 어떤 유형에서 보이는 양상과 가장 가까운지 결정한다. 이것은 비단 이완형 마비말장애뿐만 아니라 어떤 말운동장애의 진단 시에도 유지해야 할 사실이다.

공명

마비말장애에 대한 지표가 될 만한 연구에서, Darley 등(1969a, b)은 이완형 마

표 4-1 이완형 마비말장애 환자 30명에서 가장 흔히 나타난 말산출 오류

순위	말산출 오류	순위	말산출 오류
1	과다비성	6	가청 흡기
2	부정확한 자음	7	거친 음질
3	지속적인 숨 새는 음성	8	짧은 구
4	단조로운 음도	9	단조로운 음성 크기
5	비강 누출		

출처: Darley, F. L., Aronson, A. E., & Brown, J. R. (1969a). Clusters of diagnostic patterns of dysarthria. *Journal of Speech and Hearing Research*, *12*, 251. Copyright 1969 by American Speech-Language-Hearing Association. 허락하에 인용함.

비말장애 환자 30명의 비정상적인 말 특징을 조사하였다. 표 4-1은 이 환자들의 가장 두드러진 아홉 가지 말 오류를 나열한 것이다. **과다비성**(hypernasality)은 가장 두드러진 오류이다. 이는 30명의 환자 중 25명에게서 나타났다. 과다비성은 확실히 이완형 마비말장애에 대한 중요한 진단적 표지이다. 이는 이완형 마비말장애 환자에게서만 보이는 것은 아니지만, 다른 마비말장애 환자군과 비교하여 이완형 마비말장애 환자에게서 가장 두드러진다고 볼 수 있다. 이완형 마비말장애 환자에게서 다른 공명과 관련된 문제는 불완전한 연인두 폐쇄로 인한 **비강 누출**(nasal emission)과 감소된 구강 내압으로 인해 **자음압력 약화**(weak pressure consonants), 그리고 발화 시 비강을 통해 빠져나간 공기로 인해 나타나는 **짧은 구**(shortened phrases) 등을 포함한다. 이러한 모든 공명장애는 주로 미주신경의 인두 가지가 양측으로 손상되었을 때 나타나는데, 이는 미주신경이 입천장 근육의 대부분을 통제하기 때문이다. DVD에서 이완형 마비말장애 사례 1의 예는 연결 발화에서 나타나는 현저한 과다비성을 보여 준다.

환자 사례

조음

부정확한 자음 산출(imprecise consonant production)은 Darley 등(1969a, b)에 의

해 보고된 이완형 마비말장애 환자에게서 두 번째로 가장 두드러지게 나타나는 비정상적 말 특징이다. 이완형 마비말장애 환자 내에서 오조음의 중증도 범위는 경미한 왜곡부터 전혀 알아들을 수 없는 정도까지 넓다. 보통 이러한 자음 산출의 문제를 초래하는 원인으로는 안면신경(VII)과 설하신경(XII)의 손상을 꼽을 수 있다(Duffy, 2005). 안면신경(VII)의 손상은 입술 모양을 동그랗게 하여 산출하는 자음과 모음뿐 아니라 양순음과 순치음의 산출에도 영향을 미칠 수 있다. 양측 설하신경(XII)의 손상은 혀, 특히 혀끝을 들어 올리며 산출되는 음소의 오조음을 초래할 것이다. 한 예로, 설하신경(XII)의 손상은 /j/와 /l/ 같은 치설음과 설구개음 산출에 영향을 미칠 것이다. 양측 설하신경(XII) 손상이 심한 경우, 설연구개음 산출 또한 손상될 것이다. DVD에서 이완형 마비말장애 사례 2의 예는 뇌간 뇌졸중 이후 연결 발화에서 나타나는 많은 부정확한 자음을 보여 준다.

삼차신경(V)의 손상 또한 조음에 영향을 미칠 수 있다. 앞서 언급한 대로 이 신경의 양측 손상으로 인해 조음기관이 서로 접촉할 수 있도록 충분히 턱을 올리기가 어려울 수 있다. 적절한 턱 올림이 없다면 환자는 자음 일부와 모음 대부분을 정확하게 산출하기가 어려울 수도 있다. 이런 환자는 명료한 말을 위해서 손이나 "턱 슬링(jaw sling)"이라고 알려진 장치를 사용하여 턱을 올려 줘야 할 필요가 있을지 모른다.

발성

이완형 마비말장애에서 흔히 나타나는 또 다른 비정상적인 말 특징은 **발성 부전**(phonatory incompetence)이다(Darley et al., 1969a, b). 이 용어는 발성하는 동안 성대의 불완전한 내전을 언급하는 것이다. 이러한 현상은 후두 내부 근육의 운동 통제를 거의 대부분 담당하고 있는 미주신경(V)의 되돌이 가지가 손상되었을 때 나타난다. 이 뇌신경이 손상되면 성대 내전 및 외전 근육이 약화되거나 마비된다. 내전 근육이 주로 손상되면 성대는 명확하게 발성할 수 있을 정도의 충분한 근육 강도를 갖고 접촉하지 못할 수 있다. 그 결과, 발성 시 **숨 새는 음성**

(breathy voice quality)을 보이기도 하고, 심한 경우에는 속삭이는 소리처럼 되기도 한다. 외전 근육이 주로 손상되면 성대는 흡기 시 완전하게 외전하지 못할 것이다. 외전이 불완전할 때, 흡기협착음(audible inhalatory stridor)이 들릴 수 있다.

과다비성, 발성 부전은 이완형 마비말장애 환자를 진단하는 데 특히 중요한 확증적 표지가 된다. 이것은 이완형 마비말장애 환자에게서는 매우 두드러지게 나타나지만 다른 유형의 마비말장애 환자에게서는 그 정도로 심하지 않다(Duffy, 2005). 게다가 과다비성과 발성 부전이 함께 나타나는 것은 이완형 마비말장애를 정확하게 진단하는 데 매우 강력한 확증적 신호이다.

호흡

약화된 호흡은 이완형 마비말장애의 구성 요소일 수 있고 아닐 수도 있다. 만약 횡격막과 늑간근(intercostal muscle)을 통제하는 경추와 흉추의 척수신경이 손상되면, 그 결과 발화 시 감소된 흡기를 보이거나 호기 조절 능력이 손상될 수 있다. 어느 경우든 간에 환자들은 말하는 데 필요한 적절한 양의 성문하압력을 형성하지 못할 것이다. 불충분한 양의 성문하압력으로 이완형 마비말장애 환자의 말은 음성 크기가 감소하고 짧아진 구 길이를 보일 수 있다. 구 길이를 늘리기 위해 남아 있는 공기로 말하다 보면 환자의 발화는 쥐어짜는 음질을 보일 수도 있다. 물론 음성 크기의 감소, 짧아진 구 길이, 쥐어짜는 음질은 운율에도 영향을 미친다. Darley 등(1975)은 약화된 호흡을 가진 환자들은 단조로운 음성 크기와 억양을 보인다고 언급하였다.

호흡의 문제인가? 발성의 문제인가?

많은 이완형 마비말장애 환자들은 말하는 동안 자주 숨을 들이마신다. 이것은 말의 운율에 부정적인 영향을 미칠 수 있다. 빈번하게 숨을 들이마시는 것을 확인하기는 쉽지만, 이 문제가 제한된 후두 닫힘(valving)으로 인한 기류 소비 중 하나인지 또는 약화된 호흡으로 인해 감소된 폐활량의 문제인지를 결정하기는 때로 어렵다. 어떠한 경우에라도 환자들은 대화 시 감소된 음량과 짧아진 구 길이, 그리고 쥐어짜는 음질을 보일 수 있을 것이다. 그렇지만 임상가는 이 문제가 호흡의 문제인지 또는 발성의 문제인지를 어떻게 결정할 수 있을까? Duffy (2005)는 이 문제의 원인을 결정하는 데 도움을 줄 수 있는 간단한 절차를 설명하였다.

1 환자에게 기침을 크게 해 보도록 한다. 그 소리가 얼마나 날카로운지 듣는다. 새는 숨, 약한 기침은 성대 내전 근육의 약화, 부적절한 호흡, 또는 이 두 가지 다를 알려 주는 것일 수도 있다.
2 환자에게 강한 성문 폐쇄음(hard glottal stop)을 산출해 보도록 한다. 그 소리가 얼마나 날카로운지 다시 듣는다. 강한 성문 성대 폐쇄음을 산출하기 위해서는 성대를 단단히 닫아야 하지만 호흡의 역할은 크지 않다. 따라서 숨 새는 기침 소리를 보이지만 날카로운 성문 폐쇄음을 산출할 수 있는 환자는 호흡의 약화를 보여 주는 것일 수 있다. 그리고 숨 새는 기침 소리와 약한 성문 폐쇄음을 보이는 환자는 기류 공급 문제의 원인이 약화된 후두 폐쇄 문제이거나 혹은 약화된 후두와 호흡 기능 두 가지 모두의 문제일 수 있음을 알려 주는 것일지도 모른다.

운율

이완형 마비말장애 환자들은 **단조로운 억양**(monopitch)과 **단조로운 음성 크기**(monoloudness)를 동반한 말을 보일 수 있다. Darley 등(1969a, b)은 이 두 가지 운율 오류가 이완형 마비말장애 환자에게서 관찰된다고 언급하였다. 이러한 특징은 주로 약화된 후두 근육으로 인해 정상적인 음도와 음성 크기의 변화를 위해 필요한 미세한 후두 조절이 불가능해지기 때문인 것으로 볼 수 있다. 예를 들어, 미주신경(X)의 상후두 가지가 손상되어 윤상갑상근이 약화되면 성대는 음도와 음성 크기에 정상적인 변화를 주기 위해 충분히 긴장하거나 늘어나기가 어려울 수 있다. 그런데 단조로운 억양과 음성 크기가 이완형 마비말장애 환자에게서만 나타나는 것은 아니다. 이 특징은 경직형과 실조형 같은 다른 마비말장애 유형에서도 관찰될 수 있다. 따라서 과다비성과 불충분한 발성이 동시 발생하는 것과 다르게, 단조로운 억양과 음성 크기의 출현은 이완형 마비말장애 환자를 위한 확실한 진단적 지표가 되지는 않는다.

이완형 마비말장애의 핵심 평가 과제

몇 가지 평가 과제는 이완형 마비말장애의 가장 주요한 말 특징을 발견해 내는데 특히 유용하다. 이완형 마비말장애가 의심된다면 환자가 이 과제를 실행하는 것을 유심히 관찰해야 한다.

1. 대화 및 읽기 과제에서 공명(과다비성), 조음(부정확한 자음), 호흡(짧아진 구 길이), 운율(단음도, 단강도) 오류가 유발될 수 있다.
2. AMR 과제에서는 매우 느린 음소 산출 속도가 두드러지게 나타날 것이다.
3. 모음 연장 발성은 발성 부전 시 들을 수 있는 숨 새는 음성을 이끌어 내는데 유용할 수 있다. 이것은 또한 호흡 약화를 관찰하기에도 유용하다.
4. 말 피로도 검사는 중증 근무력증이 의심될 경우 필요하다.

이완형 마비말장애의 치료

이후의 각 장 마지막 부분에서는 마비말장애 유형별 치료 방안을 다룬다. 임상가는 이 부분들이 저자의 경험에 기초한 매우 실제적인 치료 과제를 다루고 있다는 것을 알아야 한다. 그러나 이러한 과제들이 완벽한 것은 아니다. 이러한 종류의 어떠한 책도 마비말장애나 말실행증과 같은 복잡한 장애군을 위한 모든 치료 방안을 포함할 수는 없다. 여기에서는 다른 책이나 연구 결과에서 얻어진 부가적인 치료 방안도 다루고 있다. 임상가 스스로 다른 치료 과제도 찾아볼 것을 권한다. 말운동장애에 대한 일반적인 내용뿐만 아니라 치료 개념 등을 위해 특히 아래 세 책은 권장할 만하다.

- *Motor Speech Disorders: Substrates, Differential Diagnosis, and Management* (2nd ed.)(Duffy, 2005)
- *Management of Motor Speech Disorders in Children and Adults* (Yorkston, Beukelman, Strand, & Hakel, 2010)
- *The Source for Dysarthria* (Swigert, 1997)

이 장에서 여러 번 언급한 대로, 이완형 마비말장애는 6개 특정 뇌신경의 하부운동신경 손상에 기인한다. 이완형 마비말장애 환자에 대한 다음의 치료 방법들은 손상된 뇌신경이 무엇인가에 따라 묶일 수 있다. 이완형 마비말장애는 종종 하나 이상의 뇌신경이 손상되어 나타나므로 다양한 치료 방법을 조합하여 사용하는 것이 적절하다. 이러한 치료에서 몇 번을 반복할지에 대한 권고는 대략적일 수밖에 없다. 환자들의 요구는 매우 다양하다. 어떤 환자는 권장하는 횟수를 달성하지 못할 수도 있지만, 어떤 환자는 권장 횟수 이상을 시도해야 효과를 얻을 수 있기도 하다. 임상가들은 환자의 요구와 능력에 맞춰 치료 과제를 조절해야 할 필요가 있다.

특정 치료 과제를 살펴보기 전에, 비구어 구강 근육 강화운동에 대해 반드시 언급하고 넘어가야 할 것이 있다. 근육 약화가 이완형 마비말장애 환자의 흔한 특징이기 때문에, 많은 임상가들은 강화운동을 치료계획의 중요한 부분으로 생각할지 모른다. 그러나 이완형 마비말장애의 치료로서 이러한 활동의 가치는 의문의 여지가 있다. 지금까지 어떠한 구체적인 연구 문헌에서도 이러한 운동과제가 말산출 회복에 유의한 효과를 가져왔다고 보고하지는 않았다. Duffy(2005)는 근육 강화운동에 반대하며 "혀와 입술은 말을 하기 위해 각 기관의 최대 힘 중 약 10~30%만을 사용하며, 턱은 단지 2%를 사용한다. 그리고 운동신경섬유의 약 1/3 이상이 손실되어야 기능장애를 보인다"(p. 477)고 강하게 주장하였다. 구강 약화를 동반한 환자들의 말 오류를 다룰 때의 일반적인 원칙은, 만약 말산출 증진이 목표라면 치료 활동은 직접적인 말산출에 전념해야만 한다는 것이다.

삼차신경(V) 손상

이 뇌신경의 일측 손상은 말산출에 미치는 영향이 경미하다. 환자가 원한다고 해도, 이러한 손상 유형을 가진 환자에게는 많은 치료가 필요하지는 않다. 그러나 드문 편이지만, 삼차신경(V)의 양측 손상은 턱 근육을 매우 약화시키거나, 심한 경우에는 턱을 닫지 못할 수도 있다. 턱 슬링의 사용은 양측 삼차신경(V) 손상을 보상할 수 있는 한 가지 방법이다. 턱 슬링은 턱 아래에 장착하여 위턱에 가깝게 아래턱을 들어 올리는 보철 장치이다. 턱이 올라가게 조절해 줌으로써 아랫입술과 혀의 적절한 조음 접촉이 이루어질 수 있다. 턱 슬링은 언어치료 용품을 판매하는 회사나 의료기기 회사를 통해 구할 수 있다.

미주신경(X) 손상

앞서 언급한 대로 미주신경(X)과 설인신경(IX), 부신경(XI)의 가지는 뇌간에서 서로 가까이 인접하여 뻗어 나오므로, 보통 미주신경(X) 손상은 설인신경(IX)과 부신경(XI)에도 영향을 미치게 된다. 게다가 3개의 뇌신경이 같은 해부학적 구조를 통제하기 때문에 이들 뇌신경의 기능을 분리하는 것은 어려운 일이다. 따라서 이 장에 제시된 과제들은 설인신경(IX)과 부신경(XI)이 손상된 환자들에게도 적절한 치료 방법이 될 수 있다.

공명 결함 치료

미주신경(X)의 인두 가지 손상은 연구개 약화, 불완전한 상승 등을 유발하여 과다비강 공명의 원인이 될 수 있다. 과다비성 정도는 부분적으로 이 신경가지의 손상이 일측인지 또는 양측인지에 따라 결정된다. 일측 손상은 반대쪽에서 내려온, 손상되지 않은 인두 가지가 연구개의 반대쪽 부분의 근육을 통제하기 때문에 경도 과다비성만 유발한다. 그러나 미주신경(X) 인두 가지의 양측 손상은 연구개 양쪽 면의 근육이 모두 약화되거나 마비되어 중등도에서 고도의 과다비성을 유발한다.

수술 및 보철 치료

연인두 폐쇄부전에 대한 외과적(수술) 치료에서는 두 가지 방법이 사용된다. 첫 번째는 **인두피판술**(pharyngeal flap procedure)이다. 여기에서 인두의 근육을 포함한 피판은 수술을 통해 연구개 쪽으로 부착된다. 그 결과, 연인두 영역의 상당 부분이 부착된 피판으로 인해 막히게 된다. 그러나 코로 숨을 쉬거나 비강음 산출을 위한 구강과 비강 사이의 공간을 열어 놓기 위해 피판의 옆면은 막지 않고 남겨 둔다. 과다비성을 다루는 다른 수술 방법은 연구개가 올라가면서 정상적으로 접촉할 수 있도록 해당 지점의 인두 내에 테플론이나 유사물질을 주입하는 것이다. **테플론 주입**(Teflon injection)은 인두에 돌출 부위를 만들어 연인두 폐쇄를 위한 연구개와의 거리를 줄여 줌으로써 연인두 폐쇄 기능을 향상시킨다.

마비말장애 환자에게 적용하는 이 두 가지 방법의 효과는 상반된 결과를 보여 준다. 이러한 방법은 어떤 환자들에게는 유효하지만 다른 환자들에게는 그렇지 않기도 하다. 테플론 주입은 특히 엇갈린 결과를 보인다. 이렇게 서로 다른 결과 때문에 **구개거상기**(palatal lift)라고 하는 보철치료가 현재 다른 어떠한 수술 치료보다도 널리 사용되는데, 이는 뒷부분이 연장된 치과 보철기로 연구개를 위로 밀어 올려 준다. 이러한 기능은 발화하는 동안 연구개의 올림을 도울 수 있다. Duffy(2005)와 Yorkston 등(2001)은 구개거상기를 마비말장애 환자의 심한 공명 문제를 치료하는 데 가장 성공적인 치료로 언급하고 있다. 그러나 저자들은 또한 이러한 보철 장치를 사용하는 데 가장 적합한 환자들의 특징에 대해서도 언급하였다.

- 과다비성이 환자에게서 가장 심각한 말산출 결함이어야 한다.

- 환자의 건강 상태는 안정되거나 퇴행적이지 않아야 한다.
- 환자는 거상 장치를 부착할 만큼 충분히 치아를 갖고 있어야 한다.
- 환자는 과민성 구토 반사나 심한 구강 경직이 없어야 한다.
- 환자는 거상 장치를 사용하는 데 인내와 동기를 갖고 있어야 한다.
- 환자는 스스로 장치를 끼우고 뺄 수 있어야 한다.

이 기준대로라면 구개거상 장치가 모든 환자들에게 적절한 것은 아니지만, 현재 심한 과다비강 공명을 가진 환자들을 위한 가장 효과적인 치료임이 분명하다.

연구개 근육 강화 및 비구어운동

다수의 연구자들은 연구개 근육 강화 및 자극 방법이 대부분의 이완형 마비말장애 환자의 연인두 폐쇄 증진에 거의 도움이 되지 않는다는 것에 동의한다(Brookshire, 2007; Dworkin & Johns, 1980). Yorkston 등(2001)은 밀기 및 당기기 기법, 근육 강화 과제, 또는 불기(호루라기, 비눗방울, 또는 약솜을 활용) 등이 말을 위한 연구개 기능을 증진시킨다는 어떠한 증거도 없다는 점을 밝혔다. 비구어 근육 강화운동이 구개거상 보철을 한 환자들에게서 연인두 폐쇄의 미세조정을 가능하게 해 준다는 의견이 있기는 하다. 예를 들어, Dworkin(1991)은 구개거상 보철을 처음 착용하고 난 후 연구개 올림을 향상시키고 구강 내압을 증가시키기 위해 점차적으로 어려움이 증가되는 연구개운동을 추천하였다. 이러한 제안이 논리적으로 보일지라도, 최근 연구에서는 말하는 데 필요한 연인두 폐쇄는 비구어 과제를 하는 동안의 폐쇄와는 매우 다른 근육 활동이 있다고 보고하므로 임상가들은 주의해서 사용해야 한다(Yorkston et al., 2001).

그러나 확실하고 연구 결과에 의거한 한 가지 연구개 근육 강화 훈련 방법이 있다(Kuehn, 1997). 이것은 보통 수면성 무호흡 치료에 사용되는 지속적 기도 양압기(continuous positive airway pressure, CPAP) 장치를 사용하는 것이다. CPAP 활동은 앞서 언급한 불기 훈련과는 다른데, 이는 말 과제를 하면서 연구개 움직임에 저항력을 제공하는 것이다. 이를 위해 환자는 지속적으로 비강을 통해 상인두로 공기를 흘려보내는 코 마스크를 쓴다. 공기가 연인두 영역을 통해 아래로 흘러 들어갈 때 환자는 여러 가지 연구개 움직임을 요하는 발화 과제를 수행한다. 환자가 말을 할 때 연구개는 아래쪽으로 향하는 기류에 반대로 저항하며 움직인다. 이것은 비구어 연구개 수축 시 가해지는 압력과 매우 다르게 연구개 근육들이 실제로 말운동을 위해 접촉할 때 압력이 가해진다는 것을 의미한다. CPAP을 이용하는 마비말장애 환자가 많지는 않지만(Liss, Kuehn, & Hinkle, 1994) 이는 앞으로 연구할 가치가 있다.

말 조절

과다비성이 있는 몇몇 환자들은 자신의 말을 조절함으로써 공명 문제를 최소화할 수 있다. 임상 경험과 전문가 견해에 따르면(Yorkston et al., 2001) 이것은 경도 과다비성의 경우 유용하게 사용할 수 있다. 중등도 또는 고도의 공명 문제를 가진 환자들에게는 추천되지 않는다. 조절 방법에는 다음과 같은 과제가 있다.

- **말 속도 감소**—말 속도 감소는 말명료도를 증진시킬 수 있고, 이완형 마비말장애 환자 일부의 경우 과다비성에 대한 인식을 경감시킬 수 있다(Yorkston, Beukelman, Strand, & Hakel, 2010). 많은 활동이 말 속도를 감소시키는 데 도움을 줄 수 있다(제8장 참조). 이완형 마비말장애 환자의 경우에 적합한 하나의 방법으로 적절한 말 속도를 설정하기 위해 손이나 손가락을 두드리는 것이다. 환자는 임상가가 손이나 손가락을 두드릴 때마다 한 단어 또는 한 음절을 말한다. 일반적으로 이러한 방법으로 속도를 늦추는 것은 조음기가 목표에 도달하기까지 여분의 시간을 허용함으로써 더욱 정확한 조음을 가능하게 하여 말명료도를 증가시킨다. 느린 말 속도는 과다비성을 감소시키는데, 그 이유는 느리게 움직이는 연구개에 여분의 시간을 제공하여 말을 하는 동안 더 완전하게 연인두 영역을 닫을 수 있게 하기 때문이다.
- **발화 시 더 크게 입 벌리기**—발화 시 과장된 턱 움직임 또한 과다비성에 대한

인식을 경감시킬 수 있다(Picheny, Durlach, & Braida, 1985). Swigert(1997)는 말하는 동안 더욱 입을 크게 벌리고 유지할 수 있는 환자의 능력을 증진시키기 위한 일련의 단계를 제시하였다. 첫째, 무엇이 과다비성 발화인지에 대한 환자의 인식을 증가시킨다. 이것은 임상가의 모델링과 비음이 많거나 비음이 전혀 없는 문장을 읽어 보게 함으로써 달성될 수 있다. 둘째, 열린 모음이 많이 포함된 문장을 반복해서 말하는 동안 환자가 거울을 보도록 한다. 환자는 문장을 반복하는 동안 과장된 턱 움직임을 유지하기 위해 노력해야만 한다. 셋째, 임상가는 개방된 입 자세의 긍정적인 효과를 보여 주기 위해 부정적 연습 방법을 사용할 수 있다. 예를 들어, 환자에게 말하는 동안 의도적으로 입을 거의 닫고 있도록 지시한다. 입이 거의 닫힌 채로 환자가 말을 하면 입이 활짝 열렸을 때와 대조적으로 더욱 현저한 과다비성을 보일 것이다. 비디오 또는 오디오 테이프 기록을 즉각적으로 반복해서 보여 주는 것은 환자가 발화 시 입이 열렸을 때와 닫혔을 때 과다비성의 차이를 알 수 있게 해 주는 데 유용할 것이다.

- **음성 크기 증가**—과다비성에 대한 인식은 때때로 환자가 더욱 크게 말함으로써 최소화할 수 있다. 큰 말소리는 이완형 마비말장애 환자의 과다비성 공명을 감춰 주는 경향이 있다. 마찬가지로 중요한 것은, 큰 말소리는 보통 말명료도를 증가시켜 주어 환자가 무엇을 말했는지 청자가 듣기 쉽게 해 준다는 것이다. 적절한 음량 수준을 모델링해 주는 것은 이 치료에서 중요한 요소이다. 음성 크기에 대한 시각적 피드백 또한 대부분의 환자들에게 유용하다. 소음 측정기(sound pressure level meter) 또는 Vocalite와 같은 장치들은 적절한 음성 크기에 대한 시각적 단서를 환자에게 제공할 수 있다.

발성 치료

미주신경(X)의 되돌이가지는 후두의 거의 모든 내재 근육을 통제하기 때문에 손상 시 발성에 상당한 문제를 일으킬 수 있다. 이 신경가지가 손상되면 후두 근육의 약화나 마비로 인해 성대가 완전히 내전되는 것을 막게 되므로 보통 숨 새는 음성이나 거친 음질을 보이게 된다. 발성 시 성대가 더욱 완전하게 닫히고 이로써 더 분명하고 정상적인 음질을 이끌어 낼 수 있는 몇 가지 치료 방법이 있다.

- **밀기 및 당기기**—때때로 "노력 폐쇄 기법"으로 묘사되는 밀기 및 당기기 방법은 몸통과 목의 전반적인 근육 수축 증가를 통해 성대의 내전을 돕는다(Ramig, 1995). 이 방법은 충분한 시간을 갖고 연습과 노력을 통해 더 정상적인 음성의 발성이 가능하다는 것을 환자 스스로 깨닫도록 해 준다. 이 기법의 예로, 앉아 있는 환자는 열린 모음을 발성하는 동안 의자의 팔걸이를 밀어 올리거나, 모음 연장 발성을 하는 동안 무거운 식탁의 가장자리를 끌어당길 수 있다.
- **숨 참기**—깊이 숨을 들이마신 후 참는 것은 성대의 완전한 내전을 필요로 한다. 내전이 단단히 이루어지면 공기는 폐 안에 더 잘 보유될 수 있다. 환자에게 깊이 숨을 들이마신 후 숨을 참고 있도록 요구하고, 콧구멍 아래에 작은 거울을 놓아 공기가 새는지 확인해야 한다. 여기에서 요점은 환자가 연속해서 10회를 실시하는 동안 약 15초간 숨을 참아야 한다는 점이다. 수행 사이사이에는 충분한 휴식 시간을 주어야 한다.
- **강한 성문 접촉**—어떤 환자들은 강한 성문 접촉을 하면서 발화를 시작할 때 더 좋은 질의 발성을 보일 수 있다(Dworkin & Meleca, 1997). Dworkin (1991)은 이 방법에 대한 전체적인 연습을 설명하였다. 기초 단계는 환자에게 깊이 숨을 들이마신 후 참고 있다가 힘을 주어 /a/를 발성하도록 하는 것이다. 말하는 동안 지속적으로 강한 성문 접촉을 하는 부작용을 피하기 위해 이와 같은 강한 발성은 가급적 빨리 보다 정상적인 음질로 수정되어야 한다.
- **고개 돌리기 및 후두의 측면 압박**—성대의 일측 약화나 마비가 있을 때, 약화된 성대는 성문의 중앙으로 완전히 내전할 수 없으므로 숨 새는 음성을 산출할 수 있다. 어떤 환자들은 고개를 손상된 쪽으로 돌리거나 손상된 쪽에서 후두를 손으로 밀어서(예: 손상되지 않은 쪽으로 밀기) 더욱 완전한 성대

내전을 하게 될 수 있다. 두 가지 예는 모두, 약화된 성대가 반대쪽 성대로 더욱 가까워질 수 있으며 이를 통해 발성의 질은 증진될 수 있다.

운율 결함 치료

미주신경(X)의 외측상후두 가지 손상은 성대를 늘리거나 수축하게 함으로써 음도를 다양하게 변화시켜 주는 윤상갑상근의 기능을 손상시킬 수 있다. 많은 임상가들과 연구자들은 운율 오류의 치료에 대한 중요성을 인식하고 있다(Darley et al., 1975; Duffy, 2005; Dworkin, 1991; Yorkston, Hakel, Beukelman, & Fager, 2007). 억양, 강세, 리듬과 관련된 문제는 모든 유형의 마비말장애 환자들의 부자연스러운 운율에 상당한 영향을 미친다. 다음과 같은 운율 과제는 이완형 마비말장애 환자에게 적절할 수 있다.

- **음도 범위 훈련**—이러한 종류의 훈련은 억양을 조절하는 데 유용한 출발점이 될 수 있다. Dworkin(1991)은 환자가 임상가의 음성에서 분명한 음도 변화를 인식할 수 있는지 그 능력을 평가하는 것에서부터 이 연습이 시작될 수 있다고 권고하였다. 만약 환자가 이러한 구분을 할 수 없다면 환자의 음도 조절 능력 증진에 대한 예후는 좋지 않은 편이다. 그러나 환자가 음도 변화의 차이를 말할 수 있다면 이 연습은 유용할 수 있다. 첫째, 환자가 가능한 한 낮은 음도와 높은 음도로 /a/를 연장해 보게 한다. 고음도와 저음도가 설정되고 나면, 환자가 8개의 음도 범위를 구분하여 해당 범위를 오르내리면서 노래해 보게 한다. 마지막으로, 환자는 문장을 읽을 때 정상적인 음도 변화가 있어야 할 핵심 단어의 위와 아래에 화살표가 표시된 대로 읽는다. 예를 들어, 질문의 끝에서 위로 표시된 화살표는 마지막 단어에서 음도를 올려야 함을 나타낸다.
- **억양 프로파일**—이 과제는 쓰인 문장 내의 억양 변화를 보여 주기 위해 선을 사용한다. 단어의 아래에 있는 선은 단조로운 억양을 의미한다. 단어보다 더 아래로 내려간 선은 음도를 떨어뜨려야 함을 알려 주는 것이다. 단어 위

의 선은 음도를 올려야 함을 나타낸다. 이러한 선들은 해당 문장이 평서문이든 의문문이든 간에 쓰인 문장에 쉽게 그릴 수 있다. 대부분의 환자의 경우, 이러한 과제는 짧고 단순한 문장에서 시작하여 긴 문장으로 이행하는 것이 좋다. 궁극적인 목표는 환자가 구조화된 활동 내에서 산출하는 음도 변화를 받아들이고 대화에서 이를 사용하도록 하는 것이다.

- **대조 강세 연습**—이 과제는 임상가의 질문에 대해 환자로 하여금 핵심 단어에 강세를 두어 의도된 의미를 전달하며 대답하도록 구성되어 있다(McHenry, 1998). 예를 들어, 임상가는 남자가 축구를 하는 그림을 보여 주면서 다음과 같이 질문할 수 있다. "남자가 야구를 하고 있나요?" 환자는 "아니요, 남자는 **축구**를 하고 있어요"라고 대답할 것이다. 임상가의 다음 질문은 이렇다. "여자가 축구를 하고 있나요?" 이 질문에 대한 환자의 대답은 이럴 것이다. "아니요, **남자**가 축구를 하고 있어요." 세 번째 질문은 이렇다. "남자는 축구를 보고 있나요?" 환자는 대답할 것이다. "아니요, 남자는 축구를 하고 있어요." 이러한 과제를 위한 질문의 길이와 그림의 복잡성은 환자의 능력에 맞춰 쉽게 바꿀 수 있다.
- **구문 단위로 발화 묶기**—Duffy(2005)는 마비말장애 환자의 일부는 문장 내에서 그리고 문장 간에 정상적인 쉼(pause)을 둠으로써 본인의 발화를 나누는 것을 배울 필요가 있다고 언급하였다. 이는 마비말장애로 인해 한 번의 호기에 산출할 수 있는 단어의 숫자가 제한되기 때문에 훈련할 필요가 있다. 이러한 제한성을 보상하기 위해 자연스럽게 구문적 쉼이 있는 발화의 지점에서 숨을 들이마시도록 다음과 같은 과제로 훈련해야 한다. 이러한 자연스러운 쉼의 예로 도입 절 또는 구 이후["아침에 (흡기) 나는 상점에 장을 보러 갔다."], 절 또는 구 사이["그녀는 거기에 갔다. (흡기) 그러나 나는 그녀를 놓쳤다."], 단문 사이["나는 영화를 봤다. (흡기) 그것은 매우 좋았다."]를 들 수 있다. 발화 내에서 정상적인 쉼이 일어나는 지점에 숨 들이마시기를 삽입함으로써 이완형 마비말장애 환자는 자신의 말에서 더욱 자연스러운 리듬을 유지할 수 있게 된다. 이러한 리듬은 발화 중에 환자가 무턱대고 숨을

들이마시면 깨질 수 있다.

안면(VII)과 설하(XII)신경의 손상

안면신경(VII)의 손상은 주로 입술의 힘과 운동 범위를 감소시켜 말산출에 영향을 미칠 수 있다. 이러한 입술 움직임의 약화와 범위 감소는 양순음과 순치음 왜곡을 초래한다. 설하신경(XII)의 손상은 혀의 약화와 운동 범위 감소를 초래하여 주로 부정확한 입술소리 산출을 유발할 수 있다. 전통적인 조음 연습은 종종 이러한 오류들을 치료하기 위해 추천된다(Yorkston et al., 2010).

전통적 조음치료

전통적인 조음치료 과제는 조음 능력을 직접적으로 향상시키는 데 초점을 맞춘다. 이러한 치료는 여러 해에 걸쳐 확립된 전통적 조음치료의 요소로서 몇 가지 원칙을 포함하고 있다. 반복 연습, 임상가 피드백, 조음 오류에 대한 환자의 인식 증가는 이러한 치료의 부분이다. 이러한 치료 과제를 수정하고 통합한 많은 독창적인 방법 때문에, 초보 임상가들은 이러한 활동이 어떻게 실시되어야 하는지에 대한 보기로서 다음과 같은 내용을 생각해 보아야 한다. 예를 들어, 어떤 환자들에게는 말명료도 연습과 조음점 지시 과제(phonetic placement task)가 하나의 치료 활동으로 통합되는 것이 매우 적절하다. 임상가들은 어떤 활동이 다양한 환자들을 위해 최상인지를 찾아내야 한다.

- **말명료도 연습**—Yorkston, Beukelman과 Bell(1988)이 처음 언급한 바와 같이, 말명료도 연습은 환자에게 단어 또는 문장 목록을 주고 읽어 보도록 하는 과제이다. 임상가는 환자로부터 돌아서서 오로지 환자가 정확하게 조음한 경우에만 환자의 말을 이해할 수 있도록 한다. 목표 단어 목록이나 환자의 입을 보지 않기 때문에 임상가는 목표 단어를 이해하기 위해 전적으로 환자의 조음에 의존해야 할 것이다. 만약 임상가가 목표 단어를 이해할 수 없다면, 환자는 왜 그 단어가 불명료한지 파악하고 다시 말해 보기 위해 노

력할 필요가 있다. 만약 이러한 두 번째 시도도 실패하면 임상가는 목표 단어를 보고, 왜 자신이 해당 발화를 이해할 수 없었는지 환자에게 구체적인 피드백을 줄 수 있다(예: "나는 'l'을 들을 수가 없어서 당신의 말이 *sleep*인지를 알지 못했어요. 다시 한 번 해 보세요. 그리고 이번에는 제가 'l'을 들을 수 있도록 해 보세요").

- **조음점 지시법**—이 방법은 환자가 목표음을 산출하려고 하기 전에 조음기의 정확한 위치를 환자에게 알려 줌으로써 조음 오류를 치료한다. 조음점 지시는 특정 말소리가 어떻게 산출되는지 환자에게 알려 줄 수 있으므로 특히 유용하다. 많은 마비말장애 환자들은 자신이 부정확하게 말소리를 산출하고 있다는 것을 알지만 왜 그러한 산출이 잘못되었는지 잘 이해하지 못한다. 예를 들어, 조음점 지시 방법은 마비말장애 환자에게 왜 그가 산출한 /d/가 실제로는 /z/에 가까운지, /p/ 소리가 /b/처럼 되었는지 알려 줄 수 있다.
- **과장되게 자음 발음하기**—**과장된 조음**(overarticulation)으로도 알려져 있는 이 방법은 환자에게 모든 자음을 최대한 완전히 조음하도록 가르치는 치료법이다. Darley 등(1975)은 대부분의 환자들의 경우 연결 발화에서 정확하게 조음이 되지 않는 중성과 종성 자음에 특히 초점을 둘 필요가 있다고 제안하였다. 이완형 마비말장애 환자가 단어 내의 중성과 종성 자음을 최대한 완전하게 조음할 때 말명료도가 눈에 띄게 향상될 수 있다.
- **최소대립쌍 연습**—이 훈련은 단지 1개의 음소만 바꾼 단어짝의 반복 산출에 초점을 두는 것이다. 단어 간의 변별은 유성(*park–bark*), 자음의 산출 방법(*pine–mine*), 또는 산출 위치(*sea–she*)가 될 수 있다. 이러한 변별은 모음 간에도 가능하지만(*man–men*), 보통은 자음으로써 환자들 대부분의 말명료도를 더욱 증진시킬 수 있다. 이러한 단어짝은 특정 환자의 필요에 따라 단독으로, 구에서, 또는 문장 내에서 사용될 수 있다.

이완형 마비말장애 환자의 약화된 호흡 치료

앞에서 언급한 바와 같이, 이완형 마비말장애 환자가 발화를 위한 불충분한 호흡적 지지력을 보일 때, 보통 그 문제가 얕은 호흡 때문인지 또는 후두의 기류 누출 때문인지를 결정하기는 어렵다. 얕은 호흡의 문제가 의심되면 이러한 환자들의 호흡 기능을 극대화할 수 있는 몇 가지 방법이 있다.

- **올바른 자세**(correct posture)—많은 환자들은 자세의 지지에 문제가 있어서 종종 휠체어에 풀썩 쓰러진 듯 앉아 있는 것을 보게 될 것이다. 환자들의 좋지 않은 자세는 얕은 호흡의 원인이 될 수 있으며, 이러한 호흡은 종종 발성과 운율에 영향을 미친다. 이러한 문제를 다루는 간단한 전략은 환자에게 더 똑바로 앉도록 요청하는 것이다. 많은 환자들의 경우, 머리를 세우고 어깨를 펴고 앉았을 때 발화 시 눈에 띄는 호흡 기능의 향상이 나타날 것이다(Horton, Murdoch, Theodoros, & Thompson, 1997). 적절한 자세를 취하는데 성공했다고 해도, 환자가 자세를 똑바로 세워서 앉는 것을 상기할 필요가 있다. 만약 환자가 임상가의 단서를 통해 자세를 향상시킬 수 없다면 올바른 자세를 유지하기 위한 보철 장치가 필요할 수도 있다.
- **보상적 보철 장치**(compensatory prosthetic devices)—허리 주변을 싸매는 복부 허리띠(abdominal girdle)는 환자가 더 똑바로 세운 자세를 유지하는 데 필요한 지지력을 제공해 줄 수 있다(Watson & Hixon, 2001). 그러나 이러한 유형의 장치는 자세 문제에 대한 일시적인 해결책일 뿐이다. Rosenbek과 LaPointe(1985)는 이러한 장치를 장기간 사용하는 것은 환자가 완전히 숨을 들이마시는 능력을 제한하기 때문에 폐렴을 유발할 수 있다고 경고하였다.

  Duffy(2005)와 Swigert(1997)는 휠체어를 탄 환자들에게 사용할 수 있는 "호기판(expiratory board)"이라 불리는 다른 유형의 보상 장치에 대해 설명하였다. 휠체어의 식판 부분에 패드를 덧대어 환자의 복부 가까이에 위치시키면 이것은 환자가 기댈 수 있는 단단한 면이 된다. 말하는 동안 이 패드 쪽으로 기대면 환자의 복부에 압력이 가해지고 횡격막이 위쪽을 향하게 되어, 말할 때 필요한 더 강한 숨을 내쉴 수 있게 해 줄 것이다.

- **숨을 내쉴 때 즉시 말하기**(speaking immediately on exhalation)—이완형 마비말장애 환자 중 일부는 숨을 내쉬고 난 다음 발성을 시작함으로써 성문하기류의 상당량이 소비되어 버리고 마는 경우가 있다. 환자에게 숨을 내쉬면서 동시에 발성을 시작하도록 단서를 제시함으로써 환자가 갖고 있는 성문하압력을 더욱 잘 사용하게 할 수 있다. Swigert(1997)는 이러한 연습에서의 첫 번째 단계로 환자가 자신의 배에 손을 올리고, /m/ 발성을 하면서 숨을 내쉴 때 배를 누르도록 제안하였다. 필요하다면 임상가는 환자의 발성이 시작된 것을 알려 주기 위해 자신의 손을 환자의 손 위에 올려놓을 수 있다.
- **완전한 흡기를 위한 단서**(cueing for complete inhalation)—때로는 말하는 데 필요한 호흡적 지원은 환자가 말하기 전에 최대로 숨을 들이마셔야 한다는 것을 기억하게 하는 것만으로도 증진될 수 있다. 임상가는 치료 초기에 이런 점을 자주 상기시켜 주어야 한다. 궁극적인 목표는 깊게 숨을 들이마시는 것이 환자의 대화에서 습관적인 부분이 되도록 하는 것이다. 성문하기류의 효율적인 사용을 극대화하기 위해, 호기 시 즉시 말하는 것과 최대로 숨을 들이마시는 단서를 통합하는 것도 효과적일 수 있다.

이완형 마비말장애 요약

- 이완형 마비말장애는 말산출에 사용되는 하부운동신경의 손상으로 인해 유발될 수 있다. 하부운동신경은 뇌신경 또는 척수신경에 있다.
- 말산출에 관여하는 뇌신경에는 삼차신경(V), 안면신경(VII), 설인신경(IX), 미주신경(X), 부신경(XI), 설하신경(XII)이 있다. 척수신경은 호흡 근육을 통제하기 때문에 말산출에 중요하다.
- 이완형 마비말장애의 말 특징에는 과다비성, 부정확한 자음, 숨 새는 음성이 포함된다.
- 일부 임상가들은 이완형 마비말장애의 치료로서 비구어 구강운동 훈련을

포함해야 한다고 생각한다. 그러나 환자의 말명료도를 직접적으로 향상시키는 데 중점을 둔 치료 전략이 더욱 효과적일 수 있다.

연구 문제

1 이완형 마비말장애를 정의하시오.
2 이완형 마비말장애는 신경계의 어떤 부분이 손상된 후에 발생할 수 있는가?
3 왜 하부 운동 뉴런을 "최종공통경로"라고 일컫는가?
4 말산출에 관여하는 6쌍의 뇌신경은 무엇인가?
5 어떤 뇌신경이 후두의 내재 근육을 통제하는가?
6 말산출에서 척수신경은 어떠한 역할을 하는가?
7 뇌간 뇌졸중이 어떻게 이완형 마비말장애를 야기할 수 있는가?
8 이완형 마비말장애 환자가 보이는 불충분한 호흡 지지력이 약화된 호흡의 결과인지 또는 부족한 후두 닫힘 때문인지를 어떻게 알 수 있는가?
9 근육 강화 훈련은 이완형 마비말장애 환자를 위한 치료로서 자주 추천되는가?
10 연인두 폐쇄부전에 대한 두 가지 수술적 치료 방법은 무엇인가?

CHAPTER 5

경직형 마비말장애

이 장의 개요

경직형 마비말장애의 정의

경직형 마비말장애(spastic dysarthria)의 정의는 일반적으로 양측 상부운동신경의 손상에 기인한다고 알려져 있다. 이것은 경직형 마비말장애와 이완형 마비말장애를 구분하는 특징 중 하나이다. 이완형 마비말장애는 하부운동신경의 손상에 기인하기 때문이다. 대부분의 정의에 나타난 경직형 마비말장애 환자들의 말은 속도가 느리고, 말을 할 때 힘겨워 보이며, 음질이 거칠다고 한다. 다음의 정의에서는 경직형 마비말장애를 보였던 몇몇 환자들을 관찰한 결과, 과잉적이고 비정상적인 반사가 나타났다고 한다.

> 경직형 마비말장애는 양측 상부운동신경 병변이고, 부정확한 조음과 단조로운 음도 및 음성 크기, 운율 이상이 특징이다. 또한 근육은 뻣뻣하고, 제한된 범위에서 느리게 움직인다. 말을 산출하는 일은 힘이 들고 단어들이 연장되기도 한다(Nicolosi, Harryman, & Kresheck, 1983, p. 80).

> 경직형 마비말장애는 대뇌피질의 운동 영역으로부터 뇌간의 뇌신경핵에서 기원하는 하부운동신경으로 신경 임펄스를 전달하는 상부운동신경의 손상과 관련된 것으로 보인다. 말산출이 방해받는 것은 상부운동신경 손상의 임상적 징후(sign)로, 상부운동신경의 손상은 연관된 근육의 경직형 마비 또는 약화를 포함한다. 그리고 사용하지 않아서 약간 위축될 가능성을 제외하고는 근육의 위축(atrophy)이 거의 없거나 전혀 없고, 과다반사(예: 과도한 하악 반사)나 병리적인 반사[예: 빨기 반사(sucking reflex)]가 나타난다(Murdoch, Thompson, & Theodoros, 1997).

경직형 마비말장애의 신경학적 기초

경직형 마비말장애는 비교적 잘 알려진 마비말장애 유형으로, Mayo Clinic (Duffy, 2005)에서 나타난 말운동장애 중 7.6%를 차지한다. 경직형 마비말장애라는 명칭은 이 장애와 친숙하지 않은 사람에게는 다소 혼란을 야기할 수 있다. 사실상 경직형 마비말장애 환자는 성도(vocal tract)와 관련된 다양한 근육의 긴장도가 증가한다. 그러나 환자들은 약화도 나타내고, 운동 범위(ROM)도 감소한다. 그리고 같은 근육의 세부 운동 조절 기능이 감소한다. 앞서 말한 바와 같이, 경직형 마비말장애의 운동 결함은 양측 상부운동신경 손상에 기인한다(그림 5-1). 상부운동신경에 대한 명확한 이해는 경직형 마비말장애가 어떻게 발생했

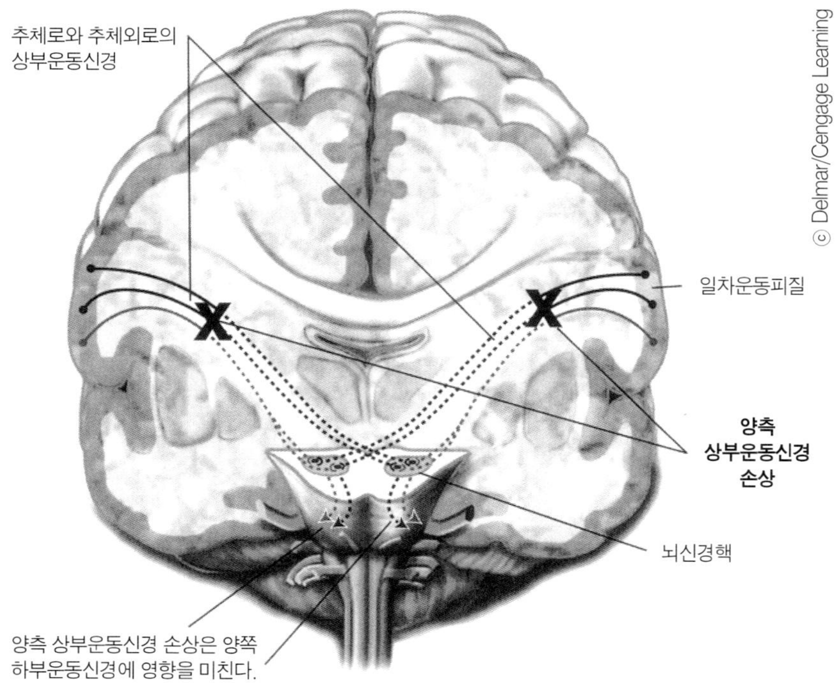

그림 5-1 경직형 마비말장애는 추체로와 추체외로의 양측 상부운동신경 손상에 기인한다.

는가(왜 일어났는가)를 아는 데 중요하다. 그러므로 이 장은 상부운동신경의 조직과 기능을 살펴보는 것으로 시작하겠다.

경직형 마비말장애에서 상부운동신경의 역할

이완형 마비말장애가 하부운동신경 손상의 결과인 것과는 반대로, 경직형 마비말장애는 상부운동신경의 손상에 기인한다. 특히 경직형 마비말장애는 말 기제에 관여하는 추체로와 추체외로 모두의 손상으로 나타난다. 상부운동신경의 손상이 어떻게 경직형 마비말장애를 유발하는지를 잘 이해하기 위해서 추체로와 추체외로 체계에 대해 간략하게 다시 살펴보는 것이 도움이 될 수 있다. 첫째, 상부운동신경은 중추신경계의 일부분이고, 이는 피질과 뇌간에서 기원한다. 둘째, 상부운동신경은 추체로와 추체외로 체계로 그룹화되어 있다.

추체로(pyramidal system)의 일부분인 상부운동신경은 근본적으로 일차운동영역에서 시작되어 하부운동신경으로 내려와서 근육에 전달된다. 추체로에서의 상부운동신경은 분화되어 피질부터 뇌신경으로 연결되고(피질연수로) 피질부터 척수신경으로 연결된다(피질척수로). 추체로는 하부운동신경으로 신경 임펄스를 전달하여 근육으로 전달되게 하고, 각각의 숙련된 움직임을 하도록 하는 역할을 한다. 말산출은 추체로의 적절한 기능에 의존하는 숙련된 움직임의 하나이다. 말 기제에 관련된 추체로의 특정 부분이 손상되면 말산출과 관련된 근육 체계가 느리고 약화될 수밖에 없다. 다시 말해, 추체로가 손상되면 혀와 입술, 연구개, 그리고 다른 말산출 관련 구조가 약화되고 느린 움직임을 나타낸다.

상부운동신경과 관련된 다른 집합체로 **추체외로**(extrapyramidal system)가 있는데, 이는 거대하고 복잡한 신경망이다. 추체외로에 속하는 상부운동신경은 기본적으로 뇌간에 기원을 두지만 피질로부터 중요한 정보를 받는다. 추체외로는 망상체(reticular formation)와 적핵(red nucleus)을 포함하는데, 뇌 전체가 거대한 상호접속 체계이다. 만약 추체로가 피질과 하부운동신경을 잇는 직접 경로라면 추체외로는 그 둘 사이의 간접 경로라고 할 수 있다. 그러나 궁극적으로 추체외로의 상부운동신경은 뇌신경과 척수신경의 하부운동신경과 시냅스 연결을 한다. 전체적으로 추체외로는 자세를 유지하고, 반사를 억제하며, 근긴장도를 모니터링하는(살펴보는) 신호를 전달하는 역할을 한다. 추체외로의 역할은 추체로와 병렬적으로 이루어진다. 추체로가 숙련된 움직임을 위해 하부운동신경으로 신경 임펄스를 전달하는 반면, 추체외로는 자세와 근긴장도를 조절한다. 이 두 체계가 온전할 때 그 기능이 잘 섞여서 복잡한 움직임을 큰 노력 없이 수행할 수 있게 된다. 그러나 이것들이 손상되었을 때에는 많은 문제가 발생한다. 앞서 언급한 바와 같이, 추체로가 손상되면 숙련된 움직임이 약화되고 느려지며, 추체외로의 운동신경이 손상되는 경우에는 약화와 증가된 근긴장도(경직성), 비정상적인 근육 반사를 유발한다.

경직형 마비말장애는 말산출 근육을 지배하는 추체로와 추체외로 둘 다 손상되었을 때 발생할 수 있다. 추체로와 추체외로는 중추신경계 내에서 서로 가깝게 분포하기 때문에 두 체계의 손상이 함께 발생하는 것은 드문 일이 아니다. 사실 물리적으로 이것들은 서로 가까이 있기 때문에 한 체계가 손상되면 다른 체계는 거의 항상 손상되기 마련이다. 뇌졸중, 머리 손상, 종양, 감염, 또는 다른 장애의 경우에 추체로나 추체외로 중 하나만 손상되는 경우는 드물다. 거의 모든 경우에 두 체계에서 모두 손상이 나타난다.

양측 손상의 의미

이제 경직형 마비말장애가 양측 추체로와 추체외로의 상부운동신경 손상의 결과임은 분명하다. 경직형 마비말장애가 되는 마지막 요소는 "양측"—즉, 추체로와 추체외로의 좌우 둘 다—에 영향을 주는 손상이라는 것이다. 만약 손상이 일측이라면 그 결과 나타나는 말운동장애는 상대적으로 경미할 것이고 이는 **일측 상부운동신경형 마비말장애**(unilateral upper motor neuron dysarthria)일 것이다(제6장 참조). 일측 상부운동신경형 마비말장애는 경직형 마비말장애처럼 심각하지는 않다. 왜냐하면 말산출 근육(아래쪽 얼굴과 혀 제외)을 담당하는 대부분의 뇌신경은 추체로와 추체외로의 상부운동신경으로부터 양측으로 지배를 받기 때문이다. 상부운동신경의 손상이 일측이라면 뇌신경은 손상되지 않은 반대편의 상부운동신경으로부터 여전히 지배받고 있을 것이다. 결과적으로 일측 상부운동신경형 마비말장애라면 대부분의 말산출 근육 체계는 상대적으로 경하게 영향을 받을 것이다. 그러나 상부운동신경의 손상이 양측이라면 많은 다른 말산출 관련 근육들이 손상받을 것이고, 그 결과 경직형 마비말장애가 될 것이다.

추체로와 추체외로 모두 다 손상받았기 때문에 이 마비말장애의 증상은 각 체계가 개별적으로 손상되었을 때 나타날 수 있는 조합이 모두 나타난다. 결과적으로 경직형 마비말장애 환자의 말을 산출하는 근육들은 **약하고**(weakness) **느린 움직임**(slow movements)과 **경직**(spasticity, 증가된 근긴장도), 그리고 아마도 **비정상적인 반사**(abnormal reflexes)를 나타낼 것이다. 혀와 입술의 움직임에 약간 경직을 보일지라도 대부분 뚜렷하게 근육이 약해지고 움직임이 느려질 것이다. 이러한 경직은 대부분 성대의 과내전을 유발한다. 경직은 연구개에도 영향을 줄 것이고 비음 산출 시에 불완전한 연인두 폐쇄의 원인이 될 것이다.

경직형 마비말장애의 원인

추체로와 추체외로 상부운동신경의 양측 손상 시에는 경직형 마비말장애가 될 수 있다. 많은 장애들이 이러한 유형의 상부운동신경 손상을 초래하는데, 뇌졸중이나 퇴행질환, 외상 뇌손상, 뇌조직의 감염, 종양이 포함된다. 이 중 몇몇에서는 경직형 마비말장애가 드물게 나타나기도 하므로, 다음에서는 경직형 마비말장애의 가장 흔한 원인이 되는 질환에 대해서 다루고자 한다.

뇌졸중

뇌졸중은 경직형 마비말장애의 흔한 원인이다. 전제가 되는 특정 손상 영역 때문에(예를 들어, 추체로와 추체외로 모두의 양측 손상) 경직형 마비말장애는 둘 또는 그 이상의 영역에서 뇌졸중이 발생하거나 단일 뇌졸중이 뇌간에 발생하는 경우에 나타난다. 다음은 뇌졸중으로 경직형 마비말장애가 나타날 수 있는 경우에 대한 설명이다.

- 단일 뇌졸중은 뇌간에서 발생할 때만 경직형 마비말장애를 유발할 수 있다. 이것은 좌우 추체로와 추체외로의 신경섬유들이 모두 뇌간에서 서로 매우 근접해 있기 때문이다. 결과적으로, 뇌간에 발생한 단일 뇌졸중은 좌우 추체로와 추체외로 체계에서 양쪽의 상부운동신경을 손상시킬 만큼 충분히 광범위할 수 있다.
- 대뇌의 한쪽 반구에서 발생한 단일 뇌졸중은 경직형 마비말장애의 원인이 되지 않는다. 이는 뇌졸중이 발생한 위치에 따라 왼쪽 또는 오른쪽 추체로와 추체외로에만 영향을 주기 때문이다. 경직형 마비말장애를 유발하기 위해서는 각 대뇌반구에서 적어도 하나의 뇌졸중이 양측 상부운동신경을 손상시켜야 한다.
- 대뇌의 한쪽 반구에서 일어난 단일 뇌졸중이 때로 경직형 마비말장애를 유발하기도 한다. 이는 뇌졸중 발병 이전에 반대쪽 반구에서 이미 추체로와 추체외로의 상부운동신경이 손상되어 있었을 때 나타날 수 있다. 이러한 손상은 오래된 뇌졸중이나 머리 손상, 종양 또는 이와 비슷한 손상이 다른 반구에 있을 경우이다. 경직형 마비말장애는 이전에 한쪽 대뇌반구에 손상이 있었을 때, 이와 함께 반대쪽 대뇌반구에서 새로운 뇌졸중이 발생한 경우에 나타날 수 있다.

근위축측삭경화증

근위축측삭경화증(amyotrophic lateral sclerosis, ALS)과 같은 퇴행 신경학적 질환은 경직형 마비말장애의 원인이 된다. ALS는 하부운동신경과 상부운동신경에 진행성 퇴행을 가져오는 원인 미상의 질환이다. 이는 평균 기대수명이 발병 후

22개월 정도인 치명적인 질환이다. ALS의 진행 경과는 개인마다 다르다. 몇몇은 초기에 하부운동신경의 손상으로 이완형 마비말장애를 보이고 팔다리의 약화와 근육 수축(atrophy)을 나타낸다. 그러나 다른 경우에는 초기에 주로 상부운동신경이 관련되기도 한다. 상부운동신경의 손상이 두드러질 때 ALS 환자는 경직형 마비말장애를 보이고, 과도한 구토 반사와 턱 조절 반사(jaw reflex), 그리고 삼킴장애를 나타낸다. 그러나 거의 모든 경우에 ALS는 궁극적으로 상부와 하부운동신경이 모두 손상된다. 일단 양쪽 운동신경이 모두 손상되면 대부분의 ALS 환자들은 이완 · 경직 혼합형 마비말장애를 나타낸다. 혼합형 마비말장애는 제10장에서 논의하겠다.

외상 뇌손상

머리 손상(head injury)은 피질, 피질하, 그리고 뇌간 구조에 넓게 발생할 수 있다. 많은 머리 손상은 전체 뇌가 두개 안에서 거칠게 움직이기 때문에 손상이 광범위한데, 두개골의 운동에 대해서 뇌는 직선운동과 회전운동이 모두 일어난다. 이러한 움직임의 결과, 축삭이 늘어나고 찢어지며 뇌 조직에 상처가 나게 된다. 그리고 뇌의 많은 영역에 혈관 출혈이 일어난다. 이러한 뇌의 광범위한 손상으로 머리 손상은 추체로와 추체외로에 양측 손상을 일으킨다. 이 경우에는 경직형 마비말장애를 나타낼 수 있다. 또한 머리 손상의 결과로 이완 · 경직 혹은 경직 · 실조 혼합형 마비말장애가 발생할 수 있다.

다발경화증

다발경화증(multiple sclerosis)은 축삭을 싸고 있는 수초의 완전한 소실이나 수초에 염증을 초래하는 면역학적 질환으로 추정된다. 다발경화증에 의해 손상된 수초의 길이는 보통 축삭의 길이에 따라 몇 mm부터 수 cm까지 다양하다. 다발경화증은 대뇌반구, 소뇌, 뇌간, 척수를 포함하여 중추신경계 내의 어느 곳이든 수초가 손상될 수 있다. 상부운동신경의 양측 손상이 있는 경우에는 다발경화증의 결과로 경직형 마비말장애가 나타날 수 있다. 그러나 위에서 언급한 바와 같이 다발경화증은 많은 다른 중추신경계 영역에 손상을 초래할 수 있으며, 그런 경우에는 실조형 마비말장애나 혼합형 마비말장애와 같은 다른 유형의 마비말장애가 발생할 수도 있다. 혼합형 마비말장애를 유발할 수 있는 장애는 제10장에서 논의하겠다.

경직형 마비말장애의 다른 원인

많은 다른 장애들도 경직형 마비말장애의 원인이 될 수 있다. 예를 들면 **뇌간 종양**(brainstem tumor)은 단일 뇌간 뇌졸중과 유사하게 상부운동신경을 손상시킬 수 있다. 추체로와 추체외로가 뇌간 안에서 서로 상당히 근접해 있기 때문에 단일 뇌간 종양은 상부운동신경을 파괴하거나 압박하여 경직형 마비말장애를 유발할 수 있는 것이다. 마비말장애를 유발하는 또 다른 질환은 **대뇌 무산소증**(cerebral anoxia)으로, 혈관 내 산소의 부족으로 인해 뇌가 손상되는 것이다. 이는 가령 사람이 숨을 쉬지 못하거나 하면 발생할 수 있다. 앞에서 언급한 바와 같이 대뇌 무산소증은 경직형 마비말장애를 나타낼 수 있다. 왜냐하면 이는 뇌 양측의 상위운동신경까지 영향을 미치는 광범위한 신경 손상을 유발할 수 있기 때문이다. 마지막으로, 대뇌 조직의 **바이러스 감염**(viral infection)이나 **세균 감염**(bacterial infection)으로도 양측 상부운동신경이 손상될 수 있다. 이러한 감염은 때로 뇌의 특정 영역에 제한적으로 발생하지만 상당히 광범위한 영역에 걸쳐 일어날 수 있고 그런 경우 양반구의 상부운동신경을 손상시킬 수 있다.

경직형 마비말장애의 말 특징

이 장 초반부의 경직형 마비말장애의 정의에 대한 설명에서 살펴본 바와 같이, 이 유형의 마비말장애를 보이는 사람들은 상당히 다른 말 오류를 나타낸다. 일

표 5-1 경직형 마비말장애 환자 30명에서 가장 흔히 나타난 말산출 오류

순위	말산출 오류	순위	말산출 오류
1	부정확한 자음	8	과다비성
2	단조로운 음도	9	쥐어짜는 음질
3	강세 감소	10	짧은 구
4	거친 음질	11	모음 왜곡
5	단조로운 음성 크기	12	음도 이탈
6	낮은 음도	13	지속적인 숨 새는 음성
7	느린 말속도	14	과균등강세

출처: Darley, F. L., Aronson, A. E., & Brown, J. R. (1969a). Clusters of diagnostic patterns of dysarthria. *Journal of Speech and Hearing Research*, *12*, 253. Copyright 1969 by American Speech-Language-Hearing Association. 허락하에 인용함.

반적으로 이러한 마비말장애의 말 오류는 경직, 느림, 그리고 성도 근육의 약화로 인한 결과이다. 보통 호흡보다 조음, 발성, 공명, 운율이 더 많이 영향을 받는다. 그러나 이러한 각각의 말산출 요소들은 양측 상부운동신경 손상의 영향을 나타낸다. 다음에서는 이러한 손상이 말 요소에 어떻게 영향을 미치는지를 다루고자 한다. 이 장의 정보는 경직형 마비말장애 환자 30명의 말 오류를 평가한 Darley 등(1969a, b)에서 얻은 것이다. 표 5-1은 이 연구에서 환자들의 말에 나타난 주요 오류를 정리한 것이다.

조음

Darley 등은 경직형 마비말장애 환자군에서 매우 공통적인 조음 오류를 발견하였다. **부정확한 자음 산출**(imprecise consonant production)이 가장 흔한 조음 오류였다. 이것은 30명의 경직형 마비말장애 환자들에게서 모두 나타났다. 경직형 마비말장애에서 부정확한 자음 산출은 몇몇 요인에 기인한다. 무성 자음에서 비정상적으로 짧은 성대진동 시작 시간(voice onset time)을 포함하여 불완전한 자음 접촉과 불완전한 연속 자음이 그것이다(Hardcastle, Barry, & Clark, 1985).

모음 왜곡(vowel distortions)도 경직형 마비말장애에서 나타날 수 있다(주의: 부정확한 조음이 경직형 마비말장애에서 빈번하게 들릴지라도 이러한 오류들은 모든 유형의 마비말장애에서 흔히 나타나는 문제이기 때문에 경직형 마비말장애의 진단에 특별히 도움이 되지는 않는다).

발성

Darley 등은 경직형 마비말장애 환자들에게서 **거친 음질**(harsh vocal quality)이 가장 흔한 발성 오류라는 것을 발견하였다. 거친 음질은 "공기의 마찰"이라고 할 수 있다. 이러한 음질은 발성 동안 부분적으로 열린 성문을 통해서 공기가 새어 나갈 때 발생하는 것이다. 경직형 마비말장애의 경우에 거친 음질은 의도적인 부분적 성대의 외전에 기인하는 것으로 여겨진다(Duffy, 2005). 성대를 부분적으로 열어 둠으로써 경직형 마비말장애 환자들은 말하는 동안 후두의 경직된 근긴장도로 인해 성문이 너무 꽉 닫히는 것을 방지할 수 있다. 결과적으로 이들은 부분적으로 열린 성대의 긴장을 통해 성문하 공기를 일부 누출시키며 그 결과 거친 음질이 나타난다.

쥐어짜는 음질(strained-strangled vocal quality)도 경직형 마비말장애에서 나타난다. 쥐어짜는 음질은 청지각적으로 거친 음질과 다르다. 거친 음질(harshness)에는 공기의 기식성 마찰(breathy friction)이 있는 반면, 쥐어짜는 음질은 좁고 꽉 조여진 후두를 통해 강하게 밀어낸 성문하 공기에 의해 만들어진다. 거친 음질에서처럼, 쥐어짜는 음질은 후부 근육의 경직에 의해서 나타난다. 이는 성대의 과도한 내전을 통해 나타난다. Darley 등(1969a, b)은 쥐어짜는 음질이 경직형 마비말장애의 가장 두드러진 말 오류 중 하나라는 것을 발견하였다. 쥐어짜는 음질은 다른 유형의 마비말장애보다 경직형 마비말장애에서 더 두드러진다. 그러나 진단적 지표로서 이것의 가치는 경직형 마비말장애의 모든 사례에서 일관되게 발생하지는 않는다는 점에서 약간 경감된다. 쥐어짜는 음질은 Duffy의 연구에서 30명 중 20명에게만 나타났다.

낮은 음도(low pitch)는 경직형 마비말장애에서 빈번하게 나타나는 또 다른 발성 특징이다. 경직형 마비말장애에서의 낮은 음도는 후두의 근긴장도가 증가한 결과로 추정된다. 쥐어짜는 음질에서처럼, 낮은 음도는 다른 마비말장애보다 경직형 마비말장애에서 좀 더 분명하게 나타날 수 있다. 그러나 임상적 관점에서 경직형 마비말장애를 진단하는 일관적인 지표로 낮은 음도만은 불충분하다. 왜냐하면 낮은 음도는 몇 가지 다른 마비말장애에서도 나타날 수 있기 때문이다. DVD에서 경직형 마비말장애 사례는 뇌간 뇌졸중 후 낮은 음도의 좋은 실례가 된다.

공명

과다비성(hypernasality)은 경직형 마비말장애에서 종종 나타난다. Darley 등(1969a, b)은 대부분의 환자들에게서 과다비성이 나타났다는 점에 주목했다. 이는 연구개 근육의 경직에 의해서 나타나며, 이로 인해 연구개의 움직임이 느리고 운동 범위가 감소된다. 그 결과, 비강음이 아닌 말소리에서 불완전한 연인두 폐쇄가 나타난다. 경직형 마비말장애와 관련된 과다비성은 일반적으로 이완형 마비말장애만큼 심하지는 않다. 두 유형 간에는 정도의 차이가 있다. 경직형 마비말장애의 과다비성은 청자가 알아챌 수 있을 정도이긴 하지만 보통 비강 누출은 보이지 않는다. 반대로 비강 누출은 종종 이완형 마비말장애의 과다비성과 동반되고, 특히 중등도에서 고도 환자의 경우 그렇다.

운율

경직형 마비말장애에는 몇 가지 일반적인 운율 오류가 있다. 첫째는 연결 발화 또는 대화에서 **단조로운 음도**(monopitch)이다. 경직형 마비말장애의 명확한 특성의 하나인 단조로운 음도는 후두 근육의 전반적인 긴장에 의한 것이다. 후두 근육이 경직성 긴장을 보이면 수축과 이완 능력이 감소하는데, 이는 정상적으로 음도를 변화시키기 위해 필요한 것과 반대이다. 예를 들면, 후두 윤상인두근의 수축과 이완은 후두를 긴장하거나 늘림으로써 말하는 동안에 음도를 높이거나 낮출 수 있다. 그러나 이 근육의 수축과 이완 능력이 경직성 긴장항진에 의해 제한될 때 음도의 변이가 제한되고 단조로운 음도를 보이게 된다.

두 번째 운율 문제는 **단조로운 음성 크기**(monoloudness)이다. 이것은 말하는 동안 음성 크기를 변화시키는 능력의 결함이다. 단조로운 음도와 마찬가지로 단조로운 음성 크기 또한 후두 근육의 근긴장도를 증가시킴으로써 초래된다. 정상적인 음성 크기 변이는 성대의 긴장을 변화시킴으로써 일어난다. 성대 긴장을 증가시키거나 감소시킴으로써 후두는 성문을 통과하는 성문하기류의 양을 정교하게 통제할 수 있다. 경직형 마비말장애에서처럼 성대 긴장을 변화시키는 능력이 감소하게 되면 말소리 크기를 변화시키는 능력 역시 감소할 것이다.

경직형 마비말장애의 또 다른 특성은 **짧은 구**(short phrase)로 말하는 것이다. 이는 대화에서 가장 두드러지는 결함이다. Darley 등(1975)은 "짧은 구"는 아마도 비정상적으로 꽉 조여진 후두를 통해 말하는 것의 자연스러운 결과일 것이라고 하였다. 과하게 내전된 성대를 통해 강하게 밀어낸 성문하기류는 경직형 마비말장애 환자들이 길게 좀 더 정상적인 길이로 말하는 것을 어렵게 한다. 빈번한 흡기는 개개인의 정상적인 리듬을 방해하기 때문에 짧은 구는 운율의 문제로 간주된다.

느린 말 속도(slow rate of speech)는 여전히 경직형 마비말장애의 또 다른 운율 특성이다. 이것은 아마도 조음기에서의 운동 범위와 속도가 감소함으로써 야기되는 것 같다. 조음기의 약화 또한 정상보다 느린 말 속도의 원인이 될 수 있다. Darley 등(1975)은 느린 말 속도가 후두 근육의 경직에 부가적으로 성대가 꽉 닫힌 것에 저항하여 말을 해야 하는 결과일 것이라고 추정했다.

호흡

경직형 마비말장애에서 호흡의 문제는 이완형 마비말장애에 비해 그리 큰 역할을 하는 것 같지는 않다. 상부운동신경 손상이 호흡계에 얼마나 영향을 미치는지에 대해서는 많이 알려져 있지 않다. Darley 등(1975)은 경직형 마비말장애 환자들에게 비정상적인 호흡 운동이 있을 수 있음을 제안하였다. 이러한 비정상적 움직임은 흡기와 호기의 감소, 호흡 패턴의 불협응, 폐활량의 감소를 초래한다. 그러나 Darley 등은 경직형 마비말장애에서 발성과 운율의 문제가 아마도 호흡의 문제라기보다는 성대 과내전의 결과일 것으로 보았다. 만약 경직형 마비말장애에서 비정상적인 호흡의 문제가 나타난다면, 이는 아마도 더 두드러진 후두에서의 기류 조절 문제가 그렇게 나타나는 것일 것이다.

경직형 마비말장애의 부가적인 특성

경직형 마비말장애의 몇 가지 비구어 특성은 진단에 도움을 줄 수 있다. 첫 번째는 **가연수 증상**(pseudobulbar affect)으로 통제되지 않는 울음이나 웃음과 같은 증상이 뇌간 상부운동신경의 손상에 의해 동반될 수 있다. 이는 감정을 통제하는 데 중요한 뇌 영역의 손상에 기인한다. 경직형 마비말장애나 경직형 요소를 가진 혼합형 마비말장애의 경우에 웃음보다는 울음이 좀 더 흔하게 나타난다. 가연수 증상은 환자가 느끼는 개인적인 감정과는 별개로 나타난다. 예를 들면, 일반적인 대화 중에 배우자의 이름이나 가족 구성원 중의 누군가가 언급될 때와 같이 정상적으로는 감정적이지 않은 상황에서 울음이 터질 수 있다. 이러한 예상치 못한 감정의 출현은 환자를 당황시키거나 가족들을 걱정스럽게 할 수 있다. 치료 방법도 제한되어 있다. 진정제나 항정신성 약물은 감정 분출을 감소시키는 데 효과가 없는 것으로 알려졌다. 그러나 몇몇 경우에는 가연수 증상이 환자가 회복되어 감에 따라 그 정도가 감소한다. 경직형 마비말장애 환자 모두가 가연수 증상을 보이는 것은 아니지만 다른 유형의 마비말장애에서보다는 좀 더 자주 관찰된다.

침흘리기(drooling)는 몇 가지 다른 마비말장애에서도 나타나지만 경직형 마비말장애에서 가장 두드러지게 나타난다(Duffy, 2005). 이는 아마도 구강조절 능력이 손상되었거나 덜 삼키는 데 기인할 것이다. 이러한 환자들이 신경학적 손상으로 침이 너무 많이 분비된다고 주장하는 것은 흔한 일이다. 이것이 사실이 아닐지라도 당혹스럽고 비위생적인 이러한 문제에 대한 몇 가지 치료가 있다. 행동 접근 치료 방법으로 환자에게 정상적인 경우보다 좀 더 자주 삼키라고 단서를 주는 것이 좋으며, 침 분비를 감소시키는 약물적 치료도 효과적이다.

경직형 마비말장애 대 이완형 마비말장애

훈련되지 않은 귀에(때때로 훈련된 귀도) 경직형 마비말장애의 말 특징은 종종 이완형 마비말장애와 비슷하게 들린다. 이 두 장애가 말 특징의 많은 부분을 공유하고 있기 때문일 것이다. 예를 들면, 경직형 마비말장애와 이완형 마비말장애 둘 다 과다비성, 부정확한 조음, 느린 말산출 속도를 보일 수 있다. 이 두 유형 간의 청지각적 유사성은 그 증상을 묘사하는 데 사용하는 몇 가지 용어에서 볼 수 있다. 예를 들면, **연수마비**(bulbar palsy)는 연수(bulb)가 지배하는 근육의 수축과 약화를 의미하는 일반적인 용어이다. 이것은 혀, 연구개, 후두, 인두의 근육을 포함한다. 사실, **연수 마비말장애**(bulbar dysarthria)는 이완형 마비말장애를 지칭하는 일반적인 용어였다. **가연수마비**(pseudobulbar palsy)(a "false" bulbar palsy)라는 용어는 이 근육들의 약화와 느림을 의미하는데 이 용어는 때로 경직형 마비말장애를 묘사하는 데 사용된다. 연수(bulbar)와 가연수(pseudobular)를 구분하는 것은 둘 간의 서로 다른 원인에 의해서이다. 연수마비는 하부운동신경의 손상에 기인하고, 가연수마비는 상부운동신경의 손상에 기인한다.

그러나 몇몇 방법에 의해서 경직형과 이완형 마비말장애의 증상은 분명하게 구분될 수 있다. 아래에 두 유형 간의 분명한 특징을 요약해 두었다. 이 목록은 두 유형의 마비말장애를 감별 진단하는 데 도움을 줄 것이다.

- 경직형 마비말장애는 추체로와 추체외로 양측 상부운동신경의 손상에 기인한다. 이완형 마비말장애는 하부운동신경의 손상에 기인한다. 병변의 유

형과 위치에 관한 정보를 얻기 위해서는 의학적 기록을 점검해야 한다.

- 경직형 마비말장애도 과다비성을 보일 수 있지만 이완형 마비말장애만큼 심하지는 않다. 또한 비강 누출은 경직형 마비말장애에서는 흔하지 않지만 이완형 마비말장에서는 뚜렷할 수 있다. 일부 저자들은 경직형 마비말장애의 과다비성을 이완형 마비말장애의 과다비성보다 변이가 크고 간헐적인 것으로 묘사하였다.
- 경직형 마비말장애와 이완형 마비말장애의 유용한 구별은 이완형 마비말장애에서는 발성 시 숨 새는 음성이 나타나고, 경직형 마비말장애에서는 꽉 쥐어짜는 음질이 나타난다는 것이다. 그러나 경직형 마비말장애에서는 거친 음질이 쥐어짜는 음질보다 좀 더 자주 들린다는 것을 기억해야 한다. 모든 경직형 마비말장애 환자들에게서 쥐어짜는 음색이 들릴 것으로 생각하지 말아야 한다.
- 이완형 마비말장애 환자들은 구토 반사와 같은 구강 반사가 감소되거나 소멸된다. 이와는 대조적으로 경직형 마비말장애 환자들은 과도한 반사를 나타낸다.
- 느린 말 속도는 경직형 마비말장애에서 거칠거나 쥐어짜는 음질과 결합하여 나타난다.
- 가연수 증상과 침흘리기는 다른 유형의 마비말장애보다 경직형 마비말장애에서 좀 더 잘 나타난다.

경직형 마비말장애의 핵심 평가 과제

Duffy(2005)는 경직형 마비말장애와 가장 관련 있는 말 특성을 평가하는 데 특히 유용한 세 가지 평가 과제를 제시하였다. 포괄적인 말운동 평가에서 이 과제들은 경직형 마비말장애로 의심되는 경우에 특히 주의 깊게 시행되어야 한다.

1 대화와 읽기는 경직형 마비말장애에서 들리는 공명(과다비성), 조음(부정확한 자음), 운율(단음도, 단강도, 강세 감소, 짧은 구)의 손상을 평가하는 데 유용하다.

2 교대운동속도(AMR) 과제는 이 유형에서 느린 음소 산출 속도를 가장 잘 나타낸다.

3 모음 연장은 경직형 마비말장애에서 흔하게 나타나는 발성 결함(거친 음질, 쥐어짜는 음질, 낮은 음도)을 나타낸다.

경직형 마비말장애의 치료

경직형 마비말장애 환자의 일차적인 치료 목표는 환자의 필요에 맞추어 말산출의 5개 중 4개의 요소를 목표로 할 필요가 있다. 예를 들어, 어떤 환자들은 성대(발성)의 과도한 내전을 감소시키는 데 집중할 필요가 있고, 또는 조음의 정확성(조음)을 증가시킬 필요가 있으며, 말산출 시 좀 더 자연스러운 억양(운율)을 발달시킬 필요가 있다. 혹은 과다비성(공명)을 감소시킬 필요가 있다. 호흡은 대개 이 유형의 마비말장애에서는 심하게 손상되지 않는다. 그래서 제4장에서 다루었던 숨쉬기 훈련과 보상 전략은 필요하지 않을 것 같다. 사실 Duffy(2005)와 다른 저자들은 경직형 마비말장애 환자들의 호흡과 발성 훈련에 밀기 · 당기기 기법을 사용하는 것을 경계하고 있는데, 왜냐하면 이 방법은 성대의 근육 수축의 힘을 증가시키는 경향이 있기 때문이다. 환자가 과도한 성대의 내전을 보일 때에는 성대의 내전을 증가시키는 방법은 절대 사용하지 말아야 한다.

발성 결함 치료

경직형 마비말장애 환자의 거칠거나 쥐어짜는 음질은 성대의 과도한 내전에 의해서 유발된다. 후두 근육의 증가된 근긴장도 때문에 성대는 발성 시에 불수의적으로 매우 강하게 내전된다. 이러한 유형의 발성 문제에는 이완과 부드럽게 발성 시작하기(easy onset) 방법이 권고되지만, 경직형 마비말장애 환자에게 이러한 과제를 시행했을 때 효과적임을 입증한 연구는 아직 거의 없다. 사실 Dworkin(1991)은 이 방법을 통해 성대의 과도한 내전을 치료했을 때 성공적이지는 않았다고 하였고, Spencer, Yorkston과 Duffy(2003)도 마찬가지였다. 그러나 다른 연구자들의 일화적 보고에서는 좀 더 긍정적이었다. Dworkin이 제안한 바와 같이 아래의 연습 방법은 경도의 과내전을 보이는 경우에 가장 효과적일 수 있지만, 같은 문제를 가진 다른 환자들에게 적용할 때에는 시도 치료의 기간을 두는 것이 좋겠다.

- **머리와 목 이완**—신체의 이 부분을 이완시키는 방법은 다양하다. 대부분은 머리를 돌려 주는 방법에 기초한다. 한 가지 방법은 앉아 있는 환자의 뒤에 치료사가 서는 것이다. 치료사는 환자에게 목을 가능한 한 이완하라고 말하고 환자의 머리를 손으로 잡고 천천히, 그러나 부드럽게 뒤쪽으로 기울였다가 앞으로 숙이며, 좌우로 돌리게 한다. 각 자세마다 마지막에 치료사는 다음 자세로 바꾸기 전에 머리를 잡고 약 10초 정도 유지하도록 해 준다. 이 운동 방법의 수정은 치료사의 손을 이용한 동작을 생략하고 환자가 스스로 이 동작을 하게 하는 것인데, 이때 치료사는 옆에서 말로 움직임을 지시한다. 환자 목의 뒷부분과 옆 부분을 부드럽게 마사지하는 것은 후두의 근긴장도 증가를 완화시킬 수 있다. 치료사는 아래의 두 가지 발성 연습 방법과 이 방법을 결합하여 사용할 수 있다. 가장 좋은 방법은 이완 훈련으로 시작해서 부드럽게 발성 시작하기나 하품 · 한숨 접근법으로 옮겨 가는 것이다.
- **부드럽게 발성 시작하기**—Darley 등(1975)은 환자에게 발성을 할 때 좀 더 부드럽게 성문을 닫으라고 지시함으로써 음질이 향상될 수 있다고 제안하였다. 첫 번째 단계는 환자가 부드럽고 조용하게 한숨을 쉬듯이 숨을 내쉬는 것이다. 부드러운 한숨이 일관되게 산출되면 환자에게 /a/와 같은 개방 모음을 부드럽게 연장해서 발성할 것을 권한다. 연장 발성은 점차로 모음이나

/w/와 같은 기식성 자음으로 시작하는 단어로 변경되도록 한다. 궁극적인 목표는 대화를 할 때 문장을 부드러운 발성으로 말하도록 하는 것이다.

- **하품 · 한숨 접근법**—이 방법은 부드럽게 발성 시작하기 방법과 비슷하다. 환자에게 입을 크게 벌리고 마치 하품처럼 천천히 숨을 들이마시도록 지시한다. 숨 들이마시기가 끝나면 환자는 부드럽고 연장된 한숨을 내쉬며 숨을 내보내기 시작한다. 하품 같은 움직임은 목 근육의 이완을 촉진하고 후두의 과긴장을 어느 정도 감소시킨다. 부드럽게 발성 시작하기와 같이, 한숨 발성은 점차적으로 개방 모음으로 그리고 모음이나 기식성 자음으로 시작하는 단어로 변화시킨다. 그리고 마지막에는 문장과 자발화에 적용한다.

조음 결함 치료

경직형 마비말장애의 조음 결함은 대개 조음기에 영향을 주는 세 가지 상태, 즉 약화, 속도 감소, 운동 범위 감소의 결과이다. 경직형 마비말장애의 일차적인 조음 오류는 부정확한 자음 산출이다. 스트레칭 방법과 전통적인 조음 훈련 과제를 활용하여 환자가 좀 더 정확하게 자음 음소를 산출하는 능력을 향상시킨다.

스트레칭 훈련

경직형 마비말장애의 조음 결함을 처음 다루기 시작할 때에는 부드럽고 수동적인 스트레칭 방법을 사용하는 것이 유용하다. 스트레칭을 통해 혀와 입술에서의 과긴장성을 감소시키는 것은 말하는 동안의 혀와 입술 움직임 범위와 속도를 증가시킨다. 조음기의 능동적인 스트레칭도 강도를 증가시킨다. 앞서 언급한 이완 훈련과 마찬가지로 경직형 마비말장애의 치료법으로서 스트레칭의 효과를 입증한 연구는 거의 없다. 사례 연구만 있을 뿐이다. 예를 들면, 한 사례 연구에서 경직형 마비말장애 환자는 담화 수준의 말산출 시 /l/을 산출하는 데 필요한 조음 접촉을 어려워했다. 체계적인 혀 스트레칭 프로그램을 시작하고 얼마 지나지 않아서 환자는 모든 자발화에서 빠르고 정확한 혀 움직임으로 /l/을 산출하기 시작했다. 물론 이러한 보고가 잘 설계된 연구 결과로 얻어진 것은 아니다. 그러나 이러한 결과를 통해 적절한 경우 스트레칭 훈련을 시도하도록 치료사들을 고무시킬 수 있다.

- **혀 스트레칭 훈련**—Dworkin(1991)은 일련의 수동적인 혀 스트레칭 훈련을 고안하였고, 그 훈련에서 치료사는 환자의 혀를 거즈로 부드럽게 감싸 쥐고 저항이 느껴질 때까지 조심스럽게 앞으로 당긴다. 혀를 앞으로 내민 이러한 자세는 약 10초 동안 유지된다. 그 후에 치료사는 내밀고 있는 혀를 잡은 상태로 입의 왼쪽 또는 오른쪽 가장자리로 밀고 다시 10초간 유지한다. Dworkin은 혀를 너무 세게 잡아당기지 않도록 주의하고, 치료사와 환자가 이 훈련을 진행하는 동안 인내심을 가질 것을 당부하였다. 환자 스스로의 능동적인 혀 스트레칭 운동은 혀 움직임의 정확도와 속도, 강도를 증가시키는 데 활용될 수 있다(Swigert, 1997). 이러한 훈련의 예는 환자에게 혀를 끝까지 내밀게 하고, 혀끝을 코를 향해 올리게 하거나 턱을 향해 아래로 내리게 하고, 혹은 혀끝을 입 가장자리에 대고 유지하게 하는 것 등이 있다. 다른 능동적인 혀 스트레칭 방법으로는 혀의 뒷부분을 연구개 쪽으로 올리는 것과 혀끝으로 볼을 밀어 주는 것이 있다. 이러한 능동적인 혀 스트레칭 운동 방법은 유연성을 촉진시키는 데 도움이 되지만, 어떤 환자들에게서는 과근긴장성을 증가시킬 수도 있다. 치료사는 근육의 긴장도 변화를 주의 깊게 관찰해야 한다. 능동적인 스트레칭 방법이 역효과를 낳는다면 수동적인 스트레칭 방법만 사용해야 할 것이다.
- **입술 스트레칭 훈련**—수동적인 입술 스트레칭 훈련 방법에서 치료사는 환자의 입술을 거즈로 부드럽게 잡고 앞쪽으로 그리고 양옆으로 조심스럽게 잡아당겨 10초가량 유지한다. 능동적인 입술 스트레칭 방법은 환자가 스스로 움직이는 것인데, 미소를 짓거나, 입술을 오므리거나, 볼을 부풀리는 것 등이다. 치료사는 능동적인 스트레칭 훈련을 시켰을 때 입술의 근긴장도가 어떻게 변화하는지를 관찰해야 한다. 만약 근긴장도가 증가하면 수동적인 훈

련만 이용해야 한다.

전통적인 조음치료

전통적인 조음치료는 경직형 마비말장애 환자가 부정확한 자음을 산출할 때 권고될 수 있다. 이 과제는 환자 스스로의 조음 오류 인식을 증가시키고, 환자가 성취할 수 있는 최대한의 음소 산출을 훈련하는 데 초점을 둔다.

- **말명료도 연습**—Yorkston, Beukelman과 Bell(1988)이 처음 언급한 바와 같이, 말명료도 연습은 환자에게 단어 또는 문장 목록을 주고 읽어 보도록 하는 과제이다. 임상가는 환자로부터 돌아서서 오로지 환자가 정확하게 조음한 경우에만 환자의 말을 이해할 수 있도록 한다. 목표 단어 목록이나 환자의 입을 보지 않기 때문에 임상가는 목표 단어를 이해하기 위해 전적으로 환자의 조음에 의존해야 할 것이다. 만약 임상가가 목표 단어를 이해할 수 없다면, 환자는 왜 그 단어가 불명료한지 파악하고 다시 말해 보기 위해 노력할 필요가 있다. 만약 이러한 두 번째 시도도 실패하면 임상가는 목표 단어를 보고, 왜 자신이 해당 발화를 이해할 수 없었는지 환자에게 구체적인 피드백을 줄 수 있다(예: "나는 'l'을 들을 수가 없어서 당신의 말이 *sleep*인지를 알지 못했어요. 다시 한 번 해 보세요. 그리고 이번에는 제가 'l'을 들을 수 있도록 해 보세요").
- **조음점 지시법**—이 방법은 환자가 목표음을 산출하려고 하기 전에 조음기의 정확한 위치를 환자에게 알려 줌으로써 조음 오류를 치료한다. 조음점 지시는 특정 말소리가 어떻게 산출되는지 환자에게 알려 줄 수 있으므로 특히 유용하다. 많은 마비말장애 환자들은 자신이 부정확하게 말소리를 산출하고 있다는 것을 알지만 왜 그러한 산출이 잘못되었는지 잘 이해하지 못한다. 예를 들어, 조음점 지시 방법은 마비말장애 환자에게 왜 그가 산출한 /d/가 실제로는 /z/에 가까운지, /p/ 소리가 /b/처럼 되었는지 알려 줄 수 있다.
- **과장되게 자음 발음하기**—**과장된 조음**(overarticulation)으로도 알려져 있는 이

방법은 환자에게 모든 자음을 최대한 완전히 조음하도록 가르치는 치료법이다. Darley 등(1975)은 대부분의 환자들의 경우 연결 발화에서 정확하게 조음이 되지 않는 중성과 종성 자음에 특히 초점을 둘 필요가 있다고 제안하였다. 경직형 마비말장애 환자가 단어 내의 중성과 종성 자음을 최대한 완전하게 조음할 때 말명료도가 눈에 띄게 향상될 수 있다.

- **최소대립쌍 연습**—이 훈련은 단지 1개의 음소만 바꾼 단어짝의 반복 산출에 초점을 두는 것이다. 단어 간의 변별은 유성(*park–bark*), 자음의 산출 방법(*pine–mine*), 또는 산출 위치(*sea–she*)가 될 수 있다. 이러한 변별은 모음 간에도 가능하지만(*man–men*), 보통은 자음으로써 환자들 대부분의 말명료도를 더욱 증진시킬 수 있다. 이러한 단어짝은 특정 환자의 필요에 따라 단독으로, 구에서, 또는 문장 내에서 사용될 수 있다.

운율 결함 치료

단조로운 음도, 단조로운 음성 크기, 강세 감소의 문제는 환자들이 적절하게 음도와 음성 크기를 변화시키는 데 필요한 성도의 유연성을 되찾게 하도록 도움으로써 해결될 수 있다. 거의 모든 마비말장애 치료 과제처럼 운율 치료 과제의 일반적인 순서는 매우 구조화된 활동으로부터 환자가 학습한 기술들을 활용하도록 하는 좀 더 자발적인 절차로 진행한다.

- **음도 범위 훈련**—이러한 종류의 훈련은 억양을 조절하는 데 유용한 출발점이 될 수 있다. Dworkin(1991)은 환자가 임상가의 음성에서 분명한 음도 변화를 인식할 수 있는지 그 능력을 평가하는 것에서부터 이 연습이 시작될 수 있다고 권고하였다. 만약 환자가 이러한 구분을 할 수 없다면 환자의 음도 조절 능력 증진에 대한 예후는 좋지 않은 편이다. 그러나 환자가 음도 변화의 차이를 말할 수 있다면 이 연습은 유용할 수 있다. 첫째, 환자가 가능한 한 낮은 음도와 높은 음도로 /a/를 연장해 보게 한다. 고음도와 저음도가 설정되고 나면, 환자가 8개의 음도 범위를 구분하여 해당 범위를 오르내리면

서 노래해 보게 한다. 마지막으로, 환자는 문장을 읽을 때 정상적인 음도 변화가 있어야 할 핵심 단어의 위와 아래에 화살표가 표시된 대로 읽는다. 예를 들어, 질문의 끝에서 위로 표시된 화살표는 마지막 단어에서 음도를 올려야 함을 나타낸다.

- **억양 프로파일**—이 과제는 쓰인 문장 내의 억양 변화를 보여 주기 위해 선을 사용한다. 단어의 아래에 있는 선은 단조로운 억양을 의미한다. 단어보다 더 아래로 내려간 선은 음도를 떨어뜨려야 함을 알려 주는 것이다. 단어 위의 선은 음도를 올려야 함을 나타낸다. 이러한 선들은 해당 문장이 평서문이든 의문문이든 간에 쓰인 문장에 쉽게 그릴 수 있다. 대부분의 환자의 경우, 이러한 과제는 짧고 단순한 문장에서 시작하여 긴 문장으로 이행하는 것이 좋다. 궁극적인 목표는 환자가 구조화된 활동 내에서 산출하는 음도 변화를 받아들이고 대화에서 이를 사용하도록 하는 것이다.
- **대조 강세 연습**—이 과제는 임상가의 질문에 대해 환자로 하여금 핵심 단어에 강세를 두어 의도된 의미를 전달하며 대답하도록 구성되어 있다(McHenry, 1998). 예를 들어, 임상가는 남자가 축구를 하는 그림을 보여 주면서 다음과 같이 질문할 수 있다. "남자가 야구를 하고 있나요?" 환자는 "아니요, 남자는 **축구**를 하고 있어요"라고 대답할 것이다. 임상가의 다음 질문은 이렇다. "여자가 축구를 하고 있나요?" 이 질문에 대한 환자의 대답은 이럴 것이다. "아니요, **남자**가 축구를 하고 있어요." 세 번째 질문은 이렇다. "남자는 축구를 보고 있나요?" 환자는 대답할 것이다. "아니요, 남자는 축구를 **하고** 있어요." 이러한 과제를 위한 질문의 길이와 그림의 복잡성은 환자의 능력에 맞춰 쉽게 바꿀 수 있다.
- **구문 단위로 발화 묶기**—Duffy(2005)는 마비말장애 환자의 일부는 문장 내에서 그리고 문장 간에 정상적인 쉼(pause)을 둠으로써 발화를 나누는 것을 배울 필요가 있다고 언급하였다. 이는 마비말장애로 인해 한 번의 호기에 산출할 수 있는 단어의 숫자가 제한되기 때문에 훈련할 필요가 있다. 이러한 제한성을 보상하기 위해 자연스럽게 구문적 쉼이 있는 발화의 지점에서

숨을 들이마시도록 다음과 같은 과제로 훈련해야 한다. 이러한 자연스러운 쉼의 예로 도입 절 또는 구 이후("아침에 (흡기) 나는 상점에 장을 보러 갔다."), 절 또는 구 사이("그녀는 거기에 갔다. (흡기) 그러나 나는 그녀를 놓쳤다."), 단문 사이("나는 영화를 봤다. (흡기) 그것은 매우 좋았다.")를 들 수 있다. 발화 내에서 정상적인 쉼이 일어나는 지점에 숨 들이마시기를 삽입함으로써 경직형 마비말장애 환자는 자신의 말에서 더욱 자연스러운 리듬을 유지할 수 있게 된다. 이러한 리듬은 발화 중에 환자가 무턱대고 숨을 들이마시면 깨질 수 있다.

공명 결함 치료

경직형 마비말장애의 과다비성은 연구개의 근긴장도가 증가된 결과이다. 근긴장도 증가는 움직임의 범위 감소와 속도 저하를 초래한다. 이 마비말장애의 과다비성은 보통 이완형 마비말장애의 과다비성보다 덜 심각하지만 매우 뚜렷하게 나타난다. 이완형 마비말장애의 경우에 치료는 수술적 처치, 보철, 또는 연습에 기초한 것들이 있다.

수술 및 보철 치료

제4장에서 언급한 바와 같이 과다비성의 수술적 처치는 **인두피판술**(pharyngeal flap procedure)과 인두벽에 **테플론을 주입**(Teflon injections)하는 방법이 있다. 이러한 수술적 방법이 가능하지만 경직형 마비말장애에서 나타나는 고도의 과다비성을 다루는 데는 **구개거상기**(palatal lift)가 가장 흔하게 사용되고 있다. 그러나 과도한 구토 반사를 보이거나 연구개의 근긴장도가 증가된 경우에는 구개거상기의 사용이 불가능하지는 않지만 어렵다. 결과적으로 경직형 마비말장애 환자에게 구개거상기를 맞춰 주기 전에 연구개의 과긴장성을 감소시킬 필요가 있다.

- **연구개 과긴장성 감소**—Dworkin(1991)은 연구개의 과긴장성을 감소시키고

구강에서 구개거상기의 위치를 찾는 상세한 순서를 제시하였다. 이 책에는 많은 단계가 소개되었지만, 초기 과제는 혀와 연구개에서 서서히 구강 내 이물질이 닿는 것에 대해 둔감화되도록 한다. 설압자에 골무를 끼고 연구개를 마사지해 주어 연구개 과긴장성을 감소시킨다. 마지막 단계는 구개거상기를 끼운 것처럼 설압자 등을 이용하여 연구개를 위쪽으로 누르는 것이다. 이 과정에 관한 자세하고 완전한 설명은 Dworkin의 책을 참조하길 바란다.

연습에 기반한 과다비성 치료

아래의 과다비성 치료 방법은 경도 환자들에게는 가장 성공적인 방법이다. 이 방법들은 또한 수술적 처치나 구개거상기를 맞춘 이후에 연인두 폐쇄를 적절하게 하도록 미세 조정을 하는 데 적합하다.

- **시각 피드백**—경직형 마비말장애에서 비강 누출이 이완형 마비말장애에서처럼 흔한 일이 아닐지라도 몇몇 환자들에게서는 두드러진다. 환자가 비음이 아닌 음소를 산출하는 동안에 공기가 비강으로 나오는 것에 대해서 거울을 이용하여 시각적 피드백을 준다(Rosenbek & LaPointe, 1985). 환자가 자기 자신을 다른 큰 거울에 비춰 보는 동안 거울은 콧구멍 아래에 위치시킨다. 큰 거울을 통해 환자에게 코 아래에 있는 작은 거울에 김이 서리는 것을 바로 볼 수 있게 해 준다. 비강 자음이 아닌 말소리들을 포함하는 문장을 반복하는 동안 비강으로 방출되는 공기를 최소화하려고 노력함으로써 환자는 연구개 폐쇄를 극대화할 수 있다. See-Scape와 같은 간단한 기구나 부드러운 깃털을 코 아래에 놓는 것은 시각적 피드백이 될 수 있다.
- **음성 크기 증가**—과다비성에 대한 인식은 때때로 환자가 더욱 크게 말함으로써 최소화할 수 있다. 큰 말소리는 경직형 마비말장애 환자의 과다비성 공명을 감춰 주는 경향이 있다. 마찬가지로 중요한 것은, 큰 말소리는 보통 말 명료도를 증가시켜 주어 환자가 무엇을 말했는지 청자가 듣기 쉽게 해 준다는 것이다. 적절한 음량 수준을 모델링해 주는 것은 이 치료에서 중요한 요

소이다. 음성 크기에 대한 시각적 피드백 또한 대부분의 환자들에게 유용하다. 소음 측정기(sound pressure level meter) 또는 Vocalite와 같은 장치들은 적절한 음성 크기에 대한 시각적 단서를 환자에게 제공할 수 있다.

경직형 마비말장애 요약

- 경직형 마비말장애는 추체로와 추체외로의 양측 손상을 유발하는 어떤 원인에 의해서든 발생할 수 있다.
- 일반적으로 추체로의 양측 손상은 말을 하는 동안에 조음에 근육 약화와 느린 속도를 야기한다. 추체외로의 양측 손상은 조음기에서의 근긴장도(경직)를 증가시키고 발성 동안에는 성대의 과내전을 유발한다.
- 경직형 마비말장애의 말 특징은 부정확한 조음, 단조로운 음도, 강세 감소, 거친 음질이다.
- 경직형 마비말장애의 치료는 스트레칭과 이완을 통해 증가된 근긴장도를 감소시키는 데 초점을 둔다. 전통적인 조음 과제는 마비말장애에서 흔히 나타나는 부정확한 조음 산출을 목표로 한다.

연구 문제

1. 경직형 마비말장애를 정의하시오.
2. 어떤 신경계 손상이 경직형 마비말장애를 유발하는가?
3. 추체로와 추체외로의 손상은 경직형 마비말장애의 어떠한 증상을 유발하는가?
4. 경직형 마비말장애의 가장 흔한 원인은 무엇인가?
5. 단일 반구 뇌졸중이 경직형 마비말장애의 원인이 되기 어려운 이유는 무엇

인가?

6 Darley, Aronson과 Brown의 경직형 마비말장애 환자들에게서 가장 흔하게 나타난 조음 오류는 무엇인가?

7 가연수 증상은 무엇인가?

8 연수마비와 가연수마비의 의미는 무엇인가?

9 성대의 과내전 치료법은 무엇인가?

10 혀 스트레칭 훈련 방법을 설명하시오.

CHAPTER 6

일측 상부운동신경형 마비말장애

이 장의 개요

일측 상부운동신경형 마비말장애의 정의

일측 상부운동신경형 마비말장애의 정의를 다루는 연구는 다른 유형의 마비말장애에 비해서 많지 않다. 그 이유 중의 하나는 이 마비말장애를 말운동장애로 인식한 것이 상대적으로 최근이기 때문이다. Darley 등(1969a, b, 1975)은 별도의 마비말장애로 분류하지 않았고, 1980년대 이전에는 이 유형의 장애에 대한 임상적 연구도 거의 없었다. 일측 상부운동신경형 마비말장애에 대한 대부분의 연구는 1980년대 중반부터 시행되었다. 흥미롭게도 말산출에 대한 일측상부운동신경 손상의 영향은 오래전부터 인식되고 있었다(제1장의 Marie와 Kattwinkel에 의한 1897년 설명을 참조하라).

각 연구의 정의를 살펴보면, 모두 조음 결함이 이 마비말장애의 일차적인 특성이라고 하며, 이 조음 결함들은 거의 항상 경도라고도 말한다. 다음의 두 인용은 일측 상부운동신경형 마비말장애의 전형적인 설명이다.

> 말산출에 관련된 뇌와 척수신경을 지배하는 상부운동신경에 손상이 생기면 말운동장애가 유발된다. 주요 말 문제는 부정확한 자음 산출이지만 느린 조음교대운동속도와 음성장애 역시 흔하게 나타난다(Singh & Kent, 2000).

> 병변 반대쪽 사지의 약화뿐만 아니라 역시 병변 반대쪽의 혀와 입술, 안면 하부에 주목할 만한 약화가 있다. 일측상부운동신경 병변은 … 반대편 입둘레근과 혀의 약화로 인한 경도의 일시적인 마비말장애와 관련이 있지만, 그 약화는 대개 너무 경해서 말을 영구적으로 손상시킬 수 없다고 생각된다(Murdoch, Thompson, & Theodoros, 1997, p. 289).

Murdoch 등이 인용한 것은 정의라기보다는 일종의 논평이라고 할 수 있지만, 이 유형의 마비말장애의 일시적인 특성을 강하게 강조하고 있다는 점에서 독특하다. 그러나 독자들은 일측 상부운동신경형 마비말장애 환자들 모두의 그와 관련된 말 결함이 저절로 회복될 수 있다고 가정해서는 안 된다. 이 마비말장애의 영향이 지속될 수 있고, 많은 환자들은 언어치료에 적합한 후보가 될 수 있다.

일측 상부운동신경형 마비말장애의 신경학적 기초

제2장에서 상부운동신경이 뇌의 상위 체계로부터 뇌간과 척수로 운동 자극을 어떻게 전달하는지, 그리고 이러한 신경들이 궁극적으로 뇌신경과 척수신경의 하부운동신경에 어떻게 연접하는지를 설명하였다. 또한 상부운동신경이 어떻게 추체로와 추체외로로 나누어지는지도 설명하였다. 제5장에서는 좌우 추체로 및 추체외로의 손상으로 경직형 마비말장애가 유발됨을 아는 것이 경직형 마비말장애를 이해하는 핵심임을 보여 주었다. 즉, 경직형 마비말장애는 이러한 신경로의 양측 손상 시에만 나타난다(그림 6-1). 추체로 체계의 손상은 말산출 근육의 소근육 손실과 약화를 초래한다. 그리고 추체외로 체계의 손상은 근긴장도에서 경직과 같은 근육에서의 비정상적인 반사를 증가시킨다. 이러한 증상들의 조합은 경직형 마비말장애의 말 특징을 야기한다.

그러나 뇌 한쪽의 상부운동신경에만 손상이 발생했을 때 어떤 일이 일어나는가?(그림 6-2). 다시 말하면, 어떻게 말산출이 일측 상부운동신경의 손상으로 영향을 받는가? 말산출 근육을 보조하는 뇌신경의 대부분이 상부운동신경으로부터 양측으로 지배를 받기 때문에(안면 하부와 혀를 제외하고), 일측 손상으로 인한 말 결함은 거의 항상 양측 손상으로 인한 경우보다 덜 심각하다. 그럼에도 불구하고, 대부분의 뇌신경이 양측으로 공급될지라도 상부운동신경의 일측 손상은 뚜렷한 말산출 결함을 초래할 수 있다.

일측 상부운동신경 손상의 가장 뚜렷한 결과는 안면 하부와 혀의 근육에서 나타난다. 왜냐하면 이 구조에 공급되는 뇌신경은 일차적으로 뇌의 한쪽에서만 상부운동신경을 공급받기 때문이다. 일측 손상은 손상 반대쪽의 안면 하부와 혀에 영향을 준다(그림 6-3). 만약 뇌 왼쪽 부분의 상부운동신경이 손상되면 오른

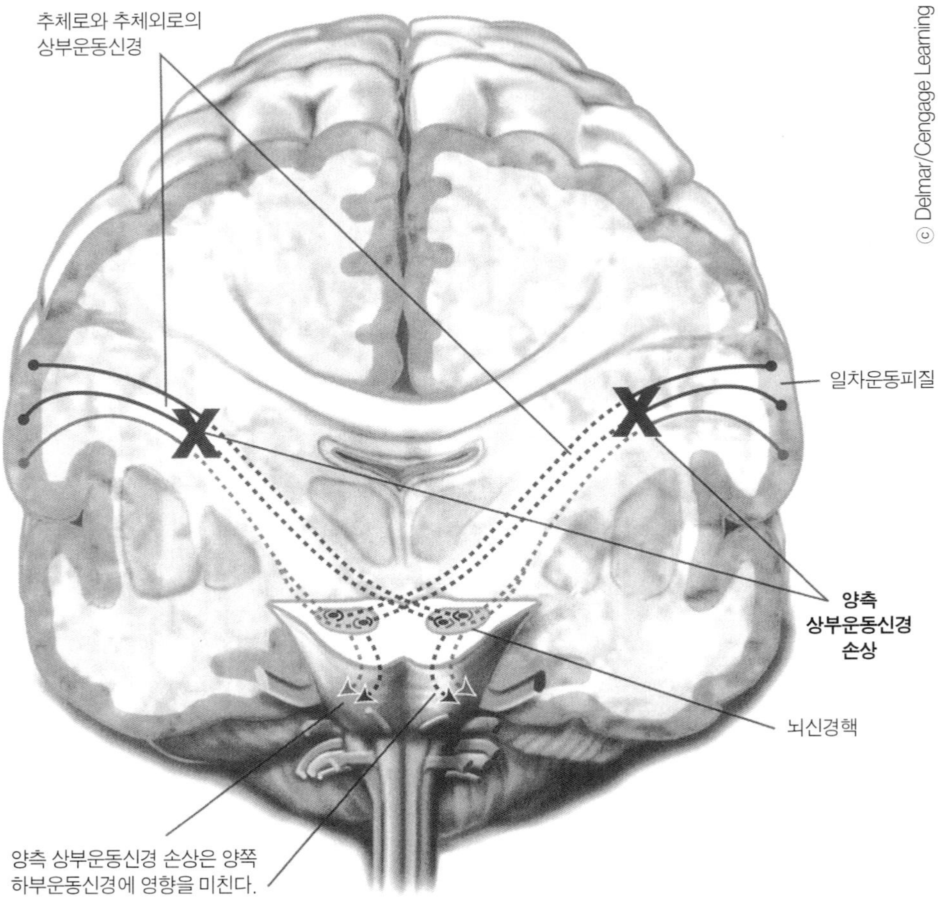

그림 6-1 5장에서 논의된 바와 같이, 경직형 마비말장애는 추체로와 추체외로의 양측 상부운동신경 손상에 기인한다.

쪽 안면 하부와 혀에서 약화가 나타난다. 일측 손상이 심한 경우에 영향을 받은 쪽의 이 두 구조는 거의 마비된다. 그러나 좀 더 일반적으로는 혀와 안면 하부의 이러한 일측 약화는 대개 움직임 시에 나타나며, 느리고 운동 범위가 감소된 형태를 보인다. 혀 내밀기를 하였을 때 손상 쪽으로 기울어지게 될 것이고, 안면 하부의 처짐이 나타날 것이다. 이러한 문제를 나타내는 환자들은 종종 자신의 혀운동이 느리고 어둔하다고 보고한다.

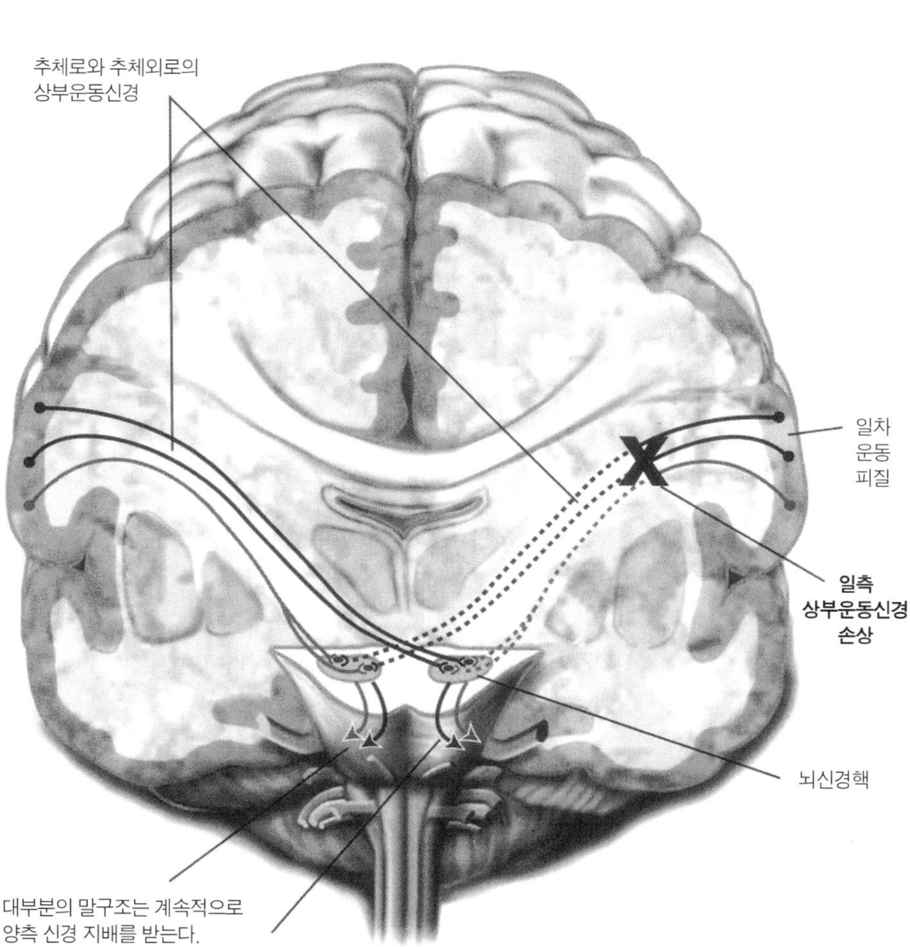

그림 6–2 일측 상부운동신경 손상은 대개 말산출에 경미한 손상만 야기한다. 왜냐하면 대부분의 말구조는 여전히 양측으로 신경 공급을 받기 때문이다. 아래쪽 얼굴과 혀는 주로 일측 상부운동신경의 지배를 받기 때문에 일측 손상으로 중대한 영향을 받는다.

비록 안면 하부와 혀에 대한 일측 상부운동신경 손상의 영향이 널리 인식되어 있다 할지라도, 말산출에 관련된 다른 구조에 대한 일측 상부운동신경 손상의 영향은 분명하게 정의되고 이해되지 않는다. 전통적인 관점에서 상부운동신경은 연구개, 인두, 후두에 양측으로 공급하고 있기 때문에 말산출 관련 구조들

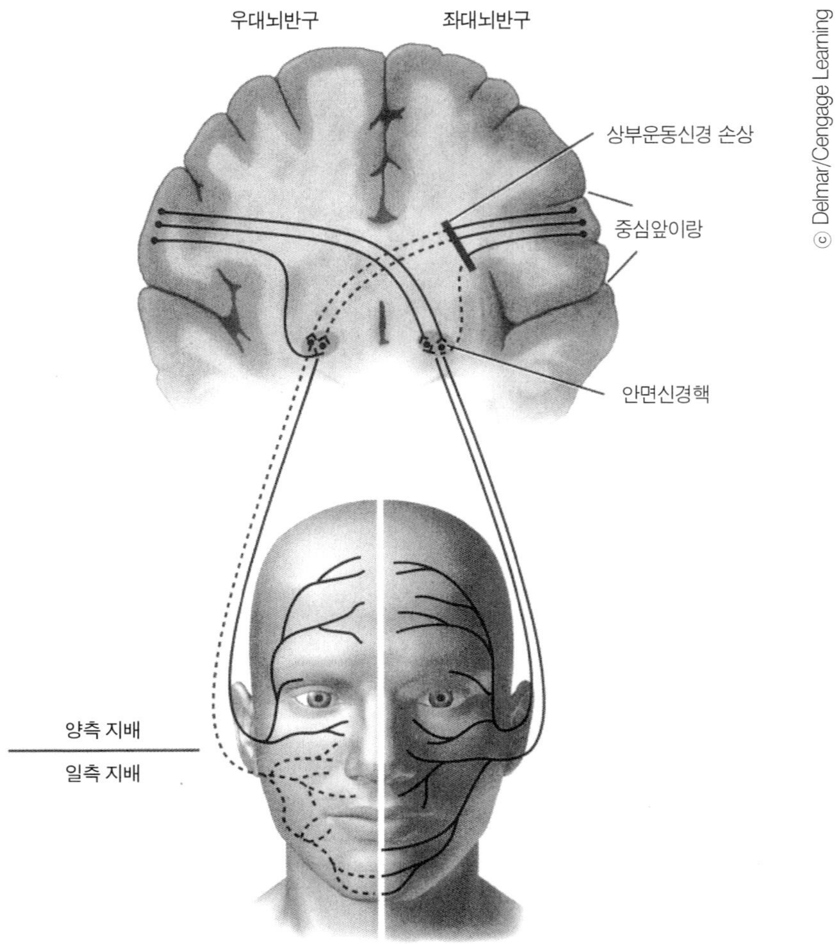

그림 6-3 일측 상부운동신경 손상은 아래쪽 얼굴과 혀 근육에만 영향을 준다. 왜냐하면 다른 말구조들은 양측의 상부운동신경에 의해 지배를 받기 때문이다.

은 일측 상부운동신경 손상으로는 두드러진 영향을 받지 않는다. 이는 손상되지 않은 쪽 상부운동신경이 이 구조들을 양측으로 보조하는 뇌신경에 충분히 공급해 주기 때문이다.

그러나 사실상 임상적으로 꼭 그렇지는 않다. 일측 상부운동신경 손상은 이처럼 양측으로 발원하는 말산출 구조의 기능에 영향을 미친다. 예를 들어, 일측 상부운동신경형 마비말장애를 보이는 몇몇 환자들은 거친 음질을 보인다. 이론적으로 이러한 발성장애는 일측 상부운동신경 손상의 경우에는 나타나지 않아야 한다. 후두를 지배하는 미주신경(X)은 양측으로 공급되기 때문이며, 손상되지 않은 쪽 상부운동신경은 후두의 양쪽에 신경을 공급하여 성대의 내전은 상대적으로 손상되지 않기 때문이다. 그러나 거친 음질은 후두 기능 부전의 한 유형인데, 손상되지 않은 쪽 반구에서 발원하는 상부운동신경이 반대쪽 반구에서의 손상된 상부운동신경으로부터 발원되는 신경을 완벽하게 대체하지 못하는 것으로 보인다. 왜 몇몇 양측성 말산출 구조가 일측 상부운동신경 손상 후에 기능장애를 보이는지는 이 장의 후반에서 다시 다루도록 하겠다.

일측 상부운동신경형 마비말장애의 원인

뇌 한쪽의 상부운동신경을 손상시키는 어떠한 경우도 일측 상부운동신경형 마비말장애를 유발할 수 있다. 또한 이러한 마비말장애는 왼쪽이든 오른쪽이든 어느 반구의 손상으로 나타날 수 있다. 좌반구가 손상되었을 때, 일측 상부운동신경형 마비말장애는 종종 실어증이나 말실행증과 동반되어 나타난다. 우반구가 손상되었을 때에는 우반구의 손상에 따른 시각적 결함이나 인지 손상과 같은 문제와 동반되어 나타날 수 있다. 일반적으로 국소병변을 일으키는 병인이 일측 상부운동신경형 마비말장애의 가장 흔한 원인이라고 보았다. 퇴행질환이나 감염, 대사 증후군에서는 대개 나타나지 않는데, 이는 모두 광범위한 신경학적 손상의 결과로 나타나는 것들이다.

뇌졸중

의심할 여지 없이 일측 상부운동신경형 마비말장애의 가장 빈번한 원인은 뇌졸중이다. Duffy와 Folger(1986)는 56명의 마비말장애 환자들 중 91%가 뇌졸중으

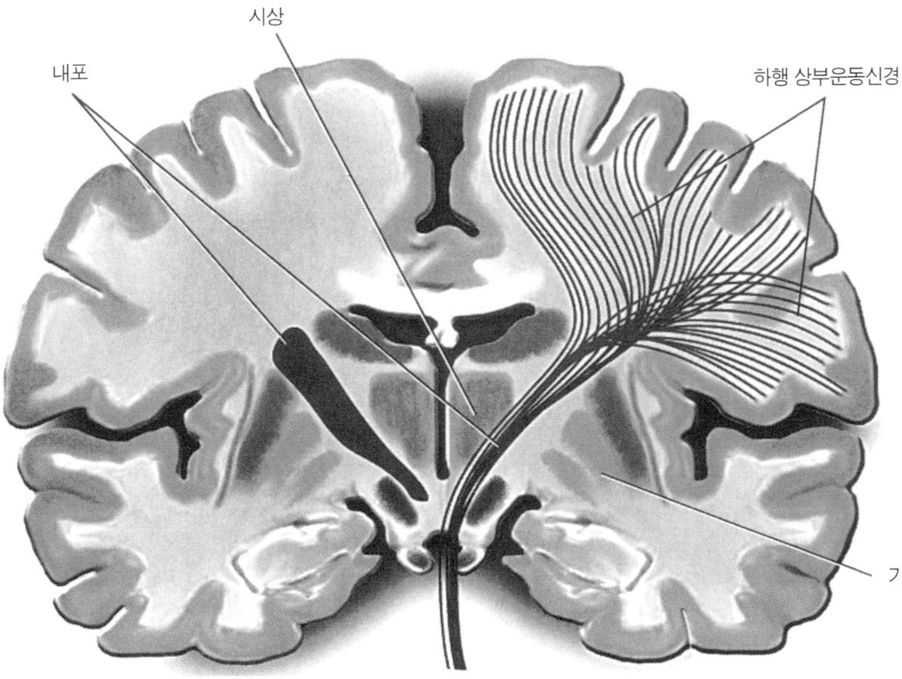

그림 6-4 내포는 기저핵과 시상 사이를 지나서 하행하는 상부운동신경이 서로 밀집된 지점이다. 내포의 손상은 작은 병변일지라도 많은 상부운동신경에 손상을 일으킬 수 있기 때문에 운동 기능에 중요한 영향을 미친다.

로 인한 것임을 밝혔다. 이 마비말장애를 유발하는 뇌졸중은 상부운동신경을 포함하고 있는 뇌의 어느 부분에서든 발생할 수 있다. 이는 뇌간뿐만 아니라 피질과 피질하 영역도 포함한다. 내포(internal capsule)와 인접 영역에 영향을 주는 뇌졸중은 종종 일측 상부운동신경형 마비말장애의 원인이 된다. 내포는 시상과 기저핵 사이를 지나가며 하행하는 많은 상부운동신경이 밀집해 있는 지점이다(그림 6-4). 몇몇 동맥이 내포에 혈액을 공급하고 있고, 이 영역에 매우 많은 상부운동신경이 밀집해 있어서 작은 뇌졸중조차 심각한 결과를 초래할 수 있다.

전두엽에 발생한 뇌졸중도 일측 상부운동신경형 마비말장애를 가져올 수 있다. 전두엽은 움직임을 형성하고 시작하는 데 중요한 것으로 알려져 있으며,

그중 하나에 일측 손상이 있을 경우 마비말장애를 나타내는 것은 놀라운 일이 아니다.

종양

일측 상부운동신경형 마비말장애의 일반적인 원인은 아닐지라도 뇌종양이 이러한 문제를 유발할 수 있다. 뇌종양이 국소적인 일측성 상부운동신경 손상을 일으켜 이러한 마비말장애를 초래할 수 있는데 그 양상은 아래에 열거된 바와 같다.

- 뇌종양은 종양이 자라남에 따라 상부운동신경의 파괴에 직접적인 원인이 될 수 있다. 뉴런의 소실은 고차적인 뇌 영역으로부터 뇌신경이나 척수신경으로 운동 임펄스를 전달하는 것을 감소시킬 수 있다.
- 증식하는 종양은 크기가 커짐에 따라 상부운동신경을 압박(squeeze)할 수 있다. 이러한 종양으로 인한 직접적인 압력은 뉴런의 기능을 변화시킬 수 있다.
- 증식하는 종양은 상부운동신경에 공급되는 동맥이나 정맥을 압박하고 이 신경으로 오가는 정상적인 혈류의 흐름을 방해할 수 있다. 혈류의 감소는 신경의 기능에 부정적인 영향을 미친다.

이러한 종양은 그 영향이 한쪽 뇌에만 제한되어 있다면 일측 상부운동신경형 마비말장애의 원인이 될 수 있다. 그러나 많은 뇌종양은 한쪽 반구에 위치하고 있을지라도 뇌 기능에 양측으로 영향을 미칠 수 있다. 예를 들면, 좌반구에 위치한 종양은 두개내압을 상승시키는 원인이 되어 양반구의 기능에 영향을 줄 수 있다. 이러한 종양은 뇌의 기능에 양측성 영향을 미치므로 일측 상부운동신경형 마비말장애의 원인이 되지 않는다.

외상 뇌손상

뇌종양과 마찬가지로 외상 뇌손상은 일측 상부운동신경형 마비말장애의 일반적인 원인은 아니다. 대부분의 외상 뇌손상은 전체 뇌가 충격의 순간에 비틀어지고 늘어지기 때문에 양반구에 광범위한 손상을 입는다. 결과적으로 외상 뇌손상으로 발생하는 병변은 일반적으로 양반구에서 나타난다. 그럼에도 불구하고 병변이 뇌의 한쪽에만 제한되는 경우도 있다. 이러한 경우에 손상은 피질, 피질하 또는 뇌간 수준의 어디든 상부운동신경에 일측으로 영향을 줄 수 있다. 이러한 경우, 일측 상부운동신경형 마비말장애가 나타난다.

일측 상부운동신경형 마비말장애의 말 특징

대부분의 일측 상부운동신경형 마비말장애에서 말산출 운동에 대한 장애의 영향은 경도나 중등도로 판단된다. 이 유형의 마비말장애는 종종 많은 경도 손상의 환자들에게 단기간 나타나며, 며칠에서 몇 주면 회복이 된다. 이처럼 경미한 경우에는 발생한 신경학적 증상 중에서 마비말장애가 가장 뚜렷한 혹은 유일한 지표일 것이다(Duffy, 2005). 좀 더 심각한 경우에는 일측 상부운동신경형 마비말장애가 아마도 실어증, 실행증, 사지마비, 시야 결손, 또는 인지장애와 같은 다른 장애와 함께 나타난다. 동반되어 나타나는 말 또는 언어 문제가 있을 때 환자의 구어 산출이 제한될 수 있기 때문에 분명하게 진단을 내리기가 어려울 수도 있다. 결과적으로 마비말장애는 다른 장애에 비해 뒷전으로 밀려나게 될 수도 있다. 그럼에도 불구하고, 일측 상부운동신경형 마비말장애의 말 특징은 다른 유형의 마비말장애와 다르며, 진단 평가를 하는 동안에 정확하게 규명될 필요가 있다(표 6-1).

조음

이 장 서두의 정의에서 언급한 것처럼 일측 상부운동신경형 마비말장애는 조음이 주요 문제이다. 일측 상부운동신경의 손상이 일반적으로 다른 말산출 구조

표 6-1 일측 상부운동신경형 마비말장애 환자 56명이 보인 말산출 오류 비율

환자 백분율	말산출 오류	환자 백분율	말산출 오류
95	부정확한 자음	14	불규칙 조음 붕괴
72	느린 AMR	11	경도의 과다비성
39	거친 음질	9	음성 크기 감소
33	부정확한 AMR	5	거칠고 쥐어짜는 음질
33	불규칙한 AMR	4	말 속도 증가
18	느린 말 속도	4	과균등강세

출처: Darley, F. L., Aronson, A. E., & Brown, J. R. (1969a). Clusters of diagnostic patterns of dysarthria. *Journal of Speech and Hearing Research*, *12*, 251. Copyright 1969 by American Speech-Language-Hearing Association. 허락하에 인용함.

보다 혀와 안면 하부에 훨씬 더 많이 영향을 준다는 것은 그리 놀라운 일이 아니다. 이 유형의 마비말장애와 연합된 조음 결함의 원인은 약화, 운동 범위 감소, 혀와 입술의 소근육 조절 감소이다.

일측 상부운동신경형 마비말장애에 관한 연구는 거의 없다. 가장 포괄적인 것 중의 하나가 Duffy와 Folger(1986)가 수행한 것인데, 일측 상부운동신경형 마비말장애 환자들 중 98%가 조음 결함을 가지고 있었다. 거의 모든 대상자들이 일차적으로 어려움을 보인 것은 부정확한 자음 산출이었다. 대상자 대부분의 조음 결함은 경중도(mild-to-moerate) 범위의 중증도를 나타냈다. 불규칙한 조음 붕괴도 몇몇 대상자들에게 나타났지만 자음의 문제보다는 훨씬 덜 일반적이었다. 게다가 거의 모든 대상자들은 느린 AMR을 나타내었고, 33%는 불규칙한 AMR을 보였다. 느린 AMR의 정도는 경한 편으로 정상적인 연결 발화 속도보다 거의 느리지 않았다.

일측 상부운동신경형 마비말장애에 관한 다른 연구는 Hartman과 Abbs(1992)의 것으로, 이들 역시 부정확한 자음 산출이 대상자들의 말에서 공통적인 특징이라고 하였다. 그러나 Duffy와 Folger(1986)가 언급했던 부정확한 조음 붕괴는 이 연구에서는 두드러지지 않았다. 저자들은 두 연구에서의 차이가 대상자들 간의 차이에 의한 것으로 보았는데, Duffy와 Folger의 대상 환자들에 비해 이들의 연구 환자들의 병변은 좀 더 국소병변이었다.

Ropper(1987)는 우뇌반구의 뇌졸중으로 인한 일측 상부운동신경형 마비말장애를 보이는 10명을 대상으로 조사하였다. 위에서 언급한 두 연구와 같이 조음 결함은 구강인두 약화를 보이는 대부분의 대상자들에게서 일차적으로 나타나는 결함이었다. Hartman과 Abbs(1992)의 연구에서처럼 Ropper의 연구에서도 Duffy와 Folger(1986)가 언급했던 불규칙한 조음 붕괴는 나타나지 않았다.

발성

몇몇 연구는 경도에서 중도의 **거친 음질**(harsh vocal quality)이 일측 상부운동신경형 마비말장애의 일부에서 나타난다고 하였다(Duffy & Folger, 1986; Ropper, 1987). 예를 들면, Duffy와 Folger는 대상자들 중 39%가 말에서 거친 음질을 나타낸다고 하였다. 앞서 언급한 바와 같이, 이것이 후두의 일측 상부운동신경 손상에 의한 영향이라는 이유에서 흥미롭다고 하겠다. 보편적인 생각으로는 대부분의 뇌신경은 양측성으로 상부운동신경에서 공급받는다. 결과적으로 뇌신경의 좌우 가지는 둘 다 일측 상부운동신경로가 손상될 때에도 여전히 대부분 또는 거의 대부분 상부운동신경의 공급을 받는다. 후두에 공급되는 미주신경의 경우에 일측 상부운동신경의 손상이 발성에 영향을 미치지 않아야 하는데, 이는 후두 근육의 양쪽 모두 뇌의 손상되지 않은 쪽에서 적절한 상부운동신경을 공급받는다고 생각되기 때문이다.

그러나 일측 상부운동신경원의 손상 후에 나타난 거친 음질은 후두의 기능이 어느 정도 일측 병변에 의해 영향을 받는다는 것을 보여 준다. Duffy(2005)는 일측 상부운동신경형 마비말장애에서 때때로 언급되었던 거친 음질에 관한 몇 가지 이유를 다음과 같이 제안하였다.

- 이것은 아마도 일측 상부운동신경원 손상 이후에 나타난 경도의 성대 경직이나 약화의 결과일 것이다.

- 이전에 알지 못했던 병변이 이미 존재하고 있었고, 이것이 뇌 반대쪽의 새로운 상부운동신경 병변과 결합하여 현재의 성대 경직의 원인이 되는 것이다.
- 거친 음질은 노년기에 정상적으로 많이 관찰되는 음성의 문제일 수 있다.
- 이것은 병이나 비적합성과 같은 일반 의학적인 상태일 수 있다. 그러므로 상부운동신경의 손상에 의해 직접적으로 나타난 것이 아닐 수 있다.

이러한 것들은 이 유형의 마비말장애 환자들이 거친 음질을 보였던 것에 관한 가능성 있는 설명이다. 이 질문에서 가장 흥미로운 점 중의 하나는 아직도 신경계가 말산출 기제를 어떻게 통제하는지에 대해 배워야 할 것이 많다는 점이다.

공명

Duffy와 Folger(1986)는 일측 상부운동신경형 마비말장애를 가진 대상자들의 11%가 과다비성을 보인다고 하였다. 그들의 연구에서 나타난 거친 음질처럼, 연구개와 인두 근육을 보조하는 미주신경이 상부운동신경에 의해 양측으로 공급받고 있는데 일측 상부운동신경 손상으로 인해 연인두 기능이 영향을 받는다는 것은 놀라운 일이다. 이러한 과다비성의 원인은 "발성" 부분에서 몇 가지 살펴보았던 점과 관련이 있을 것 같은데, 즉 일반적인 약화 또는 병, 반대쪽 반구의 이전 상부운동신경 병변 등이다. 특히 상부운동신경원의 일측 손상은 연구개에 경도의 근육 약화를 초래할 수 있고, 앞서 언급된 바와 같이 과다비성을 나타낼 수 있다.

운율과 호흡

운율과 호흡은 일측 상부운동신경형 마비말장애의 경우 거의 손상되지 않는다. 이 유형의 마비말장애가 일반적으로 경도에서 중등도의 조음장애를 보인다는 것을 생각하면 이는 놀라운 일이 아니다. Duffy(2005)는 운율이 영향을 받으면

이는 말 속도에 약간의 영향을 줄 수 있다고 하였다. 일측 상부운동신경형 마비말장애 환자의 호흡은 특히 장기적인 관점에서 보았을 때 거의 손상되지 않는다. 이는 아마도 넓게 분산된 지배를 받는 늑간근과 양측성 지배를 받는 횡격막 때문일 것이다. 단일 반구 뇌졸중 환자들에게서 일부 비정상적인 늑간근의 움직임이 나타났다고 할지라도 호흡 결함은 일측 상부운동신경형 마비말장애의 경우 대부분 나타나지 않는다.

일측 상부운동신경형 마비말장애의 핵심 평가 과제

1 다른 마비말장애 유형처럼 진료 기록은 병변의 위치와 원인에 관한 유용한 진단적 정보를 제공해 준다. 병변의 위치에 관한 사실들은 일측 상부운동신경형 마비말장애의 진단에 특히 도움을 준다. 이 장의 앞부분에서 언급한 것처럼 때때로 이 유형의 마비말장애가 뇌졸중이나 다른 신경학적 질환의 유일한 증상이 될 수 있음을 기억하라. 특히 증상의 초기에는 진단을 위한 신경학적 영상 검사 시 병변이 너무 작아서 발견되지 못할 수도 있다.

2 대화와 문단 읽기는 이 유형의 마비말장애에서 흔히 나타나는 부정확한 자음 산출을 발견하는 유용한 과제이다. 때때로 나타나는 불규칙한 조음 붕괴를 발견하는 데에도 유용할 수 있다.

3 AMR 과제는 느린 음소 산출을 두드러지게 보여 주는 데 도움이 된다. 일측 상부운동신경형 마비말장애를 나타내는 많은 경우에 다소 느린 AMR은 느린 연결 발화를 반영하는 것이 아님을 기억하라.

4 연장된 모음은 이 유형의 마비말장애의 일부 경우에 청지각적으로 들리는 거친 음질을 판단하는 데 도움이 될 것이다.

일측 상부운동신경형 마비말장애의 치료

일측 상부운동신경형 마비말장애는 치료사에게 약간 독특한 상황을 제공한다. 일측 상부운동신경형 마비말장애가 좌반구 손상으로 인해 언어나 실행증과 동반되거나, 우뇌 손상으로 인해 시각 결함이나 인지 결함을 동반할 때 상대적으로 경미한 조음 문제는 종종 우선순위에서 밀린다. 다른 동반 장애에는 거의 항상, 대개는 적절한, 많은 치료 시간이 할애된다. 그러나 결과적으로 일측 상부운동신경형 마비말장애는 종종 다루어지지 않는다. 반대로 이 마비말장애가 신경학적 병리의 유일한 증거가 될 때, 그리고 다른 명백한 언어 문제나 인지적 결함이 없을 때에는 조음 문제가 너무 경미하여 치료사가 조음 문제를 치료하지 않기로 결정하게 된다. 이 두 가지 상황은 부분적으로 일측 상부운동신경형 마비말장애에 대한 치료 연구가 부족함을 드러낸다.

실어증이나 다른 심각한 장애가 있는 경우에 이 유형의 마비말장애에 대한 치료가 거의 이루어지지 않는다는 것은 이해할 수 있지만, 일측 상부운동신경형 마비말장애는 많은 경우 아마도 대부분은 치료를 해야 한다. Duffy(2005)와 Swigert(1997)는 이 마비말장애 환자들에게 전통적인 조음치료법을 제안하였다. 다음의 활동은 일측 상부운동신경형 마비말장애 환자에게 적절할 것이다.

- **말명료도 연습**—Yorkston, Beukelman과 Bell(1988)이 처음 언급한 바와 같이, 말명료도 연습은 환자에게 단어 또는 문장 목록을 주고 읽어 보도록 하는 과제이다. 임상가는 환자로부터 돌아서서 오로지 환자가 정확하게 조음한 경우에만 환자의 말을 이해할 수 있도록 한다. 목표 단어 목록이나 환자의 입을 보지 않기 때문에 임상가는 목표 단어를 이해하기 위해 전적으로 환자의 조음에 의존해야 할 것이다. 만약 임상가가 목표 단어를 이해할 수 없다면, 환자는 왜 그 단어가 불명료한지 파악하고 다시 말해 보기 위해 노력할 필요가 있다. 만약 이러한 두 번째 시도도 실패하면 임상가는 목표 단어를 보고, 왜 자신이 해당 발화를 이해할 수 없었는지 환자에게 구체적인

피드백을 줄 수 있다(예: "나는 'l'을 들을 수가 없어서 당신의 말이 *sleep*인지를 알지 못했어요. 다시 한 번 해 보세요. 그리고 이번에는 제가 'l'을 들을 수 있도록 해 보세요").

- **조음점 지시법**—이 방법은 환자가 목표음을 산출하려고 하기 전에 조음기의 정확한 위치를 환자에게 알려 줌으로써 조음 오류를 치료한다. 조음점 지시는 특정 말소리가 어떻게 산출되는지 환자에게 알려 줄 수 있으므로 특히 유용하다. 많은 마비말장애 환자들은 자신이 부정확하게 말소리를 산출하고 있다는 것을 알지만 왜 그러한 산출이 잘못되었는지 잘 이해하지 못한다. 예를 들어, 조음점 지시 방법은 마비말장애 환자에게 왜 그가 산출한 /d/가 실제로는 /z/에 가까운지, /p/ 소리가 /b/처럼 되었는지 알려 줄 수 있다.
- **과장되게 자음 발음하기**—**과장된 조음**(overarticulation)으로도 알려져 있는 이 방법은 환자에게 모든 자음을 최대한 완전히 조음하도록 가르치는 치료법이다. Darley 등(1975)은 대부분의 환자들의 경우 연결 발화에서 정확하게 조음이 되지 않는 중성과 종성 자음에 특히 초점을 둘 필요가 있다고 제안하였다. 일측 상부운동신경형 마비말장애 환자가 단어 내의 중성과 종성 자음을 최대한 완전하게 조음할 때 말명료도가 눈에 띄게 향상될 수 있다.
- **최소대립쌍 연습**—이 훈련은 단지 1개의 음소만 바꾼 단어짝의 반복 산출에 초점을 두는 것이다. 단어 간의 변별은 유성(*park–bark*), 자음의 산출 방법(*pine–mine*), 또는 산출 위치(*sea–she*)가 될 수 있다. 이러한 변별은 모음 간에도 가능하지만(*man–men*), 보통은 자음으로써 환자들 대부분의 말명료도를 더욱 증진시킬 수 있다. 이러한 단어짝은 특정 환자의 필요에 따라 단독으로, 구에서, 또는 문장 내에서 사용될 수 있다.

일측 상부운동신경형 마비말장애 요약

- 유형의 이름에서 의미하듯이, 일측 상부운동신경형 마비말장애는 뇌의 한

쪽 부분에서만 상부운동신경이 손상됨으로써 나타난다. 뇌 양 반구의 상부 운동신경이 손상되어 나타나는 경직형 마비말장애와는 대조적이다.

- 일측 상부운동신경형 마비말장애는 거의 대부분 조음 문제만 나타난다. 뇌 좌반구에 손상이 있을 때, 이 유형의 마비말장애는 종종 실어증, 말실행증과 함께 나타난다. 우반구가 손상되면 손상된 뇌 부분과 연관된 인지 결함이나 시야 결함이 동반되어 나타난다.
- 일측 상부운동신경형 마비말장애의 치료는 말명료도 훈련이나 조음점 지시법과 같은 전통적인 조음 훈련 방법을 사용한다.

연구 문제

1 일측 상부운동신경형 마비말장애를 정의하시오.
2 양측 상부운동신경의 손상보다 일측 상부운동신경의 손상이 덜 심각한 증상을 나타내는 이유는 무엇인가?
3 일측 상부운동신경형 마비말장애는 일차적으로 어떤 장애의 기초가 되는가?
4 일측 상부운동신경형 마비말장애의 가장 흔한 원인은 무엇인가?
5 외상 뇌손상은 왜 일측 상부운동신경형 마비말장애의 흔한 원인이 되지 않는가?
6 일측 상부운동신경형 마비말장애에서 가장 흔한 조음 문제는 무엇인가?
7 Duffy는 일측 상부운동신경형 마비말장애에서 나타나는 거친 음질의 원인이 무엇이라고 하였는가?
8 일측 상부운동신경형 마비말장애의 치료법이 적은 이유는 무엇인가?
9 명료도 훈련법을 설명하시오.
10 최소대립쌍 연습은 무엇인가?

CHAPTER 7

실조형 마비말장애

이 장의 개요

실조형 마비말장애의 정의

실조형 마비말장애의 정의에서 소뇌의 손상은 가장 흔히 볼 수 있는 특질로 거의 모든 경우에 언급된다. 소뇌의 손상은 일차적으로 조음과 운율에서 말 오류를 야기한다. 이러한 두 가지 유형의 오류는 실조형 마비말장애 환자들의 말과 결합하여 불안정하고 어둔하게 된다. 아래의 정의는 실조형 마비말장애의 좋은 예이다.

> 마비말장애는 소뇌 체계의 손상과 관련이 있고, 말 오류에 있어서 음절에 균등한 강세를 주고, 타이밍과 관련된 오류를 보이는 것으로 특징지어진다. 즉, 조음 문제들의 특징은 전형적으로 경도에서 고도까지 다양한 범위의 간헐적인 오류이다. 음성의 질은 거칠고, 단조로운 음도와 음성 크기, 운율은 감소되는 것부터 부자연스러운 강세까지 다양하다(Nicolosi, Harryman, & Kresheck, 1983, p. 79).

> 실조형 마비말장애는 소뇌 또는 소뇌로 들어오고 나가는 입력, 출력 통로의 손상으로 인한 말산출의 감각운동 통제의 장애이다. 실조형 마비말장애의 질질 끄는(dragging) 그리고 몽롱한 듯한 말소리는 때로 "술 취한 듯한 말"처럼 들린다(Cannito & Marquardt, 1997, p. 217).

실조형 마비말장애의 신경학적 기초

지금까지는 운동신경의 손상으로 인한 마비말장애에 대해서 논의했다. 이완형 마비말장애(제4장)는 하부운동신경의 손상으로 일어났고, 경직형 마비말장애(제5장)는 양측 상부운동신경의 손상으로 나타났다. 그리고 일측 상부운동신경형 마비말장애(제6장)는 한쪽 상부운동신경의 손상에 기인한다. 이 장에서는 실

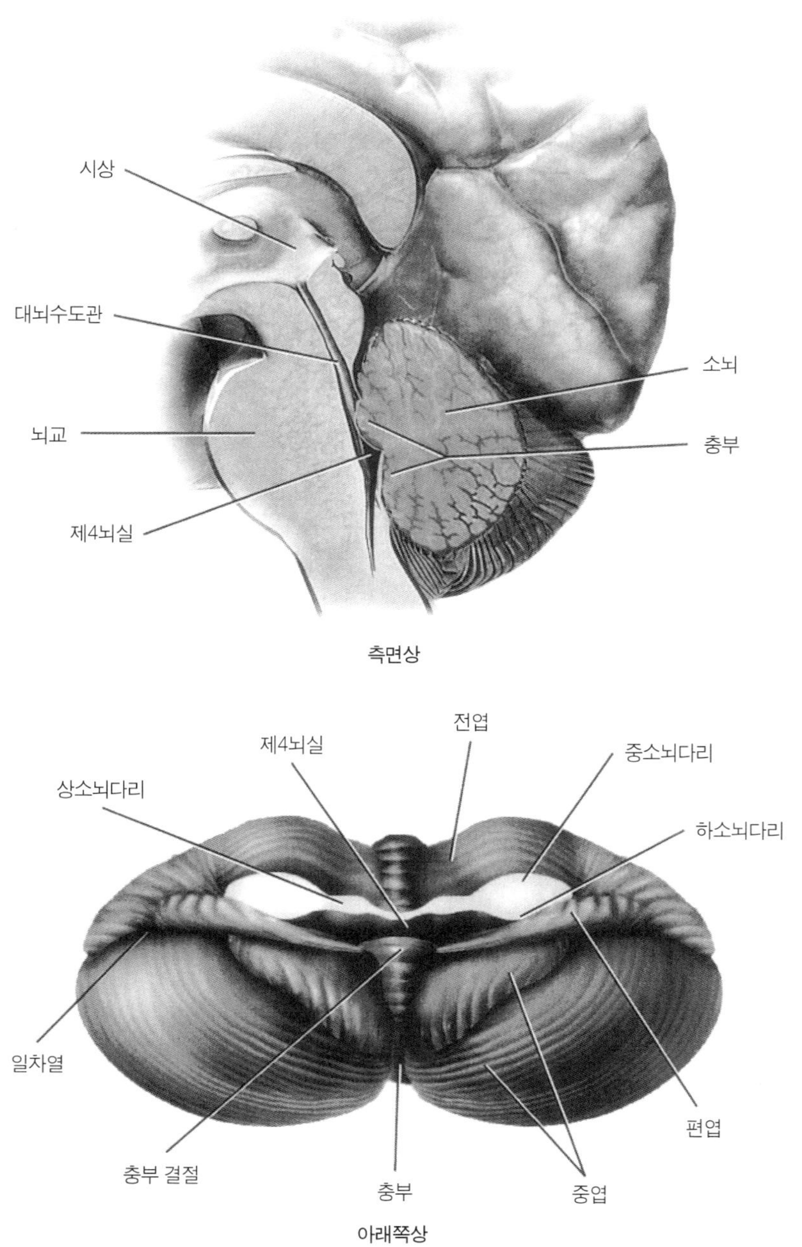

그림 7-1 소뇌가 뇌간에 어떻게 붙어 있는지를 보여 주는 측면상과 소뇌의 아래쪽 상

조형 마비말장애를 살펴보겠다. 실조형 마비말장애는 소뇌 또는 소뇌와 중추신경계(CNS)의 다른 부분을 연결하는 신경학적 통로의 손상으로 인해 나타난다. 실조증이라고 하는 용어는 그리스어에 기원한 "순서 결핍(lack of order)"에서 왔고, 넓게는 불협응을 의미한다.

제2장에서 소뇌에 대해 언급했지만, 다시 살펴보는 것이 도움이 될 것 같다. 소뇌는 후두엽 아래에 위치하며 뇌간의 뒷부분에 붙어 있다(그림 7-1). 소뇌는 2개의 반구로 이루어져 있고 두 반구 사이에 깊은 고랑(열)이 있어서 "작은 뇌"처럼 생겼다. 회색의 피질 표면에는 많은 이랑(convolution)이 있다. 소뇌는 다른 종보다 인간에서 충분히 발달되고 좀 더 복잡하다. 이러한 복잡성은 말과 같은 행동에 대한 정교한 근육 통제에 대한 인간의 욕구를 반영한다.

소뇌는 운동계에서 매우 중요한 부분이다. 소뇌의 일차적인 기능은 근육 수축의 힘과 타이밍을 조절하는 것이고, 이를 통해 의도된 과제에 대해 적절한 정교하고 자발적인 운동이 생성된다. 이는 전체 신체에 대한 감각 정보를 처리함으로써, 그리고 움직임의 집행에 대한 정보를 통합함으로써 수행된다. 소뇌로부터 정보를 전달하기 위해 나오는 1개의 신경섬유당 약 40개의, 소뇌로 정보를 전달해 들어가는 신경섬유가 있는 것을 보면 그와 같은 소뇌의 처리와 통합 기능을 잘 알 수 있다(Brodal, 2010). 이러한 기능들이 어떻게 수행되는지 명확하게 이해되지 않는다고 할지라도 일반적인 소뇌의 세포 배열과 신경로(neural pathways)는 상세하게 기록되어 왔다.

소뇌로 들어가고 나오는 신경로

소뇌는 뇌간에 붙어 있고, **소뇌다리**(cerebellar peduncle)라고 불리는 3개의 신경 경로 다발(bundle)을 통해 중추신경계의 나머지 부분과 교통한다(그림 7-2, 7-3). 이러한 신경로들을 통해서 정보를 교환함으로써 소뇌는 현재 지속되고 있는 움직임을 모니터링할 수 있고, 앞으로 일어날 움직임을 계획하는 데 관여하는 대뇌와 의사소통할 수 있다. 이 신경로 중 첫 번째 신경로인 아래 소뇌다리

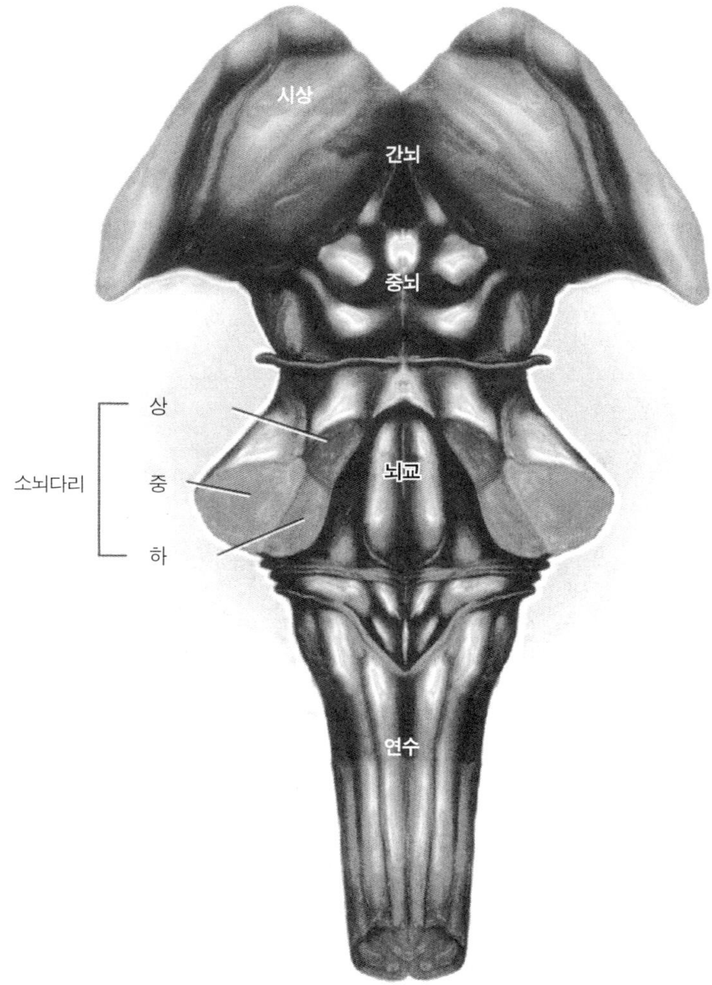

그림 7-2 뇌간과 소뇌다리의 뒤쪽 상. 이 그림에서 소뇌는 제거되어 있다.

〔**하소뇌다리**(inferior peduncle])〕를 통해서 소뇌는 움직임의 전, 중간, 후에 신체 부분(눈, 내이의 전정계, 사지의 관절, 피부, 힘줄, 근육을 포함하여)의 위치에 대한 전체적인 신체로부터의 감각 정보를 받는다. 이 정보들로 소뇌는 신체가 움직임 동안에 무엇을 하고 있는지, 근육에 대한 운동 자극이 의도한 결과를 수

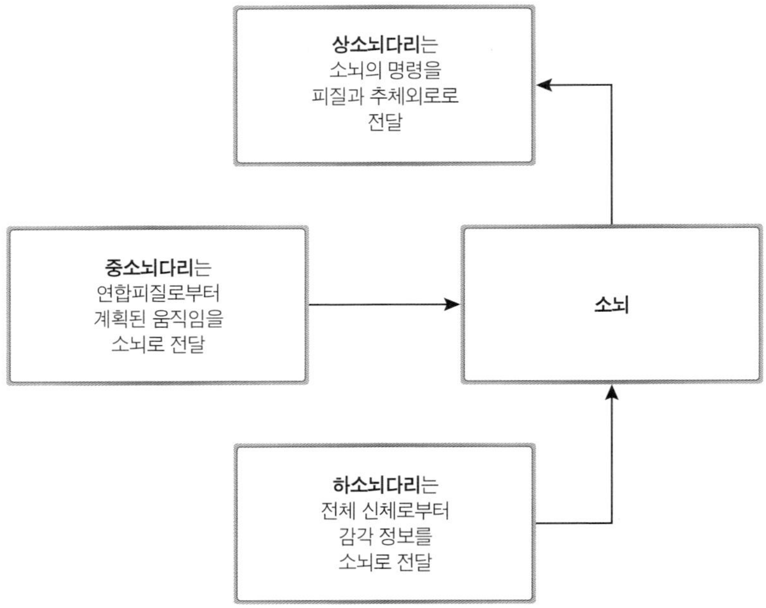

그림 7–3 소뇌에 드나드는 신경 경로의 도표

행하고 있는지를 인식할 수 있다. 전체적으로, 감각 정보에 대한 이러한 접근은 소뇌가 움직임이 일어나는 동안에 움직임의 강도와 타이밍을 모니터링할 수 있게 해 준다. 예를 들어, 신체 부분이 특정 움직임 동안에 예상치 못한 어떤 문제에 부딪히면 소뇌는 손상된 신체 부분으로부터 오는 감각 정보에 접근하여 그 문제를 즉각적으로 파악한다. 그러면 소뇌는 위소뇌다리〔상소뇌다리(superior peduncle)〕(아래에서 논의함)를 통해 그러한 문제를 보상하기 위해 그 신체 부분에 적합한 운동 임펄스를 보낼 수 있다. 그렇게 함으로써 움직임의 강도와 타이밍을 유지한다.

두 번째 경로인 중간소뇌다리〔**중소뇌다리**(middle peduncle)〕는 소뇌다리 중에서 가장 크다. 중간다리를 통해서 이동하는 신경로들은 대뇌와 소뇌를 연결한다. 이 신경로들은 특히 운동계에 중요하다. 왜냐하면 소뇌가 이 신경로들을 통해 대뇌로부터 계획된 움직임에 관한 정보를 예비적으로 받기 때문이다. 대뇌로부터의 이러한 예비적인 운동 임펄스는 의도된 움직임의 대략적인 근사치이고, 소뇌에 의해 조절될 필요가 있다고 생각된다. 소뇌는 적절한 움직임이 어떠해야 하는지에 대한 개인적인 경험과 신체로부터 들어오는 통합된 감각 정보를 가지고 이러한 계획된 움직임을 조절한다. 의도된 움직임은 현재 신체가 처한 상태에 맞게 정제되고 부드러워진다. 그리고 시상을 통해 다시 대뇌로 보내진다. 이렇게 처리된 운동 명령은 대뇌의 운동 영역으로 보내지고, 그곳에서 이 명령은 적합한 근육으로 전달된다.

세 번째 경로인 위소뇌다리[**상소뇌다리**(superior peduncle)]는 다른 중추신경계로 가는 소뇌의 주요 출력 경로인데, 이를 통한 몇 가지 신경 경로의 목적지가 있다. 그중의 하나는 대뇌피질이다. 위소뇌다리에 있는 신경섬유를 통해서 소뇌는 처리된 운동 임펄스를 피질의 운동 영역으로 보낸다. 그렇게 함으로써 피질소뇌 통제회로를 완성한다. 그러므로 전체 피질소뇌 조절회로는 피질에서 시작하여 중소뇌다리를 통해 소뇌로 내려온다. 이 신경회로의 섬유는 위소뇌다리를 통해 소뇌로부터 나간 다음 시상을 거쳐 피질로 되돌아 올라간다.

위소뇌다리에서 나와 피질로 지나가는 신경로와 함께 몇몇 다른 신경로는 위소뇌다리를 통해 나와 소뇌와 추체외로의 신경을 직접적으로 연결한다. 추체외로와의 연결을 거쳐 소뇌는 자발적인 근육의 움직임을 촉진하거나 방해할 수 있다. 피질소뇌 조절회로를 통해 이동하는 신경 자극과는 달리, 추체외로로 전달되는 소뇌의 명령은 근육에 보내지기 전에 피질로 이동하지는 않는다. 대신에 이러한 명령은 적합한 하부운동신경으로 나아가기 위해서 추체외로를 통해 복잡한 과정을 거친다. 일단 소뇌의 운동 임펄스가 하부운동신경에 도달하면, 이러한 운동 자극은 자발적인 근육의 움직임을 바뀌는 자세나 신체의 환경 변화에 따라 빠르게 적응시키고 조절할 수 있다.

그런데 소뇌의 세 가지 신경로를 통해 지나가는 신경은 상부운동신경이 아니라 **소뇌 조절회로**(cerebellar control circuits)라고 불린다. 신경로들이 운동 임펄스를 전달할지라도 실제로는 상부운동신경이 하는 것처럼 하부운동신경과 시냅스 연결을 하지는 않는다. 소뇌다리 밖으로 지나가는 대부분의 신경은 진짜 상부운동신경(일차적으로 추체외로의 상부운동신경)과 시냅스 연결을 하거나 뇌간과 척수의 중간 뉴런과 시냅스 연결을 한다.

소뇌와 말

소뇌가 명료한 말을 산출하는 데 필요한 많은 복잡한 근육 수축을 조절하는 데 중요한 역할을 하는 것은 분명하다. 그러나 말산출에 관한 소뇌의 영향의 정확한 본질은 명확히 알려져 있지 않다. 소뇌가 말산출 운동에 영향을 미치는 방법은 아마 적어도 두 가지가 있을 것이다. 하나는 이전에 논의하였던 피질소뇌 조절회로를 통하는 것이다. 사전 계획된 말행동에 대한 운동 임펄스가 피질로부터 소뇌로 보내진다. 소뇌는 이러한 예비적인 말산출 움직임을 다음 두 가지에 따라 정교화하고 조절한다. ⓐ 조음기들의 위치와 상태에 관한 감각 정보, ⓑ 숙련된 목표 움직임이 어떠해야 하는가에 대한 사전 연습. 이러한 조절된 운동 자극은 좀 더 다듬어지기 위해 시상으로 보내지고 이후에는 운동피질로 보내진다. 그곳에서 운동 자극은 말산출에 관여하는 해당 근육으로 전달된다.

소뇌가 말산출 움직임에 영향을 주는 또 다른 방법은 추체외로와의 연결을 통하는 것이다. 이 장의 앞부분에서 언급되었듯이, 소뇌는 움직임 시에 발생하는 기대치 않은 변화나 환경에 대해 보상하기 위해 움직임의 강도와 타이밍에 있어서 빠른 적응 조정을 할 수 있다. 예를 들면, 누군가가 자신의 입속에 음식물을 넣고 말을 하려고 한다면, 소뇌는 혀 움직임이 음식물로 인해 느려질 것임을 알게 될 것이다. 말의 조음을 명료하게 유지하기 위해서 소뇌는 혀의 적절한 운동신경 작용을 조절하여, 말하는 동안에 혀의 움직임이 방해를 받을지라도 명료한 조음이 유지될 수 있도록 할 것이다. 계획된 그리고 현재 진행 중인 말산출 움직임을 조절하고 수정하는 이러한 놀라운 이중의 능력 때문에 소뇌는 말 운동 체계에서 주전선수와 같다. 그러나 이것이 너무도 중요하기 때문에 소뇌가 손상되거나 소뇌 조절회로가 손상되면 정상적인 말을 산출하는 개개인의 능력이 심각하게 손상될 수 있다.

실조형 마비말장애의 원인

소뇌 부분의 손상이나 소뇌 조절회로의 손상은 다양한 운동장애를 유발한다. 일반적으로 소뇌가 손상된 환자들은 자신의 자발적인 움직임을 조절하는 데 문제가 생긴다. 이는 자신의 움직임, 특히 행동을 시작하고 마치는 시점에 대한 강도와 타이밍을 통제하는 데 문제가 있는 것처럼 보인다. 예를 들면, 소뇌가 손상된 사람들의 움직임은 물건을 집어 올리려고 손을 뻗을 때 떨리고 덜컹거리는 듯하다. 이러한 불안정함은 움직임의 방향과 범위가 소뇌 손상에 의해 영향을 받을 수 있다는 것을 나타낸다. 전적으로 이러한 움직임은 **소뇌 실조증**(cerebellar ataxia)이라고 불리는 방향과 범위, 강도, 타이밍의 결함이다.

걸을 때의 평형(균형)감각장애는 소뇌 손상의 명백한 증상 중의 하나가 될 수 있다. 이러한 경우에 걸음걸이는 넓게 비틀거리는 듯하고, 종종 곧 넘어질 것 같은 인상을 준다. 소뇌 손상은 수의적인 안구 운동, 활동 시 떨림, 근육의 긴장 저하, 운동 학습의 문제에서 나타나는 결함의 원인이 될 수 있다.

소뇌의 작용에 대한 상당한 부분이 알려지지 않았기 때문에, 신경과학자들은 소뇌 손상의 여러 유형이 말산출에 어떻게 다른 영향을 미치는지에 대해서는 확실히 이해하고 있지 못하다. Darley 등(1975)은 실조형 마비말장애는 종종 양측 소뇌에 손상이 있을 때 일어난다고 하였다. Darley 등은 또한 말산출 조절은 **소뇌충부**(vermis)라고 불리는 소뇌 반구 사이의 중간 지점에서 이루어진다고 하였다(그림 7-1 참조). 어떤 연구자들은 국소 병변도 실조형 마비말장애를 유발한다고 하였다. Duffy(2005)는 실조형 마비말장애가 상소뇌다리, 소뇌반구의 외측 일부, 또는 소뇌충부 부근 영역의 국소 손상에 기인한다고 주장한 몇몇 연구에 대해 언급하였다.

퇴행질환

많은 퇴행질환은 소뇌 기능 저하를 초래하고 흔히 실조형 마비말장애의 원인이 된다. **후발성 상염색체 우성 소뇌 실조증**(autosomal dominant cerebellar ataxia of late onset)은 중년기에 시작되는 유전질환이다. 실조형 마비말장애는 이 질환에서 나타날 수 있는 많은 특징 중의 하나일 뿐이다. 진행성 소뇌 실조증, 망막 퇴화, 근육 경축, 감각신경성 난청, 균형장애, 치매, 그리고 많은 다른 신경학적인 뚜렷한 특질도 나타날 수 있다. 이러한 증상의 출현은 같은 질환을 가진 환자들에게서도 매우 다르게 나타날 수 있고, 같은 질환을 앓는 가족 구성원들 사이에서도 다양할 수 있다. 이것은 증상이 처음 발현된 이후 몇 년 내에 대개 사망하는 불치병이다.

특발성 산발 후발성 소뇌 실조증(idiopathic sporadic late-onset cerebellar ataxia)은 대개 많은 신경학적 증상을 포함하지 않는다는 점을 제외하고는 후발성 상염색체 우성 소뇌 실조증과 비슷하다. 특발성 산발 후발성 소뇌 실조증은 종종 진행하는 소뇌 실조증, 실조형 마비말장애, 균형장애를 야기한다. 이름에서 볼 수 있듯이(**특발성**은 "알려지지 않았거나 모호한 원인에 의한 병리적 상태의 자발적인 발생"을 의미함) 특발성 산발 후발성 소뇌 실조증의 원인은 알려지지 않았다.

프리드리히 운동실조(Friedreich's ataxia)는 소뇌뿐만 아니라 척추에 영향을 주는 진행성 유전질환이다. 그리고 그러한 이유로 척수소뇌 질환으로 분류된다. 이는 소뇌 실조증의 흔한 원인으로 자주 언급되지만, 사실 유병률이 10만 명당 2명인 희귀한 장애이다. 환자가 20대가 되어 대개 확실해지는 프리드리히 운동실조의 증상은 걸음걸이나 손잡이, 마비말장애, 시각장애에 영향을 주는 소뇌 실조증을 포함한다. 치매와 감각신경성 난청은 덜 흔한 장애이다. 이 장애를 가진 사람들은 40대를 넘기지 못하고 종종 심장에 문제를 일으키거나 혼수상태에 빠지면서 사망한다. 프리드리히 운동실조에서 나타나는 마비말장애는 이 질환이 대개 소뇌만 손상시키는 것이 아니라 조절회로를 손상시키기 때문에 순수하게 실조 특성을 나타내지만은 않는다. 하부운동신경 약화의 증거와 추체외로 손상의 징후가 나타날 수도 있다. 운동계의 다른 영역이 손상될 수 있기 때문에 프리드리히 운동실조와 관련된 마비말장애는 종종 혼합형 유형을 나타낸다. 혼합형은 제10장에서 알아보도록 하겠다.

올리브뇌교소뇌 퇴행(olivopontocerebellar degeneration)은 또 다른 진행성 소뇌장애이다. 이 장애는 중소뇌뇌교, 소뇌의 많은 부분, 뇌교 일부분의 수축(atrophy)을 야기한다. 올리브뇌교소뇌 퇴행의 일차적인 증상은 소뇌 실조증이다. 이 장애와 관련된 신경 퇴행은 기저핵과 피질척수로의 일부와도 연관이 있다. 근육의 경축과 운동 범위 감소 같은 파킨슨병의 징후도 종종 나타난다. 프리드리히 운동실조와 같이 올리브뇌교소뇌 퇴행과 연합된 마비말장애는 보통 순수 실조형보다는 좀 더 혼합된 특성을 나타낸다.

뇌졸중

뇌의 다른 영역에서와 같이 소뇌는 풍부한 동맥 혈류를 공급받고 있다. 상소뇌동맥(superior cerebellar artery)과 앞쪽하소뇌동맥(anterior inferior cerebellar artery)을 포함한 몇몇 동맥은 소뇌에 혈액을 공급한다. 이 동맥들 중 어딘가의 혈류가 막히게 되면 실조형 마비말장애가 될 수 있다. 이 동맥들의 동맥류(aneurysm) 파열이나 동정맥 기형(arteriovenous malformation) 또한 실조형 마비말장애와 연관이 있다. 사실 뇌 내 출혈의 약 10%가량은 일차적으로 소뇌나 소뇌 조절회로에 있는 신경에 영향을 준다(Heilman, Watson, & Greer, 1977). 대부분의 소뇌 뇌졸중은 사지 실조증, 균형장애, 시각 결함, 실조형 마비말장애와 같은 많은 "소뇌 징후"의 갑작스러운 발병을 초래한다.

중독 상태

다양한 중독 및 대사 상태가 소뇌의 기능에 영향을 준다. 소뇌의 기능 저하와 관련이 있는 중독 상태(toxic conditions)에는 납과 수은 중독, 장・단기 음주, 아크

릴아마이드(acrylamide)와 시안화물(cyanide) 같은 화학물질에의 노출이 포함된다. 대부분의 이러한 상태는 치료가 가능하다. 그리고 실조형 마비말장애를 보이는 경우에는 대개 이러한 독성 물질이 감소함에 따라서 좋아진다. 항발작제인 페니토인(phenytoin)[다일랜틴(Dilantin)]의 독성 수준도 실조형 마비말장애와 관련이 있다. 많은 다른 독성 상태와 같지 않게, 장기적인 페니토인의 과량 투여 효과는 불가역적이다.

소뇌의 기능 저하를 야기하는 일부 신진대사 상태에는 비타민 E나 B_{12}의 지속적인 결핍, 갑상선 기능 저하증, 윌슨병(Wilson's disease)과 같은 유전질환이 포함된다. 흔한 질환은 아닐지라도 이러한 문제들은 실조형 마비말장애의 원인이 된다. 그런데 윌슨병은 대개 혼합형 마비말장애를 유발하는데, 이는 제10장에서 자세히 다룬다.

외상 뇌손상

소뇌 조직은 뇌 외상의 힘으로 인해서 왜곡되고 늘어날 수 있다. 그리고 뇌의 다른 부분만큼 충격의 역동에 민감할 수 있다. 대부분의 뇌손상처럼 소뇌의 외상 손상은 넓게 퍼진 것이다. 그러나 소뇌다리는 손상의 회전력과 뒤틀어짐에 특히 상처를 입기 쉽다. 왜냐하면 소뇌는 기본적으로 뇌간에 붙어 있는 부속물이기 때문이다. 빠르게 회전하는 머리의 움직임 동안에 이 부착 지점의 축삭이 가장 많이 잡아당겨지는 것 같다. 결과적으로 다리(peduncle)을 통해 지나가는 축삭은 특히 머리 손상 중에 파손되기 쉽다.

종양

종양은 몇 가지 점에서 소뇌 기능에 영향을 줄 수 있다. 첫째, 종양이 소뇌 조직에서 자라고, 종양이 자라서 충분히 커지면 직접적으로 세포를 파괴하고 소뇌를 압박한다. 둘째, 종양이 소뇌 근처, 예를 들어 후두엽과 같은 곳에서 자라면서 소뇌 조직을 압박할 수 있다. 셋째, 뇌간 종양이 소뇌 조절회로의 기능을 방해할 수도 있다. 소뇌 종양으로 실조형 마비말장애가 나타나는 것은 종양의 크기와 위치에 따라 다르다. Duffy(2005)는 23년간 Mayo Clinic에서 종양이 실조형 마비말장애의 원인 중 약 3%를 차지한다고 보고하였다.

어떤 종류의 종양은 소뇌에서 잘 발생하는 경향이 있다. **전이성 종양**(metastatic tumor)이 가장 흔하다. 이러한 종양들은 한 종양[원발성 종양(primary tumor)]이 암세포를 퍼뜨려 제2차[전이성(metastatic)] 종양이 신체의 다른 부분에 생기게 하는 씨가 되는 것이다. 일차 전이성 소뇌 종양은 대개 피부(흑색종), 폐, 신장, 또는 가슴과 같은 부위에 발생한다. 천천히 증식하는 유형의 종양은 소뇌에서, 특히 아동에게서 빈번하게 나타나는 **저등급 별아교세포종**(low-grade astrocytoma)이라고 불린다. 아동에게서 나타나는 이 종양의 50% 이상은 소뇌에서 나타난다. 어른에게 나타날 때 이 유형의 종양은 대개 30~60대에 발생한다. **혈관모세포종**(hemangioblastomas)은 소뇌에서 종종 발견되는 혈관에 증식하는 양성종양이다. 혈관모세포종의 증상는 대개 후기 아동기에 나타나지만, 때로 환자가 성인이 될 때까지 분명하지 않다. 진행성 소뇌 실조증과 실조형 마비말장애는 소뇌 혈관모세포종의 증상 중 하나이다.

기타 원인

다음의 원인은 소뇌 기능 저하의 일반적인 원인이 아닐지라도 실조형 마비말장애가 유발될 수 있다.

- 소뇌를 침범하는 바이러스 감염
- 소뇌 기능에 영향을 줄 수 있는 선모충병, (발진)티푸스, 매독과 같은 다른 감염
- 뇌조직 주변을 압박하는 소뇌 부근의 세균성 종기(고름의 집합체). 이러한 종기는 아마도 소뇌 종양의 증상과 비슷한 증상이 나타날 수 있다.

실조형 마비말장애의 말 특징

일반적으로 실조형 마비말장애 환자들은 말산출 기제의 움직임이 잘 협응되지 않는 듯한 인상을 준다. 소뇌에 기초한 다른 움직임의 문제들처럼 실조형 마비말장애 환자들은 명확하게 조음을 산출하는 데 필요한 많은 근육 수축의 힘과 타이밍을 조절하는 데 문제가 있는 것처럼 보인다. 실조형 마비말장애 환자들은 술 취한 듯한 말소리를 산출한다. 환자들은 종종 자신의 조음이 불분명하고 운율이 단조롭다고 보고한다. 이러한 증상들은 실조형 마비말장애가 일차적으로 조음과 운율의 장애라는 사실을 반영한다(Duffy, 2005). 어떤 의료 전문가들은 실조형 마비말장애를 묘사하기 위하여 **단속성 말**(scanning speech)이라는 용어를 사용하였다. 이 용어는 실조형 마비말장애 환자들이 종종 어떻게 단어 내의 각 음절이 같은 강세를 받도록 느리고 의도적인 음절 산출을 하는지를 보여 준다.

조음

조음 결함은 실조형 마비말장애에서 주요 문제이다. Darley 등(1969a, b)은 **부정확한 조음 산출**(imprecise consonant production)이 실조형 마비말장애의 조음 오류 중에서 가장 두드러진 것임을 밝혔다(표 7-1). 다른 흔한 특징은 **모음 왜곡**(distorted vowel)이다. 음소의 불완전한 조음은 실조형 마비말장애 환자들이 보이는 흐리멍덩한(slurred) 조음 특징이다. 이러한 왜곡은 정상적인 조음을 유지하는 데 필요한 움직임의 방향과 범위, 강도, 타이밍이 붕괴되는 소뇌 손상에 기인한다. 신체의 여러 부분에서 요구되는 복잡한 움직임을 수행하는 데 있어서의 이러한 결함은 때때로 **운동 해체**(decomposition of movement)라고 불린다.

그러나 실조형 마비말장애에서의 조음 오류는 항상 일관적이지는 않다. 어떤 실조형 마비말장애 환자들은 부정확한 자음과 모음 산출이 발화마다 다양하게 변화하는 **불규칙 조음 붕괴**(irregular articulatory breakdowns)를 나타낼 수 있

표 7-1 실조형 마비말장애 환자 30명에서 가장 흔히 나타난 말산출 오류

순위	말산출 오류	순위	말산출 오류
1	부정확한 자음	6	음소 연장
2	과균등강세	7	간격 연장
3	불규칙 조음 붕괴	8	단조로운 음도
4	모음 왜곡	9	단조로운 음성 크기
5	거친 음질	10	느린 말 속도

출처: Darley, F. L., Aronson, A. E., & Brown, J. R. (1969a). Clusters of diagnostic patterns of dysarthria. *Journal of Speech and Hearing Research*, *12*, 256. Copyright 1969 by American Speech-Language-Hearing Association. 허락하에 인용함.

다. 이러한 간헐적인 붕괴는 대개 여러 다음절 단어를 포함하는 문장에서 가장 빈번하게 나타날 수 있다. 그러나 오류는 그러한 문장을 산출할 때마다 매번 나타나지는 않는다. 붕괴는 단어를 산출하는 동안에 종종 음절이 압축되는 것처럼 나타난다. 과다운동형 마비말장애(제9장 참조)는 불규칙한 조음 붕괴가 나타날 수 있는, 유일한 다른 유형의 마비말장애인데, Duffy와 Folger(1986)가 몇몇 일측 상부운동신경형 마비말장애 환자들에게서 불규칙한 조음 붕괴를 발견했다고 언급한 일이 있기는 하다. 일반적으로 대부분의 다른 유형의 마비말장애 환자들의 조음은 말하는 동안 꽤 일관적이다(Darley et al., 1975).

운율

운율 오류는 실조형 마비말장애에서 두드러진다. 최소한 6개의 운율 결함이 실조형 마비말장애 환자의 말에서 나타날 수 있다.

- 과균등강세
- 음소 연장
- 음소 간 간격 연장
- 단조로운 음도

- 단조로운 음성 크기
- 느린 말 속도

Darley 등(1969a, b)은 위의 내용이 소뇌 손상 환자들의 말 특징 상위 10개 항목에 들어간다고 하였다.

과균등강세(equal and excess stress)는 실조형 마비말장애 환자들이 정상적으로 다양하게 변화하는 강세 패턴을 가진 단어나 음절에 동일한 강세를 주는 경향이 있는 것이다. 몇몇 실조형 마비말장애 환자들은 정상적으로는 그 정도의 강세가 주어지지 않는 음절이나 단어에 과도한 강세를 주는 경향이 있다. 이러한 강세 패턴은 실조형 마비말장애의 구별되는 특징일 수 있다. 이러한 방식으로 말을 하는 사람의 말을 들으면, 명사로서의 *récord*(기록)와 동사로서의 *recórd*(기록하다)가 매우 비슷하게 들려서 듣는 사람이 문맥에서 정확한 단어를 추론해야만 한다. 이러한 강세 패턴은 각 음절이나 단어가 개별적으로, 다른 부분의 단어나 문장의 영향이 전혀 없이 분리되어 산출되는 것처럼 보인다.

다음의 두 운율 오류, 즉 **음소 연장**(prolonged phonemes)과 **음소 간 간격 연장**(prolonged intervals between phonemes)은 서로 관련이 있다. 소뇌 손상의 한 가지 지표는 단독 운동 과제와 반복 운동 과제 모두에서 느린 움직임을 보인다는 것이다. 이런 느림은 느린 말산출 근육의 움직임을 포함하는데, 결과적으로 느린 음소 산출과 음소 간 간격의 길이가 길어진다. Netsell과 Kent(1975)는 이러한 연장이 아마도 감소된 근긴장도(hypotonia) 때문에 일어나는 것 같다고 하였다. 그들은 이러한 저긴장성이 말산출 근육 수축의 느림을 초래하고, 전반적인 말산출의 늘어짐을 초래한다고 하였다. 음소와 간격의 이러한 연장은 말에서 느린 말 속도에 기여하고, **느린 말 속도**는 실조형 마비말장애 환자들에게서 흔한 또 다른 운율 결함이다.

Darley 등(1969a, b)은 30명의 소뇌 손상 환자들 중 20명의 **단조로운 음도**를, 18명의 **단조로운 음성 크기**를 보고하였다. Darley 등은 이 두 가지 운율 오류가 말산출 근육의 저긴장성에 의해서도 야기된다고 하였다. 강세를 균등하게 하는 것 또한 실조형 마비말장애 환자들의 이 두 가지 특징이 두드러져 보이는 데 기여한다고 가정하는 것이 합리적일 것이다. DVD에 제시된 실조형 마비말장애 사례는 단조로운 음도와 단조로운 음성 크기의 좋은 예시이다.

환자 사례

발성

실조형 마비말장애에서는 발성 결함이 거의 보고되지 않았다. Darley 등(1969a, b)은 **거친 음질**이 이 유형의 마비말장애를 단정짓는 가장 현저한 음성 결함이라는 것을 발견하였다. 30명의 환자들 중에서 21명에게서 발성 문제가 확인되었다. 이는 후두와 호흡 구조의 근긴장도가 감소함으로써 나타나는 것이고, 이것이 근육 집합의 완전한 수축을 방해한다고 하였다.

실조형 마비말장애에서 발생 가능한 또 다른 발성 문제는 **음성 떨림**(voice tremor)이다. 소뇌 손상은 다양한 신체 부분에 영향을 주는 떨림을 유발한다. 호흡이나 후두 근육에 이러한 문제가 있으면 그 결과 두드러진 음성 떨림이 나타난다. 일반적이지는 않지만, 일부 실조형 마비말장애 환자에게서 이것이 관찰되었다(Ackermann & Ziegler, 1991; Darley et al., 1969a, b).

공명

실조형 마비말장애 환자가 심각한 과다비성을 보이는 경우는 드물다. Darley 등(1969a, b)은 소뇌 손상 환자들을 대상으로 한 연구에서 30명의 대상자들 중에서 10명이 과다비성을 보였지만 이것을 주요한 말 오류의 하나로 언급하지 않았다. 그리고 이 연구자들은 과다비성을 실조형 마비말장애 환자들의 두드러진 특징이 아니라고 결론 내렸다. Duffy(2005)는 비정상적인 공명이 드물게 나타난다고 보고했지만, 간헐적인 과다비성이 어떤 환자들에게서는 뚜렷하게 나타난다는 것에 주목했다. 아마도 연구개 근육과 조음기의 다른 근육들 사이의 타이밍 오류 때문일 것이다.

호흡

소뇌 손상은 호흡 근육에서 협응되지 않은 움직임의 원인이 될 수 있다. 이는 실조형 마비말장애에서 들리는 말 결함에 영향을 준다. 실조형 마비말장애 환자들의 호흡을 조사한 연구는 거의 없지만 몇몇 연구는 말산출 동안의 호흡이 과도하거나 역설적인 움직임을 나타낸다는 것을 보여 준다(Luchsinger & Arnold, 1965; Murdoch, Chenery, Stokes, & Hardcastle, 1991). 역설적인 움직임은 다른 근육 집합이 협응하기보다는 서로에게 대항하여 작동할 때 일어난다. 그러한 비정상적인 호흡 움직임은 말산출에 영향을 준다. 호흡근의 과도한 움직임은 대화를 포함하여 많은 말 과제 동안 과도한 음성 크기 변이를 유발한다.

늑간근과 횡격막의 역설적 움직임은 폐활량을 감소시키고 말산출에 유용한 성문하 공기의 양을 제한한다. 대화 중 불충분한 성문하 공기압은 종종 환자들이 잔류 공기로 말을 하는 원인이 된다. 따라서 이는 말 속도를 증가시키거나 음성 크기를 감소시키고, 거친 음질을 나타낼 수도 있다. 궁극적으로 이러한 비정상적인 호흡 움직임은 실조형 마비말장애 환자의 운율에 영향을 줄 수 있다. 그런데 Darley 등(1969a, b)은 실조형 마비말장애 환자들에게서 빠른 불수의적 호기와 흡기를 발견하지 못했다. 이러한 불수의적 호흡 운동은 과다운동형 마비말장애 환자 사례에서 훨씬 더 많이 관찰된다(제9장).

실조형 마비말장애의 핵심 평가 과제

1 교대운동속도는 실조형 마비말장애가 의심될 때 가장 유용한 평가 방법이다. 전체 말 속도는 아마도 정상보다는 조금 느릴 것이다. 또한 많은 실조형 마비말장애 환자들은 목표 음소를 반복할 때 일정한 리듬을 유지할 수 없다. 대부분의 고도 사례에서 실조형 마비말장애 환자들은 이 과제 중에 갑자기 속도를 내고 그러다가 예상치 못하게 갑자기 속도가 느려진다. 규칙적

인 리듬을 유지하는 것의 어려움은 소뇌 손상이 여러 근육의 움직임 타이밍에 얼마나 많이 영향을 미치는가를 뚜렷하게 보여 주는 것이다.

2 읽기, 대화하기, 다양한 다음절어를 포함한 문장의 반복 또한 중요한 평가 과제이다(Duffy, 2005). 이런 과제의 복잡성은 말운동의 어떠한 부정확함이라도 모두 드러내 보여 줄 것이다. 이는 또한 실조형 마비말장애에서 나타나는 불규칙한 조음 붕괴를 유발시키는 데 효과적일 수 있다. 이러한 조음 붕괴는 짧은 길이의 단어보다는 다음절 단어에서 조금 더 빈번하게 발생하는 경향이 있음을 기억하라. 게다가 이러한 세 과제는 연결 발화에서 나타날 수 있는 어떤 운율 오류든 드러나게 한다.

실조형 마비말장애의 치료

앞서 언급하였듯이, 실조형 마비말장애는 소뇌 혹은 소뇌 조절회로 손상의 결과로 나타난다. 이러한 손상은 조음기의 운동 속도와 힘, 타이밍에 종종 영향을 준다. 그리고 이것은 전형적으로 "협응이 안 된" 것으로 설명된다. 대다수의 경우 실조형 마비말장애에서 가장 분명한 말 오류는 조음과 운율에 관련된 것이다.

호흡

대부분의 실조형 마비말장애 환자들은 자신의 호흡 능력을 강화하는 훈련을 할 필요를 못 느낀다. 그보다, 대개 그들은 말하는 동안 보다 정확하게 기류를 제어하려고 한다. 호흡 근육의 불협응적 움직임은 환자들이 잔류 공기를 이용하여 말을 하도록 하고, 이는 운율과 발성에 영향을 미친다. 실조형 마비말장애 환자들이 말하는 동안 호흡을 좀 더 잘 제어하도록 돕는 데 유용한 과제는 다음과 같다.

- **느리고 통제된 호기**—이 과제는 단순한데, 환자가 숨을 가득 들이마신 다음

느리고 일정하게 내쉬도록 한다. 초시계를 사용해서 호기 동안의 시간을 잰다. 목표는 회기를 거듭하는 동안 기류의 길이와 안정성을 증가시키는 것이다. Dworkin(1991)은 환자에게 숨을 가득 들이쉬도록 지시하는 이 과제를 변화시켜 한 단계 나아간 활동을 소개했는데, 3초 동안 느리게 숨을 내쉬고, 1초 동안 숨을 멈추고 내쉬기를 중지하였다가 다시 계속 내쉰다. 이 과제는 환자가 한 호흡에 세 번 공기를 멈추었다가 내쉬기가 가능할 때까지 난이도가 증가된다.

- **숨을 내쉴 때 즉시 말하기**—호흡과 후두 근육의 협응이 그다지 좋지 않기 때문에 많은 실조형 마비말장애 환자들은 호기를 시작하고 1~2초 뒤에 발성을 시작함으로써 성문하 공기를 낭비한다. 호기에 즉시 말하는 과제는 환자들이 호기를 시작하는 그 순간에 발성을 시작하도록 한다. Swigert(1997)는 손을 복부 위에 놓고 /m/ 소리를 발성하기 시작하면 그 순간 호기로 인하여 손이 점차 아래로 내려가는 것을 느끼게 할 것을 제안하였다. 필요하다면 환자의 손 위에 치료사의 손을 겹쳐 놓고 환자가 발성을 시작하는 순간을 알려 준다.
- **한숨에 다 말하지 않기**—실조형 마비말장애 환자들은 종종 얕은 호흡을 하기 때문에 자신의 제한된 성문하 공기가 공급할 수 있는 것보다 더 긴 시간 동안 말하려고 할 수 있다. 그러면 잔류 공기로 말하게 되고 종종 거친 음질과 음성 크기의 감소, 말 속도의 증가를 초래한다. 결국, 환자가 공기를 다 사용하기 전에 발화를 멈추는 법을 배우는 것이 필요하다. 종종 초기에 치료사는 환자에게 발성을 멈추고 다시 숨을 쉬도록 말해 주는 구어적, 시각적 단서를 준다. 이후에 환자가 잔류 공기를 가지고 말하기 전에 발성을 멈추는 것이 독립적으로 가능해지면 치료사는 단서를 철회할 수 있다.
- **최적의 호흡 그룹**—이 과제는 한숨에 다 말하지 않기 절차와 다소 비슷하다. 최적의 호흡 그룹 과제는 환자에게 얼마만큼의 음절 또는 단어를 한 번의 큰 흡기에 분명하게 말할 수 있는지를 알려 준다(Linebaugh, 1983). 일단 기초선이 세워지면 환자는 아마도 깊은 흡기를 통해 호흡 그룹의 길이를

증가시키는 것 또는 호기 시에 즉시 발성을 시작하는 데 주력한다. 최적의 호흡 그룹 과제는 다음에 설명할 구문적 단위로 발화 묶기 과제(chunking utterances into syntactic units task), 단서가 제시된 자료 읽기(cued reading materials)와 비슷하다.

운율

실조형 마비말장애 환자가 경험하는 운율 문제는 대개 말 속도와 강세, 억양이다. 환자들은 종종 말 속도를 느리게 함으로써 자신의 말명료도를 향상시킨다. 발화에서 좀 더 전형적인 강세와 억양을 포함함으로써 이들의 말은 좀 더 자연스러워진다.

속도 조절

느리거나 불규칙한 말 속도는 실조형 마비말장애의 특징이지만 많은 실조형 마비말장애 환자들은 여전히 자신의 말산출 능력에 비해 너무 빨리 말하려고 한다. 빠르게 말함으로써 환자들은 자신의 조음기들이 목표 조음 위치에 도달할 충분한 시간을 주지 않는다. 그리고 청자에게도 발화된 메시지를 완전히 이해할 충분한 시간을 주지 않는다. 명료도를 향상시키는 데 얼마나 느리게 말하는가가 항상 중요한 것은 아니다. 종종 최소한의 말 속도 감소로 훨씬 더 잘 이해할 수 있는 발화가 되는 경우도 있다. 다음의 말 속도 조절 과제는 실조형 마비말장애 환자들의 말 속도를 성공적으로 느리게 만들어 주는 절차이다. 이 과제들은 매우 구조화되어 있고 아마도 초기 치료 단계로 적절할 것이다. 이 단계를 통해 환자의 느리고 더 명료한 말 속도 인식을 증가시키는 것이 일차적인 목표이다.

- **메트로놈(박자계)에 맞춰 음절 암송하기**—Dworkin(1991)은 음절 산출의 속도를 맞추기 위해 메트로놈을 사용할 것을 제안하였다. 이 과제에서 메트로놈은 적절한 속도로 맞춰져 있고 환자가 국기에 대한 맹세나 잘 알려진 시와 같은 친숙한 문단을 읽거나 암송하도록 한다. 환자는 메트로놈의 매 박자마

다 한 음절씩 산출한다. 말소리가 기계적으로 들릴 수 있다 해도, 이 방법이 받아들여지는 것은 환자가 좀 더 적절한 말 속도를 인식하도록 하는 것이 이 과제의 목표이기 때문이다. 충분히 연습하면 메트로놈에 맞춰진 느린 속도가 환자의 대화에서도 습관화될 것이다.

- **손가락이나 손바닥 두드리기**—손가락이나 손바닥을 두드리는 것은 적절한 음절 산출을 위해 박자계를 설정하는 것을 대체할 수 있다. 초기에 치료사는 손가락이나 손을 두드림으로써 속도를 설정하고 환자는 이 속도에 맞추어서 친숙한 문단을 읽는다. 속도가 설정되면 환자가 두드리는 것을 시도할 수 있다. 그러나 일반적으로 불협응 운동으로 인해 환자가 독립적으로 두드리는 것을 할 때 규칙적인 속도를 유지하기가 매우 어렵다는 것을 기억하라.
- **단서가 제시된 자료 읽기**—다양한 속도 단서를 주는 방법이 문장이나 단락 읽기에 사용될 수 있다. 단서의 한 유형은 치료사가 원하는 속도로 음절이나 단어를 가리키면 환자가 그 속도에 맞추어 자료를 읽게 하는 것이다. 다른 유형의 단서는 큰 소리로 읽는 동안 쉼이 필요하다는 것을 알려 주는 빈 공간이나 줄 긋기 표시가 되어 있는 읽기 자료를 만드는 것이다. 예를 들면, 다음과 같이 문장을 준비해 둔다. "With a feeling of deep /// yet most singular affection /// I regarded my friend." 줄 긋기 표에서 환자는 계속 읽지 않고 짧은 순간 쉬어야 한다. 이러한 읽기 자료는 호흡 결함에 관한 부분에서 언급하였던 최적의 호흡 그룹 과제를 환자에게 소개할 때 유용하다. 환자들에게 구문적 단위로 발화 묶기 과제를 소개할 때에도 유용할 것이다.

강세와 억양

실조형 마비말장애 환자들의 강세와 억양 훈련은 연결 발화에서 좀 더 자연스러운 음도와 음성 크기 변화를 발달시키는 데 주력한다. 다음에 나열된 과제는 실조형 마비말장애 환자들의 강세와 억양 문제를 소개하고 치료계획을 세우는 초기 단계에 적합할 것으로 보인다.

- **대조 강세 연습**—이 과제는 임상가의 질문에 대해 환자로 하여금 핵심 단어에 강세를 두어 의도된 의미를 전달하며 대답하도록 구성되어 있다(McHenry, 1998). 예를 들어, 임상가는 남자가 축구를 하는 그림을 보여 주면서 다음과 같이 질문할 수 있다. "남자가 야구를 하고 있나요?" 환자는 "아니요, 남자는 **축구**를 하고 있어요"라고 대답할 것이다. 임상가의 다음 질문은 이렇다. "여자가 축구를 하고 있나요?" 이 질문에 대한 환자의 대답은 이럴 것이다. "아니요, **남자**가 축구를 하고 있어요." 세 번째 질문은 이렇다. "남자는 축구를 보고 있나요?" 환자는 대답할 것이다. "아니요, 남자는 축구를 **하고** 있어요." 이러한 과제를 위한 질문의 길이와 그림의 복잡성은 환자의 능력에 맞춰 쉽게 바꿀 수 있다.
- **음도 범위 훈련**—이러한 종류의 훈련은 억양을 조절하는 데 유용한 출발점이 될 수 있다. Dworkin(1991)은 환자가 임상가의 음성에서 분명한 음도 변화를 인식할 수 있는지 그 능력을 평가하는 것에서부터 이 연습이 시작될 수 있다고 권고하였다. 만약 환자가 이러한 구분을 할 수 없다면 환자의 음도 조절 능력 증진에 대한 예후는 좋지 않은 편이다. 그러나 환자가 음도 변화의 차이를 말할 수 있다면 이 연습은 유용할 수 있다. 첫째, 환자가 가능한 한 낮은 음도와 높은 음도로 /a/를 연장해 보게 한다. 고음도와 저음도가 설정되고 나면, 환자가 8개의 음도 범위를 구분하여 해당 범위를 오르내리면서 노래해 보게 한다. 마지막으로, 환자는 문장을 읽을 때 정상적인 음도 변화가 있어야 할 핵심 단어의 위와 아래에 화살표가 표시된 대로 읽는다. 예를 들어, 질문의 끝에서 위로 표시된 화살표는 마지막 단어에서 음도를 올려야 함을 나타낸다.
- **억양 프로파일**—이 과제는 쓰인 문장 내의 억양 변화를 보여 주기 위해 선을 사용한다. 단어의 아래에 있는 선은 단조로운 억양을 의미한다. 단어보다 더 아래로 내려간 선은 음도를 떨어뜨려야 함을 알려 주는 것이다. 단어 위의 선은 음도를 올려야 함을 나타낸다. 이러한 선들은 해당 문장이 평서문이든 의문문이든 간에 쓰인 문장에 쉽게 그릴 수 있다. 대부분의 환자의 경

우, 이러한 과제는 짧고 단순한 문장에서 시작하여 긴 문장으로 이행하는 것이 좋다. 궁극적인 목표는 환자가 구조화된 활동 내에서 산출하는 음도 변화를 받아들이고 대화에서 이를 사용하도록 하는 것이다.

- **구문 단위로 발화 묶기**—Duffy(2005)는 마비말장애 환자의 일부는 문장 내에서 그리고 문장 간에 정상적인 쉼(pause)을 둠으로써 본인의 발화를 나누는 것을 배울 필요가 있다고 언급하였다. 이는 마비말장애로 인해 한 번의 호기에 산출할 수 있는 단어의 숫자가 제한되기 때문에 훈련할 필요가 있다. 이러한 제한성을 보상하기 위해 자연스럽게 구문적 쉼이 있는 발화의 지점에서 숨을 들이마시도록 다음과 같은 과제로 훈련해야 한다. 이러한 자연스러운 쉼의 예로 도입 절 또는 구 이후("아침에 (흡기) 나는 상점에 장을 보러 갔다."), 절 또는 구 사이("그녀는 거기에 갔다. (흡기) 그러나 나는 그녀를 놓쳤다."), 단문 사이("나는 영화를 봤다. (흡기) 그것은 매우 좋았다.")를 들 수 있다. 발화 내에서 정상적인 쉼이 일어나는 지점에 숨 들이마시기를 삽입함으로써 실조형 마비말장애 환자는 자신의 말에서 더욱 자연스러운 리듬을 유지할 수 있게 된다. 이러한 리듬은 발화 중에 환자가 무턱대고 숨을 들이마시면 깨질 수 있다.

조음

말 속도를 느리게 함으로써 조음 능력이 향상될 수 있다고 할지라도, 실조형 마비말장애 환자들의 음소 산출도 직접적으로 중재할 필요가 있다.

- **말명료도 연습**—Yorkston, Beukelman과 Bell(1988)이 처음 언급한 바와 같이, 말명료도 연습은 환자에게 단어 또는 문장 목록을 주고 읽어 보도록 하는 과제이다. 임상가는 환자로부터 돌아서서 오로지 환자가 정확하게 조음한 경우에만 환자의 말을 이해할 수 있도록 한다. 목표 단어 목록이나 환자의 입을 보지 않기 때문에 임상가는 목표 단어를 이해하기 위해 전적으로 환자의 조음에 의존해야 할 것이다. 만약 임상가가 목표 단어를 이해할 수

없다면, 환자는 왜 그 단어가 불명료한지 파악하고 다시 말해 보기 위해 노력할 필요가 있다. 만약 이러한 두 번째 시도도 실패하면 임상가는 목표 단어를 보고, 왜 자신이 해당 발화를 이해할 수 없었는지 환자에게 구체적인 피드백을 줄 수 있다(예: "나는 'l'을 들을 수가 없어서 당신의 말이 *sleep*인지를 알지 못했어요. 다시 한 번 해 보세요. 그리고 이번에는 제가 'l'을 들을 수 있도록 해 보세요").

- **조음점 지시법**—이 방법은 환자가 목표음을 산출하려고 하기 전에 조음기의 정확한 위치를 환자에게 알려 줌으로써 조음 오류를 치료한다. 조음점 지시는 특정 말소리가 어떻게 산출되는지 환자에게 알려 줄 수 있으므로 특히 유용하다. 많은 마비말장애 환자들은 자신이 부정확하게 말소리를 산출하고 있다는 것을 알지만 왜 그러한 산출이 잘못되었는지 잘 이해하지 못한다. 예를 들어, 조음점 지시 방법은 마비말장애 환자에게 왜 그가 산출한 /d/가 실제로는 /z/에 가까운지, /p/ 소리가 /b/처럼 되었는지 알려 줄 수 있다.
- **과장되게 자음 발음하기**—**과장된 조음**(overarticulation)으로도 알려져 있는 이 방법은 환자에게 모든 자음을 최대한 완전히 조음하도록 가르치는 치료법이다. Darley 등(1975)은 대부분의 환자들의 경우 연결 발화에서 정확하게 조음이 되지 않는 중성과 종성 자음에 특히 초점을 둘 필요가 있다고 제안하였다. 실조형 마비말장애 환자가 단어 내의 중성과 종성 자음을 최대한 완전하게 조음할 때 말명료도의 향상은 눈에 띄게 달라질 수 있다.
- **최소대립쌍 연습**—이 훈련은 단지 1개의 음소만 바꾼 단어짝의 반복 산출에 초점을 두는 것이다. 단어 간의 변별은 유성(*park–bark*), 자음의 산출 방법(*pine–mine*), 또는 산출 위치(*sea–she*)가 될 수 있다. 이러한 변별은 모음 간에도 가능하지만(*man–men*), 보통은 자음으로써 환자들 대부분의 말명료도를 더욱 증진시킬 수 있다. 이러한 단어짝은 특정 환자의 필요에 따라 단독으로, 구에서, 또는 문장 내에서 사용될 수 있다.

실조형 마비말장애 요약

- 실조형 마비말장애는 소뇌나 소뇌 조절회로에 손상을 야기하는 모든 과정에 의해 유발될 수 있다. 퇴행질환과 뇌졸중이 실조형 마비말장애의 흔한 원인이다.
- 보통 실조형 마비말장애에서 조음과 운율이 가장 주요한 영향을 받는다.
- 실조형 마비말장애의 말 특징은 부정확한 자음 산출과 불규칙한 조음 붕괴이다.
- 실조형 마비말장애의 치료는 종종 발화 시 호흡 조절, 조음 정확도 증진, 연결 발화에서의 최적의 말 속도와 억양 발달에 중점을 둔다.

연구 문제

1. 실조형 마비말장애를 정의하시오.
2. 소뇌의 일차 기능은 무엇인가?
3. 소뇌로 드나드는 신경로를 설명하시오.
4. 소뇌가 말산출에 영향을 주는 두 가지 방법은 무엇인가?
5. 후발성의 상염색체 우성 소뇌 실조증은 무엇인가?
6. 소뇌 기능에 영향을 미치는 종양의 세 가지 방식은 무엇이 있는가?
7. 실조형 마비말장애의 경우에 대개 영향을 받는 두 가지 말산출 요소는 무엇인가?
8. 움직임의 해체란 무엇인가?
9. 과다비성은 대부분의 실조형 마비말장애에서 주된 문제인가?
10. 실조형 마비말장애 환자가 말산출 동안에 자신의 기류를 좀 더 정확하게 통제할 수 있는 훈련법을 설명하시오.

CHAPTER 8

과소운동형 마비말장애

이 장의 개요

과소운동형 마비말장애의 정의

음성 크기의 감소, 거칠거나(harsh) 숨 새는(breathy) 목소리, 그리고 비정상적인 말 속도를 과소운동형 마비말장애의 정의로 주로 언급한다. 이러한 특징이 과소운동형 마비말장애가 있는 사람들에게서 모두 나타나는 것은 아니지만, 가장 흔한 특징이라고 할 수 있다. 흥미롭게도 과소운동형 마비말장애가 있으면 많은 경우 느린 말 속도를 보이지만, 또 어떠한 경우에는 비정상적으로 빠른 말 속도를 보이기도 한다. 다음의 두 정의를 살펴보면 과소운동형 마비말장애의 가장 중요한 측면을 알 수 있다.

> 과소운동형 마비말장애는 다른 말운동장애와 지각적으로 구분이 되는, 말운동장애의 한 유형으로 기저핵 조절회로(basal ganglia control circuit)의 병리와 관련이 있다. 구어 산출에서 호흡, 발성, 공명, 조음의 어떠한 영역에든 영향을 미칠 수 있지만, 무엇보다도 **발성**, **조음**, **운율**에서 가장 두드러진 결함을 보인다. 과소운동형 마비말장애로 인한 비정상적인 말특성은 경축(rigidity) 및 움직임의 강도와 범위의 감소로 인한 것이다. 보통은 말이 느리지만, 반복적인 움직임을 하게 되면 때때로 빠른 움직임을 보이는 특성에 기인하기도 한다(Duffy, 2005, p. 187).

> 과소운동형 마비말장애는 기저핵(추체외로)의 손상으로 인한 말운동장애의 한 유형으로, 기저핵이 손상되면 느린 움직임, 움직임의 범위 감소, 경축이 초래된다. 구어의 모든 면이 영향을 받을 수 있지만 특히 발성, 조음, 운율 측면에 영향이 가장 크다. 단조로운 음도 및 음성 크기, 강세의 감소, 부정확한 자음, 부적절한 쉼(silences), 거칠고 숨 새는 음성, 말의 서두름(short rush of speech)을 문제점으로 들 수 있다(Singh & Kent, 2000, p. 108).

과소운동형 마비말장애의 신경학적 기초

여러 면에서 과소운동형 마비말장애는 독특하다. 빠른 말 속도 증상을 보이는 마비말장애는 과소운동형 마비말장애밖에 없다. 대다수의 사례가 동일한 원인〔**파킨슨증**(parkinsonism)〕을 가진 마비말장애 또한 과소운동형 마비말장애밖에 없다. 파킨슨증은 임상에서 볼 수 있는 대부분의 과소운동형 마비말장애의 원인일 수 있기 때문에, 이 장의 전반에 걸쳐 파킨슨증을 과소운동형 마비말장애의 실제적 원인으로 간주할 것이다. 그렇지만 파킨슨증이 과소운동형 마비말장애의 유일한 원인은 아니다. 다른 이유로도 과소운동형 마비말장애가 초래될 수 있기 때문에 이 장의 "원인" 부분에서 이 점에 대하여 다룰 것이다.

파킨슨증 증상이 말산출과 관련된 근육에 영향을 미치게 될 때 과소운동형 마비말장애가 발생한다. 구어에 가장 큰 영향을 미치는 파킨슨증 증상은 경축, 움직임 범위의 감소, 느린 움직임이다. 거의 모든 경우, 이와 같은 증상은 기저핵의 기능 이상, 또는 중추신경계의 다른 영역과 **기저핵**(basal ganglia) 간 신경학적 연결의 손상에 의해 초래된다. "**과소운동형**(hypokinetic)"이라는 용어 때문에 이 장애를 처음 배우는 독자들에게는 혼란의 여지가 있을 수 있다. 처음에는 파킨슨증을 말할 때 "근긴장 저하(hypotonia)"라는 용어와 혼용되어 사용되었다. 따라서 초기의 임상가들은 파킨슨증이 있는 사람들이 약하고 힘이 없는 근육을 보일 것으로 추측하였다. 그러나 이러한 추측은 빗나갔다. 과소운동(hypokinetic)은 근육 긴장이 감소하는 것을 의미하는 것이 아니라 "운동이 줄어든다(less motion)"는 것을 의미한다. 실제적으로 파킨슨증이 있으면 대체로 근육 긴장이 증가하게 된다. "근긴장 저하"라는 용어를 파킨슨증에 적용할 때에는 움직임의 범위가 감소하고 빈도가 줄어듦을 의미하는 것이다. 예를 들어 파킨슨증 환자들은 보폭이 좁고 질질 끄는 듯한 가속 보행(festinating gait)의 걸음걸이를 보이기도 하고, 얼굴 표정으로 감정을 표현하는 능력이 떨어져 "가면 쓴 얼굴(masked face)"처럼 보이기도 한다. 뿐만 아니라 눈 깜박임이 줄어들기도 하고 움직임을 시작하거나 끝내는 데 어려움을 보이기도 한다. 이러한 행동을 보이게 되는 이유는 다음 문단에서 설명하겠다.

파킨슨증의 특징

파킨슨증은 여러 변별적 증상을 나타낸다. 가장 보편적인 증상은 **휴식 시 떨림**(resting tremor)이다. **파킨슨증 떨림**(parkinsonian tremor)은 손과 손가락에서 가장 흔하게 볼 수 있지만 사지와 얼굴에서 나타나기도 하는데, 1초당 4회에서 6회의 떨림을 보인다. 움직이지 않을 때 가장 떨림이 두드러지기 때문에 휴식 시 떨림이라고 부른다. 몸이 완전히 이완되거나 혹은 떨림을 보이던 신체 부분을 의도적으로 움직일 때 떨림 증상이 덜 두드러지게 나타나거나 사라질 수도 있다. 그러나 흥분되거나 긴장될 때에는 떨림 증상이 더 심해지는 경향이 있다.

파킨슨증에게 매우 흔히 보이는 또 다른 증상인 **운동느림증**(bradykinesia)은 느린 움직임과 움직임 범위의 감소를 말한다. 앞서 언급하였던 짧은 보폭의 걸음과 얼굴 표정의 감소는 운동느림증의 대표적인 예이다. 사지, 몸통, 목의 어떤 부위도 운동느림증의 영향을 받을 수 있는데, 느리고, 힘들어 보이고, 매우 제한된 범위의 움직임을 보이는 것이 전형적인 특징이다. 걸음과 얼굴 표정뿐 아니라 구어, 손가락 움직임, 글씨 쓰기 등 많은 다른 수의적 움직임에도 운동느림증이 나타날 수 있다. 그러나 운동느림증의 느린 움직임과 움직임 범위의 감소는 근육 약화의 결과 때문이 아니라는 것을 명심해야 할 것이다. 파킨슨증을 보이는 사람들은 대체적으로 거의 정상 수준의 근력을 보인다. 파킨슨증의 다른 증상들과 마찬가지로 운동느림증 또한 기저핵의 기능 이상 때문에 초래된 것이다.

근육 **경축**(rigidity)은 근긴장도 증가 때문에 나타나는 증상이다. 파킨슨증을 보이는 사람들은 휴식 시와 활동 시 모두 정상 이상의 수축(contraction) 상태를 보이는데 목, 몸통, 사지에서 특히 두드러진다. 경축의 영향은 쉽게 관찰될 수 있다. 수축된 신체 부분을 펴게 하려면 지속적으로 저항을 하는 것이 그 예이다. 이것을 "납파이프 저항(lead pipe resistance)"이라고 부르기도 하는데,

그 이유는 금속물질을 구부러뜨릴 때와 비슷한 지속적인 저항감의 느낌을 파킨슨증 환자를 잡아당길 때 갖게 되기 때문이다. 그러나 관절 부분에서는 리드미컬한 섬세한 경축의 차이가 느껴지기도 한다. 이것을 "톱니바퀴 저항(cogwheel resistance)"이라고 부르기도 하는데, 그 이유는 톱니바퀴를 돌릴 때 느껴지는 것과 같은, 중간중간의 규칙적인 저항감을 느낄 수 있기 때문이다. 경축과 운동느림증은 파킨슨증의 독립적인 증상이기는 하지만, 경축으로 인해 운동느림증이 더욱 심화되어 더 느리고 더 제한된 움직임이 초래될 수 있다.

경축과 **경직**(spasticity)은 둘 다 근긴장도 증가로 인해 초래된 것이기는 하지만, 서로 다르다는 것을 유의해야 할 것이다. 가장 명백한 차이점은 수동적인 움직임에 어떻게 반응하느냐 하는 것이다. 경직의 경우 갑작스러운, 빠른 수동적인 움직임에 저항력이 증가한다. 반면 경축은 수동적인 움직임에 어느 정도 지속적인 저항력을 보이지만, 그것의 빠르기, 즉 속도에 상관없이 동일하게 반응한다(Wiederholt, 1995).

운동불능증(akinesia)은 움직임 시작의 지연으로, 파킨슨증의 또 다른 흔한 특성이다. 운동불능증은 파킨슨증 환자에게서 흔히 볼 수 있는데, 질문을 하면 대답을 하기 전에 쉼(pause) 시간이 두드러지게 길어지는 것이 그 예이다. 이와 같은 구어 시작의 지연은 몇 초 또는 그 이상 지속되기도 한다. 간혹 심한 운동불능증 환자는 특정 자세로 얼어붙은 듯, 전혀 움직이지 않는 상태를 보이기도 한다. 신기하게도 이처럼 얼어붙은 것처럼 꼼짝 안 하고 있던 사람을 다른 사람이 가볍게 접촉만 하더라도 곧 움직임을 시작하거나 계속하게 되기도 한다. 또한 많은 경우 움직임을 시작하는 것이 어려울 뿐 아니라, 일단 시작한 움직임을 끝내는 데에도 어려움을 보인다. 예를 들어 물컵에 손을 뻗으려 하면 그 움직임을 적당한 시점에서 끝내지 못하여 결국 물컵을 쳐서 쓰러뜨리게 된다. 이와 같은 행동 때문에 다치게 될까 두려워, 파킨슨증 환자들이 집 이외의 장소에 가는 것을 꺼려 하는 것은 당연한 일일 수 있다.

자세반사(postural reflexes)의 결함 또한 흔한 증상이다. 이러한 결함은 비교적 자동적 과제에서 특히 두드러진다. 걷는 동안 균형을 유지하는 데 어려움을 보인다든지, 걸을 때 팔 움직임이 감소한다든지 하는 것이 그 예인데, 이때 움직임이 감소한 팔은 몸 쪽으로 뻗뻗하게 굳어 있다. 서 있는 동안 가볍게 밀면 재빠르게 균형의 중심을 옮기지 못하여 민 쪽으로 넘어지기도 하고, 의자에서 일어나려 할 때 앞쪽으로 몸통을 자연스럽게 움직이지 못하여 일어나는 것을 힘들어 하기도 한다. 정상적인 기저핵은 추체외로와의 신경 연결을 통해 자세 유지를 조절하는 것을 도와주는데, 기저핵이 적절하게 기능하지 못하면 균형과 움직임의 자세 문제를 명백히 보이게 된다.

떨림, 운동느림증, 경축, 운동불능증, 자세 유지 결함이 파킨슨증의 일차적인 증상이기는 하지만, 이 밖에도 우울증, 삼킴장애, 치매와 같은 다른 다양한 증상이 나타나기도 하고 과소운동형 마비말장애가 동반되기도 한다. 이러한 부차적인 증상은 모든 파킨슨증 환자에게서 나타나는 것은 아니지만 드물지 않은 증상이다.

파킨슨증의 원인

이미 언급하였듯이 파킨슨증은 움직임 조절에 중요한 역할을 하는, 피질하 회색질 구조인 기저핵의 기능 이상으로 발생한다(그림 8-1). 기저핵의 개별적인 구조는 **미상핵**(caudate nucleus), **담창구**(globus pallidus), **조가비핵**(putamen)이다(Haines, 2002). 미상핵과 조가비핵은 동일한 신경세포를 많이 공유하고 기능적으로 밀접하기 때문에 이 둘을 합쳐서 **선조체**(striatum)라고 하기도 한다. 기저핵은 뇌의 기저에 위치하여, 기저핵의 각 기관뿐 아니라 중추신경계의 다른 부분과도 매우 복잡하게 서로 연결되어 있다. 기저핵의 가장 중요한 신경 경로 중 하나로 대뇌피질과 연결된 조절회로를 들 수 있다(그림 8-2). 이 조절회로의 첫 번째 부분은 대뇌피질에서 내려가는 신경섬유로 구성되어 있는데, 이 신경섬유를 통해 앞으로 일어날, 계획된 움직임에 대한 정보가 대뇌피질에서 기저핵으로 전달된다. 그러면 기저핵은 이것을 정제되고 매끄러운 움직임으로 만들어 주는데, 이 과정을 통해 움직임이 연속적이고 서서히 진행된다. 이와 같은 정교화 작업

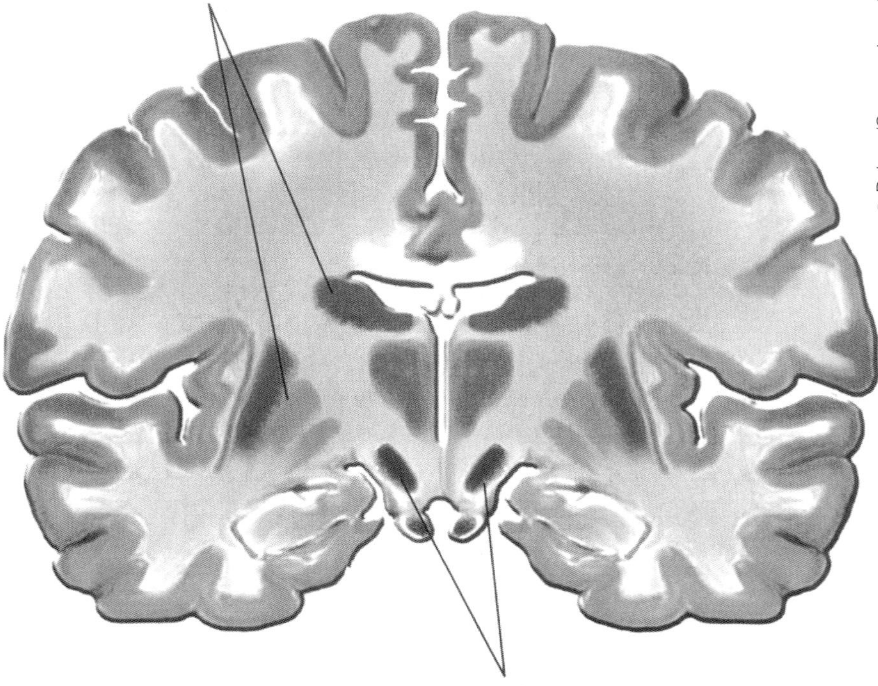

그림 8-1 기저핵의 도파민 감소는 파킨슨증의 대부분의 원인과 관련이 있다.

이 끝나면 기저핵은 운동계획에 있어 한층 정제된 신경 자극들을 운동피질로 다시 보내고, 그 후 이 자극은 운동피질에서 추체로를 통해 하부운동신경과 근육까지 전달된다.

기저핵이 적절하게 기능을 하기 위해서는 여러 신경전달물질 간 상호작용에 균형이 이루어져야 한다. 가장 중요한 두 가지 신경전달물질이 **도파민**(dopamine)과 **아세틸콜린**(acetylcholine)이다. 도파민은 억제성 신경전달물질로, 주로 선조체 안에서 신경 활동이 서서히 진행되도록 하는 기능을 한다. 선조체 안의 도파민은 기저핵 근처에 위치한 회색질층인 **흑질**(substantia nigra)이라는 신경세포에서 생성된다. 아세틸콜린도 기저핵의 기능에 영향을 미치는데, 이것은 도

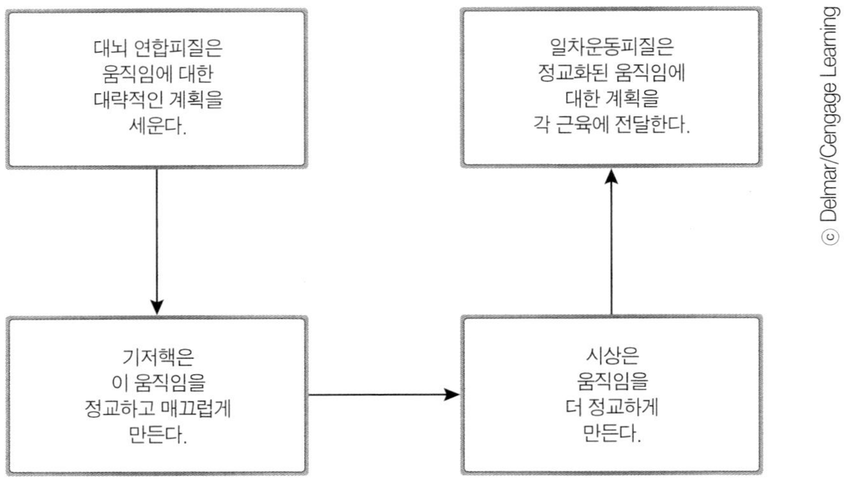

그림 8-2 기저핵 조절회로 도표

파민과 달리 흥분성 신경전달물질로 신경 점화를 촉진하는 기능을 한다.

일반적으로 파킨슨증은 선조체의 도파민 부족에 의해 발생한다. 도파민의 부족은 신경화학적 불균형 상태를 초래하여 선조체 기능에 심각한 영향을 주게 된다. 신경화학적 불균형은 선조체 뉴런에 억제성 신경전달물질(도파민)에 비해 흥분성 신경전달물질(아세틸콜린)의 과다한 작용을 초래하게 되어 경축, 운동느림증 등 파킨슨증 증상의 일차적인 원인이 되는 것으로 알려져 있다.

선조체 내에 도파민 부족을 야기하는 원인은 다양하다. 특발성 파킨슨병의 대부분의 경우 아직까지 원인이 알려지지 않았다. 알 수 없는 원인에 의하여 흑질에서 도파민을 생성하는 신경세포가 서서히 퇴화되어 선조체에 필요한 도파민이 점점 덜 생성되고 결국 선조체는 적절하게 기능을 하지 못하게 된다. 도파민을 생성하는 신경세포는 약물 또는 중금속 중독, 감염, 종양, 뇌손상, 무산소증, 뇌혈관 질환과 같은 다양한 이유로 손상될 수 있다.

과소운동형 마비말장애의 원인

파킨슨증은 동일한 여러 증상을 공유하는 다양한 장애군을 가리키는 총체적인 용어로, 파킨슨 증후군(Parkinson's syndrome)이라는 용어와 혼용되어 사용되기도 한다. 떨림, 운동느림증, 경축, 운동불능증, 비정상적 자세반사와 같이 일반적으로 공유되는 파킨슨증의 증상은 앞에서 이미 설명하였다. 이제부터 과소운동형 마비말장애의 주요 원인에 대해 살펴보겠다.

특발성 파킨슨병

특발성 파킨슨병(idiopathic Parkinson's disease)은 가장 흔한 파킨슨증 유형으로 과소운동형 마비말장애의 가장 빈번한 단일 원인이다. 이 질환은 흑질의 도파민 생성 신경세포의 퇴화가 진행되어 나타나는 것이다. 앞에서도 언급하였듯이 이 신경세포가 퇴화되는 원인은 알려져 있지 않기 때문에 **특발성**(idiopathic)이라고 한다. 인구 10만 명당 약 20명이 매년 이 질환의 영향을 받으며, 남녀 비율에는 차이가 없다. 대개 40~70대에 발생하고 일반적으로 몇 년에 걸쳐 서서히 진행된다. 파킨슨병의 첫 징후는 흔히 불안, 빠른 피로감, 그리고 한기(coldness), 무감각(numbness), 따끔거림(tingling)과 같은 감각 증상이다. 또한 Duffy(2005)에 의하면 과소운동형 마비말장애가 질환의 첫 증상일 수 있다. 질환이 진행됨에 따라 이와 같은 초기 증상은 떨림, 경축 등의 주요 증상과 함께 나타나게 된다. 50~75%의 환자들에서 L-dopa 치료법이 대부분의 주요 증상을 치료하는 데 성공적이라고 보고되었다. 그렇지만 이 치료 방법은 증상의 정도를 약화시킬 수는 있지만 병의 진행을 막지는 못한다.

이 질환의 또 다른 증상은 치매로, 8~30% 사례에서 보고되었다. 그러나 많은 경우 치매가 파킨슨병에 의해 초래된 것인지 아니면 알츠하이머병이 파킨슨병에 동반된 것인지를 판단하기는 어렵다. 우울증 또한 약 50%의 환자들에서 보고되었다. Warlow(1991)는 대부분의 파킨슨병 환자들이 최종적으로 침상에서 생활하다가 폐렴, 요로 감염, 패혈증으로 사망하게 된다고 하였다.

항정신병 약물 유발 파킨슨증

항정신병 약물의 부작용인 항정신병 약물 유발 파킨슨증(neuroleptic-induced parkinsonism)은 파킨슨증의 두 번째 흔한 유형이다. 항정신병 약물은 정신병 환자들의 혼동(confusion)과 흥분(agitation) 상태를 치료하는 데 매우 효과적이지만, 이것을 장기적으로 사용하게 되면 파킨슨증을 유발할 수 있다. 이와 같은 부작용 가능성이 있는 약물에는 클로르프로마진(chlorpromazine), 트리플루오페라진(trifluoperazine), 프로클로르페라진(prochlorperazine) 등이 있다. 파킨슨증이 나타날 가능성은 약물의 종류와 투약의 정도에 따라 다르다. 예를 들어 트리플루오페라진을 복용하는 환자의 약 90%는 떨림, 경축, 특히 운동느림증을 가볍게 보이는데 이것도 항상 나타나지는 않는다. 보통 약물 복용 후 2~4주 후에 이러한 증상이 나타난다. 어떻게 항정신병 약물이 파킨슨증을 유발하는지는 명확하게 알려져 있지 않지만, 이러한 약물 중 일부는 기저핵의 아세틸콜린을 증가시키고 이것이 결과적으로 기저핵의 도파민의 상대적인 감소를 초래하여 파킨슨증 증상을 초래하는 것으로 보인다.

항정신병 약물 유발 파킨슨증의 징후는 약 복용을 중단하면 대개의 경우 없어진다. 그러나 정신병의 재발 가능성으로 인해 약물치료를 중단할 수 없는 경우도 많다. 이러한 경우 항정신병 약물을 지속적으로 복용하면서 동시에 파킨슨증 증상를 치료하는 추가적인 약물이 투여된다. 특이한 것은 L-dopa가 이러한 환자들에게는 사용될 수 없다는 것인데, 그 이유는 L-dopa가 정신병 증상을 악화시킬 수 있기 때문이다.

뇌염후 파킨슨증

뇌염후 파킨슨증(postencephalitic parkinsonism)은 바이러스성 뇌염으로 발생한다. 비교적 흔하지는 않지만, 특발성 파킨슨병과 달리 어린아이에게도 영향을 미칠 수 있다. 흑질이 감염에 영향을 받게 되어 그 결과 기저핵에서의 도파민 양이 감소하게 된다. 감염 급성기가 지나고 몇 주 혹은 몇 달 후에 파킨슨증 증상이 나타나기 시작한다. 대개 뇌염후 파킨슨증 증상은 특발성 파킨슨병과 유사하다. 초기 증상이 너무 가벼워서 인식하지 못할 수도 있지만, 기저핵에 충분한 도파민이 공급되지 못하여 결국 파킨슨증이 나타난다. 뇌염후 파킨슨증을 보이는 아동에게서 주의집중장애, 추상적 사고 결함 등 특정 인지적 결함이 동반되기도 한다. 특발성 파킨슨병과 마찬가지로 L-dopa 치료 방법이 흔히 사용된다.

외상 뇌손상

뇌손상은 흑질 또는 기저핵에 선택적으로 해를 입힐 수 있다. 외상은 단일 사건에 의한 것일 수도 있고 또는 수 차례 반복된 사건에 의한 것일 수도 있다. Duffy(2005)는 권투에서와 같이 뇌에 반복적인 충격이 가해질 경우 축적된 손상이 흑질에 영향을 미칠 수 있기 때문에 결국 기억장애, 느린 움직임, 마비말장애의 특징을 보이는 장애가 초래될 수 있다고 하였다.

무산소증(anoxia)은 뇌의 다른 영역보다 기저핵에 선택적으로 손실을 초래할 수 있는데, 그 이유는 정확히 알려져 있지 않다. 의식을 회복한 후 며칠 또는 몇 주 후에 운동느림증과 경축이 나타나기도 한다. 그리고 인지 결함과 추체로 손상이 동반되어 나타나기도 한다.

중금속 중독

파킨슨증의 원인으로 자주 언급되는 것 중 하나로 망간, 철 제조에 사용되는 금속, 알루미늄, 구리합금에 장기간 노출된 경우를 들 수 있다. 광산에서 흔히 발생하는 망간 중독의 초기 징후에는 과민성(irritability), 불면증, 감정의 분출 등이 있다. 금속에 장기간 노출되면 질병의 후기에는 파킨슨증과 더불어 치매가 동반되는 경우가 흔하다.

뇌졸중

"동맥경화성 파킨슨증" 또는 "혈관성 파킨슨증"으로 불리기도 하지만, Wiederholt(1995)는 이와 같은 차별적인 진단을 할 타당한 근거가 없다고 하였다. 그렇지만 단일 뇌졸중이 기저핵에 영향을 미쳐 파킨슨증이 갑작스럽게 나타난 사례가 보고되기도 하였다. Warlow(1991)에 의하면 뇌졸중으로 인해 병변 반대쪽에 파킨슨 증상이 초래될 수 있지만, 대부분의 경우 시간이 지남에 따라 자연적으로 회복된다. 단일 뇌졸중보다 여러 차례의 뇌졸중이 있는 환자에게서 파킨슨 증상이 더 많이 나타나는 것으로 보인다. 이 경우 운동 결함, 시지각 결함, 말 언어장애 등 여러 가지 복합장애가 나타날 수 있다.

과소운동형 마비말장애의 말 특징

과소운동형 마비말장애 환자의 말은 매우 변별적인데, 특히 조음과 운율의 결함이 가장 두드러진다. 일반적으로 조음기의 위치와 순차적 움직임은 정확하나 움직임의 범위가 제한적인 특징을 보인다. 마치 구어 움직임이 원활하지 못하게 압착되어 있는 듯한 인상을 준다. 과소운동형 마비말장애의 대부분의 말 특성은 운동느림증(움직임 범위와 속도의 저하), 운동불능증(움직임 시작의 지연)과 근육 경축에 기인하다. 심한 경우 파킨슨증 환자에게 흔히 나타나는 떨림 증상도 구어 근육에 영향을 줄 수 있는데, 이 경우 떨리는 음성이 초래되기도 한다.

운율

Darley 등(1969a, b)에 의하면 단조로운 음도, 강세의 감소, 단조로운 음성 크기의 세 가지 특징이 과소운동형 마비말장애의 대표적 말 특성이다(표 8-1). 이와 같은 운율 결함은 후두 근육의 운동 범위 감소로 인하여 성대에 충분한 수축이 이루어지지 않았기 때문이다. 대화, 문장 또는 문단 읽기, 감정을 표현하여 말하

표 8-1 과소운동형 마비말장애 환자 32명에게서 가장 흔히 나타난 말산출 오류

순위	말산출 오류	순위	말산출 오류
1	단조로운 음도	6	짧고 급한 말
2	강세 감소	7	거친 음질
3	단조로운 음성 크기	8	지속적인 숨 새는 음성
4	부정확한 자음	9	음도 수준
5	부적절한 쉼	10	가변적인 말 속도

출처: Darley, F. L., Aronson, A. E., & Brown, J. R. (1969a). Clusters of diagnostic patterns of dysarthria. *Journal of Speech and Hearing Research*, *12*, 258. Copyright 1969 by American Speech-Language-Hearing Association. 허락하에 인용함.

기와 같이 음도와 음성 크기의 변화가 요구되는 구어 과제에서 이러한 운율 결함을 잘 관찰할 수 있다.

Darley 등은 **부적절한 쉼**(inappropriate silences)도 과소운동형 마비말장애의 말 특성으로 언급하였는데, 이것은 운동 반응을 시작하는 데 어려움이 생기는 운동불능증에 기인한 것으로 보인다. 이와 같은 쉼은 문장의 첫 부분 또는 문장과 문장 사이에서 가장 빈번하게 발생하는 것을 임상에서 볼 수 있다. 2~3초 정도의 쉼이 가장 흔히 관찰되지만, 이보다 더 길게 지속되기도 한다. 쉼의 증상이 파킨슨증 환자에게 전형적으로 나타나는 얼굴의 무표정과 함께 발생하면, 간혹 환자가 질문을 듣고 있지 않거나 혹은 말하려는 것을 잊어버렸다고 오해를 받을 수도 있다.

그리고 비정상적인 말 속도가 나타나기도 하는데, 일반적으로 **말 속도의 증가**(increased rate of speech)가 가장 두드러진 특징이다. 모든 과소운동형 마비말장애 환자들이 일관적으로 말 속도의 증가를 보이지는 않지만 일부 환자들에게는 관찰되는 증상이다. 말 속도의 증가는 일단 수의적인 움직임을 시작하면 그것을 멈추는 데 어려움을 보이는 파킨슨증 환자의 특성과 관련이 있는 것으로 알려져 있다(Hirose, 1986). 심한 경우 말 속도의 증가로 인해 부정확한 조음 산출이 초래될 수 있는데, 이에 관해서는 다음의 조음 부분에서 설명하겠다. 말 속

도가 지속적으로 빨라지기보다는 **짧고 급한 말**(short rushes of speech)을 더 흔히 보인다. 이러한 말서두름증이 나타나면, 짧게 쉰 후 몇 단어를 빠르게 내뱉어 버리고 마는 "stop-and-go" 형식의 말 특성을 보이게 된다. Darley 등(1969a, b)은 32명의 환자 가운데 19명이 이와 같은 특성을 보였다고 보고하였고, 따라서 말서두름이 과소운동형 마비말장애의 여섯 번째 특징이라고 하였다. 말 속도의 감소를 보이는 경우도 보고된 바가 있기 때문에(Ludlow, Connor, & Bassich, 1987), 과소운동형 마비말장애의 경우 느린 말 속도부터 빠른 말 속도까지 비정상적인 말 속도에 개인 차가 있는 것으로 보인다.

조음

과소운동형 마비말장애는 다양한 유형의 조음 오류를 보일 수 있다. Darley 등(1969a, b)에 의하면 가장 흔한 오류는 **부정확한 자음**(imprecise consonants)이다. 많은 경우 부정확한 자음의 산출은 조음기의 운동 범위 제한으로 음소가 부정확하고 왜곡되게 산출되어 발생한다. 예를 들어 조음기가 공기의 흐름을 완전히 차단하지 못하면 파열음이 마찰음처럼 들릴 수 있고, 공기 흐름이 마찰되는 부분이 정상적인 마찰음 산출 시 요구되는 공간보다 조금이라도 더 커지면 충분한 마찰이 이루어지지 않아 마찰음이 왜곡될 수 있다. 또는 파찰음의 경우 폐쇄구간과 공기 방출 구간을 모두 포함하기 때문에 마치 폐쇄음과 마찰음의 혼합음처럼 들리기도 한다. 이러한 자음 산출 오류는 "조음기가 표적에 도달하지 못한 상태(articulatory undershoot)"로 표현되기도 한다(Duffy, 2005).

뿐만 아니라 흔하지 않은 두 종류의 비유창성이 과소운동형 마비말장애의 구어에서 관찰된다. **음소 반복**(repeated phoneme)이 첫 번째 비유창성인데, Duffy(2005)는 이러한 반복이 발화의 시작 또는 쉼 뒤에서 주로 일어난다고 하였다. 반복 시 매우 빠르고 아주 제한적으로 조음기들을 움직이기 때문에 그 속도가 엄청나게 빨라 실제로 마치 모음을 연장하는 것처럼 들리기도 한다. 또 다른 비유창성은 **동어반복증**(palilalia)인데, 이것은 단어 또는 구문을 강박적으로,

그리고 점점 더 빨리 반복하는 증상이다. Darley 등(1969a, b)의 연구에서는 이러한 비유창성이 어떠한 대상자에게서도 나타나지 않았지만, 동어반복증은 파킨슨증 환자에게서 종종 나타나는 증상이다. 이와 같은 증상은 예/아니요 질문에 대답을 하는 과제와 같이 단단어로 말하는 경우 가장 잘 지각될 수 있는데, 예를 들어 환자들은 "예, 예, 예, 예, 예, 예"의 대답을 매우 빠르게, 그리고 점점 더 빠르게 반복하다가 결국 작고 웅얼거리는 소리로 말을 얼버무린다. 이것은 파킨슨증 환자들이 빠른 걸음을 걷다가 때로는 목적지에서 멈추지 못하고 지나쳐서 계속 종종걸음을 치는 것과 신경학적으로 연관이 있는 듯하다. 보행에서 나타나는 특성과 유사하게, 환자들은 일단 말을 시작하면 한 음절이나 한 단어를 계속 반복하고 말을 끝내지 못하는 경우를 볼 수 있다. DVD 동영상의 두 번째 사례에서 자발화 시 동어반복증이 나타나는 것을 관찰할 수 있다.

발성

발성 면에 있어 **거칠거나**(harsh) **숨 새는 음성**(breathy voice quality)이 가장 흔한 증상이기는 하지만, 이것이 과소운동형 마비말장애의 가장 두드러진 말 특성이라고 할 수는 없을 것이다. 그러나 Logemann, Fisher와 Blonsky(1978)에 의하면 200명의 파킨슨병 환자 가운데 89%에서 숨 새거나 목 쉬거나 거칠거나 떨리는 음성이 관찰되었다. 따라서 과소운동형 마비말장애 환자에게서 발성장애는 보편적으로 나타나는 증상이라고 할 수 있을 것이다. Darley 등(1969a, b)은 발성장애를 언급하기는 하였지만, 과소운동형 마비말장애의 말 특성 열 가지에서 음성장애는 하위 순위를 기록하여 거칠거나 숨 새는 음성이 각각 일곱 번째와 여덟 번째 말 특성으로 제시되어 있다. DVD 동영상의 첫 번째 사례에서 거친 음질이 지각된다.

발성 시 불완전한 성대 내전으로 인하여 거칠거나 숨 새는 음성이 야기될 수 있다고 여러 연구에서 보고되었다(Garratt, Hanson, & Berke, 1987; Uziel, Bohe, Cadilhac et al., 1975). 발성 시 성대가 완전히 내전되지 않으면 열린 틈으로 공기가 새어 나오고 거슬리는 소리가 지각된다. 심한 경우 속삭이는(whispering) 소리처럼 들리게 되는데, 여기에 (앞으로 설명할) 음성 크기의 감소가 동반되면 결과적으로 말명료도가 매우 떨어지곤 한다. Duffy(2005)는 "일반적으로 과소운동형 마비말장애에서 발성장애(dysphonia)는 힘없이 들리는 말 특성으로, 가장 두드러진 현 문제일 수 있다"고 하였다(p. 197). 속삭이는 듯한 발성장애뿐 아니라, 아주 심하지 않은 환자에게서도 자발화 시 완전히 목소리를 상실한 **발성불능증**(aphonia)의 순간이 관찰되기도 한다.

낮은 음도(low pitch)는 과소운동형 마비말장애의 또 다른 음성 특성이다. Darley 등(1969a, b)은 저음도를 아홉 번째 말 특성으로 제시하였다. 그러나 과소운동형 마비말장애 환자에게 고음도가 나타난다고 보고한 연구도 있다(Canter, 1963; Ludlow & Bassich, 1984). 결국 과소운동형 마비말장애 환자의 말 특성 중 음도에 있어서는 개인 차가 있다고 할 수 있을 것이다.

호흡

호흡 곤란도 과소운동형 마비말장애의 증상으로 언급되는데, 그 예로 호흡 속도가 정상인보다 빠르다는 것을 들 수 있다. 그리고 들숨과 날숨 시 근육의 모순운동(paradoxical movement) 증상이 빈번하게 보고되기도 하였는데, 이것은 호흡 시 가슴과 흉곽의 근육이 협응하지 못하기 때문인 것으로 보인다. 또한 호흡근육의 운동에 제한된 움직임을 보이기도 한다. 이러한 호흡 특성은 결과적으로 적은 호흡량, 발화 시 날숨의 조절 실패, 짧은 호흡 주기 등을 초래하여 과소운동형 마비말장애 환자들의 말 오류에 영향을 미친다. 빠르고 짧은 호흡 주기는 말빠름증을 초래하고, 적은 호흡량은 작고 숨 새는 음성을 야기하는 원인 중 하나일 수 있다.

공명

과소운동형 마비말장애 환자에게서 과다비성을 관찰할 수는 있지만 대체적으로 심하지 않다. 대부분의 환자들은 심각한 공명 결함을 보이지는 않는다. Logemann 등(1978)은 파킨슨병 환자의 10%에서만 과다비성이 나타났다고 하였다.

과소운동형 마비말장애의 핵심 평가 과제

Duffy(2005)는 과소운동형 마비말장애 환자에게서 흔히 지각되는 말 오류를 잘 평가할 수 있는 다음과 같은 네 가지 주요 평가 과제를 제안하였다.

1 대화와 읽기는 과소운동형 마비말장애의 운율 결함을 유도할 수 있는 유용한 과제이다. 단조로운 음도, 강세의 감소, 단조로운 음성 크기, 부적절한 쉼 등을 평가할 수 있을 것이다. 자발화 샘플도 말빠름증을 감지하기에 유용하다. 긴 발화 산출 시 몇 단어를 빠르게 반복하고, 반복의 전과 후에 짧은 쉼 구간이 지각될 것이다.
2 AMR은 부정확한 자음 산출, 조음 속도의 가변성, 웅얼거리는 음절 등 조음 오류를 두드러지게 할 수 있는 과제이다.
3 모음 연장은 음질을 평가하는 데 도움이 될 수 있다.
4 대화, AMR, 모음 연장은 모두 음성 크기의 감소, 저음도, 음소 반복과 같은 말 특성을 평가하는 데에도 사용될 수 있는 과제이다.

과소운동형 마비말장애의 치료

과소운동형 마비말장애의 치료는 약물치료, 수술치료, 행동치료의 세 가지 방법으로 나누어질 수 있다. 이 중 약물치료가 가장 널리 사용되는데 주로 L-dopa류가 이용된다. 수술치료에는 기저핵의 일부를 제거하는 절단술, 뇌심부자극술 등이 있다. 그리고 행동치료에는 앞 장에서 설명하였던 여러 기법을 동일하게 사용할 수 있지만, 리 실버만 음성치료(Lee Silverman Voice Treatment)와 같은 다른 마비말장애에서는 설명되지 않았던 치료 절차도 있다.

파킨슨증을 위한 약물치료

약물에 근거한 여러 치료법이 과소운동형 마비말장애에 사용될 수 있는데, 선조체에 도파민을 대체하는 방법이 그중 하나이다. 그러나 도파민을 직접적으로 투여하는 것은 효과가 없을 것이다. 그 이유는 직접 투여한다 해도 그것이 혈액뇌장벽(blood-brain barrier)을 통과하지 못하여 선조체에 도달하지 못하기 때문이다(혈액뇌장벽이란 혈류로부터 세포외액으로 물질의 흐름을 통제하는 신체 기관으로, 대뇌 모세혈관 벽의 세포 정렬이 매우 촘촘하게 되어 있어 이물질의 차단 효과가 생긴다). 혈액뇌장벽 때문에 도파민 대체 치료법은 L-dopa로 알려진 도파민 전구물질(precursor)을 사용한다. L-dopa는 선조체에 도달하여 도파민으로 대체될 수 있는 화학물질이다. 이 약물이 선조체에 도달하면 흑질에서 생성되지 않은 도파민을 대신하게 된다.

또 다른 약물치료법은 선조체의 아세틸콜린 활동량을 감소시킴으로써 기저핵의 신경전달물질 간 불균형을 조절하는 방법이다. 항아세틸콜린 약물은 아세틸콜린을 소멸시키거나 아세틸콜린이 뇌 기능에 영향을 주는 것을 방해하는 효과가 있다. L-dopa와 특정 항아세틸콜린 약물을 같이 사용해야 치료 효과를 보이는 파킨슨증 환자들도 있다.

약물치료의 효과는 잘 입증되어 있다. L-dopa는 떨림, 운동느림증, 운동불능증, 경축을 감소시킬 수 있고, 발병 초기에 사용하였을 경우 파킨슨증 환자의 생명을 연장시킬 수도 있다. 그러나 이러한 L-dopa의 효과에도 불구하고 Wiederholt(1995)는 파킨슨증 환자의 말장애에 약물치료는 최소한의 효과를 줄 뿐이라고 하였다. 뿐만 아니라 약한 경우부터 매우 심한 경우까지 L-dopa의 부작용도 무시할 수 없다. 약한 경우 위장장애, 혈압 조절력 약화, 불면증, 불안 등이 있을 수 있다. 심한 경우는 오랜 기간 약물을 복용하였을 때 나타나는데, 환각(hallucination), 심한 불안증, 사회적 억제력(social inhibition) 감소, 심한 망상(delusion)을 주로 보인다. L-dopa를 오랜 기간 복용하면 사지, 머리, 목, 구강안면 근육에 비정상적인 불수의적 움직임이 나타날 수도 있다.

항아세틸콜린 약물도 과소운동형 마비말장애의 여러 주요 증상을 감소시킬 수 있지만, 부작용 또한 L-dopa만큼 심각할 수 있다. 약한 부작용으로 입안이 마르고 어지럽고 동공이 확장되고 움직임이 서투르게 되는 증상을 보일 수 있고, 심한 경우 부적절한 감정 폭발, 망상, 환각, 혼돈을 보이기도 한다.

불행히도 과소운동형 마비말장애의 약물치료는 병을 낫게 해 주지는 못한다. 단지 많은 증상을 감소시키고 장애의 진전을 늦출 수 있을 뿐이다. 약물치료는 장애를 멈출 수도 없고 완전히 정상적인 운동 기능을 되찾게 해 주지도 못한다. 진행성 과소운동형 마비말장애 환자를 치료하는 데 사실상 약물치료는 최종적으로는 효과가 없는 셈이다.

파킨슨증을 위한 수술치료

수술치료는 복잡하고 침습적인 절차이기 때문에 약물치료가 더 이상 효과가 없고 상태가 매우 안 좋은 경우에 주로 시행된다. 파킨슨증 치료를 위한 두 가지 일반적인 수술법은 절단수술(시상절단술과 담창구절단술)과 뇌심부자극술이다. **박피 과정**(ablative procedures)은 뇌 특정 영역의 신경 활동을 감소시키기 위하여 소량의 뇌 조직을 절단하는 것이다. 담창구절단술(pallidotomy)에서는 두개골에 구멍을 뚫어 기저핵의 담창구에 전자 프로브를 삽입한 후, 세포를 파괴하기 위하여 짧은 시간 동안 전자 프로브를 통해 열을 가한다. 죽은 세포는 기저핵 일부의 기능을 쇠퇴시키는 데 기여하고, 결과적으로 근육 경축, 떨림, 운동느림증이 어느 정도 감소한다. 최근에는 예전에 비해 시상절단술(thalamotomy)과 담창구절단술이 드물게 시행되는데, 가장 큰 이유는 세포의 영구적인 제거를 야기함에도 불구하고 일관되게 효과가 있지 않기 때문이다. 좀 더 최근에 개발된 뇌심부자극술이 절단수술을 대신하여 근래에 많이 실시되고 있다.

뇌심부자극술(deep brain stimulation)은 절단수술과 달리 영구적인 세포 절단을 야기하지도 않으면서 파킨슨증의 여러 증상을 감소시키는 데 보다 효과적인 방법이다. 뿐만 아니라 이전 상태로 복귀시킬 수도 있다. 작은 전극을 담창구 또는 시상하핵(담창구와 연결된 회색질 구조로 기저핵의 일부로 취급되기도 함)에 삽입하여 주변 세포에 저강도의 전류를 흐르게 하여 신경 활동을 방해한다. 작은 발전기를 쇄골 근처의 피부 위에 놓고 전극의 강도를 조절한다. 전류가 어떻게 신경 활동을 방해하는지는 정확하게 알려져 있지 않지만, 파킨슨증의 치료에 즉각적인 효과를 보일 수 있다. 많은 경우 떨림, 운동느림증, 경축, 근긴장도, 자세반사가 향상된다. 실제로 뇌심부자극술 후 약물 복용을 줄여도 계속해서 신체적 기능이 눈에 띄게 향상되기도 한다.

줄기세포 이식

줄기세포 이식(stem-cell implantation)은 세포 자체를 바꿀 수 있는 유일한 방법이다. 태아와 성인의 세포 조직에 이미 존재하는 세포를 실험실에서 배양하게 되는데, 줄기세포는 다른 세포로 분화하는 자체의 능력을 가진다. 이 때문에 현대 의학은 손상된 세포의 기능을 대신할 수 있으리라는 믿음으로 손상받은 신경계에 줄기세포를 이식하는 데 관심을 가져 왔다. 특히 파킨슨증 치료에 대한 줄기세포 이식법 연구가 활발하게 이루어졌는데, 아직까지는 예비 연구이기는 하지만, 파킨슨증이 유발된 실험용 쥐에 행해진 대부분의 연구 결과는 매우 고무적으로 쥐의 선조체에 이식된 줄기세포에서 도파민이 생성된 것이 보고되었다. 인간에게도 유사한 연구가 시도되었는데, 이 또한 어느 정도 긍정적인 결과를 보였다. 그렇지만 인간의 뇌에 이식된 줄기세포의 안정성과 장기적인 생존력이 아직 입증된 것은 아니기 때문에, 줄기세포 이식이 파킨슨증의 효과적인 치료법이 되기 위해서는 더욱 활발한 연구가 요구된다.

파킨슨증을 위한 행동치료

의학적 조치가 파킨슨증의 말장애에 효과가 있을 수 있지만, 행동 및 도구에 근거한 과제는 여전히 임상적 치료에 중요한 부분이다. 환자들이 보다 효율적으로 의사소통할 수 있도록 언어치료사가 도와줄 수 있는 방법에는 여러 가지가 있다.

조음

과소운동형 마비말장애에 가장 많이 나타나는 조음 결함은 부적절한 자음 산출이다. 앞에서도 언급하였듯이, 이러한 문제는 흔히 조음기의 움직임 범위 제한으로 초래되고, 여기에 말 속도의 증가가 동반될 수 있다. 과소운동형 마비말장애의 조음 문제는 여러 방법으로 치료될 수 있지만, 일반적으로 속도 감소, 스트레칭, 전통적인 조음 과제의 세 가지 치료법으로 구분된다.

말 속도 감소 많은 과소운동형 마비말장애 환자들은 말 속도를 줄임으로써 조음을 향상시킬 수 있는데, 그 이유는 조음기들이 정확한 음소 산출에 필요한 목표 위치에 도달하는 데 시간적인 여유를 가질 수 있기 때문이다. 또한 천천히 말을 하면 청자가 환자의 말을 처리하는 데에도 보다 시간적 여유를 가질 수 있게 된다. 말 속도를 천천히 하면 운율도 자연스럽게 들릴 수 있다. 다양한 방법으로 속도 조절법이 사용되는데 다음에 몇 가지 예를 소개하겠다.

- **조율판**(pacing board)—조율판은 손가락 넓이의 칸이 있는 기구인데(그림 8-3) 사용법은 간단하다. 환자로 하여금 첫 번째 칸에 손가락을 넣고 읽기 또는 따라 말하기 과제를 시작하게 한다. 한 단어를 말할 때마다 손가락을 다음 칸으로 옮겨 간다. 즉, 환자는 손가락을 보드판의 다음 칸으로 옮겨 갈 때마다 한 단어씩만 말하게 되는 것이다. 이러한 방법으로 말 속도가 감소됨에 따라 말명료도가 매우 향상된다. 조율판의 단점 중 하나는 환자가 낯선 사람과 이야기하거나 여러 사람 앞에서 말할 때 그것을 사용하기를 꺼린

그림 8-3 저렴한 플라스틱 조율판은 과소운동형 마비말장애 환자의 말 속도를 감소시키는 데 유용할 수 있다.

다는 것이다. 휴대할 수 있다는 장점과 여러 사람 앞에서도 충분히 효과적일 수 있음에도 불구하고 조율판은 가정에서만 사용되는 경향이 있다.

- **손바닥이나 손가락 두드리기**(hand or finger tapping)—치료사는 우선 손바닥 또는 손가락으로 두드려 읽기 또는 따라 말하기의 속도를 조절한다. 치료사가 한 번 두드릴 때마다 환자는 한 음절만을 말한다. 속도가 확립되면 환자가 직접 두드리면서 말 속도를 조절하도록 한다. 그러나 이 방법의 단점은, 많은 파킨슨증 환자들은 손바닥이나 손가락으로 천천히 동일한 속도로 두드리는 것 자체가 어렵다는 점이다. 두드리는 속도가 말 속도와 함께 점점 빨라지게 된다. 이러한 문제를 보이는 환자들에게는 조율판이 더 좋은 방법일 듯하다. 왜냐하면 손가락을 위로 올려 다음 칸으로 이동하는 것은 손바닥이나 손가락으로 두드려 말 속도를 조절하는 것보다 더 안정적일 수 있기 때문이다.
- **알파벳 보드판**(alphabet board)—속도를 늦추는 또 다른 방법은 알파벳 보드판을 사용하는 것이다(그림 8-4). 알파벳 보드판은 알파벳이 검은색으로 크게 프린트되어 있는 단순한 종이판이다. 1부터 10까지 숫자가 쓰여 있을

그림 8–4 모든 단어의 첫 글자를 알파벳 보드판에서 손가락으로 가리키면서 말하게 하면 과소운동형 마비말장애 환자의 말 속도가 저절로 감소된다. 듣는 사람도 목표 단어의 첫 글자에 대한 시각적 단서를 얻게 되어 환자의 말을 더 잘 이해할 수 있다.

수도 있다. 환자로 하여금 말하는 단어의 첫 글자를 알파벳 보드판에 손가락으로 짚으면서 말하도록 한다. 이러한 방법은 말명료도를 두 가지 차원에서 향상시키게 된다. 하나는 환자의 말 속도를 늦춰 조음기의 접촉이 더욱 확실해지기 때문이고, 또 다른 하나는 청자에게 환자의 말에 대하여 시각적인 단서를 제공하기 때문이다. 조율판과 마찬가지로 알파벳 보드판은 말명료도 향상에 즉각적인 효과를 보인다. 그러나 마찬가지로 많은 환자들이 여러 사람 앞에서 이것을 사용하기를 꺼리고 가정에서만 사용한다는 제한점이 있다. 뿐만 아니라 경도일지라도 치매를 동반한 과소운동형 마비말장애 환자의 경우, 이 방법은 환자의 인지적 능력을 벗어난 과제일 수 있다.

- **지연청각피드백**(delayed auditory feedback, DAF)—환자가 자신의 목소리를 잠시 지연시켜(약 50~150msec이 지난 후) 피드백되게 하는 기계인 DAF를 사용할 수 있다. 본인의 지연된 말소리가 들리는 동안 유창한 구어를 유

지하기 위하여 대부분의 환자들은 말 속도를 늦추게 된다. DAF는 말더듬 환자의 말 속도를 늦추는 데 흔히 사용되는 기계이지만, 과소운동형 마비말장애 환자에게도 사용되어 왔다. DAF로 환자들의 말 속도를 감소시키고 말명료도를 높일 수 있다고 보고한 연구도 있지만(Yorkston et al., 1988), 효과를 입증하지 못한 연구도 있다(Dagenais, Southwood, & Lee, 1998). Downie, Low와 Lindsay(1981)는 11명의 파킨슨증 환자 중 2명에게 DAF가 효과가 있었다고 하였다. 이러한 일관되지 않은 결과에 근거할 때, 과소운동형 마비말장애 환자들의 말 속도를 늦추는 데 DAF가 효과적인지를 판단하기 위하여 본격적인 치료를 시작하기 전에 시도 기간(trial period)을 가지는 것이 좋을 것이다.

- **메트로놈에 맞춰 음절 암송하기**—Dworkin(1991)은 음절 산출 속도를 조절하는 데 메트로놈을 이용할 것을 제안하였다. 메트로놈으로 적절한 속도를 정해 놓은 후 환자에게 거기에 맞추어 유명한 시와 같은 익숙한 문구를 암송하거나 읽도록 한다. 메트로놈의 한 박자마다 한 음절을 산출해야 한다. 자동적으로 문구를 암송하는 것처럼 들릴 수 있지만, 메트로놈을 사용하는 목적이 환자로 하여금 보다 적절한 말 속도를 인식시키는 것이기 때문에 효과가 있다고 여겨진다. 충분한 훈련 후, 메트로놈에 맞추어진 느린 속도를 일상 대화 시의 속도와 유사하게 조절하여 익숙해지도록 연습한다.

스트레칭 연습 이제부터 설명할 스트레칭 연습법은 경직성 마비말장애 환자의 치료에서 사용되었던 것과 매우 유사하다. 이 치료법은 조음기의 근긴장도를 감소시키고 운동 범위를 증가시키기 위한 것이다.

- **혀 스트레칭 훈련**—Dworkin(1991)은 일련의 수동적인 혀 스트레칭 훈련을 고안하였고, 그 훈련에서 치료사는 환자의 혀를 거즈로 부드럽게 감싸 쥐고 저항이 느껴질 때까지 조심스럽게 앞으로 당긴다. 혀를 앞으로 내민 이러한 자세는 약 10초 동안 유지된다. 그 후에 치료사는 내밀고 있는 혀를 잡은 상태로 입의 왼쪽 또는 오른쪽 가장자리로 밀고 다시 10초간 유지한다.

Dworkin은 혀를 너무 세게 잡아당기지 않도록 주의하고, 치료사와 환자가 이 훈련을 진행하는 동안 인내심을 가질 것을 당부하였다. 환자 스스로의 능동적인 혀 스트레칭 운동은 혀 움직임의 정확도와 속도, 강도를 증가시키는 데 활용될 수 있다(Swigert, 1997). 이러한 훈련의 예는 환자에게 혀를 끝까지 내밀게 하고, 혀끝을 코를 향해 올리게 하고, 혀끝을 턱을 향해 아래로 내리게 하고, 또한 혀끝을 입 가장자리에 대고 유지하게 하는 것 등이 있다. 다른 능동적인 혀 스트레칭 방법으로는 혀의 뒷부분을 연구개 쪽으로 올리는 것과 혀끝으로 볼을 밀어 주는 것이 있다. 이러한 능동적인 혀 스트레칭 운동 방법은 유연성을 촉진시키는 데 도움이 되지만, 어떤 환자들에게서는 과근긴장성을 증가시킬 수도 있다. 치료사는 근육의 긴장도 변화를 주의 깊게 관찰해야 한다. 능동적인 스트레칭 방법이 역효과를 낳는다면 수동적인 스트레칭 방법만 사용해야 할 것이다.

- **입술 스트레칭 훈련**—수동적인 입술 스트레칭 훈련 방법에서 치료사는 환자의 입술을 거즈로 부드럽게 잡고 앞쪽으로 그리고 양옆으로 조심스럽게 잡아당겨 10초가량 유지한다. 능동적인 입술 스트레칭 과제는 환자가 스스로 움직이는 것인데, 미소를 짓거나, 입술을 오므리거나, 볼을 부풀리는 것 등이다. 치료사는 능동적인 스트레칭 훈련을 시켰을 때 입술의 근긴장도가 어떻게 변화하는지를 관찰해야 한다. 만약 근긴장도가 증가하면 수동적인 훈련만 이용해야 한다.
- **턱 스트레칭 연습**—Swigert(1997)는 턱 근육의 경축을 감소시키는 데 두 단계의 스트레칭 방법을 제안하였다. 첫 번째, 환자로 하여금 턱을 가능한 한 많이 벌리도록 하는데, 이때 치료사가 도움을 줄 수도 있고 주지 않을 수도 있다. 두 번째, 입을 벌린 채 턱을 오른쪽으로 그러고 나서 왼쪽으로 치우치게 잡아당긴다. 마찬가지로 이때에도 치료사가 도움을 줄 수도 있고 주지 않을 수도 있다. 치료사는 환자가 각 자세를 고정시킨 채 몇 초 동안 유지해야 하는지와 반복의 횟수를 정해 준다.

전통적인 조음치료 과소운동형 마비말장애 환자의 부정확한 자음 산출을 치료하기 위하여 전통적인 조음치료법을 이용할 수 있다. 이 치료법은 환자가 자신의 조음 오류를 보다 인지하고 최상의 음소 산출을 연습하는 데 초점을 둔다.

- **말명료도 연습**—Yorkston, Beukelman과 Bell(1988)이 처음 언급한 바와 같이, 말명료도 연습은 환자에게 단어 또는 문장 목록을 주고 읽어 보도록 하는 과제이다. 임상가는 환자로부터 돌아서서 오로지 환자가 정확하게 조음한 경우에만 환자의 말을 이해할 수 있도록 한다. 목표 단어 목록이나 환자의 입을 보지 않기 때문에 임상가는 목표 단어를 이해하기 위해 전적으로 환자의 조음에 의존해야 할 것이다. 만약 임상가가 목표 단어를 이해할 수 없다면, 환자는 왜 그 단어가 불명료한지 파악하고 다시 말해 보기 위해 노력할 필요가 있다. 만약 이러한 두 번째 시도도 실패하면 임상가는 목표 단어를 보고, 왜 자신이 해당 발화를 이해할 수 없었는지 환자에게 구체적인 피드백을 줄 수 있다(예: "나는 'l'을 들을 수가 없어서 당신의 말이 *sleep*인지를 알지 못했어요. 다시 한 번 해 보세요. 그리고 이번에는 제가 'l'을 들을 수 있도록 해 보세요").
- **조음점 지시법**—이 방법은 환자가 목표음을 산출하려고 하기 전에 조음기의 정확한 위치를 환자에게 알려 줌으로써 조음 오류를 치료한다. 조음점 지시는 특정 말소리가 어떻게 산출되는지 환자에게 알려 줄 수 있으므로 특히 유용하다. 많은 마비말장애 환자들은 자신이 부정확하게 말소리를 산출하고 있다는 것을 알지만 그러한 산출이 왜 잘못되었는지 잘 이해하지 못한다. 예를 들어, 조음점 지시 방법은 마비말장애 환자에게 왜 그가 산출한 /d/가 실제로는 /z/에 가까운지, /p/ 소리가 /b/처럼 되었는지 알려 줄 수 있다.
- **과장되게 자음 발음하기**—**과장된 조음**(overarticulation)으로도 알려져 있는 이 방법은 환자에게 모든 자음을 최대한 완전히 조음하도록 가르치는 치료법이다. Darley 등(1975)은 대부분의 환자들의 경우 연결 발화에서 정확하게 조음이 되지 않는 중성과 종성 자음에 특히 초점을 둘 필요가 있다고 제안

하였다. 과소운동형 마비말장애 환자가 단어 내의 중성과 종성 자음을 최대한 완전하게 조음할 때 말명료도의 향상은 눈에 띄게 달라질 수 있다.

- **최소대립쌍 연습**—이 훈련은 단지 1개의 음소만 바꾼 단어짝의 반복 산출에 초점을 두는 것이다. 단어 간의 변별은 유성(*park–bark*), 자음의 산출 방법(*pine–mine*), 또는 산출 위치(*sea–she*)가 될 수 있다. 이러한 변별은 모음 간에도 가능하지만(*man–men*), 보통은 자음으로써 환자들 대부분의 말명료도를 더욱 증진시킬 수 있다. 이러한 단어짝은 특정 환자의 필요에 따라 단독으로, 구에서, 또는 문장 내에서 사용될 수 있다.

발성

많은 과소운동형 마비말장애 환자들은 성대를 부분적으로 내전시키기 때문에 말할 때 거칠거나 숨 새는 음성이 발생한다. 이러한 비정상적인 목소리와 함께 호흡량이 부족하면 목소리의 크기 또한 심하게 작아질 수 있다. 과소운동형 마비말장애의 발성 치료법은 대부분 이완형 마비말장애 환자에게 사용되었던 방법과 유사하다. 활동은 성대가 보다 완전하게 내전될 수 있도록 발성력을 향상시키는 데 초점을 두고 있다.

- **밀기 및 당기기**—이 기법은 가슴과 목 근육의 수축을 전반적으로 증가시킴으로써 성대 내전을 돕는 방법이다(Ramig, 1995). 후두 근육의 수축을 향상시키는 데 초점을 두었던 이완형 마비말장애와 달리, 과소운동형 마비말장애에서는 후두 근육의 제한된 움직임을 치료하기 위하여 사용된다. 환자로 하여금 앉아서 의자의 팔걸이를 힘주어 밀거나 무거운 탁자의 가장자리 부분을 당기면서 모음을 연장하게 한다.
- **강한 성문 접촉**—어떤 환자들은 강한 성문 접촉을 하면서 발화를 시작할 때 더 좋은 질의 발성을 보일 수 있다(Dworkin & Meleca, 1997). Dworkin(1991)은 이 방법에 대한 전체적인 연습을 설명하였다. 기초 단계는 환자에게 깊이 숨을 들이마신 후 참고 있다가 힘을 주어 /a/를 발성하도록 하는 것

이다. 말하는 동안 지속적으로 강한 성문 접촉을 하는 부작용을 피하기 위해 이와 같은 강한 발성은 가급적 빨리 보다 정상적인 음질로 수정되어야 한다.

- **확성기**(voice amplifier) **사용하기**—작은 휴대용 확성기는 숨 새고 작은 목소리를 내는 사람에게 유용한 도구일 수 있다. 이 기계의 마이크에 대고 말을 하면 소리가 증폭되어 나오고 볼륨을 조절할 수 있다. 사용하기에 간편하기는 하지만, 마이크를 입에서 얼마나 떼어야 하는지, 볼륨을 어떻게 조절하는지에 대하여 간단한 교육이 필요할 것이다. 저자는 이전에 시험적으로 목소리가 매우 작았던 한 파킨슨병 환자에게 확성기의 사용을 권한 적이 있다. 아이러니하게도 그 환자의 아내는 청력에 문제가 있었다. 일단 확성기 사용법을 배운 후에는 더 이상 언어치료에 정기적으로 올 필요를 느끼지 못할 정도로 환자와 아내 모두 만족도가 매우 컸다.
- **기계를 이용한 바이오피드백**—음도, 음성 크기, 말 속도 등에 대한 시각적 또는 청각적 피드백을 위하여 다양한 전자 기계를 사용할 수 있다. 불이 켜지고 내장 마이크가 소장된 작은 장치인 Vocalite를 한 예로 들 수 있다. 환자의 음성 크기가 일정 수준에 도달하면 불이 켜지고 일정 수준 이하로 작아지면 불이 꺼진다. 그리고 일정 수준 이상으로 환자의 음성 크기가 유지되면 불이 다시 켜진다. Vocalite의 음성 크기 수준은 각 환자의 필요에 따라 조정이 가능하다. Vocalite 이외에도 유사한 시각적 피드백을 제공받기 위하여 다양한 컴퓨터 프로그램을 이용할 수도 있다. 컴퓨터에 연결된 마이크에 소리를 내면 모니터에 소리의 크기가 표시되기 때문에, 말하는 동안 컴퓨터 스크린을 보면서 환자는 원하는 수준에 도달하도록 크기를 조절할 수 있다.

여러 연구에서 바이오피드백 기계를 이용하는 것이 과소운동형 마비말장애를 치료하는 데 효과적이라고 보고하였다(Johnson & Pring, 1990; Rubow & Swift, 1985; Scott & Caird, 1983). 그러나 기계를 사용하여 효과를 볼 수는 있으나 치료실 밖의 상황으로 일반화하는 데에도 효과적이라고 단언하기는 어렵다. Rubow와 Swift(1985)는 치료실에서 효과를 보였던 환자들이 치료실 밖으로 일반화하지는 못했다고 보고하였다. 바이오피드백 기계를 사용한 치료에 대한 일반화 문제는 단지 과소운동형 마비말장애 환자에게만 국한된 것은 아니며, 모든 말·언어장애의 치료에서 흔히 볼 수 있는 제한점이다.

- **리 실버만 음성치료(Lee Silverman Voice Treatment)**—이 치료법은 Ramig 등(1995)이 고안한 음성 강화 프로그램이다. 이 프로그램은 특발성 파킨슨병 환자들의 구어 문제에 효과가 있다고 여러 연구에서 보고되었다(Liotti et al., 2003; Sapir, Spielman, Ramig, Story, & Fox, 2007; Spielman, Ramig, Mahler, Halpern, & Gavin, 2007). 리 실버만 음성치료는 집중적인 프로그램으로, 최대로 힘주어 발성하도록 일일 스케줄에 따라 파킨슨증 환자를 교육하고 "크게 생각하기(THINK LOUD)"를 끊임없이 상기시킨다.

  1. 목소리 크기를 증가시키는 데에만 집중한다. 조음 오류와 다른 구어 결함은 이 치료 회기에서는 직접적으로 다루어지지 않는다. 부차적인 치료 과제를 포함시키는 것은 치료를 더 복잡하게 만들 뿐이며, 큰 목소리로 힘주어 말하는 것만으로도 대개 조음 정확도가 향상되는 긍정적인 효과가 수반될 수 있다.
  2. 환자에게 힘주어 발성하는 것을 수차례 반복시킨다. 정상적인 음성 크기, 음질, 길이로 발성하는 것을 강조한다. 최대한 힘주어 모음을 연장하는 것으로 시작하고 그다음 단어, 문장, 자발화로 확장시킨다.
  3. 치료 회기는 매일매일 반복되어야 한다. 한 달에 총 16회의 개별 치료 회기 동안 50~60분은 치료사가 주도해야 한다(그룹 치료는 권하지 않는다). 하루 중 그 이외의 시간 동안에는 가정에서 해야 하는 지시 사항이 환자들에게 주어진다.
  4. 정상적인 음성 크기에 도달하기 위하여 환자의 음성이 "측정되어야(calibrated)" 한다. 파킨슨증이 있는 많은 환자들이 소리 크기에 대한 감각

지각의 문제를 가지고 있는 듯하다. 정상적인 소리 크기로 말하면 환자들은 종종 소리치는 것같이 들린다고 말한다. 이러한 감각 문제를 해결하기 위하여 환자가 발성한 소리가 청자에게 실제로 어떻게 들리는지에 대한 피드백을 제공하고, 힘주어 산출하는 동안 그 크기가 어떻게 느껴지는지를 인식하게 할 필요가 있다.

5 진전이 양적으로 평가되어야 한다. 즉, 치료 기간 내내 환자의 수행력에 대한 객관적인 평가가 이루어져야 한다. 보통 음성 크기에 대해서는 소음 측정기(sound pressure level meter)를, 음성 질에 대해서는 녹음기를, 발성 길이에 대해서는 초시계를 사용하여 객관적인 평가 자료를 얻을 수 있다.

이 프로그램에 사용되는 치료법은 실제적으로 새로운 것은 아니다. 밀고 당기기 기법, 입 크게 벌리기, 모델링하기, 반복 훈련하기 등과 같이 전통적인 치료법이 포함되어 있다. 이 프로그램이 다른 방법들과 차별적인 점은 치료 과제들이 단계적으로 제시되는, 집중적인 방법이라는 점이다. 프로그램의 모든 단계가 Ramig을 비롯한 개발자들에 의해 고안되었기 때문에 워크숍에 참석하여 리실버만 음성치료 프로그램의 자격증을 받아야 한다.

호흡

얕은 숨을 쉬어 호흡량이 부족해지는 것은 구문을 짧게 하고 음성 크기를 작게 만들며 숨 새는 음성을 야기하는 원인일 수 있다. 과소운동형 마비말장애의 호흡 치료는 이완형 마비말장애의 치료에서 사용하였던 것과 많은 부분이 유사하다.

- **숨을 내쉴 때 즉시 말하기**—얕은 호흡으로 인하여 과소운동형 마비말장애 환자들의 많은 경우 성문하압의 양이 매우 부족해진다. 호기 후 즉시 발성을 시작하라고 지시함으로써 성문하압을 좀 더 낭비하지 않고 사용할 수 있게 된다. Swigert(1997)에 의하면 이 치료법의 첫 단계는, 환자로 하여금 손을

복부 위에 놓고 /m/ 소리를 발성하기 시작하면 그 순간 호기로 인하여 손이 점차 아래로 내려가는 것을 느끼게 하는 것이다. 필요하다면 환자의 손 위에 치료사의 손을 겹쳐 놓고 환자가 발성을 시작하는 순간에 대하여 알려준다.

- **완전히 흡기하도록 지시하기**—말하기 전에 충분히 흡기하도록 상기시켜 주는 것만으로도 때로는 얕은 호흡이 호전되기도 한다. 치료 초기부터 치료사는 충분히 흡기하도록 빈번하게 말해 주어야 할 것이다. 궁극적인 목표는 일상적인 대화 시보다 깊이 숨을 들이마시는 것이 습관화되도록 하는 것이다. 성문하압을 최대한 효율적으로 사용하기 위해서는, 충분히 흡기하고 호기 후 즉시 말하는 것을 둘 다 상기시키는 것이 보다 효과적일 것이다.
- **천천히 조절하여 호기하기**—단순히 환자에게 충분히 흡기한 후 천천히, 균일하게 호기하도록 지시하는 방법이다. 초시계를 이용하여 호기 시간을 재는 것도 좋은 방법이다. 여러 차례의 치료 회기를 통해 호기 시간을 늘리고 호기의 흐름을 균일하게 만드는 것이 목표이다. Dworkin(1991)은 이 방법을 응용한 치료법을 제시하였는데, 환자는 충분히 흡기한 후 3초 동안 천천히 숨을 내쉬다가 약 1초 동안 숨을 참는다. 그러고 나서 계속하여 숨을 내쉰다. 한 번의 흡기 후 숨을 참다가 세 번에 나누어 호기하게 함으로써 과제의 난이도를 높일 수도 있다.
- **한숨에 다 말하지 않기**—호흡 근육의 모순 운동으로 인하여 과소운동형 마비말장애 환자들은 얕은 호흡을 보이기도 한다. 일반적으로 이러한 환자들은 허용된 성문하압보다 더 오랜 시간 말을 하려는 경향이 있다. 그 결과 잔류 공기를 사용하여 말하게 되고, 이 때문에 거친 음질, 음성 크기의 감소, 말속도의 증가가 초래될 수 있다. 따라서 환자는 공기를 다 사용하기 전에 발화를 멈추는 것을 배울 필요가 있다. 처음에는 치료사가 발성을 멈추고 다시 흡기를 하라는 구어적, 시각적 단서를 제공하다가, 점차적으로 치료사의 지시 없이 환자 스스로가 잔류 공기를 사용하여 말하기 전에 발성을 멈추는 데 익숙해지도록 한다.

- **최적의 호흡 그룹**—이 방법은 한숨에 다 말하지 않기 절차와 유사하다. 환자에게 1회의 호기로 얼마나 많은 음절이나 단어를 명료하게 말할 수 있는지를 알려 준다(Linebaugh, 1983). 일단 기초선이 확립되면 흡기를 더 깊게 하기, 호기를 더 조절하기, 호기 후 즉시 말하기 등의 방법을 사용하여 호흡 주기의 간격을 늘리도록 한다.

운율

앞에서 언급하였듯이 운율은 말 속도를 늦춤으로써 향상될 수 있다. 말 속도 조절 이외에 보다 자연스러운 운율을 만들기 위하여 사용할 수 있는 다른 몇 가지 방법에 대하여 설명하겠다.

- **억양 프로파일**—이 과제는 쓰인 문장 내의 억양 변화를 보여 주기 위해 선을 사용한다. 단어의 아래에 있는 선은 단조로운 억양을 의미한다. 단어보다 더 아래로 내려간 선은 음도를 떨어뜨려야 함을 알려 주는 것이다. 단어 위의 선은 음도를 올려야 함을 나타낸다. 이러한 선들은 해당 문장이 평서문이든 의문문이든 간에 쓰인 문장에 쉽게 그릴 수 있다. 대부분의 환자의 경우, 이러한 과제는 짧고 단순한 문장에서 시작하여 긴 문장으로 이행하는 것이 좋다. 궁극적인 목표는 환자가 구조화된 활동 내에서 산출하는 음도 변화를 받아들이고 대화에서 이를 사용하도록 하는 것이다.
- **대조 강세 연습**—이 과제는 임상가의 질문에 대해 환자가 핵심 단어에 강세를 두어 의도된 의미를 전달하며 대답하도록 구성되어 있다(McHenry, 1998). 예를 들어, 임상가는 남자가 축구를 하는 그림을 보여 주면서 다음과 같이 질문할 수 있다. "남자가 야구를 하고 있나요?" 환자는 "아니요, 남자는 축구를 하고 있어요"라고 대답할 것이다. 임상가의 다음 질문은 이렇다. "여자가 축구를 하고 있나요?" 이 질문에 대한 환자의 대답은 이럴 것이다. "아니요, 남자가 축구를 하고 있어요." 세 번째 질문은 이렇다. "남자는 축구를 보고 있나요?" 환자는 대답할 것이다. "아니요, 남자는 축구를 하고 있어요."

이러한 과제를 위한 질문의 길이와 그림의 복잡성은 환자의 능력에 맞춰 쉽게 바꿀 수 있다.

- **구문 단위로 발화 묶기**—Duffy(2005)는 마비말장애 환자의 일부는 문장 내에서 그리고 문장 간에 정상적인 쉼(pause)을 둠으로써 본인의 발화를 나누는 것을 배울 필요가 있다고 언급하였다. 이는 마비말장애로 인해 한 번의 호기에 산출할 수 있는 단어의 숫자가 제한되기 때문에 훈련할 필요가 있다. 이러한 제한성을 보상하기 위해 자연스럽게 구문적 쉼이 있는 발화의 지점에서 숨을 들이마시도록 다음과 같은 과제로 훈련해야 한다. 이러한 자연스러운 쉼의 예로 도입 절 또는 구 이후["아침에 (흡기) 나는 상점에 장을 보러 갔다."], 절 또는 구 사이["그녀는 거기에 갔다. (흡기) 그러나 나는 그녀를 놓쳤다."], 단문 사이["나는 영화를 봤다. (흡기) 그것은 매우 좋았다."]를 들 수 있다. 발화 내에서 정상적인 쉼이 일어나는 지점에 숨 들이마시기를 삽입함으로써 과소운동형 마비말장애 환자는 자신의 말에서 더욱 자연스러운 리듬을 유지할 수 있게 된다. 이러한 리듬은 발화 중에 환자가 무턱대고 숨을 들이마시면 깨질 수 있다.

과소운동형 마비말장애 요약

- 어떠한 과정에서든 기저핵이 손상되면 과소운동형 마비말장애가 초래될 수 있다. 과소운동형 마비말장애는 파킨슨증과 매우 밀접한 연관이 있는데, 파킨슨증은 특발성 파킨슨병, 약물 유발성 파킨슨증 등을 모두 포함하는 포괄적인 용어이다.
- 파킨슨증의 증상은 떨림, 운동느림증, 근육 경축, 운동불능증, 비정상적인 자세반사이다.
- 과소운동형 마비말장애의 가장 흔한 원인은 특발성 파킨슨병이다. 이 병은 기저핵의 선조체라고 하는 부분에서 신경전달물질인 도파민의 양이 부족

한 것이 원인이다.

- 과소운동형 마비말장애의 말 특성은 거친 음질, 강세의 감소, 단조로운 음성 크기, 부정확한 자음이다.
- 과소운동형 마비말장애의 치료는 조음의 정확성, 호흡량의 증가, 자연스러운 운율의 확립에 초점을 둔다. 빠른 말 속도를 보이는 환자는 속도 조절 과제로 효과를 보는 경우가 많다.

연구 문제

1 과소운동형 마비말장애를 정의하시오.
2 파킨슨증의 특징적인 증상은 무엇인가?
3 흑질과 선조체가 파킨슨증과 어떤 관련이 있는지 설명하시오.
4 L-dopa란 무엇인가?
5 L-dopa의 부작용에는 어떤 것이 있는가?
6 뇌염후 파킨슨증이란 무엇인가?
7 특발성 파킨슨증에서 치매가 발생할 확률은 몇 %인가?
8 과소운동형 마비말장애가 보이는 가장 흔한 발성 결함은 무엇인가?
9 빠른 말 속도를 보이는 환자에게 사용할 수 있는 속도 조절 치료법 두 가지를 설명하시오.
10 과소운동형 마비말장애에서 흔히 보이는 거칠거나 숨 새는 음성을 감소시키기 위해 사용할 수 있는 치료 방법 두 가지를 설명하시오.

CHAPTER 9

과다운동형 마비말장애

이 장의 개요

- 과다운동형 마비말장애의 정의
- 과다운동형 마비말장애의 신경학적 기초
- 과다운동형 마비말장애의 원인
- 과다운동형 마비말장애의 핵심 평가 과제
- 과다운동형 마비말장애의 치료
- 과다운동형 마비말장애 요약
- 연구 문제

과다운동형 마비말장애의 정의

과다운동형 마비말장애의 원인 질환은 너무도 다양하여 정의하기가 어렵다. 주로 파킨슨증에 의해 발생하는 과소운동형 마비말장애와 달리, 과다운동형 마비말장애는 많은 종류의 장애로 초래될 수 있다. 그러나 과다운동형 장애는 몇 가지 공통되는 요소가 있다. 대부분의 경우 기저핵의 기능 이상을 그 원인으로 꼽을 수 있고, 정상적인 말산출을 방해하는 불수의적 운동을 모두 가지고 있다. 과다운동형 마비말장애에 대한 다음과 같은 정의는 이 장애를 야기하는 원인과 말산출에 미치는 영향에 대하여 설명한다.

> 과다운동형 마비말장애는 다른 말운동장애와 지각적으로 구별이 되는, 주로 기저핵 조절회로의 질환과 관련이 있는 독립된 말운동장애 그룹이라고 할 수 있다. 호흡, 발성, 공명, 조음의 어느 단계에든 영향을 미칠 수 있으나 운율에서 가장 두드러진 결함을 보이는 경우가 많다(Duffy, 2005, p. 217).
>
> 과다운동형 마비말장애는 다양한 부정확한 조음, 거친 목소리, 비정상적 운율 특성을 보인다. 학습된 운동을 계획하고 프로그래밍하는 데 중요한 역할을 하는 기저핵과 그 주요 경로의 손상, 즉 추체외로의 손상과 관련이 있다(Zraick & LaPointe, 1997, p. 251).

글자 그대로 "너무 적은 움직임(too little movement)"을 의미하는 **과소운동형** 마비말장애와 반대로, **과다운동형**(hyperkinetic) 마비말장애의 의미는 "너무 많은 움직임(too much movement)"을 뜻한다. 즉, 신체 여러 곳에서 나타나는 과다한 불수의적 움직임이 그 특징이다. 과다운동의 예로 무도병(chorea), 간대성근경련(myoclonus), 틱장애, 근긴장 이상증(dystonia), 본태 떨림(essential tremor)을 들 수 있다. 이러한 불수의적 움직임은 환자의 수의적 움직임을 방해하는 경우가 많다. 방해가 말산출 과정에서 나타나면 그 결과로 과다운동형 마비말장애가 나타나는 것이다. 과다운동형 마비말장애의 경우 통제할 수 없는 환자의 움직임을 관찰하는 것만으로도 정확한 진단을 내릴 수 있는, 유일한 마비말장애라고 할 수 있다(Duffy, 2005).

입술, 손, 성대에서 발생하는 작은 움직임부터 신체 여러 곳에서 나타나는 큰 움직임까지 다양한 불수의적 움직임이 있다. 모든 과다운동은 특징적인 움직임 패턴을 가지고 있기 때문에 말의 오류에도 변별적인 특징이 나타나게 된다. 예를 들어 간대성근경련의 빠르고 갑작스러운 근육 수축은 근긴장 이상증의 느리고 지속적인 근육 수축에서와는 다른 말 결함을 야기한다. 실질적으로 과다운동형 마비말장애는 다양한 말운동장애의 그룹으로, 각 장애는 과다운동장애와 연관이 있다. 그렇기 때문에 간대성근경련 또는 근긴장 이상증이 있는 환자들이 보이는 마비말장애를 기술할 때에는 단지 일반적인 용어로 과다운동형 마비말장애라고 하는 것보다, 구체적으로 간대성근경련 과다운동형 마비말장애 또는 근긴장 이상증 과다운동형 마비말장애라고 하는 것이 보다 명확할 것이다.

과다운동형 마비말장애의 신경학적 기초

과다운동형 마비말장애를 야기하는 많은 장애들은 기저핵의 결함과 관련이 있다. 앞 장에서 언급하였듯이 기저핵은 대뇌피질하에 있는 회색질 구조의 그룹으로, 운동 통제를 도와주는 역할을 한다(그림 9-1). 기저핵을 형성하는 개별적인 구조는 미상핵(caudate nucleus), 담창구(globus pallidus), 조가비핵(putamen)이다(Haines, 2002). 미상핵과 조가비핵은 동일한 신경세포를 많이 공유하고 기능적으로 밀접하기 때문에 이 둘을 합쳐서 **선조체**(striatum)라고 알려져 있기도 하다. 기저핵의 모든 구조는 그 구조뿐 아니라 중추신경계의 다른 부분들과도 매우 복잡하게 서로 연결되어 있다. 기저핵의 가장 중요한 신경 경로 중 하나는 대뇌피질에서 시작하여 기저핵으로 내려와 다시 대뇌피질의 피질운동 영역으로 거슬러 올라가는 신경 경로 연결고리이다. 이 경로를 “기저핵 조절회로(basal

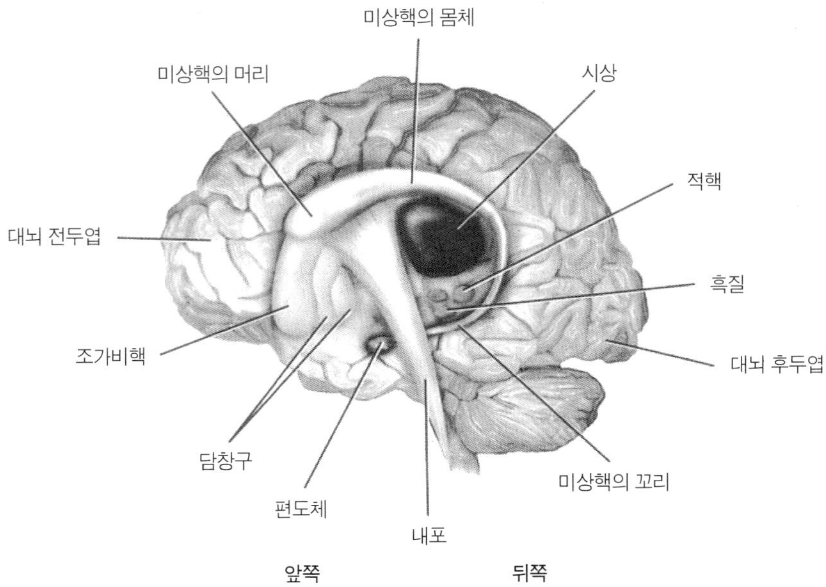

그림 9-1 많은 과다운동형 운동장애는 기저핵 손상과 관련이 있다. 그림은 뇌의 다른 영역과 관련된 기저핵(조가비핵, 미상핵, 담창구) 구조이다.

ganglia control circuit)"라고 한다(그림 9-2).

기저핵과 그 조절회로의 정확한 기능은 완전히 밝혀지지는 않았지만, 이 구조는 대뇌피질에서 일차적으로 계획된 거칠고 과장된 움직임을 정교화하는 데 중요한 역할을 한다고 알려져 있다. 제2장에서 논의하였듯이, 계획된 움직임의 운동 임펄스는 대뇌피질에서 기저핵(특히 선조체)으로 보내지는데, 거기에서 움직임은 보다 정교화된다. 계획된 움직임이 처리되면 기저핵의 담창구를 통해 시상으로, 그리고 다시 대뇌피질의 운동 센터로 되돌려 보내진다. 운동 센터에서 운동 임펄스는 상부운동신경으로 보내지고 최종적으로 하부운동신경으로 간다. 신경근육접합부(neuromuscular junction)에서 하부운동신경이 운동을 위한 신경 임펄스를 근육으로 전달하면 근육이 수축하고 운동을 시작하게 된다.

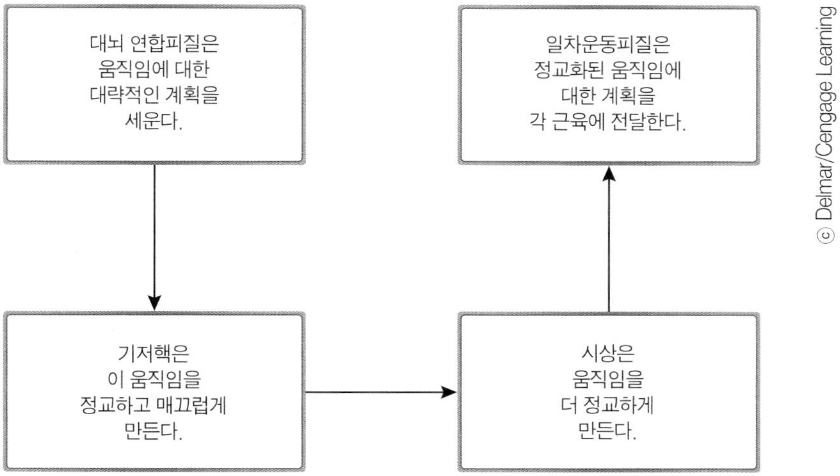

그림 9-2 기저핵 조절회로 도표

왜 과다운동이 발생하는가?

과다운동이 기저핵 결함과 관련이 있는 듯이 보이기는 하지만, 왜 불수의적 운동이 일어나게 되는지를 신경과학자들도 명확하게 설명하지 못하고 있다. 가장 큰 이유는 기저핵의 기능이 아직까지도 정확하게 밝혀지지 않았기 때문일 것이다. 모든 복잡한 메커니즘이 그런 것처럼, 정상적인 기능도 완전히 이해되지 않았는데 그것이 잘못 기능하게 되는 이유를 설명하기란 쉽지 않다.

과다운동에 대하여 여전히 알아내야 할 것들이 많이 남아 있기는 하지만, 기저핵의 기능에 대하여 몇 가지 중요한 것은 밝혀져 있다. 그중 하나는 기저핵과 관련한 다양한 장애가 대부분 움직임에 부정적인 영향을 준다는 것인데, 파킨슨증과 헌팅턴 무도병이 대표적인 예이다. 두 장애는 모두 기저핵과 관련이 깊지만 나타나는 운동 증상은 매우 다르다. 파킨슨증은 과소운동으로 경축과 제한된 움직임이 그 특징이지만, 그 반대로 헌팅턴 무도병은 과다운동으로 빠르고 춤추는 듯한 불수의적 움직임이 특징이다. 기저핵으로부터 시작한 두 장애는 어떻게 움직임에 그렇게 다른 영향을 주는가?

최근 가장 잘 알려진 것이 바로 이 파킨슨증 부분의 질문이다. 제8장에서도 논의되었듯이, 파킨슨증은 선조체 근처의 도파민을 생성하는 뉴런이 퇴화되어 발생하는 것이다. 이 뉴런이 퇴화되면 선조체에서 사용되는 도파민의 양이 줄어들고 결국 움직임의 감소가 초래된다. 따라서 파킨슨증 환자들은 경축, 운동느림증 등의 증상을 보이게 된다.

파킨슨증 증상은 도파민 부족으로 설명되지만 과다운동장애의 이유는 명확하지 않다. 그렇지만 과다한 불수의적 움직임 또한 기저핵의 도파민 또는 아세틸콜린의 불균형에 의해 초래되는 것으로 알려져 있는데, 이 불균형은 파킨슨증을 초래하는 것과 반대된다는 가설이 있다. 즉, 어떠한 이유로든 너무 많은 도파민이 기저핵에 방출되면 움직임을 더욱 자극하는 결과를 초래하게 된다는 것이다. 마찬가지로 어떠한 이유로든 너무 적은 아세틸콜린이 기저핵에 방출되어도 움직임을 더 자극하는 결과가 나타나게 된다. 과다운동은 두 가지 이유 중 하나에 의해 발생한다는 이 이론은, 파킨슨증 환자에게 L-dopa를 너무 많이 투여하면 과다한 도파민이 방출되어 과다운동이 발생하였다는 연구에 의해 지지된다(Wiederholt, 1995).

그렇지만 과다운동의 진정한 원인은 이 두 신경전달물질의 단순한 불균형 때문이라기보다는 좀 더 복잡한 이유에 의해 발생할 것으로 보인다. 기저핵이 매우 복잡한 구조라는 것은 선조체에만 100가지 이상의 신경 활동 화학물질이 있다는 사실만으로도 충분히 짐작할 수 있다(Brodal, 2010). 이와 같이 많은 화학물질들의 기능과 상호작용에 대해서는 알려진 바가 많지 않지만, 기저핵이 적절하게 기능하는 데 이 물질들이 다양한 역할을 할 것이라는 데에는 의심의 여지가 없다. 과다운동의 불수의적 움직임이 어느 정도는 신경화학물질의 기능이 방해를 받아 발생한다는 것은 여러 연구에 의해 보고되었다. 하지만 그 과정을 완전히 이해하는 것은 아직 요원한 일이다. 기저핵의 복잡한 기능이 보다 명확하게 밝혀질 때까지는 과다운동의 불수의적 움직임의 정확한 원인이 명확하게 설명될 수 없을 것이다.

과다운동형 마비말장애의 원인

몇몇 과다운동장애는 과다운동형 마비말장애를 초래할 수 있다. 앞에서 설명되었던 무도병, 간대성근경련, 틱, 본태 떨림, 근긴장 이상증은 대부분의 경우 기저핵의 결함, 기저핵 조절회로의 결함, 또는 둘 다의 결함과 관련이 있다. 퇴행질환, 외상 뇌손상, 뇌졸중, 감염과 그 이외의 원인들도 기저핵의 기능 손상을 초래할 수 있다. 그러나 본태 떨림과 같은 몇 가지 과다운동은 기저핵의 기능과 관련된 신경학적 병리현상과 관련이 있는 것 같지 않다.

과다운동장애와 관련이 있는 불수의적 움직임은 그 정도와 유형이 다양하다. 심한 경우 불수의적 움직임이 매우 뚜렷하고 신체 전반에 영향을 미쳐 걷기, 먹기, 말하기와 같은 활동이 실질적으로 불가능할 수 있다. 당연히 경도의 떨림만 있는 마비말장애와 전 근육에 과도한 불수의적 움직임이 있는 마비말장애 간에는 명백한 차이가 있다.

불수의적 움직임이 말을 산출하려는 환자의 노력을 방해한다는 것이 과다운동형 마비말장애에 대한 전반적인 인상이다(Duffy, 2005). 나아가 불수의적 움직임이 어느 정도 진정되면 말산출이 다시 정상화된다는 인상을 받는다. 각 과다운동장애와 관련된 과다운동형 마비말장애의 독특한 특성은 다음 부분에서 다룰 것이다. 이 가운데 무도병과 근긴장 이상증에서 나타나는 과다운동형 마비말장애에 대하여 보다 자세히 설명할 텐데, 그 이유는 이 두 마비말장애에 대한 자료가 가장 풍부하기 때문이다.

무도병

무도병은 사지, 몸통, 머리, 목에 무작위적으로 불수의적 움직임이 나타나는 운동장애이다. 무도병은 춤추는 듯한 움직임으로 간혹 묘사되는데, 그 이유는 불수의적 움직임이 매우 부드럽고(smooth) 협응적이기(coordinated) 때문이다. 실제로 *choreia*라는 용어는 그리스어로 춤(dance)을 뜻하고 *choreography*(안무)

라는 단어의 기원이기도 하다. 무도병에서 나타나는 움직임이 협응적으로 보이기는 하지만, 실제로는 예측 불가능하며 무의미한 움직임이다. 어떤 때는 급격하고 갑작스럽게 나타난다. 뒤틀리고, 매우 복잡하고, 순식간에 나타나는 불규칙한 움직임으로 무도병을 달리 설명하기도 한다. 약한 경우 움직임이 즉각적으로 드러나지 않을 수도 있으며, 단지 가만히 있지 못하고 안절부절못하는 사람이라는 인상을 주기도 한다. 불수의적 움직임이 빈번히 나타나지 않는 경우에는 턱을 긁는다든지, 팔을 뻗는다든지 하는 것과 같은 의도적인 제스처로 환자들은 그것을 숨기려고 할 것이다. 심한 경우에는 불수의적 움직임이 끊임없이 나타나다가 잠을 잘 때만 멈추기 때문에, 의도적으로 움직이려고 하는 거의 모든 시도를 방해한다. 따라서 대부분의 경우 걸을 때, 삼킬 때, 말할 때 등 많은 활동에 문제가 나타나게 된다.

시드넘 무도병

무도병 증상을 공통적으로 보이는 몇 가지 신경학적 질환이 있다. 이 중 하나가 시드넘 무도병(Sydenham's chorea)으로, 5~15세의 아이들에게서 나타나는 드문 질환이다. 이 질환의 다른 이름은 세인트 바이터스 춤(Saint Vitus' dance)인데, 류머티즘 감기를 앓은 아이들에게서 가장 많이 나타난다. 시드넘 무도병의 원인은 알려져 있지 않다. 기저핵의 과다한 도파민 방출로 인해 발생하는 것일 수도 있고, 또는 도파민 수용기(receptor)가 과민해져서 나타나는 것일 수도 있다. 이 질환의 40%의 아이들이 과다운동형 마비말장애를 보이는데, 다행히도 시드넘 무도병은 치료 없이도 3~4개월이면 대체로 완치된다.

헌팅턴병

헌팅턴병은 기저핵과 대뇌피질의 신경세포가 점차적으로 그리고 지속적으로 퇴화되면서 나타나는 진행 질환이다. 신경세포의 퇴화가 특히 기저핵의 미상핵과 조가비핵(선조체)에서 나타날 때 생긴다. 헌팅턴 무도병은 상염색체 우성형질의 유전병이다. 무도병이 있는 환자가 자손을 낳으면 유전될 확률은 50%이고, 인구 10만 명당 약 6명의 비율로 발생한다. 아동기나 청소년기에 질환의 초기 징후가 나타날 수도 있지만, 전형적으로 발병은 중년에 시작된다. 평균 생존 기간은 발병 후 14년 정도이지만 어떤 경우에는 25~30년까지도 생존할 수 있다.

헌팅턴병의 임상적 특징과 진전 형태는 매우 안타깝다. 가장 첫 번째 징후는 심하지 않은 인지적 결함으로 신경심리검사에서만 드러날 수 있다. 예를 들어 웩슬러 지능검사에서 몇 달 또는 몇 년에 걸쳐 수행력이 점차적으로 떨어진 후에야 다른 증상이 나타나기 시작한다. 성격 변화, 문제 해결력 결함, 단어 찾기 문제 등 심한 치매 증상이 나타나는 것을 피할 수 없다. 헌팅턴병 환자들은 결국 부주의하고 흐리멍텅한 채, 세상과 고립되어 의기소침하게 살아간다. 갑자기 화를 내기도 하고 자살 충동을 느끼는 경우가 흔하다. 인지적 퇴행과 함께, 기저핵의 신경세포가 퇴화됨에 따라 무도병이 신체 전반에 나타난다. 무도병은 의도적 활동을 방해하고, 그 결과 비틀거리는 걸음, 비협응적인 소근육 운동, 삼킴장애, 과다운동형 마비말장애가 나타난다. 이 질환의 후기에는 대부분의 환자들이 함묵증과 무동증을 보이며 침상에 누워 지내게 된다(Lechtenberg, 1982).

헌팅턴병의 신경세포 퇴화의 원인은 밝혀지지 않았다. 몇몇 가설이 있는데, 그중 하나가 과도한 글루탄산염 신경전달물질이 시냅스틈새에 비정상적인 대사 상태를 초래하여 신경세포를 죽인다는, "글루탄산염 흥분독성(glutamate excitotoxicity)"으로 알려진 과정이다(Brodal, 2010). 어떠한 경우든 신경세포의 손실은 기저핵의 신경전달물질 수용기의 퇴화를 초래하고 뇌의 중요한 효소와 신경 활동 화학물질의 감소를 초래할 것이다. 이와 같은 복잡한 신경학적 변화가 헌팅턴병의 여러 증상을 유발하는 것으로 여겨지지만, 어떻게 선조체의 신경세포 손실이 무도병을 초래하게 되는지는 명확하게 밝혀지지 않았다.

뇌졸중

드물기는 하지만 뇌졸중도 무도병의 원인일 수 있다고 알려져 있다(Warlow, 1991). 대개의 경우 뇌졸중이 기저핵 자체나 시상과 같은 기저핵에 인접한 피질하 영역에 영향을 미치는 경우 발생할 수 있다. 그 결과 발생하는 무도병은 흔히 "편무도병(hemichorea)"이라고 하는데, 그 이유는 뇌졸중이 있을 경우 뇌의 한 반구만 손상되는 경우가 많기 때문에 불수의적 움직임 병변의 반대쪽 신체에서만 나타나기 때문이다.

때때로 흑질 주변의 피질하 운동 뉴런의 집합체인 시상하핵에 뇌졸중으로 병변이 생기면 **편도리깨운동증**(hemiballism)으로 알려진 상태가 초래될 수 있다. 이 질환은 병변의 반대쪽 사지에 거칠고 불수의적인 움직임이 나타나는 특징이 있다. 편도리깨운동증은 무도병과는 다른 진단학적 분류에 속하지만, 때로는 무도병의 극단적인 유형으로 설명되기도 한다. 편도리깨운동증의 경우 자해와 탈진이 나타날 수도 있다. 대부분의 경우 약물치료가 효과가 있고 며칠, 몇 주, 혹은 몇 달 후에 자연적으로 회복되는 경우가 많다.

지연성 이상운동증

지연성 이상운동증(tardive dyskinesia)은 얼굴, 입술, 목에 무도병을 유발할 수 있는 운동장애이다. 어떤 경우에는 사지에 나타나기도 한다. 지연성 이상운동증은 특정 항정신병 약물을 장기간 복용하였을 경우에 발생한다. *tardive dyskinesia*라는 용어는 무도병의 불수의적 움직임이 오랜 약물 복용 후에 나타나기 때문에 적절한 용어로 보인다(*tardive*는 늦게 나타난다는 의미이고 *dyskinesia*는 수의적 운동의 장애를 뜻한다). 남자보다 여자에게서, 젊은 사람보다 노인에게서 더 발생하는 경향이 있다. 불행히도 대부분의 경우 약물 복용을 멈춘다고 지연성 이상운동증이 없어지지는 않는다. 때로는 약물 복용을 중단한 직후에 지연성 이상운동증이 나타나기도 하는데, 이러한 경우를 금단성 이상운동증(withdrawal-emergent dyskinesia)이라고 한다.

얼굴과 입술에 나타나는 불수의적 움직임은 강하게 입술 떼기(lip smacking), 혀 내밀기, 씹기, 찡그리기와 같은 형태를 보인다(Warlow, 1991). 이러한 움직임은 말산출에 필요한 정상적인 운동을 방해하기 때문에 과다운동형 마비말장애를 초래하게 된다. 약물이 어떻게 과다운동형 마비말장애를 발생시키는지는 정확하게 밝혀지지 않았지만, 아마도 기저핵 내의 특정 신경전달물질 수용기가 도파민에 과민반응하게 되었기 때문인 것으로 여겨진다. 과민반응을 하게 되면 기저핵에 분비된 도파민양은 정상일지라도 마치 기저핵은 도파민이 과다하게 방출된 것처럼 반응하고, 그 결과 지연성 이상운동증의 불수의적 움직임이 나타나는 것이다.

무도병의 다른 원인

그 밖에 다른 원인이 있을 수 있는데, 뇌의 무산소증과 일산화탄소 중독이 그 예이다. 이는 기저핵과 기타 관련 피질하 구조에 선택적으로 손상을 입히기 때문에 무도병의 증상이 전형적으로 나타나지는 않는다. 임신과 경구피임약 복용도 무도병을 일으킬 수 있지만 발병률은 매우 낮다.

무도병에서 나타나는 과다운동형 마비말장애의 말 특징

무도병은 말산출에 유의한 영향을 줄 수 있는데, 무도병의 정도에 따라 말에 얼마나 영향을 미치는지가 결정된다. 약한 무도병을 보이는 환자는 심한 환자보다 일반적으로 말의 오류도 더 적다. 실제로 매우 약한 정도의 무도병을 보이는 경우는 최소한의 말의 문제만을 보이고, 심한 경우는 보다 광범위하게 두드러진 말의 오류를 나타낸다. 오류의 특징은 다양할 수 있는데 그것은 보통 다음의 두 가지 이유 때문이다. 첫 번째 이유는 무도병의 불수의적 움직임이 얼굴, 목, 머리, 흉부 등 다양한 근육 부분에 영향을 미칠 수 있기 때문이다. 어떠한 근육이건, 무도병이 나타나는 근육을 움직여서 의도적인 운동을 해야 하는 경우에는 불수의적 움직임에 영향을 받지 않을 수 없다. 이 때문에 말산출에 필요한 모든 영역(조음, 발성, 호흡, 공명, 운율)이 과다운동에 어느 정도는 유사하게 영향을 받을 수 있다. 이 점은 다른 마비말장애와는 대조적인 특성인데, 과다운동형 마비말장애 이외에 다른 유형의 장애에서는 다른 영역보다 영향을 덜 받는 말 영역이 적어도 하나 정도는 있기 마련이기 때문이다. 예를 들어 경직형 마비말장애의 경우, 호흡은 발성과 조음보다 일반적으로 덜 영향을 받는다.

두 번째 이유는 과다운동이 예측할 수 없게 발생하기 때문이다. 과다운동이 나타나면 많은 근육에 영향을 미칠 수 있다. 이를테면 말을 하는 동안, 그것이 1분일지라도 입술과 혀 근육이 영향을 받을 수 있고, 발성 시 호흡 근육이 영향을 받아 갑작스러운 흡기가 야기될 수 있으며, 또는 여러 다른 근육이 영향을 받을 수 있다. 물론 말산출 시 필요한 모든 근육이 동시에 불수의적 움직임에 영향을 받을 수도 있다. 반면 무도병이 거의 나타나지 않는 짧은 순간이 있을 수도 있다. 이때 말을 하게 되면 짧은 순간일지라도 말소리가 매우 명료할 것이다.

다음 부분에서 말산출의 각 영역에 대한 무도병의 영향을 설명할 텐데, 이것은 Darley 등(1969a, b)이 무도병 환자 30명의 구어 오류를 분석하여 얻은 자료에 대부분 근거한 것이다. 무도병에서 나타나는 구어 오류의 순위는 표 9-1에 제시되어 있다. 단조로운 음성 크기와 과다한 음성 크기 변화 같은 모순적인 오류를 발견할 수 있다. 이러한 오류는 무도병의 가변성과 비예측성이라는 전형적인 특성을 반영하는 것이다. 동일한 환자에게 단조로운 음성 크기와 과다한 음성 크기의 변화가 각각 다른 때 나타날 수 있다. DVD 동영상에 있는 과다운동형

표 9-1 무도병 과다운동형 마비말장애 환자 30명에서 가장 흔히 나타난 말산출 오류

순위	말산출 오류	순위	말산출 오류
1	부정확한 자음	9	음소 연장
2	간격 연장	10	단조로운 음성 크기
3	가변적인 음도	11	짧은 구문
4	단조로운 음도	12.5	불규칙 조음 붕괴
5	거친 음질	12.5	과균등강세
6	부적절한 쉼	14.5	과다비성
7	모음 왜곡	14.5	강세 감소
8	과다한 음성 크기 변화	16	쥐어짜는 음질

출처: Darley, F. L., Aronson, A. E., & Brown, J. R. (1969a). Clusters of diagnostic patterns of dysarthria. *Journal of Speech and Hearing Research*, *12*, 260. Copyright 1969 by American Speech-Language-Hearing Association. 허락하에 인용함.

마비말장애 사례 1에서 무도병의 여러 가지 말 특성을 관찰할 수 있다.

운율

Darley 등에 의하면 무도병은 말산출의 다른 영역보다 특히 운율에 영향을 많이 미친다. 가장 두드러지는 두 가지 특성은 음절과 단어 사이의 **간격 연장**(prolonged intervals)과 **가변적인 말 속도**(variable rate of speech)이다. Duffy (2005)는 이러한 오류가 무도병의 비예측성과 불수의적 움직임을 보상하려는 환자의 노력 때문에 발생한다고 하였다. 예를 들어 말을 방해하는 불수의적 움직임이 나타나면 환자는 말을 일단 멈추고 그 움직임이 끝날 때까지 기다리게 되고, 이 때문에 음절과 단어 사이 간격이 연장될 수 있다. 혹은 환자는 또 다른 불수의적 움직임이 나타나기 전에 빨리 말을 끝내려고 서두를 수 있다. 이 때문에 말 속도가 빨라졌다 느려졌다 가변적이 되는 것이다. 그 밖에 다른 운율 결함으로는 **단조로운 음도**, **부적절한 쉼**, **단조로운 음성 크기**가 있다.

조음

Darley 등(1969a, b)의 환자들에게서는 **부정확한 자음 오류**, **모음 왜곡**, **음소 연장**이 가장 흔히 나타나는 조음 오류였다. 부정확한 자음 오류와 모음 왜곡은 정상적인 조음을 위한 의도적인 움직임에 불수의적 움직임이 나타나면 생길 수 있다. 예를 들어 인두 근육에 불수의적 수축이 나타나면 말을 할 때 성도의 모양을 변화시켜 모음이 왜곡될 수 있다. 음소 연장은 불수의적 움직임으로 인해 해당 조음 위치에서 정상적으로 필요한 것보다 더 오래 조음기들이 머물게 되면 나타날 수 있다.

발성

무도병은 발성에도 영향을 줄 수 있다. Darley 등(1969a, b)은 많은 환자들에게서 **거친 음질**, **과다한 음성 크기의 변화**, **쥐어짜는 음질**을 관찰할 수 있었다고 하였다. 이러한 발성 오류는 간헐적이고 불수의적인, 과다한 성대 내전 때문에 발생한다. 반대로 불수의적인 성대 외전은 잠시 동안이라도 **숨 새는 음성**을 야기할 수 있다. 실제로 무도병 환자들은 거칠거나 쥐어짜는 음질을 보이다가 그다음 말을 할 때에는 숨 새는 음성을 보이기도 한다. 앞에서 언급했듯이 이러한 가변성은 무도병의 비예측성으로 인한 것이다. 어떤 때에는 성대를 너무 내전시켰다가, 또 어떤 때에는 충분히 내전시키지 못하는 것이다. 또한 무도병은 발화 시 목소리가 간헐적으로 끊기는 **음성 끊김**(voice stoppage) 현상을 야기하기도 한다.

호흡

Darley 등(1969a, b)은 무도병 환자 가운데 6명이 빠르면서 **예측이 불가능한 흡기와 호기**(unexpected inhalation and exhalation)를 보였다고 보고하였다. 이와 같은 갑작스러운 호흡행동은 흉부나 횡격막에 나타나는 불수의적 움직임 때문에 발생한다. 심한 경우 이러한 호흡행동이 조용히 앉아 있을 때나 말을 하는 중간이나 어느 때든 나타날 수 있다. 말을 하는 동안에 나타나면, 하고 있는 말과 상관없는 엉뚱한 발성, 말의 중단, 짧은 구문 등이 야기된다. 성문하압의 갑작스러운 증가에 의하며 불수의적 호기가 나타나면 과다한 강도의 변화가 나타날 수도 있다.

공명

Darley 등(1969a, b)의 환자 가운데 13명은 **과다비성**(hypernasality)을 보였다. 공명 문제는 불수의적 움직임으로 인해 정상적인 연구개 상승 시간이 변했기 때문에 발생한다. Duffy(2005)는 무도병에서 나타나는 과다비성은 대개 간헐적인데 이것 또한 무도병의 불수의적 움직임의 비예측성 때문이라고 하였다. 비음 산출 시 불수의적인 연구개운동이 연인두를 폐쇄시키면 잠시 동안 과소비성이 나타날 수 있다.

무도병에서 나타나는 과다운동형 마비말장애의 말 특징

무도병의 과다운동형 마비말장애에서 나타날 수 있는 여러 가지 말 특성이 있다. 특성이 너무 많아 초보 치료사들은 혼란스러울 수도 있을 것 같다. 이해를 돕기 위하여 무도병 환자들에게 일반적으로 나타나는 가장 두드러지는 말 특성을 다음에 요약해 놓았다(Duffy, 2005).

- 음절과 단어 사이의 간격 연장
- 가변적인 말 속도
- 부적절한 쉼
- 과다한 음성 크기의 변화
- 음소 연장
- 빠르고 짧은 흡기와 호기
- 음성 끊김
- 간헐적으로 나타나는 숨 새는 음성

간대성근경련

간대성근경련(myoclonus)은 근육의 일부, 근육 전체, 또는 여러 근육에 짧고 불수의적인 수축이 나타나는 과다운동장애이다. *myo*는 "근육(muscle)"을, *clonus*는 "수축과 이완의 변화"를 뜻한다. 근육 수축은 불규칙적인 패턴으로 나타날 수도 있고 좀 더 리드미컬하게 나타날 수도 있는데, 의식적으로 제어할 수 없는 현상이다. 간대성근경련은 여러 질병에 동반되어 나타날 수 있는데, 신부전, 간질, 무산소증, 뇌졸중, 외상 뇌손상, 알츠하이머병 같은 진행성 신경질환, 크로이츠펠트-야콥병과 같은 질병이 그 예이다. 물론 밝혀지지 않은 원인으로 발생할 수도 있다. 간대성근경련이 항상 장애를 야기하는 것은 아니다. 거의 모든 사람이 잠을 자다가 대수롭지 않은 간대성근경련을 경험한 적이 있는데, 가끔 잠에 빠져들기 직전에 몸 전체가 갑작스럽게 움찔하는 것과 같은 느낌이 그것이다.

국소적인 간대성근경련은 특정 근육이나 신체 일부에 수축이 나타나는 것이다. 눈 주변에 불수의적 수축이 나타나는 **편측 안면연축**(hemifacial spasm)이 국소 간대성근경련의 좋은 예이다. 이러한 수축은 다른 근육으로 퍼져 같은 쪽의 얼굴 전체 근육에 영향을 주기도 한다. 흔한 장애이고 통증을 수반하지는 않지만 사회생활에서 당황스러울 수 있다.

국소 간대성근경련의 또 다른 예는 **구개인두후두근육간대경련**(palatopharyngolaryngeal myoclonus)인데, "구개근육간대경련(palatal myoclonus)"이라고도 한다. 편측 안면연축과 달리 이 장애는 드물게 나타난다. 구개인두후두근육간대경련은 그 이름에서도 알 수 있듯이 연구개, 인두, 후두에 불수의적 근육 수축이 나타나는 것이다. 수축은 상당히 리드미컬하고 1초에 약 1~3회 정도 발생하며, 이러한 증상은 잠을 자는 동안에도 나타난다(Warlow, 1991). 뇌간에 발생한 뇌졸중이 원인일 가능성이 가장 많고 소뇌 병변, 뇌염, 종양도 원인일 수 있지만, 많은 경우 정확한 원인을 모른다.

연구개 수축은 구개인두후두근육간대경련에서 가장 자주 관찰되는 움직임이다. 짧고 빠르게 연구개를 올리면서 수축하는 증상이 쉽게 관찰될 수 있다. 인두의 수축은 인두벽의 리드미컬한 움직임 형태로 나타날 수 있다. 흥미로운 것은 이 인두벽의 수축이 유스타키오관을 반복적으로 열었다 닫았다 하여 딸깍거리는 소리(audible clicking sound)가 들린다는 것이다(이 경우 환자는 매우 신경이 쓰인다). 후두에 나타나는 수축은 간혹 목 근육의 경련처럼 보일 수 있다. 구개인두후두근육간대경련은 말산출에 밀접한 영향이 있을 것으로 짐작되기는 하지만 그 특성이 명확하게 밝혀지지는 않았다. 매우 심한 경우에만 말에 영향을 주는 것으로 알려져 있는데, 그 이유는 일반적으로 수축이 너무 빠르고 강도가 약하기 때문이다(Duffy, 2005). Darley, Aronson과 Brown(1975)은 간대성근경련이 말에 영향을 미치는 경우, 간헐적인 과다비성, 부정확한 자음, 짧은 음성 끊김 등의 증상이 나타날 수 있다고 하였다.

틱장애

틱(tic)은 일정 시간 동안은 수의적으로 조절이 될 수도 있지만, 그럼에도 불구하고 하고자 하는 충동 때문에 결국 빈번히 나타나게 되는 빠른 운동장애이다. 환자들은 어느 정도의 시간 동안 틱을 억제할 수는 있지만, 음직임을 하려는 충동에 저항할 수 없게 되어 결국은 틱을 하게 된다고 보고하였다. 틱에는 운동 틱과 음성 틱의 두 가지가 있다. 가장 흔한 운동 틱은 반복적인 눈 깜박거림, 짧게 얼굴 실룩거리기, 찡그리기와 같이 얼굴에 나타나는 움직임이다. 그러나 손 제스처, 쭈그리고 앉기, 발로 차기, 깡충 뛰기, 어깨 으쓱하기와 같이 좀 더 두드러지고 복잡한 움직임 형태로 나타날 수도 있다. 음성 틱은 헛기침하기, 킁킁거리는 소리 내기, 개 짖는 소리 내기 등의 형태를 보이고, 소리치고 욕설을 내뱉는 것과 같이 극단적인 형태를 보이기도 한다. 스트레스는 이러한 틱행동의 빈도를 증가시키곤 한다.

어떤 경우 경도의 뇌손상, 약물에 대한 부작용이 틱의 원인으로 추측되기도 하지만 대부분의 경우 명확한 중추신경 결함은 발견되지 않는다(Lechtenberg, 1982). 특발성 틱은 전체 아동의 10~12% 정도에서 발생하고 대개 눈 깜박거림이나 다른 얼굴 움직임 형태로 나타난다. 아동들에게서 나타나는 이러한 틱은 1개월 이내 또는 심한 경우는 약 1년 가까이 지속되다가 저절로 없어지는 경우가 대부분이다. 그러나 그 이상 지속되는 경우도 있는데, 이때 시간이 지나면서 한 가지 유형에서 다른 유형으로 틱의 형태가 바뀌면서 나타나기도 한다.

운동 틱과 음성 틱의 복합된 형태는 1825년 처음 발견된 드문 운동장애인 **뚜렛 증후군**(Gilles de la Tourette's syndrome)의 네 가지 임상적 특성 중 하나이다. 뚜렛 증후군의 다른 세 가지 특성은 14세 전에 증상이 발생하고, 증상이 서서히 나타났다가 사라지고, 시간이 지나면서 형태가 변화하고 발전된다는 것이다(Lechtenberg, 1982).

특정한 구조적인 원인은 밝혀지지 않았지만 미세한 신경학적 비정상이 보고되기도 하였다(Wiederholt, 1995). 뚜렛 증후군의 원인에 대한 가설 중 하나는 선조체의 도파민 수용기가 과민해져서 발생한다는 것이다. 환자들의 약 35%에서 가족력이 있고, 유병률은 인구 10만 명당 약 3명으로, 보통 여아보다 남아에서 더 많이 나타난다. 뚜렛 증후군으로 진단을 받은 대부분의 아동들이 10세 정도에 증상이 명확하게 나타났다.

뚜렛 증후군에서 보이는 운동과 음성 틱의 복합 형태는 앞에서 언급하였던 틱의 어떠한 형태로든 나타날 수 있다. 뿐만 아니라 동어반복증(palilalia, 자기 말의 강박적인 반복)이나 반향어(echolalia, 다른 사람 말의 강박적인 반복)와 같은 음성 틱이 나타나기도 한다. 뚜렛 증후군은 강박행동(obsessive-compulsive behaviors)을 동반하는 경우가 흔하다.

본태(또는 구조적) 떨림

본태 떨림(essential tremor)은 떨림 형태의 움직임을 유발하는 경한 과다운동장애이다. 흔히 본태성(essential)과 기질적(organic)이라는 용어가 이 장애를 가리키는 동의어로 사용되는데, 두 용어 모두 명백한 외부적 원인이 없다는 것을 의미한다. 신경학자들은 본태 떨림을 인구 10만 명당 약 300명에서 발생하는 가장 흔한 과다운동장애로 보고하고 있다. 대개 40~50대에 첫 증상이 나타나지만 그보다 더 젊은 연령이나 노인층에서 나타날 수도 있다. 환자들의 약 50%에서 가족력이 보고되었기 때문에 간혹 가족성 떨림(familial tremor)이라고 불리기도 한다.

손, 팔, 머리에서 가장 빈번하게 나타난다. 컵을 입으로 가져갈 때, 손을 뻗어 물건을 잡을 때와 같이 활동을 하려 할 때 가장 두드러지기 때문에 활동 시 떨림(action tremor)이다. 휴식 시에는 떨림이 완화되거나 없어지고, 스트레스와 피로는 떨림을 악화시킨다. 대부분의 경우 서서히 시작되지만 갑작스럽게 시작되기도 한다. 일단 떨림이 나타나기 시작하면 대개는 느린 속도로 점점 악화된다. 그 이름에서도 볼 수 있듯이 장애와 관련된 특정 병변을 찾을 수는 없지만, 간혹 편측 안면연축과 국소 근긴장 이상증이 동반되어 나타나기도 한다. 파킨슨증으로 오해되기 쉬운데, Wiederholt(1995)는 파킨슨증에서 나타나는 휴식 시 떨림과 본태 떨림을 변별할 수 있는 세 가지 차이점을 제시하였다.

- 본태 떨림은 파킨슨증의 떨림보다 더 빠르다

- 본태 떨림은 휴식 시 없어지는 활동 시 떨림이고, 파킨슨증의 떨림은 활동 시 완화되는 휴식 시 떨림이다.
- 본태 떨림 환자들은 운동느림증, 운동불능증, 치매와 같은 다른 신경학적 증상을 동반하지 않는다.

본태 **음성 떨림**(voice tremor)은 본태 떨림 환자 가운데 약 20%에서 나타나는데[Jankovic, 1990, Duffy(2005)에서 인용], 부들부들 떨리는 목소리가 특징이다. 이와 같은 목소리는 후두의 수직적 움직임과 함께 성대에 리드미컬하고 불수의적인 수축이 발생하였기 때문인 것으로 보이는데(Aronson, 1990), 보통 1초당 약 6회 비율로 수축이 발생한다. 심한 정도는 다양하다. 증세가 경한 경우, 대화 시에는 활발한 성도의 움직임 때문에 드러나지 않다가 모음 연장 시에만 나타날 수 있다. Duffy(2005)는 약한 본태 음성 떨림 환자의 경우 목소리가 떨린다는 것을 인식하지 못할 수도 있다고 하였다. 그러나 심한 경우는 후두 떨림과 함께 입술, 혀, 목에서도 리드미컬한 수축이 동반되기 때문에, 목소리를 내려고 시도할 때마다 떨리는 목소리가 명확하게 드러난다. 이렇게 심한 경우에는 성도의 떨림으로 인해 환자의 말 속도가 느려지기도 한다.

근긴장 이상증

근긴장 이상증(dystonia)은 근긴장도 이상을 보이는 과다운동장애이다. *dys*는 "장애가 있는" 또는 "비정상적인"이라는 의미이고 *tonia*는 "근긴장도"라는 의미이다. 근긴장 이상증은 정상적인 운동이나 자세를 방해하는 불수의적이고 지속적인 근육 수축을 야기한다. 이때 나타나는 불수의적 움직임은 무도병에서 나타나는 움직임보다 일반적으로 느리고 지속적이다. 이러한 움직임이 항상 나타나는 것은 아니기 때문에, 운동을 진행할 때 나타났다가 없어지기도 한다. 근긴장도의 점차적인 변화를 "악화되었다 호전되었다 한다(waxing and waning)"고 표현하기도 한다. 그러나 심한 경우에는 수축이 영구적이며, 때로는 수축된 신체 부분이 고통스럽게 고정되어 있는 것을 볼 수 있다. 예를 들어 심한 혀 근긴장 이상증(tongue dystonia)의 경우 혀가 매우 단단하고 견고하게 수축된 채 완전히 돌출되어, 말하려는 모든 시도를 매우 불편하고 실제적으로 불가능하게 만들기도 한다.

근긴장 이상증은 신체의 여러 근육에서 나타날 수도 있고, 근육 한 부분에서만 나타날 수도 있다. 얼마나 많은 신체 부분이 영향을 받았느냐에 따라 근긴장 이상증을 다음과 같이 분류할 수 있다.

- **국소 근긴장 이상증**(focal dystonia)—근긴장 이상증을 보이는 운동이나 자세가 단지 신체 한 부분에 나타난다. 예를 들어 혀, 팔, 또는 손에서만 나타날 수 있다.
- **분절적 근긴장 이상증**(segmental dystonia)—근긴장 이상증을 보이는 운동이나 자세가 신체의 두 군데 이상에서 나타난다. 목, 후두, 연구개, 턱, 얼굴에 근긴장 이상증 증세를 보이는 메이지 증후군(Meige syndrome)이 그 예이다(메이지 증후군에 대해서는 다음에 설명하겠다).
- **전반적인 근긴장 이상증**(generalized dystonia)—근긴장 이상증을 보이는 운동이나 자세가 사지와 흉부 또는 목 전체에 나타난다.
- **일측 근긴장 이상증**(hemidystonia)—근긴장 이상증을 보이는 운동이나 자세가 신체 한편에 두 군데 이상 나타난다.

때때로 긴장 이상을 보이는 근육은 **감각 트릭**(sensory tricks)으로 완화되기도 한다. "대적행동(geste antagoniste)"으로 알려진 감각 트릭은 잠깐 동안일지라도 환자에게서 불수의적 움직임을 멈추게 해 주는 단순한 운동 또는 행동이다. 어떤 사람에게 효과가 있는 트릭이 다른 사람에게는 효과가 없을 수도 있기 때문에 개인에 따라 효과가 있는 방법이 다양하다. 자주 이용되는 감각 트릭 방법은 수축이 일어나는 신체 부분을 가볍게 만지는 것이다. 예를 들어 턱에 근긴장 이상증을 보이는 환자의 경우, 턱을 가볍게 만져 주면 불수의적 근육 수축이 일시적으로 없어질 수 있다. 대체로 환자들은 우연적 사건이나 경험에 의해 효과가 있는 감각적 트릭을 발견하게 된다. 어떤 환자의 경우 혀에 근긴장 이상증이 있었는데 우연히 뺨과 잇몸 사이에 박하사탕을 물고 있었더니 박하사탕이 다 녹기 전까지 근육 수축이 나타나지 않았다고 한다. 박하사탕이 입안에 있는 동안에는 그 환자의 발음은 정상적이었다. 그러나 안타깝게도 어떤 환자들은 감각 트릭이 전혀 효과가 없기도 하다. 효과를 보이는 듯하다가도 오랜 기간 사용하면 더 이상 효과가 나타나지 않게 되는 경우도 있다. 감각 트릭이 왜 효과가 있는지는 아직 알지 못한다. 가설 중 하나는, 근긴장 이상증이 나타나는 신체 부분을 만지는 것이 자기 자극에 감응하는 말초적 피드백에 변화를 야기하여 뇌로부터의 비정상적인 운동 산출을 방해하게 된다고 설명한다(Jahanshahi, 2000).

근긴장 이상증의 원인

근긴장 이상증은 기저핵의 국소적 대뇌혈관 사고, 외상 뇌손상, 일산화탄소 중독, 무산소증, 뇌종양 등 다양한 병리적 상태로 발생할 수 있다. 이러한 경우 근긴장 이상증은 여러 가지 증상 중 하나(이차적 증상)로 나타나기도 하고 혹은 **일차적 근긴장 이상증**(primary dystonia)으로 나타나기도 한다.

연축 사경증 **연축 사경증**(spasmodic torticollis)은 일차 근긴장 이상증의 좋은 예인데, 목 근육에 간헐적으로 수축이 나타나 결국 머리 방향이 불수의적으로 기울어지는 특징이 있다. 대체로 머리 방향은 위쪽을 향하게 된다. 어떤 경우에는 연축 사경증이 신체 전반에 걸친 전반적인 근긴장 이상증으로 발전되기도 한다. 수축은 간헐적이기 때문에 근육에 긴장 이상이 나타나는 정도는 다양하다. 스트레스와 불안이 있는 경우 수축이 더 빈번하게 나타나곤 한다. 어떤 환자의 경우 얼굴을 다른 방향으로 가볍게 돌리는 감각 트릭 방법으로 목의 수축이 없어지면서 일시적으로나마 정상적인 근육 상태를 유지할 수 있기도 하다. 연축 사경증의 원인은 밝혀지지 않았지만, 이 장애가 있는 몇몇 환자들에게서 기저핵의 신경 퇴화가 관찰되었다고 한다. 환자의 말은 속도가 느리고 명료도가 약간 떨어지며, 여자의 경우 음도가 낮아지는 특징을 보인다(Duffy, 2005).

약물 유발 근긴장 이상증 장기간에 걸친 지속적인 특정 항정신병 약물의 복용은 지연성 이상운동증과 같은 불수의적 움직임을 야기할 뿐 아니라, **만성 약물 유발 근긴장 이상증**(chronic drug-induced dystonia)으로 알려진, 일차적인 근긴장 이상증을 유발하기도 한다. 지연성 이상운동증의 경우처럼 약물 복용을 중단하더라도 근긴장 이상증 증상이 없어지지 않을 수 있다. 실제로 약물을 중단한 직후 근긴장 이상증을 보이게 된 사례도 있다. 근긴장 이상증에서는 입과 얼굴 근처에서 근육 수축이 나타나는 경우가 많아 얼굴 찡그림과 혀의 돌출 상태 같은 증세를 보일 수 있다. 때로는 근긴장 이상증 증상이 신체 전반에 나타날 수 있다. 약물 유발 근긴장 이상증을 **지연성 근긴장 이상증**(tardive dystonia)이라고도 한다.

메이지 증후군 메이지 증후군은 희귀한 특발성 질환이다. 가장 두드러진 증상은 근긴장 이상증 환자들이 흔히 보이는 반복적인 눈 깜박거림과 비정상적인 얼굴 움직임이다. 이 질환의 첫 번째 징후는 중년 초반기에 나타나고 증상이 점점 악화된다. 눈 깜박거림이 너무 빈번하여 시력이 기능적으로 매우 떨어지게 된다. 불수의적인 얼굴 움직임은 턱, 혀, 입, 목에서 나타날 수 있는데, 이것이 매우 심하면 과다운동형 마비말장애를 초래하는 경우가 많다.

연축 발성장애 **연축 발성장애**(spasmodic dysphonia)는 일차적 근긴장 이상증으로 분류되지는 않지만 국소적 근긴장 이상증의 여러 특징을 보인다. 연축 발성장애는 발성 시 불수의적 성대 움직임을 그 특징으로 한다. 전형적인 근긴장 이상증과 달리, 근육 수축이 점차적으로 악화되었다 호전되었다 하지 않는 경우가 많다. 그보다 연축 발성장애의 불수의적 움직임은 강력하고 활발하게 나타나는 것으로 종종 묘사된다. 대부분의 경우 연축 발성장애의 불수의적 움직임은 후두의 성대 내전에 영향을 미치기 때문에 "내전형 연축 발성장애(adductor spasmodic dysphonia)"라고 알려져 있기도 하다. 이 경우 성대는 발성 시 불수의적으로 과다하게 내전하는데 이것이 간헐적으로 나타나기도 하고 지속적으로 나타나기도 한다. 약한 경우 음성이 다소 떨리는 것처럼 들릴 수 있다. 흔하지 않은 경우이지만 "외전형 연축 발성장애"는 발성 시 성대가 불수의적으로 과다하게 외전하는 것인데, 이 경우 숨 새는 음성이나 발성불능증(aphonia)이 초래될 수 있다. 드물긴 하지만 연축 발성장애의 또 다른 유형으로 "혼합 연축 발성장애"가 있는데, 이때에는 불수의적 움직임이 내전과 외전에 동시에 영향을 미친다.

흥미롭게도 웃을 때나 울 때와 같이 비언어적인 발성 시, 그리고 자발적이고 감정적인 발성 시에는 불수의적 후두 수축이 나타나지 않는다. 이러한 특이한 특성으로 인해 초기 연구자들은 연축 발성장애를 심리적인 원인에 의한 것으로 간주하였다. 그러나 최근에는, 불수의적 성대 움직임을 초래하는 병리적 과정에 대해서 아직 명확하게 알 수는 없지만, 거의 모든 연축 발성장애가 신경학적 원인인 것으로 보고되고 있다. 연축 발성장애와 국소적 근긴장 이상증의 밀접한 관련성을 볼 때, 이 두 장애의 원인은 기저핵의 기능장애와 연관이 있는 것 같다.

근긴장 이상증에서 나타나는 과다운동형 마비말장애의 말 특징

Darley 등(1969a, b)은 근긴장 이상증 환자 30명의 말 특성을 조사하였다(표 9-2). 다양한 오류가 관찰되었는데, 이 중 많은 오류가 무도병 환자들에게서도 나타났던 것들이다. 근긴장 이상증과 무도병 환자들의 말 오류에 유사성이 많다는 점은 많은 임상가들에게 혼란을 줄 수 있다. 그러나 표 9-1과 표 9-2를 주의 깊게 비교해 보면 두 과다운동형 마비말장애 간에는 몇 가지 중요한 차이점이 있다. 첫째, Darley 등은 무도병보다 근긴장 이상증 환자들에게서 조음 오류가 더 많이 나타난다고 하였다. 무도병에서는 상위 4개의 결함 중 1개만이 조음 오류와 관련된 것(부정확한 자음)이었던 반면, 근긴장 이상증의 상위 4개 중 3개의 결함이 조음 오류이다. 둘째, 무도병 환자들이 근긴장 이상증 환자들보다 운율 결함을 더 많이 보이는 경향이 있다. 근긴장 이상증 환자들에서는 운율 결함이 상위 4개의 결함에 포함되지 않았던 반면, 무도병의 경우 4개 중 3개가 운율 결함과 관련된 것이었다. 전반적으로 무도병의 말 오류는 운율 결함을, 근긴장

표 9-2 근긴장 이상증 과다운동형 마비말장애 환자 30명에서 가장 흔히 나타난 말산출 오류

순위	말산출 오류	순위	말산출 오류
1	부정확한 자음	8.5	짧은 구
2	모음 왜곡	10	간격 연장
3	거친 음질	11	음소 연장
4	불규칙 조음 붕괴	12	과다한 음성 크기 변화
5.5	쥐어짜는 음질	13	강세 감소
5.5	단조로운 음도	14	음성 끊김
7	단조로운 음성 크기	15	속도
8.5	부적절한 쉼		

출처: Darley, F. L., Aronson, A. E., & Brown, J. R. (1969a). Clusters of diagnostic patterns of dysarthria. *Journal of Speech and Hearing Research*, *12*, 259. Copyright 1969 by American Speech-Language-Hearing Association. 허락하에 인용함.

이상증의 말 오류는 조음 결함을 반영하는 경향이 있다. 이러한 차이점은 두 과다운동형 마비말장애를 진단하는 데 어느 정도 도움이 될 것이다. 그렇지만 이와 같은 말 오류 패턴에 정확하게 들어맞지 않는 많은 환자들이 두 장애 모두에 있을 수 있다는 것을 명심하자.

조음

앞에서 언급하였듯이, Darley 등은 조음 오류를 근긴장 이상증의 가장 두드러진 말 특징으로 제시하였다. **부정확한 자음 산출**, **모음 왜곡**, **불규칙 조음 붕괴**, **음소 연장**이 환자들에게서 관찰되었다. 이러한 오류는 구강운동 근육의 지속적인 수축으로 인해 발화 시 조음 위치가 정확하지 않기 때문이다. 불규칙적인 조음 붕괴는 근긴장 이상증에서 수축이 간헐적으로 발생하는 특징을 반영한다. 발화 시 수축이 나타나면 정확한 조음이 방해를 받지만, 나타나지 않으면 조음은 상당히 양호해진다.

운율

조음 오류보다는 두드러지지 않지만 운율 결함도 근긴장 이상증 환자들에게서 빈번하게 발생할 수 있다. Darley 등(1969a, b)에 의하면 근긴장 이상증 환자들은 **단조로운 음도**, **단조로운 음성 크기**, **부적절한 쉼**, **짧은 구**를 보인다. 또한 단어나 음절에서 강세가 약화되는 경향도 있다. 운율 결함의 많은 경우가 성대 근육에 수축이 발생하여 후두운동의 범위와 속도가 감소하였고, 이 때문에 음도와 음성 크기가 정상적으로 변화하지 못하여 발생하는 것으로 보인다.

발성

Darley 등은 30명의 근긴장 이상증 환자들 가운데 27명이 **거친 음질**을 나타냈다고 하였다. 많은 경우 **쥐어짜는 음질**이 동반되기도 하였다. 이러한 발성 문제는 후두의 근긴장도가 증가하고, 이 때문에 발화 시 성문이 과도하게 단단히 죄고 좁아져서 발생하는 것으로 보인다. **과도한 음성 크기의 변화**도 나타날 수 있다. 무도병의 경우처럼 과도한 음성 크기의 변화는 일시적인 성대의 과내전 때문에 발생하는 것으로 보인다. 어떤 환자의 경우 단조로운 음성 크기와 과도한 음성 크기 변화가 동시에 발생하는 것은 후두의 비정상적인 근육 수축이 호전되었다 악화되는, 예측할 수 없는 근긴장 이상증의 특성 때문으로 설명된다. 뿐만 아니라 호흡 문제도 음성 크기 변화의 요인일 수 있다.

호흡

호흡 문제는 근긴장 이상증 환자들에게서 흔히 나타나는 것은 아니다. 그러나 Duffy(2005)는 과도한 음성 크기 변화가 호흡 문제로 인해 초래될 수도 있다고 하였다. 음성 크기의 증가는 발성 시 호흡 근육을 불수의적으로 과도하게 수축시키는 근긴장 이상증의 직접적인 영향 때문인 듯하다. 뿐만 아니라 비정상적인 호흡운동을 보상하려는 환자의 노력도 호흡에 간접적으로 영향을 미칠 수 있다. 어떠한 경우든 그 결과로 발화 시 음성 크기에 과도한 변화가 초래될 것이다.

공명

과다비성이 Darley 등(1969a, b)의 30명의 환자 가운데 11명에게서 관찰되었다. 그러나 15가지 구어 오류에 포함될 정도로 심하지는 않았다. 과다비성이 관찰되기는 하지만 대부분의 경우 정도가 굉장히 약한 것으로 보인다.

과다운동형 마비말장애의 핵심 평가 과제

1 모음 연장은 과다운동형 마비말장애 환자들에게 나타날 수 있는 거칠거나 쥐어짜는 음질을 관찰하는 데 유용하다. 또한 음성 떨림을 평가하는 데에도 도움이 되는데, 떨림현상이 약하더라도 모음 연장에서는 관찰될 수 있다. 그리고 구강, 후두, 호흡 근육의 불수의적 수축으로 인하여 발생할 수 있는 음도와 음성 크기 변화에 대해서도 파악할 수 있는 유용한 방법이다.

2 Duffy(2005)는 AMR을 강조하였는데, AMR을 통해 과다운동형 마비말장애 환자들이 보이는 불규칙 조음 붕괴와 말 속도 변화를 평가할 수 있다.

3 대화 과제와 소리 내어 읽는 과제는 환자들에 대한 가장 전반적인 정보를 제공할 것이다. 이 두 과제는 조음 오류(부정확한 자음, 모음 연장, 음소 연장), 운율 결함(쉼, 단조로운 음도, 단조로운 음성 크기, 짧은 구문), 발성 오류(거친 음질, 과다한 음성 크기 변화), 호흡 문제(갑작스러운 호기 또는 흡기) 등을 유발할 수 있는 과제이다.

4 동반된 불수의적 움직임을 자세히 관찰하는 것도 과다운동형 마비말장애를 평가하는 데 중요한 부분이다. 모든 과다운동형 마비말장애 환자들은 저마다 독특한 불수의적 움직임 패턴을 가지고 있다. 앞에서 이미 설명하였지만, 과다운동의 일차적인 변별적 특징을 다음에 정리해 놓았다.

- **무도병**—사지, 머리, 얼굴, 입, 목에 나타나는, 비교적 빠르고 예측할 수 없는 협응적인 움직임으로 특징지을 수 있다. 때로는 춤추는 듯한 움직임

을 보인다.

- **간대성근경련**—단일 근육이나 신체 부위에 짧게 나타나는 수축으로 특징지을 수 있다. 이러한 수축은 한 차례만 발생할 수도 있고, 여러 차례 불규칙적인 패턴으로 또는 리드미컬하게 나타날 수도 있다. 틱과 달리 간대성근경련은 의식적으로 자제할 수 없다.
- **틱장애**—의식적으로 자제할 수 있는 운동 또는 행동이지만, 환자들은 이 행동을 하고자 하는 강박적 충동을 극복하지 못한다. 운동 틱에는 눈 깜박이기, 어깨 으쓱하기, 갑자기 머리 움직이기 등과 같은 행동이 있고, 음성 틱에는 킁킁거리기, 허밍하기, 개 짖는 소리 내기 등이 있다.
- **본태 떨림**—보통 손, 팔, 머리에 나타나는 약한 활동 시 떨림이다. 성대에 영향을 미치면 본태 음성 떨림이 나타날 수 있다.
- **근긴장 이상증**—신체의 한 부분 또는 그 이상에서 나타나는 지속적인 불수의적 근육 수축으로 특징지을 수 있다. 이러한 수축은 보통 악화와 호전 패턴으로 나타났다 사라지기를 반복한다. 대개의 경우 무도병에서 나타나는 것보다 더 느리고 더 지속적인 움직임이다.

과다운동형 마비말장애의 치료

과다운동과 관련된 장애가 다양한 만큼 치료법에도 당연히 다양한 방법이 있을 수 있다. 다음에 설명하는 치료법은 의료적 또는 행동적 처치에 근거한 것이다.

의료적 치료

과다운동형 마비말장애의 의료적 처치는 대부분 약물치료법으로, 말장애를 초래하는 불수의적 움직임을 억제하는 특정 약물을 사용하게 된다. 예를 들어 무도병과 틱장애에는 할로페리돌(haloperidol) 또는 테트라베나진(tetrabenazine)

을 사용하고, 간대성근경련은 클로나제팜(clonazepam) 또는 밸프로산(valproic acid)으로 치료될 수 있다. 그러나 안타깝게도 어떠한 약물도 과다운동장애 환자들에게 영구적으로 효과적인 것은 없다. 뿐만 아니라 약물 사용에는 심각한 부작용이 있을 수 있는데, 예를 들어 할로페리돌은 졸음과 근긴장 이상증을 유발할 수 있고 이것을 장기간 복용하면 지연성 이상운동증도 초래할 수 있다.

가장 효과적인 약물치료법은 보톡스 주입법일 것이다. 이것은 연축 사경증, 연축 발성장애, 그리고 몇몇 근긴장 이상증 환자들에게 사용될 수 있다. Duffy와 Yorkston(2003)은 보톡스를 주입하면 대부분의 연축 발성장애 환자들의 발성을 유의하게 향상시킬 수 있고, 특히 내전형 연축 환자들에게 더 효과적이라고 보고하였다. 그리고 Sulica(2010)는 보톡스가 모든 환자들에게 효과적이지는 않을지라도, 본태 음성 떨림을 보이는 환자들에게는 효과가 있다고 하였다. 보톡스는 보툴리눔 독소의 일종으로, 보톡스를 근육에 주입하면 신경전달물질 간 전도를 방해하여 근육에 나타나는 근긴장 이상증을 어느 정도 감소시킬 수 있다. 보톡스 주입법은 대개 몇 달간만 효과적이기 때문에 정기적으로 주입해야 하지만, 근긴장 이상증 환자들에게 일시적으로나마 안정감을 줄 수 있는 방법이다.

파킨슨증에서 사용되었던 뇌심부자극술도 몇몇 과다운동형 마비말장애 환자의 치료에 사용될 수 있다. 실제로 이 방법은 파킨슨증 환자들에게 적용되기 전에 이미 근긴장 이상증 환자들에게 치료 방법으로 사용되었고, 심한 뚜렛 증후군 환자와 본태 떨림 환자에게는 실험적으로 사용되어 왔다. 과다운동장애 환자들에게 전극을 삽입하는 것은 파킨슨증에서 설명하였던 것과 방법적으로 동일하고, 단지 전자 프로브의 위치만 달라질 뿐이다. 예를 들어 파킨슨증에서는 담창구에 프로브를 삽입하였던 반면, 본태 떨림의 경우는 시상에 삽입한다.

무도병의 행동치료

Yorkston, Miller와 Strand(2004)는 헌팅턴병 환자들에게 언어치료를 제공하는 언어치료사들에게 유용한 제안을 하였다. 병의 초기에는 환자들의 말소리가 그래도 꽤 명료하기 때문에, 초기부터 이 환자들을 대상으로 언어치료를 하는 경우는 거의 없다. 단지 운율, 말 속도 등을 보다 정상적으로 유지하도록 하는 정도에만 초점을 두고 있는데, 이러한 결함도 초기부터 나타나지 않는 경우가 많다.

헌팅턴병이 진행되면서 병의 중기에는 환자들이 불수의적 움직임이 나타나기 전에 발화를 서둘러서 끝내려는 경향을 보이기 때문에, 말 속도, 호흡 패턴, 이완에 초점을 둔 방법이 환자들의 말명료도를 높이는 데 도움이 될 수 있다. 정상적인 말 속도 유지하기, 규칙적으로 호흡하기, 이완 유지하기를 배움으로써 환자들은 말명료도를 높인다. 또한 치료사는 환자들에게 흡기 시가 아니라 호기 시에 말을 해야 한다는 것을 강조해야 한다. 전통적인 말 치료 방법을 중기부터 시도할 수 있지만, 치료 활동은 복잡하지 않고 단순해야 한다. 예를 들어 마지막 자음 생략과 이중자음 왜곡이 모두 말명료도에 영향을 미친다면 둘 중 가장 명료도를 떨어뜨리는 것 하나에만 초점을 두어 치료해야 한다. 그러나 헌팅턴병의 경우 가변적인 불수의적 움직임으로 인해 특정 말소리 오류를 확인하는 것이 쉽지 않을 수 있다.

이러한 방법들이 어느 정도 구어 의사소통 능력을 향상시킬 수는 있지만, 진행성 치매 환자일 경우에는 일반화와 유지 효과를 기대하기 어렵다. 따라서 보호자와 밀접하게 치료를 진행하는 것이 중요하다. Yorkston, Miller와 Strand(2004)는 환자의 말을 알아들을 수 없을 때 사용될 수 있는, 다음과 같은 간단한 절차를 보호자에게 교육하도록 제안하였다.

1 환자에게 말을 이해하지 못했다고 말하라.
2 환자의 메시지를 알아듣는 데 도움이 되는 단서를 찾아라(예를 들어 방 안에 바뀐 것이 있는가? 식사 또는 텔레비전 프로그램과 같이 무언가를 할 시간인가?).
3 환자에게 다시 한 번 조금 전과 똑같이 말해 달라고 요청하라.
4 같은 메시지를 다른 방법을 사용하여 표현하게 하라(예를 들어 메시지의 주요 단어만 반복해 줄 수 있는가? 혹은 그 단어를 글로 써 줄 수 있는가?).

헌팅턴병 말기 환자들은 단단어 수준으로밖에 의사표현을 할 수 없고, 글을 쓰더라도 대개는 알아보기 힘들다. 따라서 보완대체 의사소통이 적절하지만 이 경우에도 간단한 테크닉이 요구되고 새롭게 배우지 않아도 사용할 수 있는 방법이어야 한다. 단순한 예/아니요 시스템, 기본적인 눈 깜박임 방법, 알파벳 보드 등이 적절할 것이다. 지속적으로 보호자와 함께 치료를 진행하는 것이 말기에는 중요하다. 보호자는 환자와의 의사소통 상호작용을 단순화하는 법을 배워야 한다. 예를 들어 한 번에 한 가지 질문만 해야 하고(예/아니요 질문과 같은), 환자의 답변을 인내심 있게 기다릴 줄 알아야 한다. 치료사들은 이와 같은 전략을 보호자에게 교육함으로써 보호자가 환자와 보다 편하게 상호작용하고 더 효과적으로 의사소통할 수 있도록 도울 수 있다.

근긴장 이상증의 행동치료

- **감각 트릭**—Duffy(2005)는 근긴장 이상증 환자들의 불수의적 움직임을 억제할 수 있는 감각 트릭을 찾아서 사용할 것을 권고하였다. 이러한 감각 트릭이 남의 이목을 끌지 않는 것이라면 비교적 손쉬운 치료 방법일 수 있다. 그러나 감각 트릭은 좀처럼 장기적인 효과를 기대하기가 어렵다는 단점이 있기 때문에 모든 환자에게 적용될 수는 없다. 그렇다 하더라도 환자들 스스로가 본인에게 효과가 있는 감각 트릭을 찾아내지 못했다면 치료사들은 감각 트릭 방법을 권유해 줄 필요가 있다. DVD 동영상의 두 번째 과다운동형 마비말장애 환자는 감각 트릭으로 조음에 효과를 보고 있다.
- **바이트블럭**(bite block)—턱에 국소적 근긴장 이상증을 보이는 경우 발화 시 턱을 안정시키는 바이트블럭을 사용할 수 있다. 바이트블럭은 입에 문 채 말하도록 플라스틱으로 만든 작은 큐브이다. 이것을 물고 있을 때 사용되는 턱 근육의 수의적 수축이 턱의 불수의적 움직임을 억제시켜 주는 것으로 보인다. 그렇기 때문에 턱이 안정되어 발화 시 좀 더 안정적인 조음기의 근육 수축이 만들어질 수 있다. 입안 뒤쪽 어금니 사이에 물고 있으면 바이트블

럭이 눈에 띄지 않을 수도 있다.

- **부드럽게 발성 시작하기**(easy onset of phonation)—경한 환자의 경우 편안하게 발성을 시작하면 발화 시 후두 움직임에 영향을 주는 불수의적 움직임을 완화시킬 수 있다는 것은 어느 정도 증명되었다. 이 치료법의 전반적인 목표는 화자로 하여금 발성 시 성문 폐쇄를 좀 더 부드럽게 하도록 만드는 것이다. 첫 번째 단계는 환자에게 부드럽게, 소리 내지 않고 한숨을 쉬면서 호기를 하도록 하는 것이다. 부드러운 한숨을 일관적으로 내쉴 수 있게 되면, 그다음은 환자에게 /a/와 같은 개모음을 부드럽게 시작하여 연장해서 발성하라고 한다. 그러고 나서 연장된 발성을 모음이나 /w/ 같은 반모음으로 시작하는 단어로 변화시켜 나간다. 궁극적인 목표는 문장을 말하거나 대화 시에도 편안한 발성 시작을 할 수 있게 되는 것이다.

틱장애의 행동치료

- **이완 치료법 및 기타 치료법**—여러 연구에서 뚜렛 증후군의 틱행동을 위한 치료 방법으로 이완 치료법, 심리적 지지 요법, 정신 이미지법의 효과가 보고되었다(Bergin, Waranch, Brown, Carson, & Singer, 1998; Peterson & Cohen, 1998). 그러나 이러한 연구 결과들로 이완 치료법의 효과에 대해 단정적으로 결론 내리기는 어렵다. Bergin 등이 사용한 이완 치료법에서는 가볍게 눈을 감고 목과 사지의 긴장을 풀고 눈을 움직이지 않는 것과 같이 신체 자세를 이완시키도록 환자들에게 가르친다. 그렇지만 이러한 방법으로 틱행동을 줄이는 데 장기적인 효과를 보지는 못했다고 연구 자체에서도 보고하고 있다. 뿐만 아니라 틱장애에 대해 심리치료법이 효과가 있었다는 초기 연구 결과(Mahler, Luke, & Daltroff, 1945)는 최근에는 그 효과가 재입증되지 못하고 있다(Piacentini et al., 2010).

그렇지만 행동치료를 통해 틱행동을 감소시켰다는 것을 증명한 연구도 찾아볼 수 있다. Kohen과 Botts(1987)는 4명의 환자들에게 정신 이미지법을 사용하였는데, 이 치료법에서는 즐거운 장면을 상상하도록 하여 환자 스스로 자신의 경험을 통제할 수 있다는 감정을 만들도록 가르친다. Kohen과 Botts는 이러한 방법을 통해 틱장애가 감소했다고 보고하였다. Azrin과 Peterson(1990)은 습관 전환 방법(habit-reversal procedure)을 통해 환자의 30~50%에서 틱장애가 감소했다고 하였다. 습관 전환 방법에서는 틱행동이 나타나는 것을 막기 위하여 불수의적 행동에 대적할 만한 수의적 행동을 사용하도록 한다. 예를 들어 빠르게 눈을 깜박거리는 틱이 있는 환자의 경우 틱이 나타나기 전에 의도적으로 눈을 천천히 깜박거리도록 가르친다. Piacentini 등(2010)의 연구에서는 뚜렛 증후군이 있는 아동 집단을 대상으로 행동 근거 치료법(behavior-based intervention)과 지지적 조절 치료법(supportive control treatment)을 비교하였다. 행동 근거 치료법은 습관 전환 방법과 이완 치료법으로 구성되어 있고, 통제 요법은 심리적 지지 요법과 장애에 대한 교육으로 구성되어 있다. 그 결과 대부분의 대상자에게서 행동 근거 치료법이 틱장애를 줄이는 데 더 유의미한 효과가 있었다. 뿐만 아니라 치료 이후 6개월 동안 틱행동에 효과가 지속되었다고 한다. 이와 같이 행동치료법의 긍정적인 효과가 보고되어 왔으나, 중등도에서 고도의 틱장애 환자들에게는 약물 근거 치료법이 여전히 가장 많이 사용되고 있다.

과다운동형 마비말장애 요약

- 과다운동형 마비말장애는 과다운동과 관련이 있는, 독립적인 여러 마비말장애를 통틀어서 부르는 것이다. 무도병으로 인한 과다운동형 마비말장애, 근긴장 이상증으로 인한 과다운동형 마비말장애 등이 있다. 모든 환자들은 말을 산출하려는 수의적인 시도를 방해하는 불수의적 움직임으로 인해 마비말장애를 보인다. 여러 과다운동장애에서 나타나는 불수의적 움직임의 패턴이 다양한 만큼, 각 장애가 말산출에 미치는 영향도 다양하다.
- 모두는 아닐지라도 많은 경우, 과다운동장애는 기저핵의 손실과 관련이 있

다. 그렇지만 뚜렛 증후군과 본태 떨림 같이 원인이 밝혀지지 않은 과다운동장애도 많다.

- 과다운동형 마비말장애의 말 특성은 어떠한 운동장애가 말산출을 방해하는지에 따라 다르게 나타난다.
- 과다운동형 마비말장애의 가장 흔한 치료법은 약물치료법이지만, 몇몇 행동 근거 치료법도 과다운동형 마비말장애 환자들에게 도움이 될 수 있다고 알려져 있다.

연구 문제

1 과다운동형 마비말장애를 정의하시오.

2 과다운동형 마비말장애는 독립된 여러 마비말장애를 통틀어서 일컫는 용어라고 설명하는 것이 적절하다. 그 이유는 무엇인가?

3 기저핵의 기능이 잘 알려져 있지 않은 이유는 무엇인가?

4 무도병의 불수의적 움직임은 근긴장 이상증의 불수의적 움직임과 어떻게 다른가?

5 무도병의 증상은 무엇인가?

6 때때로 무도병 환자들이 음성 끊김, 비예측적 흡기, 갑작스러운 호기를 보이는 이유는 무엇인가?

7 틱장애의 원인을 충분히 기술하시오.

8 가장 흔한 과다운동장애는 무엇인가?

9 감각 트릭이 무엇이고, 어떤 과다운동장애와 밀접한 관련이 있는지 설명하시오.

10 과다운동장애는 대부분 어떻게 치료되는가?

CHAPTER 10

혼합형 마비말장애

이 장의 개요

- 혼합형 마비말장애의 정의
- 혼합형 마비말장애의 신경학적 기초
- 혼합형 마비말장애의 원인
- 혼합형 마비말장애의 치료
- 혼합형 마비말장애 요약
- 연구 문제

혼합형 마비말장애의 정의

혼합형 마비말장애(mixed dysarthria)는 운동계의 2개 이상의 부분에 신경 손상이 있을 때 나타날 수 있다. 아래 Singh과 Kent의 인용에서처럼, 혼합형 마비말장애의 말 특성은 단일(혹은 순수) 마비말장애에서 나타나는 특성들이 결합된 것이다. 단일 마비말장애의 특성을 결정하는 신경 손상의 위치와 범위는 혼합형 마비말장애의 진단에 영향을 준다. 아래 Dworkin의 인용은 신경 손상의 여러 가지 유형이 혼합형 마비말장애의 원인이 될 수 있음을 보여 준다.

> 혼합형 마비말장애는 2개 이상의 단일 마비말장애의 결합으로 나타나는 말운동장애로, 신경병리는 혼합된 마비말장애의 유형에 따라 다양하며, 원인은 종종 다발 뇌졸중이나 신경질환에 의한 것으로, 혼합된 단일 마비말장애의 유형에 따라 말장애는 다양하게 나타난다(Singh & Kent, 2000, p. 147).
>
> 여러 영역의 신경 손상을 야기하는 질병, 질환, 혹은 손상이 혼합형 마비말장애를 초래하는데, 이러한 환자들은 2개 이상 마비말장애 유형의 말과 신경근육적인 징후 및 증상 특성을 보인다(Dworkin, 1991, p. 13).

혼합형 마비말장애의 신경학적 기초

앞의 장들에서는 환자의 신경 손상이 운동계의 단일 해부학적 부위에 제한된 각 유형의 마비말장애에 대해 설명하였다. 예를 들어, 순수 이완형 마비말장애는 신경 손상이 하부운동신경에 국한될 때 나타난다. 다시 말해, 신경 손상은 상부운동신경이나 소뇌, 기저핵, 혹은 신경계의 다른 부위로 확장되지 않는다. 그 손상은 단지 하부운동신경에만 영향을 준다. 마찬가지로 순수 실조형 마비말장애의 경우 신경 손상은 소뇌 혹은 소뇌 조절회로에 국한된다. 즉, 하부운동신경, 대뇌반구, 혹은 신경계의 다른 부위로 확장되지 않는다.

그러나 실제로 뇌졸중, 뇌손상, 퇴행질환 및 감염질환, 뇌종양의 결과로 나타나는 신경 손상의 경우 종종 여러 해부학적인 범위에 걸쳐 나타나며, 동시에 운동계의 여러 영역에 영향을 준다. 예를 들어, 상부운동신경과 하부운동신경은 뇌간에 위치해 있기 때문에 이 둘 모두에 영향을 주는 단일 뇌간 뇌졸중은 특이한 것이 아니다(뇌신경과 척수신경에서 상부운동신경은 뇌간을 통해 내려가 하부운동신경과 시냅스 연결한다. 뇌신경에서 하부운동세포의 세포체는 뇌간의 안쪽에 위치한다) 결과적으로 뇌졸중이 뇌간 특정 부분의 혈류를 방해한다면 상부운동신경과 하부운동신경 모두에 손상을 줄 수 있다. 뇌간에 발생한 뇌졸중이 추체로와 추체외로의 상부운동신경 양측 손상과 말산출에 사용하는 뇌신경에 존재하는 하부운동신경의 손상으로 나타났다고 가정한다면, 아마도 그 결과로 이완형 마비말장애와 경직형 마비말장애가 동시에 나타날 것이다. 이렇듯 2개의 단일 마비말장애가 함께 나타나는 것이 혼합형 마비말장애이다. 위의 예에서는 이완 · 경직 혼합형 마비말장애가 나타날 것이다.

혼합형 마비말장애 환자들은 적어도 2개 이상의 단일 마비말장애의 말 특성의 일부를 보인다. 이완 · 경직 혼합형 마비말장애 환자의 말은 과다비성 및 비강 누출(이완형 마비말장애의 요소)과 성대의 과내전으로 인한 쥐어짜는 음질(경직형 마비말장애의 요소), 부정확한 자음 산출(이완형, 경직형 마비말장애의 공통적인 특성)을 동시에 보일 것이다. 과다비성 및 비강 누출은 미주신경(X)의 하부운동신경 손상의 결과로 나타난다. 쥐어짜는 음질은 추체외로의 상부운동신경 양측 손상으로 나타난다. 부정확한 자음 산출은 상부운동신경과 하부운동신경 손상의 결합에 의한 것이다. 뇌간 손상으로 인한 이완 · 경직 혼합형 마비말장애 환자의 예는 DVD에서 찾아볼 수 있다.

환자 사례

혼합병 마비말장애는 어떠한 유형의 단일 마비말장애의 조합이든 모두 나타날 수 있으며, 이는 신경 손상의 정도와 범위에 달려 있다(Darley, Aronson, & Brown, 1975). 이미 언급했듯이 뇌간의 뇌졸중은 이완 · 경직 혼합형 마비말장애를 일으킬 수 있는데, 이는 뇌의 이 영역에서 하부운동신경세포와 상부운동신경세포가 서로 가깝게 근접해 있기 때문이다. 혼합형 마비말장애의 또 다른 예로 외상 뇌손상으로 인해 소뇌와 여러 뇌신경에 손상이 발생한 환자를 들 수 있다. 그 결과는 실조 · 이완 혼합형 마비말장애이다. 예를 더 들자면, 파킨슨병 환자에게 우반구 뇌졸중이 발생하여 과소운동 · 일측 상부운동신경 혼합형 마비말장애를 보이는 경우일 것이다. 마지막으로 헌팅턴병 환자에게 길랭바레 증후군이 나타나면 그 결과 과다운동 · 이완 혼합형 마비말장애가 된다. 이러한 예들은 다소 허구적으로 보일 수 있지만 실제로 혼합형 마비말장애는 매우 흔하다. Duffy(2005)는 임상가들이 어떠한 단일 마비말장애보다도 혼합형 마비말장애 사례를 많이 접하게 되며, 11년 동안 Mayo Clinic의 모든 마비말장애 환자 중 혼합형 마비말장애가 27%를 차지한다고 설명하였다.

혼합형 마비말장애는 단일 마비말장애의 여러 가지 다른 조합에 의해서 구성되지만, 혼합형 마비말장애 안에서 어떤 유형의 마비말장애가 상대적으로 더 두드러지게 나타나는지는 개인에 따라 매우 다르다. 많은 경우 혼합형 마비말장애에서 어느 마비말장애 요소 중 하나가 다른 요소들에 비해 더 부각된다. 예를 들어, 이완 · 경직 혼합형 마비말장애에서 비강 누출 같은 이완적 요소는 쥐어짜는 음질 같은 경직성 요소에 비해 청자에게 훨씬 더 두드러지게 들릴 수 있다. 그러나 혼합형 마비말장애의 각 요소가 어느 정도 비슷할 때도 있다. 예를 들어, 이완 · 경직 혼합형 마비말장애 환자의 예에서 청자는 비강 누출과 쥐어짜는 음질이 화자의 말에서의 마비말장애적 특성에 동등하게 영향을 미친다고 판단할 수 있다.

다른 요소에 비해 하나의 마비말장애적 특성을 상대적으로 더 두드러지게 하는 것은 대개 신경 손상의 정도 및 범위와 관련이 있다. 손상의 정도가 운동계의 영향을 준 영역에 동등하게 기여했다면 혼합형 마비말장애의 결과로 나타나는 특성은 비슷하게 나타날 것이다. 그러나 운동계의 한 부위가 다른 부위보다 더 심각하게 손상되었다면 그 부위와 연관된 마비말장애의 요소가 대개 더 두드러지게 나타날 것이다.

하나의 마비말장애 요소가 상대적으로 두드러지게 나타나다가 시간이 지나면서 다른 요소가 더 두드러지게 나타나는 형태로 변할 수 있다는 데 주목하는 것 역시 중요하다. 예를 들어, 근위축측삭경화증(amyotrophic lateral sclerosis)은 초기에는 하부운동신경세포에 영향을 미쳐 이완형 마비말장애를 일으키는 진행 운동신경질환이다. 그러나 이 질환이 진행되면 결국에는 상부운동신경세포에도 영향을 미치게 되고 이완·경직 혼합형 마비말장애를 야기한다. 처음에 이 혼합형 마비말장애는 이완형의 요소가 경직형 요소에 비해 더 두드러진다. 그러나 시간이 지나면 대개 상부운동신경세포의 손상이 하부운동신경세포의 손상과 동등해진다. 이 단계에서 마비말장애의 경직형 요소는 이완형 요소만큼 분명하게 나타난다. 근위축측삭경화증은 이 장의 뒤에서 더 자세하게 다룰 것이다.

초보자나 숙련된 임상가 모두 종종 혼합형 마비말장애를 정확히 진단하는 것이 어렵다고 느낀다. 이는 단일 마비말장애에 비해 혼합형 마비말장애의 경우 대개 복합적인 말 문제가 나타나기 때문이다. 그러나 어려움이 있어도 혼합형 마비말장애를 가능한 한 정확하게 진단하는 것은 중요하다. 정확한 진단은 환자의 장애에 대한 유용한 정보를 제공해 줄 수 있다. 이를 설명하기 위해 Duffy (2005)는 과소운동·실조 혼합형 마비말장애를 보였던, 파킨슨병으로 진단받은 환자의 예를 들었다. 실조형 마비말장애는 파킨슨병의 증상이 아니기 때문에 이 혼합형 마비말장애의 존재는 파킨슨병 진단에 대해 두 가지 가능성 중 하나를 가리킨다—진단이 잘못되었거나 아니면 이 환자는 파킨슨병 이외의 추가적인 손상을 가지고 있다. 이 환자의 말에서 실조형 마비말장애의 요소가 나타난다는 것은 더 많은 진단 작업이 필요함을 의미한다. 이와 같은 상황은 종종 일어나며 모든 마비말장애를 잘 이해하고 있어야 하는 것의 중요성을 시사한다.

혼합형 마비말장애의 원인

혼합형 마비말장애는 단일 혹은 다발 뇌졸중, 뇌종양, 외상 뇌손상, 퇴행질환 및 감염질환을 포함한 다양한 원인에 의해 나타날 수 있다. 실제로 운동계의 두 영역 이상에 손상을 초래하는 어떠한 장애도 혼합형 마비말장애의 잠재적 원인이 될 수 있다. 너무나 많은 조건들이 이러한 잠재성을 가지고 있기 때문에 마비말장애를 일으킬 수 있는 모든 장애와 장애의 조합을 모두 나열하는 것은 매우 장황해진다. 따라서 다음 단락에서는 주요한 증상으로 전형적 혼합형 마비말장애를 초래하는 몇몇 특정 질환에 중점을 둘 것이다. 그러나 기억할 것은 여기서 논의되는 것뿐만 아니라 수많은 조건들이 혼합형 마비말장애를 야기할 수 있다는 것이다.

다발경화증

다발경화증(multiple sclerosis, MS)은 중추신경계의 축삭을 싸고 있는 수초가 변성되는 진행성 질환이다. MS는 가장 대표적인 탈수초성 질환으로, 미국과 영국에서 인구 10만 명당 100명 정도 발생한다. MS는 대개 30대에 처음 나타나며, 남성에 비해 여성에게서 약 1.7 대 1의 비율로 더 많이 나타난다. 흥미롭게도 MS는 춥거나 온난한 지역에 사는 사람들에게 많이 나타나고, 열대지방에 사는 사람들에게는 잘 나타나지 않는다.

MS의 원인은 잘 알려져 있지 않다. 이 질환의 발생에 영향을 주는 유전적, 환경적 요인 둘 다 있는 것으로 보이지만 일부 증거들은 바이러스에 의해 유발되는 면역학적 장애라는 것을 보여 준다. MS의 수초 퇴행은 초기에 보통 작은 국소적 염증으로 나타난다. 그러다 결국에는 염증이 희소돌기아교세포를 생산하는 수초와 세포가 파괴될 정도로 심하게 증가할 수 있다. 축삭의 길이에 따라 영향을 받는 수초의 양은 1mm에서 수 mm의 범위이다. MS가 축삭을 직접적으로 손상시키는 것은 아니다. 축삭은 그대로 보존되어 있지만 축삭을 보호하는 수초가 파괴되어 신경 임펄스를 수행하는 기능을 느리게 하거나 멈추게 한다.

MS는 중추신경계의 거의 모든 곳의 수초에 영향을 준다. MS는 중추신경계에서 수초가 풍부한 백질에 영향을 줄 뿐만 아니라, 중추신경계의 수초로 싸여 있는 회색질도 공격한다. 결과적으로 MS는 뇌간, 소뇌, 대뇌반구와 척수에서도 발생할 수 있다. 일부 환자들은 뇌의 한 영역에만 국한된 국소적인 MS 병변을 시사하는 증상을 보인다. 예를 들어, 국소적인 소뇌의 병변만 가지고 있다면 그 환자의 주요 증상은 실조증의 특성을 보일 것이다. 반대로, MS의 병변이 중추신경계의 복합적인 영역에 퍼져 있다면 그 환자는 여러 가지 산발적인 증상을 함께 보일 것이다.

MS의 증상은 다양하다. 의학 교과서들은 정확하게 똑같은 증상을 가진 2명의 MS 환자는 존재하지 않는다고 설명한다. 그럼에도 불구하고 MS의 증상은 몇 가지 일반적인 범주로 묶일 수 있다. 시각장애는 MS 환자의 가장 일반적인 증상 중 하나이다. 이러한 장애는 복시(diplopia), 색깔 지각장애, 시력 저하, 중심 시력의 손상(central scotoma, 중심암점)을 포함한다. MS의 운동장애는 만성적인 피로감, 팔다리의 특히 다리의 약화 및 통증을 동반한 경직, 괄약근 조절장애, 마비말장애를 포함한다. 감각장애는 무감각, 화끈감(작열감), 가려움증, 저림을 포함한다. 우울증 역시 MS의 일반적인 증상이며, 가벼운 치매가 이 질환의 진행된 사례에서 보고되기도 한다.

MS의 진행 과정은 환자마다 상당히 다양하다. Wiederholt(1995)는 MS의 서로 다른 네 가지 진행 과정을 설명하였다.

- 40% 정도의 환자에게는 MS 초기 기간 동안 증상의 악화(relapsing)와 완화(remitting)가 나타난다. 그러나 몇 년이 지나면 느리지만 심각한 증상이 꾸준히 진행된다.
- 20~30% 정도의 환자는 일생 동안 MS의 악화와 완화 과정이 반복된다. 그들은 증상이 꾸준히 진행되는 과정을 경험하지 못한다.
- 10~20% 정도의 환자는 이 질환의 시작부터 꾸준한 증상의 진행을 보인다.

- 20% 정도의 환자는 일생 동안 한두 번의 증상 악화와 완화 발생을 경험한다. 그들은 MS에 의한 다른 영향은 받지 않는다.

다발경화증의 말 특징

MS는 여러 유형의 마비말장애를 유발하지만 이 질환을 가진 대부분의 환자들이 명백한 말운동의 손상을 보이지는 않는다. 168명의 MS 환자들을 대상으로 한 Darley, Brown과 Goldstein(1972)의 연구에서 피험자의 59%는 일반적인 청자의 판단으로 마비말장애를 보이지 않았다. 게다가 28%가 전반적으로 "아주 경미한 정도"의 말 문제를 보였다. 전체적으로 이러한 자료는 MS 환자의 87%가 적절한 말 혹은 경도의 말 문제만을 가지고 있음을 나타낸다. 그러나 여전히 기본적으로는 정상적이라고 판단된 일부 환자들 중에 주로 음성 크기를 조절하고 깨끗한 음성을 산출하는 데 약간의 문제를 가지고 있다고 판단되었다. Darley 등(1972)은 MS 환자의 가장 주된 말 오류는 음성 크기의 조절장애, 거친 음질(harshness), 조음장애라고 설명하면서 자신들의 연구 결과를 요약하였다. 표 10-1에 Darley 등의 연구에서 설명했던 말장애 모두를 나열하였다. 이 연구와 다른 연구를 기초로 Duffy(2005)는 실조형과 경직형 마비말장애가 MS에서 나타나는 가장 일반적인 2개의 단일 마비말장애이며, 이 질환과 관련된 가장 일반적

표 10-1 다발경화증 환자에서 가장 흔히 나타난 말산출 오류

순위	말산출 오류	순위	말산출 오류
1	음성 크기 조절 장애	6	과다비성
2	거친 음질	7	부적절한 음도 수준
3	부정확한 조음	8	숨 새는 음성
4	강세 손상(단속성 말)	9	호흡률 증가
5	폐활량 저하	10	불규칙 조음 붕괴

출처: Darley, F. L., Brown, J. R., & Goldsein, N. P. (1972). Dysarthria in multiple sclerosis. *Journal of Speech and Hearing Research*, *15*, 236. Copyright 1972 by American Speech-Language-Hearing Association. 허락하에 인용함.

인 혼합형 마비말장애는 실조·경직 혼합형 마비말장애라고 제안하였다. Duffy 역시 MS는 거의 모든 단일 마비말장애와 혼합형 마비말장애의 결합을 야기할 수 있는 잠재성을 가지고 있다고 제안하였다. MS가 신경계의 매우 다양한 부위에 영향을 줄 수 있다는 것을 감안하면, 그와 연관된 수많은 유형의 마비말장애가 존재할 수 있다는 것은 놀라운 일은 아니다.

다계통 위축

다계통 위축(multisystems atrophy)은 혼합형 마비말장애를 일으키는 또 다른 진행성 질환이다. 그러나 이것은 단일 질환이 아니다. 다계통 위축은 실제로 파킨슨 증후군을 포함하는 많은 퇴행질환의 그룹을 일컫는 용어이다. 다계통 위축하에 분류되는 많은 질환이 존재하지만 이 책에서는 샤이-드래거 증후군, 진행핵상마비, 올리브뇌교소뇌위축증, 이 세 가지만 다루겠다.

샤이-드래거 증후군

샤이-드래거 증후군(Shy-Drager Syndrome)은 주로 뇌간, 기저핵, 자율신경계의 신경세포에 영향을 미치는 퇴행 신경질환이다. 이 질환은 대개 중년에 처음 나타나며 서서히 진행한다. 이 질환은 보통 발병 후 수년 안에 사망한다. 샤이-드래거 증후군 환자들은 치매로는 발전하지 않는데 그 이유는 알려져 있지 않다.

파킨슨 유사 증상은 이 증후군에 많이 나타나는 증상이다. 운동느림증, 운동불능증, 경축이 모두 나타날 수 있으나 떨림은 나타나지 않거나 다른 유형의 파킨슨증과 비교했을 때 상당히 제한적으로 나타난다. 불운하게도 L-dopa나 그 밖의 항파킨슨증 약물은 이 질환의 파킨슨증을 치료하는 데 효과적이지 못하다. 샤이-드래거 증후군의 또 다른 증상은 상부운동신경세포의 양측 변성으로 인한 사지, 얼굴, 목의 가벼운 경직을 포함한다. 자율신경계의 손상은 혈압 조절, 발기부전, 장과 방광의 기능, 빛에 대한 동공 반응 문제를 야기한다. 이 증후군은 소뇌와 소뇌의 조절회로에도 영향을 줄 수 있어 실조증을 초래하기도 한다.

혼합형 마비말장애의 다양한 조합이 샤이-드래거 증후군의 사례에서 보고되고 있다(Linebaugh, 1979). 가장 일반적인 세 가지는 경직 · 과소운동, 과소운동 · 실조, 실조 · 경직 혼합형 마비말장애이다. 이러한 마비말장애의 조합은 기저핵, 상부운동신경세포, 소뇌의 신경 변성을 반영한다.

진행 핵상마비

진행 핵상마비(progressive supranuclear palsy)는 인구 10만 명당 1.4명의 유병률을 보인다(Warlow, 1991). 진행 핵상마비는 뇌간, 기저핵, 소뇌의 신경 변성으로 야기된다. 이 질환은 종종 중년 후반에 나타나 꾸준한 진행 과정을 거친다. 진행 핵상마비의 원인은 알려져 있지 않고, 대개 발병 수년 후에 사망에 이른다. 가장 특징적인 증상은 자발적인 눈 움직임의 제한으로, 이로 인해 진행 핵상마비 환자들은 계단 걸어 내려가기, 읽기, 주변 시야의 사물 알아차리기 등에 어려움을 느낀다. 보행과 목의 경축 문제가 이 질환의 가장 분명한 파킨슨증이지만 다른 부위의 경축 또한 이 질환의 진행 과정에서 나타날 수 있다. 양측 상부운동신경세포는 사지와 얼굴, 목에 나타나는 가벼운 경직과 관련이 있다. 진행 핵상마비의 또 다른 증상은 치매, 삼킴장애(dysphagia), 불수의적 눈 감기(눈꺼풀 연축, blepharospasm)와 마비말장애를 포함한다.

마비말장애의 여러 유형이 진행 핵상마비와 연관되어 있다. 여러 연구의 결과들을 종합하여 Duffy(2005)는 과소운동형, 경직형, 과소운동 · 경직 혼합형 마비말장애가 이 질환의 가장 일반적인 마비말장애 유형이라고 설명하였다. 추가적으로 그는 진행 핵상마비에서 실조형 마비말장애가 나타나기도 하는데 이는 종종 과소운동형이나 경직형 마비말장애와 결합된다고 하였다.

올리브뇌교소뇌위축증

올리브뇌교소뇌위축증(olivopontocerebellar atrophy)은 하부 올리브핵, 뇌교와 소뇌에 있는 신경세포의 점진적인 파괴를 야기한다. 하부 올리브핵은 소뇌다리 근처 뇌간의 신경세포체의 집합이다.

올리브뇌교소뇌위축증은 드문 질환이며, 원인이 알려지지 않았다. 일부의 사례에서만 가족력이 입증되었다. 이 질환은 일반적으로 30~40대에 처음 나타난다. 그 증상은 실조형 균형장애, 팔다리 움직임의 불협응, 떨림, 사지의 무감각, 근육 연축, 장과 방광의 조절 문제, 마비말장애를 포함한다. 일부 환자들에게서 불수의적 무도증 움직임(choreic movement)과 가벼운 치매가 보고되었다. 올리브뇌교소뇌위축증은 치유가 불가능하다. 이것은 매우 서서히 진행되며 처음 증상이 나타나고 약 20년 후에 사망에 이른다.

뇌의 여러 영역이 이 질환의 영향을 받기 때문에 이와 관련된 마비말장애는 대부분 혼합형이다. 올리브뇌교소뇌위축증의 말장애를 다룬 연구는 소수이지만, 이 질환은 실조, 경직, 이완, 과소운동형 마비말장애의 여러 요소를 가진다(Duffy, 2005).

근위축측삭경화증

근위축측삭경화증(amyotrophic lateral sclerosis, ALS)은 운동신경세포의 진행 변성의 결과이다. 그 원인은 알려져 있지 않다. ALS는 세계적으로 인구 10만 명당 1.5명 정도 발생한다. 이 질환은 이르면 20대, 늦게는 90대에도 발병하며, 평균 발병 연령은 65세이다(Wiederholt, 1995). 1.5 대 1의 비율로 남성이 여성에 비해 더 많이 영향을 받는다. ALS 환자의 5% 정도는 이 질환을 가진 가까운 친척이 있다(Warlow, 1991). 일부 환자들은 발병 후 몇 년 이상을 살지만 거의 대부분의 사례에서 ALS는 급격하게 진행하여 발병 후 수 개월에서 1년 안에 사망에 이른다. 대부분의 환자는 폐렴이나 호흡부전과 같은 합병증으로 죽게 된다.

ALS는 운동계의 다음 네 영역 중 어딘가에 영향을 주는데, 척수와 연결된 지점의 척수신경(척수의 앞뿔세포), 뇌간에 연결된 뇌신경(뇌신경핵), 피질척수로의 상부운동신경, 피질연수로의 상부운동신경이 그것이다. 어떤 운동신경세포가 처음에 손상되었는가에 따라 ALS 환자는 아래 나열된 네 가지 증상군 중 하나로 설명될 수 있다.

- 척수신경 손상 환자는 팔다리의 약화, 근긴장의 소실, 근위축, 저하된 반사가 나타난다.
- 뇌신경 손상 환자는 이완형 마비말장애, 구토 반사의 감소, 혀의 위축, 삼킴장애, 안면과 구강의 약화가 나타난다.
- 피질척수로의 상부운동신경세포 손상 환자는 팔다리의 약화와 경직, 증가된 반사, 통증을 동반한 사지의 근육 경련이 나타난다.
- 피질연수로의 상부운동신경세포 손상 환자는 경직형 마비말장애, 과도한 구토 반사, 안면과 구강의 약화가 나타난다.

이미 언급한 바와 같이 ALS의 초기에는 하나 혹은 둘의 운동신경세포 집단이 영향을 받지만 질환이 진행되면서 네 가지 모두가 손상될 가능성이 있다. ALS 말기에는 약화와 근위축으로 거의 움직이려는 시도도 못하게 된다. 대부분의 ALS 환자는 질환의 전 과정 동안 인지적인 능력이 보존된다고 알려져 있지만 일부 연구에서는 환자들의 인지 손상을 보고한다. 예를 들어, Rippon 등(2006)은 40명의 ALS 환자 중 12명이 신경심리검사에서 이름 대기, 자유 회상(free recall), 구어 유창성(word fluency)(예: "철자 M으로 시작되는 모든 단어를 생각나는 대로 말해 주세요")의 손상을 포함한 인지장애가 있다는 것을 발견하였다. 치매는 일반적으로 이 질환의 증상은 아니지만 ALS와 관련된 치매의 보고가 문헌에 나타나기도 한다(Montgomery & Erickson, 1987). 흥미롭게도 신체 감각, 안구의 움직임, 장 조절은 이 질환을 가진 환자에게 기본적으로 보존된다.

근위축측삭경화증의 말 특징

ALS 환자에게 나타나는 마비말장애의 유형은 이 질환에 의해 어떤 운동신경세포가 영향을 받느냐에 달려 있다. 하부운동신경과 관련이 있으면 이완형 마비말장애가 나타날 것이다. 반대로 상부운동신경과 관련이 있으면 경직형 마비말장애가 나타날 것이다. 이 질환이 진행되어 상부와 하부운동신경 모두 영향받는 시점이 되면 ALS 환자는 이완 · 경직 혼합형 마비말장애가 될 것이다. 단일 마비

표 10-2 근위축측삭경화증 환자 30명에서 가장 흔히 나타난 말산출 오류

순위	말산출 오류	순위	말산출 오류
1	부정확한 자음	6	짧은 구
2	과다비성	7	모음 왜곡
3	거친 음질	8	낮은 음도
4	느린 말 속도	9	단조로운 음성 크기
5	단조로운 음도	10	과균등강세

출처: Darley, F. L., Aronson, A. E., & Brown, J. R. (1969a). Clusters of diagnostic patterns of dysarthria. *Journal of Speech and Hearing Research*, *12*, 256. Copyright 1969 by American Speech-Language-Hearing Association. 허락하에 인용함.

말장애는 아마도 이 질환의 초기 단계에만 나타날 것이다. 이 질환의 대부분의 과정에서는 혼합형 마비말장애 상태가 현저하게 나타날 것이다.

30명의 ALS 환자를 대상으로 한 연구에서 Darley 등(1969a, b)은 피험자의 말 오류는 이완과 경직의 조합된 특성을 반영한다고 보고하였다. 그들의 피험자가 보인 주된 말 오류 세 가지는 부정확한 자음 산출, 과다비성, 거친 음질이었다. 그들은 ALS 환자의 10가지 말 특성 순위를 표 10-2에 제시하였다.

그러나 말 오류의 단일 순위는 ALS의 말산출의 영향을 실제적으로 보여 주지는 않는다. 다음은 Darley 등(1975)이 논의에서 내린 결론으로, ALS 환자가 보이는 말을 가장 적절히 묘사한 것이다.

> ALS의 말 특징은 자음과 모음 둘 다의 부정확한 조음으로 종종 말을 불명확하게 만든다. 매우 짧은 구에서 힘이 들어가고 극도로 느리게 단어를 산출한다. 다양한 거친 음질, 낮은 음도에서 쥐어짜는 음질과 결합된 과다비성이 나타나며, 단조로운 강세와 단어나 구 사이의 과도한 쉼을 포함한 운율의 완전한 붕괴가 나타난다(p. 235).

윌슨병

윌슨병(Wilson's disease)은 혼합형 마비말장애를 일으키는 또 다른 질환이다. 이 질환은 구리 식이의 정상적인 대사를 방해하는 유전질환이다. 적은 양의 구리는 필수적인 영양 미네랄이지만 윌슨병 환자는 구리를 적절하게 대사하지 못한다. 배설되지 못한 과다한 양의 구리가 눈의 각막, 신장, 간과 뇌(특히 기저핵)에 축적된다. 이러한 장기의 구리 축적은 인지, 운동, 정신병적인 증상군을 만들어 낸다. 윌슨병의 처음 증상은 대개 10대나 20대 때 나타난다. 초기의 증상은 서툰 움직임(clumsiness), 경도의 인지 능력 저하, 미세한 성격장애를 포함한다. 후기의 증상으로는 경축, 운동느림증, 떨림, 사지 실조증, 치매, 삼킴장애 및 마비말장애를 포함한다. 근긴장 이상증이나 무도증 역시 윌슨병 사례에서 관찰된다. 이 병의 정신병적 증상—감정의 불안정성, 심각한 우울증, 조증, 정신분열적 행동(Lechtenberg, 1982)—도 상당할 수 있다. 부수적으로 안구에 축적된 구리는 어떤 빛의 조건하에서는 각막 주변의 갈색 링을 만들어 내기도 한다.

다행스럽게 거의 모든 윌슨병 환자에게 효과적인 치료법이 활용 가능하다. 가장 일반적인 치료는 페니실라민의 구강 복용이다. 이 약물은 신체의 구리 축적을 줄여 주며 종종 모든 증상을 극적으로 개선시킨다. 그러나 치료가 충분히 빨리 시작되지 않을 경우 영구적인 손상이 남을 수도 있다. 치료하지 않을 경우 윌슨병은 증상이 처음 나타난 후 2~3년 안에 사망할 수 있다. 치료하지 않을 경우 사인은 대개 간 기능 저하이다.

윌슨병의 말 특징

윌슨병이 처음 보고된 이후 많은 연구에서 마비말장애는 이 질환의 일반적인 특성이라고 보고하였다(Darley et al., 1975). 실제로 마비말장애는 윌슨병의 초기 증상 중 하나이다. Berry, Darley, Aronson과 Goldstein(1974)은 윌슨병 환자 20명의 발화를 분석하여 이 질환과 관련된 마비말장애에 대한 집약적인 연구 결과를 발표하였다. 이 연구 결과는 제한된 강세, 단조로운 음도, 단조로운 음성 크

표 10-3 윌슨병 환자 20명에서 가장 흔히 나타난 말산출 오류

순위	말산출 오류	순위	말산출 오류
1	강세 감소	6	과균등강세
2	단조로운 음도	7	낮은 음도
3	단조로운 음성 크기	8	불규칙적인 조음 붕괴
4	부정확한 자음	9	과다비성
5	느린 말 속도	10	부적절한 침묵

출처: Berry, W. R., Darley, F. L., Aronson, A. E., & Goldsein, N. P. (1974). Dysarthria in Wilson's disease. *Journal of Speech and Hearing Research*, *17*, 175. Copyright 1974 by American Speech-Language-Hearing Association. 허락하에 인용함.

기가 윌슨병의 가장 대표적인 말 오류라는 것을 보여 준다. 연구자들은 과소운동형 마비말장애가 윌슨병으로 인한 가장 대표적인 마비말장애 중 하나라고 보고하였다. 또한 실조형과 경직형 마비말장애의 말 오류도 드러났다. 전체적으로 이 연구는 윌슨병 환자들이 실조 · 경직 · 과소운동 혼합형 마비말장애를 보이며, 이 세 요소 중 한 가지 마비말장애가 다른 말장애에 비해 더 현저하게 나타날 가능성이 있다는 것을 설명하였다. 또한 일부 윌슨병 환자에게서는 이 요소들 중 하나만 나타나 혼합형 마비말장애보다는 단일 마비말장애를 보이는 것이 발견되었다. 이 연구에서 제시한 말 오류의 순위를 표 10-3에 나열하였다.

이 연구의 흥미로운 부록에서 Berry, Darley, Aronson과 Goldstein(1974)은 10명의 윌슨병 환자들의 저구리 식이와 페니실라민의 3년간 치료를 추적하였다. 연구자들은 치료 기간 동안 환자의 마비말장애 변화를 측정하기 위해 말산출의 치료 전과 후의 측정치를 얻었다. 치료가 끝날 무렵까지 그들의 말에는 마비말장애의 특징이 일부 남아 있었지만 거의 모든 영역의 말산출, 특히 말명료도에서 상당한 개선이 나타났다. Duffy(2005)는 윌슨병의 의료적 치료 동안의 말 변화는 치료 효과의 척도 역할을 한다고 제안하였다.

프리드리히 운동실조

프리드리히 운동실조(Friedreich's ataxia)는 특히 소뇌, 뇌간, 척수에 신경 변성을 야기하는 진행성 유전질환이다. 제7장에서 간략하게 설명했듯이 이 질환은 20대에 처음 나타나게 된다. 이 질환은 치료가 불가능하며 대개 증상이 처음 발현된 후 10~15년 안에 사망한다. 사망은 종종 심장 기능 저하나 혼수상태의 결과이다. 프리드리히 운동실조의 초기 증상은 팔과 다리의 움직임에 나타나는 실조증 및 불안정성과 서툰 움직임이다(Warlow, 1991). 경도의 마비말장애 역시 초기 증상으로 나타난다. 질환이 진행되면 약화와 근위축이 팔다리에 나타나게 된다. 후기에는 시각장애와 감각신경성 청력 손실도 나타난다. 치매도 일부 프리드리히 운동실조 환자에게서 나타난다.

프리드리히 운동실조가 단일 마비말장애를 초래하기도 하지만 혼합형 마비말장애를 발생시키는 것이 일반적이다. Joanette와 Dudley(1980)는 프리드리히 운동실조를 가진 22명의 환자에게서 실조·경직 혼합형 마비말장애가 나타남을 발견하였다. 프리드리히 운동실조의 언어병리학적 논의에서 Duffy(2005)는 실조형 마비말장애가 이 질환과 연관된 가장 일반적인 마비말장애이지만 그 밖의 다른 유형, 특히 경직형 마비말장애도 나타난다고 제안했다. 추가적으로 그는 실조·경직 혼합형 마비말장애가 이 장애에서 발생하는 가장 일반적인 혼합형 마비말장애라고 결론지었다.

혼합형 마비말장애의 치료

확실히 혼합형 마비말장애의 치료는 어렵다. 혼합형 마비말장애에는 매우 많은 말 오류가 존재하기 때문에 많은 임상가들은 어디에서 치료를 시작해야 할지 확신을 가질 수가 없다. 혼합형 마비말장애 치료의 일반적인 규칙은 말산출에 가장 심각하게 영향을 미치는 요소를 첫 번째로 치료하는 것이다. 이를 설명하기 위해 실조형 특성에 비해 이완형 특성이 더 심각하게 말명료도를 손상시키는 이완·실조 혼합형 마비말장애를 상상해 보자. 치료의 첫 단계에는 이완형 요소에 더 집중해야 한다. 이것이 충분히 다루어진 이후에 치료는 실조형 특성으로 이동해야 한다. 그러나 이것은 단지 일반적인 치료의 원리이며 혼합형 마비말장애의 여러 가지 요소가 환자의 말산출의 어려움에 동등하게 영향을 미치는 경우처럼 이러한 원리가 별 도움이 되지 않는 상황이 존재한다.

혼합형 마비말장애의 요소들이 말산출에 동일하게 영향을 미칠 때, Dworkin(1991)은 마비말장애에 의해서 가장 영향을 받는 말산출 요소에 따라 순차적으로 치료해야 한다고 제안한다(예: 호흡, 조음, 공명, 운율). 그는 호흡 오류를 처음에, 그리고 공명, 다음으로 음성과 조음의 순으로 치료할 것을 권고한다. 즉, 한 혼합형 마비말장애를 가진 환자가 단조로운 음도, 부정확한 자음, 과다비성이 동등한 정도로 나타날 때 추천된 치료 순서는 공명이 첫 번째, 조음이 두 번째, 운율이 세 번째이다.

치료를 이 순서로 수행해야 하는 이유는 말의 서로 다른 요소들이 어떻게 서로를 지원하는가에 기초를 두고 있다. 예를 들어, 호흡은 모든 다른 말 요소에 기초가 되기 때문에 첫 번째로 다루어져야 한다. 적절한 호흡의 지원이 없다면 공명, 발성, 조음, 운율은 정도의 차이는 있지만 모두 손상된다. 예를 들어, 환자의 호흡이 적절한 발성을 생성해 내기에 너무 약하다면 음성 문제를 다루기는 어려울 것이다. 유사하게 공명, 조음 등의 손상을 사전에 다루지 않는다면 많은 운율 문제를 다루기는 힘들 것이다.

말산출의 단일 요소 안에서 하나의 문제보다 더 많은 문제가 존재하는 상황이라면 치료는 대개 가장 심각한 문제부터 우선적으로 다루어야 할 것이다. 이 예로 아마도 음절 간 매우 연장된 쉼과 중등도의 과도한 음성 크기 변화를 함께 가진 환자처럼 하나 이상의 운율 문제를 가진 환자를 들 수 있다. 이것은 둘 다 운율 문제이기 때문에, Dworkin의 추천 치료 순서를 적용할 수 없다. 그럼에도 불구하고 가장 효과적인 치료 선택은 환자의 운율에 가장 영향을 미치는 오류를 치료하는 것이 될 것이다. 임상가가 연장된 음절 간 쉼을 더 심각한 문제로 판단한다면 치료는 우선 거기에 초점을 두어야 할 것이다. 그러나 이 치료 선택은 호흡, 공명, 발성, 조음의 손상이 운율 문제를 야기하는 것이 아님이 가정되어야 한다.

가장 심각한 오류를 가장 먼저 치료해야 한다는 이 규칙에 특별한 예외도 존재한다. 예를 들어 환자는 강력하게 어떤 것을 먼저 치료하기를 원할 수 있다. 아마도 그것은 개인적으로 대단히 불편하거나 좌절적인 증상일 것이다. 혹은 환자의 주의나 기억 손상으로 인해 특정 유형의 말산출 오류를 치료하는 것은 극도로 어렵지만, 다른 유형의 말 오류에서는 진전을 보일 수 있다. 이러한 상황에서는 발생할 수 있는 특수한 환경에 기초하여 덜 심각한 말산출 손상을 선택해서 치료하는 것이 적절할 것이다.

근위축측삭경화증 환자를 위한 보완 의사소통

이 장에서는 많은 진행성 신경질환을 설명하였는데 이런 환자들은 명료한 구어 의사소통 지점에 도달하는 것이 더 이상 불가능할 수도 있다. 이러한 일은 ALS 환자의 약 75%(Saunders, Walsh, & Smith, 1981), MS 환자의 약 4%(Beukelman, Kraft, & Freal, 1985)에서 나타난다. 구어로 말하는 것이 불가능해진다면 가장 적절한 선택은 보완 의사소통을 사용하는 것이다. Beukelman과 Mirenda(2005)는 질환의 진행에 따른 ALS 환자의 다섯 단계 의사소통 과정을 설명하였다. 각 단계에서 그들은 ALS 환자와 함께 일하는 언어치료사의 책임에 대해서 논하였다. 임상가는 환자가 한 단계에서 다음 단계로 이동하는데 정해진 전형적인 시간표가 없다는 것을 명심해야 한다. 일부의 ALS 환자는 이 단계 중 하나를 거치는데 몇 주에서 몇 개월이 걸리기도 하지만 어떤 환자들은 몇 년이 걸리기도 한다.

1 **말장애가 발견되지 않는 시기**—이 첫 단계 동안 환자와 가족들은 ALS와 관련된 의사소통 손상에 대한 일반적인 사실에 대한 정보를 제공받을 수 있다. 결국에는 보완 의사소통이 필요해질 가능성이 매우 높기 때문에 환자들은 이 질환의 초기부터 이러한 체계의 기초를 배우기 시작해야 한다. 예를 들

어, 환자들은 활용 가능한 의사소통 방법이 무엇이며, 어떤 특별한 증상이 그들을 어렵게 만드는지를 배워야 한다. 그러나 Beukelman과 Mirenda는 이 시기에 주의해야 할 점을 설명했는데, ALS 환자에게 궁극적으로 사용하게 될 보완 의사소통의 도전에 대해 너무 자세한 것까지 제공하는 것은 시기상조이며, 역효과가 있을 수 있다는 것이다.

2 **명료하지만 분명한 말장애가 나타나는 시기**—두 번째 단계에서는 대부분의 청자들이 쉽게 환자의 말 오류를 발견하기 때문에 환자도 자신의 말 오류를 깨닫기 시작하지만 그들의 명료도는 높다. Beukelman과 Mirenda는 언어치료사가 환자의 말명료도를 극대화하기 위한 방법을 환자와 가족들에게 조언해 주는 일에 더 적극적으로 참여해야 한다고 제안한다. 예를 들어, 가족 구성원들에게 소음이 있는 환경에서 이야기하는 것을 피하게 하고, 대화의 주제가 바뀐 것을 듣는 사람이 이해했는지를 어떻게 확인하는지 알려 준다. 환자가 대화 그룹에서 이야기하게 된다면 환자에게 음성 확장기의 사용을 알려 주는 것도 적절할 것이다. 보완 의사소통 체계를 평가하고 선택하는 예비 단계는 이 단계에서 시작하는 것이 적절할 것이다.

3 **말명료도의 저하 시기**—환자가 이 시점에 도달하면 마비말장애로 분명히 말명료도가 저하된다. 제5, 6장에서 제시한 이완형이나 경직형 마비말장애의 다양한 치료 방법은 적어도 일시적으로는 환자의 말명료도를 증가시키거나 유지하는 데 도움을 준다. 예를 들어, 입을 크게 벌려 말하기, 한 호흡으로 말하는 길이 조절하기, 구개거상기 사용하기, 말 속도 줄이기, 자음 조음 과장하기 등의 방법은 환자의 마비말장애 손상을 위한 치료로 적절할 것이다. Beukelman과 Mirenda는 이 질환의 세 번째 단계 환자에게 보완 의사소통이 효과적이라고 권고한다.

4 **잔존하는 자연적 발화와 보완적 의사소통 시기**—네 번째 단계에서 ALS 환자들은 잔존하는 명료한 말을 보완하기 위해 보완 의사소통에 크게 의존한다. 실제로 Beukelman과 Mirenda는 이 시점에는 보완 의사소통이 의사소통의 주된 방법이 된다고 설명하였다. 이 단계에서 언어치료사는 보완 의사소통

체계의 적절성을 평가해야 하는데, 가령 이 보완 의사소통 체계가 환자의 남아 있는 운동 능력과 잘 맞는지, 어떤 자세에서 환자가 그것을 사용하는 능력이 최대화되는지 등과 같은 것이다. 언어치료사는 또한 보완 의사소통 장치를 사용하는 환자와 가장 효과적으로 의사소통을 할 수 있도록 가족이나 친구들을 훈련하기도 한다.

5 **효율적인 말을 잃는 시기**—마지막 단계에서 ALS 환자들은 명료한 말을 거의 모두 잃고 자신이 원하는 것이나 요구를 알리기 위해 보완 의사소통 체계에 전적으로 의존한다. Beukelman과 Mirenda는 복잡한 전자 장치의 사용과 더불어 환자의 의사소통 능력을 최대화하는 데 사용될 수 있는 간단한 기술 역시 추천하였다. 이러한 것들은 간단한 예/아니요 의사소통 방법, 눈 맞추기 기술, 눈 깜박임을 포함한다.

혼합형 마비말장애 요약

- 혼합형 마비말장애는 운동계의 두 영역 이상에 손상이 있을 때 나타난다. 예를 들어, 하부운동신경과 소뇌가 손상되었다면 그 결과는 이완 · 실조 혼합형 마비말장애가 된다.
- 신경 손상의 범위와 위치에 따라 단일 마비말장애의 거의 모든 조합이 혼합형 마비말장애의 요소가 될 수 있다.
- 혼합형 마비말장애 안에서 하나의 요소가 다른 요소에 비해 더 두드러지게 나타날 수 있다.
- 뇌손상, 뇌졸중, 뇌종양과 다양한 퇴행질환 및 감염질환과 같은 혼합형 마비말장애를 일으키는 많은 원인이 있다.
- 근위축측삭경화증과 다발경화증은 혼합형 마비말장애를 초래하는, 가장 잘 알려진 퇴행질환이다.
- 혼합형 마비말장애의 일반적인 치료 순서는 환자의 말산출 손상에 가장 많

이 영향을 미치는 부분을 우선적으로 치료하는 것이다.

- 혼합형 마비말장애의 요소들이 환자의 문제에 동등하게 영향을 미친다면, Dworkin(1991)은 말산출 요소의 순서대로—호흡, 공명, 발성, 조음, 마지막으로 운율—치료할 것을 추천한다.

연구 문제

1 혼합형 마비말장애를 정의하시오.
2 혼합형 마비말장애를 초래하는 다발 뇌졸중에 대해서 설명하시오.
3 어떤 해부학적 부위의 손상이 실조 · 과소운동 · 경직 혼합형 마비말장애를 일으킬 가능성이 있는가?
4 왜 많은 임상가들은 혼합형 마비말장애의 진단에 어려움을 느끼는가?
5 왜 다발경화증은 거의 모든 유형의 마비말장애를 일으킬 수 있는가?
6 이 장에서 설명하는 세 가지의 다계통 위축은 무엇이며, 이것들이 야기하는 마비말장애의 유형은 무엇인가?
7 근위축측삭경화증에 의해서 영향을 받을 수 있는 운동계의 네 가지 영역을 설명하시오.
8 근위축측삭경화증의 마지막 단계와 가장 관련이 있는 혼합형 마비말장애의 유형은 무엇인가?
9 윌슨병의 원인은 무엇인가?
10 혼합형 마비말장애의 모든 요소가 환자의 말산출 오류에 동등하게 영향을 미칠 때 Dworkin이 추천한 치료 순서는 무엇인가?

CHAPTER 11

말실행증

이 장의 개요

- 말실행증의 정의
- 말실행증의 개관
- 말실행증의 신경학적 기초
- 말실행증의 원인
- 말실행증의 말 특징
- 말실행증의 평가
- 말실행증의 감별 진단
- 추가적인 진단의 고려점
- 말실행증의 치료
- 말실행증 요약
- 연구 문제

말실행증의 정의

다음 McNeil, Robin과 Schmidt(2009)에 의한 말실행증(apraxia of speech)의 정의는 현 시점에서 가장 자세하고 완전한 것이다. 이 정의는 그동안 말실행증에 대해 축적된 지식뿐만 아니라 비교적 최근에 알려진 이 장애의 특성에 대한 것을 포함한다. 기존에 알려진 요소는 운율적 오류, 느린 말 속도, 서툰 조음운동의 타이밍과 위치 같은 특성을 포함한다. 이는 또한 청자가 이런 서툰 운동을 음소 대치와 같이 지각한다는 것을 언급한다. 나아가 순수 말실행증(실어증이나 마비말장애와 함께 나타나지 않는)이 드물다고 말한다. 이러한 것들이 한동안 실행증의 특성으로 인식되어 왔다. 이 정의에는 놀랄 만한 한 가지 주장이 포함되어 있는데, 이는 실행증의 말 오류가 같은 단어나 구를 반복하여 산출하는 동안 오류의 유형과 위치 모두 비교적 일관적이라는 것이다.

> 말실행증은 말산출의 음운운동적 장애이다. 이는 잘 형성되고 완성된 음운적 틀을 의도적인 운동 수행에 사용되는 이미 학습된 운동 정보로 전환시키는 데 있어서의 비효율성으로 인해 야기된다. 이러한 비효율성은 조음기(articulator) 내의 그리고 조음기 간의 시공간적 요소와 운율의 왜곡을 초래한다. 이것은 분절음과 분절음 간의 이동 및 동시 조음의 왜곡으로 특징지어지며, 이로 인해 자음, 모음, 그리고 소리나 음절, 단어 사이의 간격에 연장이 초래된다. 이러한 왜곡은 종종 음소 대치나 강세의 위치 오류, 구나 문장 수준에서의 비정상적인 운율로 지각된다. 오류는 발화 내 위치에서 일관적이며, 유형에 따라서도 동일하다. 이것은 근긴장이나 반사에 의한 것이 아니며, 감각(청각, 촉각, 운동감각, 고유감각) 처리나 언어 정보의 손상에 의한 것도 아니다. 이는 아주 드물게 독립적으로 나타나기도 하는데, 위에서 나열했던 기본적인 운동 생리, 지각, 언어의 손상을 동반하지 않는다(p. 264).

대부분의 말실행증의 기존 정의에서는 실행증적 말 오류가 시도할 때마다 다르게 나타난다고 언급하고 있다. 예를 들어, Miller(1986)는 "[말실행증 환자들은] 말소리를 일관적으로 실현하는 데 어려움을 가진다고 말할 수 있다. 때때로 그들은 하나의 소리나 단어를 정확하게 말하지만, 때로는 그렇지 못하다"(p. 99)라고 설명하였다. 그러나 최근의 연구들은 이런 전통적인 개념이 옳지 않다고 제안한다. 많은 연구 결과들은 비일관적인 조음 오류는 말실행증 환자보다는 음운 착어를 보이는 환자들의 특성임을 보고하였다(McNeil, Odell, Miller, & Hunter, 1995; Shuster & Wambaugh, 2003; Wambaugh, Nessler, Bennett, & Mauszycki, 2004). 모든 연구자들은 전통적으로 말실행증을 규정하던 특성의 이러한 변화에 동의하지 않으며 더 많은 연구가 필요하다고 주장한다. 예를 들어, Strand(2010)는 이러한 결론에 의문을 가지며, 말실행증의 증상으로 같은 발화의 반복적인 산출 시 다른 조음이 나타난다고 주장한다. 이러한 논란들이 명확해질 때까지 실행증은 풍부한 연구 영역으로 남아 있을 것이다.

말실행증의 개관

마비말장애와 마찬가지로 말실행증은 말소리 산출과 관련된 신경학적 손상이다. 그러나 마비말장애와 달리 말실행증의 오류는 근육의 약화, 비정상적인 근긴장도(muscle tone), 운동 범위의 제한, 근육 안정성의 저하로 인한 것이 아니다. 그보다 말실행증의 오류는 말소리 산출에 필요한 운동을 정확하게 순차적으로 수행(sequencing)하는 능력의 손상에 기인한다.

제1장에서 설명했듯이 **실행증**(apraxia)이라는 용어는 그리스어 *praxis*에서 유래하였는데 이는 "움직임 수행"을 의미한다. 따라서 *apraxia*는 말 그대로 "움직임이 없음"을 의미한다. 엄밀히 말하자면 말실행증 환자는 완전히 움직일 수 없는 것이 아니기 때문에 실제로 dyspraxia("움직임에 장애를 가진"이라는 의미)가 말실행증을 더 정확하게 표현한 것이다. 환자는 혀, 입술, 연구개 등을 움직

일 수는 있다. 환자의 문제는 말산출에 필요한 움직임의 순차적인 수행과 관련이 있다. 그러나 *apraxia*가 가장 일반적으로 사용되는 용어이기 때문에 이 장에서 이 용어를 사용하였다.

실행증의 유형은 다양한데 말실행증도 그 하위 범주 중 하나이다. 실행증의 대표적인 두 가지 하위 유형은 **관념실행증**(ideational apraxia)과 관념운동실행증(ideomotor apraxia)이다. 관념실행증이란 사물이나 제스처의 기능에 대한 지식(또는 개념)을 잃어버려 그것을 사용하는 능력을 잃어버린 것이다. 다시 말해, 관념실행증을 가진 사람은 더 이상 사물이나 제스처의 목적을 알지 못하기 때문에 그것들을 적절하게 사용할 수가 없다. 아래는 Luria(1972)의 뇌손상 환자가 병원 안에서 일어난 사건을 기술한 것으로 관념실행증의 좋은 예를 보여 준다.

> 나는 침대에 누워 있고 간호사를 필요로 한다. 나는 어떻게 그녀를 여기에 오게 할 수 있을까? 불현듯 나는 누군가를 손짓으로 부를 수 있다는 것을 기억해 냈고 손짓으로 간호사를 부르기 위해 시도하였다. 즉, 내 왼쪽 팔을 가볍게 앞뒤로 움직였다. 그러나 그녀는 바로 내 옆을 지나가며 나의 제스처에 주의를 기울이지 않았다. 그때 나는 누군가를 손짓으로 부르는 방법을 완전히 잊어버렸다는 것을 깨달았다. 그것은 내가 의미하는 것을 누군가가 이해하도록 내 손을 움직이는 방법을 잊어버렸다는 것을 말한다(p. 45).

관념실행증은 대개 좌측 두정엽의 손상으로 나타나는 드문 장애이다. 관념실행증은 **실어증**(aphasia)과 같은 장애와 결합하여 그 증상이 가려지기 쉽기 때문에 때로 발견되지 않을 수 있다. 또한 뇌졸중에 의해 발생한 경우 종종 증상이 빨리 사라지기 때문에 발견이 어렵기도 하다(Miller, 1986).

실행증의 두 번째 주요 유형은 **관념운동실행증**(ideomoter apraxia)이다. 관념실행증은 사물이나 제스처의 개념(conception)에 있어서의 장애인 데 반해 관념운동실행증은 사물을 사용하는 데 필요한 움직임, 제스처의 생성, 개별적인 움직임의 순서를 완성하는 수행(performance)에 있어서의 장애이다. 말실행증은 관념운동실행증의 한 종류이다. 관념운동실행증 환자는 사물이나 제스처의 기능에 대한 지식을 잃어버린 것이 아니다. 그들은 사물을 사용하거나 제스처를 생성하는 데 필요한 운동계획을 수행하는 데 어려움을 느낀다. 예를 들어 칫솔과 같은 일상적인 사물의 사용법을 물으면 관념운동실행증 환자는 칫솔의 목적을 이해하고 있음을 표현하고, 칫솔질에 필요한 일반적인 운동 패턴을 설명할 것이다. 예를 들어, 그는 칫솔을 적절히 잡고 입으로 가져갈 것이다. 그러나 실제로 칫솔질을 하는 데 필요한 개개의 움직임은 순서에서 벗어날 것이다. 아마도 앞니 닦기의 상하 움직임은 어금니 닦기의 앞뒤 움직임이 되고, 그 반대도 마찬가지일 것이다. 그는 잘못된 움직임을 수정하려고 시도할 것이고, 그 결과 칫솔질은 앞뒤가 맞지 않고 느리며 어색해질 것이다.

관념운동실행증은 그것이 처음 소개된 1900년대부터 널리 연구되었고 이 장애의 많은 특성이 밝혀졌다. 다음은 잘 알려진 관념운동실행증의 증상 목록이다. 그러나 이는 순수한 관념운동실행증에서 나타날 수 있는 증상들만 기록한 것이다. 실행증에 부가적으로 운동, 언어, 인지적 결함이 결합되어 있다면 이러한 증상은 다른 문제들로 인해 가려질 수 있어서 모든 증상이 반드시 나타나는 것은 아니다.

- 관념운동실행증은 전형적으로 자발적이거나 자동적인 움직임보다는 수의적인 운동에 더 영향을 미친다. 예를 들어, 필요에 의해 자발적으로 잘 가라고 손을 흔들어 보라고 하면 관념운동실행증 환자는 그 행동을 정확하게 수행할 수 없을 것이다. 그 행위를 수행한다 할지라도 전반적인 움직임은 많은 노력을 요하거나 어색해 보일 것이다. 그러나 사회적인 상황에서 실제로 떠날 때 환자는 자연스럽게 힘들이지 않고 손을 흔들 것이다. 또 다른 예로 이러한 것은 미소와 같은 움직임에서도 나타난다. 관념운동실행증 환자는 요구에 의해서는 즉시 미소 지을 수 없지만, 잠시 뒤에는 별 어려움 없이 자발적으로 미소 지을 수 있다.
- 운동의 순차적 수행은 사물을 사용하는 흉내를 낼 때에 비해 실제로 사물

을 조작할 때 더 쉽다. 예를 들어, 관념운동실행증 환자는 어떻게 컵으로 마시는지를 보여 줄 때, 컵을 들고 마시는 흉내를 낼 때보다 실제로 컵을 쥐어 주면 더 성공적으로 수행할 것이다.

- 움직임을 순서대로 수행하는 것은 구어 명령에 의해 수행하는 것보다 제스처로 요구했을 때(모방) 더 쉽다. 다시 말해, 관념운동실행증 환자는 입술을 오므리라고 구어로 명령할 때는 수행하지 못하지만 임상가가 그 움직임을 해 보이면 성공할 것이다.
- 관념운동실행증의 순차적 움직임의 오류는 같은 움직임을 반복해서 시도할 때조차도 때때로 비일관적일 수 있다. 이러한 예로는 히치하이킹하는 흉내를 내 보라고 요구받은 저자의 환자를 들 수 있다. 그녀의 처음 시도는 느리고 주먹을 쥔 어색한 모습이었다. 추가적인 노력으로 그녀는 느리게 엄지손가락을 내밀어 제스처를 완성할 수 있었다. 바로 다시 해 보라고 했을 때, 그녀는 손가락 끝을 맞닿게 해서 펜치 모양으로 만들었다가 나중에 다시 많은 노력 끝에 엄지손가락을 들어 올린 정확한 움직임을 할 수 있었다.

관념운동실행증에는 적어도 3개의 하위 범주가 있다. 첫 번째는 **사지실행증**(limb apraxia)이다. 이것은 움직임의 개념이나 일반적인 운동계획은 정확하게 나타난다고 할지라도, 수의적인 행동에서 팔과 다리, 손과 발을 순차적으로 움직이지 못하는 것이다. 앞의 칫솔 예가 이 실행증 유형의 예이다. 사지실행증은 보통 좌반구 손상의 결과로 나타난다. 대부분의 사례에서 편마비로 인해 신체 한쪽의 증상이 숨겨져 있지만, 사지실행증은 왼쪽과 오른쪽 사지에 모두 영향을 준다. 이러한 장애는 못 박기, 면도하기, 자물쇠에 열쇠 넣기, 빗질하기 등 잘 알려진 다양한 움직임을 흉내 내게 해서 평가한다.

관념운동실행증의 두 번째 하위 범주는 **비구어구강실행증**(nonverbal oral apraxia)이다. 이 실행증 유형은 구강안면실행증(buccofacial or orofacial apraxia), 안면실행증(facial apraxia), 혀실행증(lingual apraxia)으로 알려져 있다. 이름에서 볼 수 있듯이 비구어구강실행증은 혀, 입술, 턱과 그 밖의 구강 관련 구조의 비구어적이고 수의적인 움직임의 순차적 수행 능력 손상이다. 이 장애에 의해서 영향을 받는 구강안면 움직임은 혀 내밀기, 휘파람 불기, 아랫입술 물기, 볼 부풀리기 등이다. 이와 같은 과제를 수행하도록 요구할 때 이 유형의 실행증 환자들은 정확한 입의 위치를 위해 탐색행동(groping)을 보이거나, 행동이 지연되고, 움직임을 부분적으로만 완성하거나, 아니면 추가적인 움직임 또는 불필요한 움직임이 더해질 것이다. 때때로 비구어구강실행증 환자는 일부의 구강 메커니즘과 관련된 의도적인 움직임을 수행할 때 문제를 보인다. 예를 들어, 이들은 요구에 의해 깊이 숨을 쉬는 데 문제가 있거나 명령에 의해 삼키는 것이 불가능할 수 있다.

비구어구강실행증은 일반적으로 좌반구 손상 환자들에게서 나타나며, 종종 실어증과 함께 나타난다. 이러한 장애가 환자들에게 혼란과 괴로움을 줄 수 있지만 자발적이고 반사적인 구강안면 움직임에는 영향을 주지 않는다. 이는 환자들이 먹는 동안 여전히 잘 삼킬 수 있고 숨을 내쉴 때 깊이 숨을 쉴 수 있으며, 농담에 미소 짓고, 그 밖의 구강 메커니즘의 자발적인 움직임을 수행할 수 있다는 것을 의미한다. 이 환자들은 대개 중요한 자발적인 구강 움직임을 어려움 없이 수행할 수 있기 때문에 비구어구강실행증은 대개 임상적인 중요성을 가지지 못한다(Wertz, LaPointe, & Rosenbek, 1991). 언어치료사들이 이 유형의 실행증에 주로 관심을 갖는데, 왜냐하면 이것은 관념운동실행증의 세 번째 하위 범주인 말실행증과 함께 나타나기 때문이다.

말실행증(apraxia of speech)은 수의적인 음소 산출 동안 조음기를 정확하게 위치시켜야 하는 운동 명령의 순차적 수행 능력의 손상이다. 대부분의 말은 의도적인 운동 과제이기 때문에 말실행증은 환자의 구어 의사소통 능력에 심각한 영향을 줄 수 있다. 말실행증은 음소를 산출하는 데 필요한 순차적 운동에 특정적으로 나타나는 장애이며, 사지실행증이나 비구어구강실행증과 함께 나타날 수 있다. 비구어구강실행증과 말실행증의 차이는 이 두 장애의 이름에서 분명하게 알 수 있다. 비구어구강실행증은 말산출과 관련 없는 입술 핥기, 촛불 불기, 혀를 좌우로 움직이기와 같은 구강의 순차적 운동장애이다. 말실행증이란 이미 언급했듯이 말산출에서 나타나는 구강의 순차적 운동장애이다. 이 같은 두 가지 실행증이 한 환자에게서 함께 나타나는 것이 일반적이기는 하지만 이 둘은 어느 정도 구분되어 나타난다. 예를 들어 일부 환자들은 말실행증을 가지고 있지만 비구어구강실행증의 명확한 증상은 가지고 있지 않으며, 일부는 비구어구강실행증을 가지고 있지만 말실행증의 명확한 증상은 가지고 있지 않다.

말실행증은 대개 좌측 전두엽 손상, 특히 브로카영역 주변의 손상으로 나타난다. 말실행증은 종종 좌반구의 손상과 관련이 있기 때문에 순수 말실행증의 사례는 실제로 매우 드물다. 대부분의 사례에서 말실행증은 브로카실어증과 함께 나타난다. 또한 일측 상부운동신경형 마비말장애와 함께 나타나기도 한다 (Duffy, 2005). 이러한 장애가 동시에 발생하는 것은 초보 임상가들이 실어증과 마비말장애의 결합으로 인한 언어와 조음 오류로부터 실행증의 말운동 오류를 구별해 내는 것을 어렵게 만들기도 한다. 이 장의 나머지 부분은 경험이 부족한 임상가가 말실행증의 증상을 확인하고 적절하게 치료하는 것을 용이하게 하기 위해 구성되었다.

말실행증의 신경학적 기초

중추신경계의 기능은 매우 다양하기 때문에 어떤 운동 명령에 의해 말의 순차적인 수행이 이루어지는지 그 방법은 잘 알려져 있지 않다. 이것은 말운동 프로그램 과제가 얼마나 복잡한지를 반영한다. 예를 들어, 말산출의 운동 명령에 의한 순차적 수행은 뇌의 여러 다른 영역으로부터의 입력을 요구한다. 언어 센터는 정확한 순서의 음소를 포함한 구어의 언어적 정보를 제공한다. 기저핵, 소뇌, 시상은 계획된 말 움직임에 관련된 운동과 감각의 입력을 제공한다. 변연계와 우반구는 의도된 발화의 감정적 문맥에 대한 정보를 제공한다. 이러한 정보 모두는 의도된 메시지가 정확한 시간에 적절한 근육을 수축시키는 신경 임펄스의 순서로 변환될 수 있도록 통합되고 처리되어야 한다. 이러한 과제의 방대함은 Darley 등(1975)이 설명하였는데, 그는 사람이 말을 할 때 매 초마다 14만 개의 말산출 신경근육의 수축과 이완이 일어난다고 계산하였다. 이런 놀라운 과정을 조절하는 것으로 여겨지는 신경학적인 "메커니즘"을 "말운동 프로그래머"라고 한다.

말운동 프로그래머

말운동 프로그래머(motor speech programmer)는 정확하게 말을 산출하는 데 필요한 운동을 순차적으로 수행하는 뇌의 신경 네트워크이다. 이것은 계획된 구어 행동의 언어, 운동, 감각, 감정 정보에 대한 초기 분석에 의해서 수행되는 것으로 여겨진다. 말운동 프로그래머는 뇌의 인지, 언어, 감정과 운동계획 영역의 많은 신경 연결을 통해 이러한 정보를 얻으며, 그 후에 의도된 발화의 음소, 단어, 구의 산출에 필요한 신경 수축을 수행하는 신경 코드의 정보를 순차적으로 배열한다. 신경 코드가 정확하게 순차적으로 배열되고 신경근육 접합에 그대로 수신되면 근육은 적절한 순서로 수축하고 그 결과로 말이 유창하게 산출된다. 이러한 신경 코드에는 화자의 의사소통 의도를 전달하는 데 사용되는 강세와 억양 패턴이 포함된다. 말운동 프로그래머로 들어온 감각 정보를 통해서 그 코드는 구강운동 구조의 즉각적인 상황을 반영하기도 한다. 예를 들어, 화자가 껌을 씹고 있다면 신경 코드는 구강 안의 물질에도 불구하고 정확한 조음을 하도록 조정되어야만 한다.

여러 연구자들은 말운동 프로그래머에 대해서 묘사했는데(Darley et al., 1975; Duffy, 2005; McNeil et al., 2009), 그것은 사실 불명확하고 뚜렷하지 않은 뇌의 구조이다. 브로카와 베르니케 영역과 달리 말운동 프로그래머는 뇌에 정확한 위치가 있는 것이 아니다. 연구자들은 그것이 뇌의 언어 및 운동 센터와 밀접하게 연관되어 있는 좌반구의 실비안주변영역(perisylvian area)(그림 11-1)에 존재한다고 설명한다. 말운동 프로그래머는 특히 의도된 발화의 정확한 표상을 신경 코드로 전환하는 데 중요한 역할을 하는 브로카영역과 근접해 있다

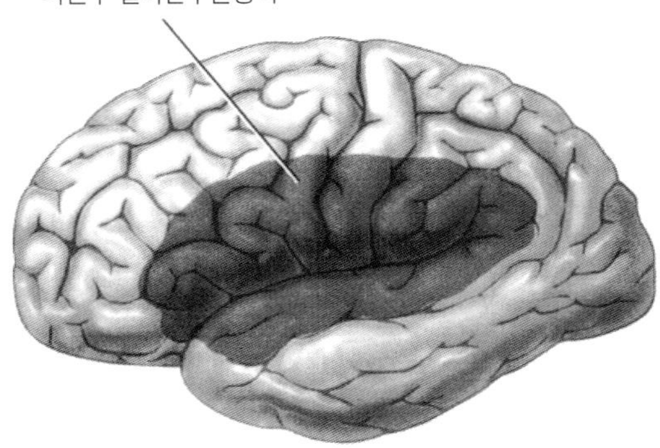

그림 11-1 좌반구 실비안주변영역. 이 영역(특히 전방부)의 손상은 종종 말실행증과 관련이 있다.

(Brookshire, 2007). 이와 같은 임상적인 증거에도 불구하고 말운동 프로그래머는 주로 가상적인 실체로 남아 있다. 말운동 프로그래머의 실체가 다음의 두 가지 사실로부터 유추된다고 말하는 것은 결코 과장이 아니다—ⓐ 인간은 말운동을 빠르게 순차적으로 수행하는 능력을 가지고 있으며, ⓑ 좌반구의 손상은 이러한 과제를 수행하는 능력을 손상시킬 수 있다. 말운동 프로그래머를 더 정확하게 파악하고 그것의 복잡한 작용이 어떻게 수행되는지를 더 명확하게 이해하기 위해서는 더 많은 연구가 필요하다.

말실행증의 원인

말운동 프로그래머를 손상시키는 장애는 말실행증의 잠재적 원인이 된다. 실제적으로 이것은 말실행증이 뇌 좌반구 실비안주변영역 손상의 결과임을 의미한다. 실비안주변영역의 손상이 말실행증의 가장 흔한 병소이지만, 여기에만 국한되는 것은 아니다. 섬(insula)이나 기저핵의 손상 역시 말실행증과 관련이 있다. 말실행증을 야기하는 특정 상황은 뇌졸중, 퇴행질환, 외상, 종양을 포함하며, 가장 흔한 원인은 뇌졸중이다. 무작위로 선별된 Mayo Clinic 155명 사례의 역향적 연구에서 Duffy(2005)는 말실행증의 49%가 뇌졸중에 의해 발생한다고 보고하였다. 이러한 뇌졸중의 대부분은 좌반구 실비안주변영역에 영향을 미쳤는데, 주로 전두엽과 두정엽에 영향을 주었다. 말실행증의 일부 사례에서는 측두엽 손상을 포함하고 있지만, 이러한 사례들에서 전두엽, 두정엽 역시 손상되어 있었다.

Mayo 연구에서 두 번째로 많은 말실행증의 원인(사례의 27%)은 알츠하이머병, 원발 진행 실어증(primary progressive aphasia), 크로이츠펠트-야곱병(Creutzfeldt-Jakob disease)을 포함한 퇴행질환이다. 이러한 질환은 대개 광범위한 뇌손상을 보이지만, Duffy(2005)는 적어도 초기에는 국소적인 영향이 나타나 말실행증이나 뚜렷한 병소와 관련이 있는 다른 장애를 야기한다고 지적하였다.

외상(trauma)은 Mayo 연구에서 말실행증의 세 번째로 많은 원인으로 사례의 14%를 차지한다. 좌측 전두엽의 수술 외상은 말실행증을 일으키는 가장 일반적인 외상의 유형이다. 동맥류 복원술, 종양 제거, 출혈 배출은 이 연구에서 제시한 외과적 처치의 일부이다. 폐쇄 뇌손상의 몇몇 사례 역시 말실행증을 보였지만, 대부분은 수술로 인한 국소적인 외상의 결과였다. 나머지 사례는 좌측 전두엽의 종양, 발작장애, 알려지지 않은 병인, 혹은 좌반구 뇌졸중과 치매의 결합 같은 복합적인 원인이었다. Duffy는 이 역향적 연구가 환자의 과학적인 표본이 아니기 때문에 이를 전체 인구의 결과로 일반화하기는 어렵다고 하였다.

말실행증의 말 특징

말실행증 연구는 이 장애에서 독특하게 나타나는 많은 말산출 오류를 밝혔다. 도구적(instrument-based) 연구들이 호흡과 같은 다른 말산출 영역의 문제를 밝혀내고 있지만 대부분의 연구자들은 말실행증이 주로 조음과 운율의 장애라는데 동의한다. 일반적으로 말실행증 환자들은 느리고, 힘들이며, 더듬거리는 말을 보인다고 설명된다. 환자는 목표 음소를 위한 정확한 조음 위치를 찾기 위한 시행착오인 조음 탐색행동을 보일 수 있다. 이러한 탐색행동은 특히 발화나 단어의 시작에서 현저하게 나타난다. 말실행증의 전통적인 정의는 이들이 첫 번째 시도에서 하나의 오류를 만들고 두 번째 시도에서 또 다른 오류를 만들어 내는 말 오류의 비일관성을 지적한다. 그러나 이 장의 도입부에서 설명했듯이 (McNeil et al., 2009), 몇몇 연구자들은 말실행증의 조음 오류가 반복되는 시도에서 위치와 유형 모두 상당히 일관적이라고 주장한다. 고도의 환자들은 자발적으로 어떠한 소리도 산출하지 못하기 때문에 거의 함묵증(mute)이 된다. 일부 고도의 말실행증 환자들은 단지 소수의 "잔존하는"(틀에 박힌) 구만 산출할 수 있다.

다음 내용은 말실행증의 특수한 특성을 나타낸다. 이러한 특성들이 모두 말실행증 환자들의 말에 나타나는 것은 아니다. 얼마나 많은 특성이 나타나는가 하는 것은 다양한 요인에 영향을 받는다. 예를 들어, 말실행증의 정도는 환자의 말에 실제로 이러한 특성이 얼마나 많이 나타나는가에 영향을 준다(Miller, 1986). 아주 심각한 고도의 환자나 매우 경미한 말실행증 환자의 경우는 일반적으로 중등도의 범위에 속한 환자에 비해 이러한 특성이 적게 나타난다. 실어증이나 마비말장애와 같은 동반장애가 있는 경우도 이러한 특성이 얼마나 나타나는가에 영향을 줄 수 있는데, 이는 이러한 추가적인 문제가 실행증적 말 오류를 드러나지 않게 할 수 있기 때문이다. 이러한 예는 어떤 환자가 고도의 브로카실어증과 중등도의 말실행증을 가지고 있을 때 나타날 수 있다. 실어증은 환자의 구어 표현을 매우 심각하게 제한하기 때문에 실행증적 말 오류가 출현할 기회가 줄어들 것이다.

조음

조음 오류는 말실행증의 가장 일반적인 문제이다. 이러한 오류는 유창한 말산출에 필요한 구강 움직임을 부드럽게 순차적으로 수행하는 능력의 손상으로부터 발생한다. 다음에 나열된 조음 오류는 Darley 등(1975), Duffy(2005), Wertz 등(1991)이 말실행증 환자에 대해 보고한 것들을 종합한 것이다. 이 목록은 완전하지는 않지만 일반적으로 임상가들이 접하게 될 가능성이 높은 오류에 중점을 둔 것이다.

- 하나의 음소를 다른 음소로 대치하는 것이 왜곡, 생략, 첨가 혹은 반복에 비해 더 일반적이다. 그러나 이러한 대치 오류를 도구적으로 측정하거나 정밀(narrow) 전사할 경우 실제로 종종 목표음의 왜곡으로 드러난다.
- 대치 오류 중 가장 빈번하게 나타나는 것은 위치 오류인데, 이는 조음 방법, 유무성, 구강비강음 오류의 순서로 나타난다.
- 유성 음소를 무성 음소로 대치하는 것은 무성음을 유성음으로 대치하는 것보다 더 일반적이다.
- 일부의 대치 오류는 보속적일 수 있다(*Viking*을 "Viving"으로 산출).
- 마찰음과 파열음은 일반적으로 폐쇄음, 비음, 반모음과 모음에 비해 오류가 빈번하다.
- 복합 자음(consonant clusters)은 단일 자음보다 오류가 나타날 가능성이 높고, 단일 자음은 모음보다 오류가 빈번하다.
- 단어 내에서 오류가 나타나는 위치가 정해져 있지는 않다. 그러나 단어 어두 위치의 음소는 어중이나 어말 위치보다 오류가 나타날 가능성이 높다.
- 말에서 출현 빈도가 낮은 음소는 자주 나타나는 음소에 비해 더 많은 오류가 나타난다.
- 조음은 비단어(nonsense word)보다 실제 단어에서 더 정확하다.
- 조음 오류는 단음절 단어보다 다음절 단어에서 더 일반적이다.
- 조음 접촉 지점 사이의 거리가 멀수록 조음 오류 비율이 높아진다. 예를 들어, "퍼-퍼-퍼"보다 "퍼-터-커"가 일반적으로 더 어렵다.
- 모든 말실행증 환자들이 그런 것은 아니지만 말의 의도적인 산출(예: 그림 설명하기)은 자동 발화(예: 1부터 20까지 세기)나 반사적인 말(예: 욕하기)

환자 사례

보다 어렵다. 이미 언급했듯이 환자의 말실행증이 너무 심하면 거의 모든 유형의 말에서 함묵증에 가깝게 나타날 수도 있다. 의도적인 발화 대 자동 발화 오류의 예는 말실행증의 사례 2에서 볼 수 있다. 이 환자는 1부터 20을 셀 때(숙달된 자동 발화)는 상당히 정확하지만, 20부터 1까지 셀 때(의도적 발화)는 많은 어려움을 보인다.

- 입술소리나 혀를 치조돌기에 대어 산출하는 소리는 그 밖의 위치에서 산출되는 소리에 비해 보통 쉽게 산출된다.

운율

말실행증 환자들에게서 운율의 문제는 자주 나타나지만 실행증이 운율에 어떤 영향을 주는지는 명백하지 않다. Wertz 등(1991), Duffy(2005) 등은 실행증과 운율이 어떻게 상호작용하는지에 대한 여러 가지 가능성을 제시하였다. 하나의 가능성은 말의 조음 오류를 보상하기 위한 환자의 시도에 의해 운율이 방해받는다는 것이다. 예를 들어, 말실행증에서 나타나는 느린 말 속도와 동일한 음절 강세는 환자가 말하는 동안 가능한 한 최선의 조음을 유지하기 위한 목적을 가진 시도의 결과로 나타난다. 다른 가능성으로는 말실행증의 많은 조음 오류로 인해 정상적인 운율이 되기가 극도로 어렵다는 것이다. 예를 들어, 반복적으로 발화를 중단하고, 목표음의 조음을 수정하고, 말을 다시 시작하는 환자는 정상적인 운율을 유지하기가 매우 어려울 것이다. 실행증과 운율의 상호작용에 관한 마지막 가능성은 운율 오류가 조음 오류 때문이 아니라 말실행증 본래의 요소라는 것이다. 다시 말해, 말실행증의 운율 오류는 환자의 순차적 운동 손상에 의한 직접적인 결과이지, 그것의 상호작용에 따른 것이 아니라는 것이다. Duffy(2005)는 앞의 두 가지 가능성이 사실일지라도 도구적 연구에서 세 번째 가능성에 대한 일부 증거가 제시되었다는 점을 지적하였다. Wertz 등(1991)은 "운율 붕괴는 아마도 보상을 위한 노력뿐 아니라 주요한 운동 손상의 영향이 반영된 것일 것이다"(p. 69)라고 결론지었다. 다음은 말실행증 환자가 보일 수 있는 명백한 운율 오류이다.

- 연결 발화의 속도가 정상보다 느리다.
- 발화의 모든 음절에서 종종 동일한 강세가 나타난다.
- 쉼(pause)이 단어의 시작, 음절 사이, 단어 사이에 나타난다. 이러한 쉼은 조음적 탐색행동이나 하나의 음절과 다른 음절을 정상적으로 유창하게 연결하여 산출하지 못하고 음절이나 단어를 개별적으로 산출하기 때문에 나타난다.
- 발화에서 음도와 음성 크기의 정상적인 변화폭이 감소된다.

호흡

실행증은 호흡에도 영향을 준다. 이미 언급했듯이, 일부의 말실행증 환자들은 필요한 만큼 깊게 숨을 쉴 수가 없다. 이러한 과제 수행 시 이들은 조음에서와 같이 더듬거리고 힘을 들이는 움직임이 나타나게 된다. 도구적 측정은 실행증 환자들의 더 미묘한 호흡 손상을 보여 준다. 5명의 실행증 환자를 대상으로 한 연구에서 Keatley와 Pike(1976)는 비정상적인 호흡 기능의 정도가 환자의 말실행증 정도와 관련이 있다는 것을 밝혔다. 가장 심한 손상을 보였던 피험자의 경우, 호흡 기능의 13개 측정치 가운데 10개에서 비정상적인 수행을 보였다. 그러나 이것들은 자발적인 호흡 과제이며 반사적인 호흡은 실행증에 의해 영향을 받지 않는다는 점에 주목하는 것이 중요하다.

공명

과다비성과 과소비성은 말실행증의 드물지만 중요한 문제이다. 말실행증 환자의 연구개 움직임에 대한 연구는 거의 없지만, 몇몇 연구는 말실행증 환자에게서 공명장애가 지각할 수 있는 수준까지 이르는 경우는 드물다고 하였다. 예를 들어, Itoh, Sasanuma와 Ushijima(1979)는 반복적인 움직임에서 연구개의 움직임은 비일관적이지만 일반적인 움직임 패턴은 대개 정상치 내에 있다는 것을 발견하였다.

발성

경도나 중등도의 말실행증 환자가 발성에 독립적인 손상을 보이는 경우는 드물다. 그들이 발성에 문제를 가질 때, 그것은 대개 조음 문제와 결합된다. 예를 들어, 단어의 첫 음소를 발성할 때 시작이 지연될 수 있지만, 이 지연은 음소의 정확한 위치를 위한 탐색행동의 일부이다. 그러나 일부 고도의 말실행증 환자들은 발성 능력에 심각한 손상을 보일 수 있다. 예를 들어, 모음 연장 과제와 같은 "간단한" 발성 과제에서도 어려움을 보일 수 있다. 이러한 경우, 환자의 말운동의 순차적인 수행은 너무 심하게 손상되어 의도적인 발성과 자발적인 발성 모두 불가능하다. Duffy(2005)는 이렇게 심각한 발성 손상이 대개 실행증이 발생한 초기 1~2주에 나타난다고 보고하였다. 발성 문제가 이 기간 이상 이어진다면 이는 대개 심각한 실어증이나 운동불능적 함묵증(akinetic mutism)과 같은 합병장애가 존재함을 시사한다.

동반된 조음 문제보다 더 심각한 발성 손상을 가진 말실행증 환자는 드물다. 모음 연장조차 할 수 없는 심각한 말실행증을 가진 환자는 발성 손상만큼이나 심각한 조음 문제가 함께 나타날 가능성이 매우 높다. 그러나 Marshall, Gandour와 Windsor(1988)는 주목할 만한 예외적인 환자를 소개하였다. 이 환자는 뇌동맥류 수술 후에 좌반구 뇌졸중이 발생하였다. 이 환자가 보인 말과 언어 손상은 브로카실어증, 마비말장애, 말실행증의 증상과는 유사하지 않았다. 그보다는 음절과 단어의 생략, 말더듬과 유사한 유창성 장애를 보였다. 예를 들어, 전에 한 번 본 적이 있는 누군가에게 인사를 받았을 때 그는 "Face mem [remember], not name mem [remember]."이라고 말했다. 결과적으로, 이 환자는 후두실행증이 있는 것으로 판단되었는데 이로 인해 다른 말산출 요소, 특히 조음과 발성을 정상적으로 통합하지 못하는 것이었다. 이러한 진단의 정확성은 환자가 전자후두(electrolarynx)를 사용하는 훈련을 받았을 때 확인되었다. 이 장치로 환자의 말에 음성이 공급되자, 환자는 정확한 조음과 구문, 문법 형태소를 사용하여 정상적으로 의사소통하였다.

말실행증의 평가

말실행증을 가진 것으로 의심되는 환자는 제3장 마지막 부분의 말운동 평가를 사용해 전체적으로 평가를 할 필요가 있다. 단지 말실행증과 관련된 항목뿐 아니라 말운동 평가의 모든 항목이 수행되어야 한다. 그러나 말운동 평가를 수행하는 동안 임상가는 아래와 같은, 말실행증에 특히 유용한 진단적 정보를 제공하는 과제에 특히 주의를 기울여야 한다.

- 말실행증에 민감한 평가 중 하나는 SMR 과제인데, 특히 AMR의 수행과 비교했을 때이다. 많은 경도와 중등도 환자들의 경우 조음점의 한 위치에서 하나의 순차적인 움직임만을 포함하는 AMR 과제는 정확하게 수행할 수 있다. 그러나 SMR 과제는 입안의 서로 다른 세 위치에서 복합적인 조음점을 순차적으로 움직여야 하기 때문에 이를 정확히 수행할 수 없을 것이다. 이 두 과제에서의 수행 차이는 두드러지게 나타날 것이다. 말실행증의 1번 사례는 SMR 과제보다 AMR 과제를 보통 얼마나 더 정확히 산출하는지를 보여 준다.

환자 사례

- 대화와 소리 내어 읽기 과제는 실행증이 운율에 미치는 영향을 판단하는 데 특히 유용한데, 그뿐 아니라 단어나 구 사이의 쉼과 이동의 연장을 두드러지게 보여 주기도 한다. 연결된 발화 안에서의 쉼 동안에 모호한 모음(schwa, ə)의 삽입 또한 주목하라.
- 길이가 증가하는 단어 반복(예: *fan–fancy–fantastic*) 과제는 말실행증 환자의 경우 특히 어려워할 수 있다.
- 독립적으로 혹은 문장 안에서 저빈도의 다음절 단어를 읽거나 반복하는 것

은 말실행증 환자들에게 매우 어려울 수 있다.

말실행증의 감별 진단

평가가 끝나면 임상가는 환자 말에 존재하는 오류 유형을 판단하기 위해 결과를 분석해야 한다. 이것은 아마도 말실행증 진단의 가장 중요한 부분이다. 환자의 말 오류, 실행증과 가장 밀접하게 관련이 있는 오류들을 비교할 필요가 있기 때문에 이 분석은 완전하고 정확해야 한다. 말실행증 진단은 일반적인 말실행증의 오류와 환자의 말 오류가 상당수 합치된다고 판단될 때 이루어져야 한다.

말실행증의 진단적 특징

말실행증 치료 연구 리뷰에서 Wambaugh, Duffy, McNeil, Robin과 Rogers (2006a)는 연구 참여 환자가 정확하게 진단되었는지를 결정하는 행동의 네 가지 범주를 개발하였다. 이 범주에 나열된 행동을 피험자의 증상과 비교함으로써 Wambaugh와 동료들은 진단의 정확성을 정교화하였다. 임상가들 역시 환자의 진단에 도움이 되는 이 네 가지 범주를 사용할 수 있다. 첫 번째 범주는 주요 임상 특징으로, (전체의) 말실행증 환자한테서만 거의 독보적으로 나타나는 행동을 포함한다. 두 번째 범주는 비특징적인 임상 특징으로, 말실행증에서 종종 관찰될 수 있지만 다른 장애에서도 발견되는 행동을 포함한다. 세 번째 범주는 말실행증보다는 대개 다른 장애에서 관찰되는 행동을 포함한다. 네 번째 범주는 말실행증을 배제하는 행동을 포함한다.

주요 임상적 특징

다음 여섯 가지 행동이 환자의 말에 그룹으로 존재할 때 말실행증을 나타낸다.

- 비정상적인 운율을 보인다.

- 연장된 모음, 자음, 혹은 둘 다에 의해 특징지어지는 느린 말 속도를 보인다.
- 구, 단어, 음절이나 음소 사이에 쉼이 있어 느린 말 속도를 보인다. 이러한 쉼은 종종 모호한 모음(schwa, ə)으로 채워진다.
- 왜곡된 자음과 모음을 산출한다.
- 왜곡보다는 음소 대치를 보인다.
- 반복되는 발화 동안 대체로 일관적인 오류의 유형(생략, 왜곡, 대치)과 위치에서 조음 오류를 보인다.

비특징적인 임상 특징

다음의 행동은 유창성 실어증과 같은 다른 장애에서도 종종 나타나기 때문에 환자의 발화에서 발견되었을 때 단지 말실행증을 시사할 뿐이다. 환자가 보이는 이러한 행동은 그 자체로 말실행증의 진단을 내리는 데 사용될 수 없다.

- 오류가 없는 짧은 발화 구간을 보인다.
- 자동적이고, 이미 학습된 발화(예: 1에서 10까지 세기)를 명제적 발화(예: 어제의 활동을 설명하기)보다 잘 산출한다.
- 오류를 자기 수정하고 오류를 인식하는 다른 징후를 보인다.
- 말을 시작하는 데 어려움을 겪는다.
- 단어의 길이가 증가하면 환자의 말 오류가 증가한다.
- 보속 오류(perseverative errors)나 움직임을 보인다.
- 시각적, 청각적, 혹은 두 가지 모두의 조음 탐색행동을 보인다.

다른 장애에서 일반적으로 발견되는 임상적 특징

다음의 행동은 다른 장애에서 발견될 가능성이 높기 때문에 말실행증의 진단을 내리는 데 사용될 수 없다.

- 수용과 표현의 말, 언어 능력에 차이를 나타낸다.
- 환자는 음소나 음절의 치환 오류를 보인다.

- 환자는 조음의 예측(anticipatory) 오류를 보인다.
- 사지실행증이나 비구어구강실행증의 존재는 말실행증 진단에 필수적이지 않다.

말실행증을 배제하는 임상적 특징

다음의 세 행동은 제외적인 기준이다. 이는 말실행증 환자의 말에 나타나지 않는다. 환자 발화에 다음과 같은 증상이 나타난다면 말실행증이 정확한 진단이 아닐 수 있다는 것을 의미한다.

- 환자는 빠른 말 속도를 보인다.
- 환자는 정상적인 말 속도를 보인다.
- 환자는 정상적인 운율을 보인다.

임상가들은 말실행증의 진단에 도움을 주는 행동적 특성의 이러한 네 가지 범주를 사용할 수 있다. 말운동 평가를 통해 환자의 말 특성을 주의 깊게 분석하고 이를 네 가지 진단 범주의 항목들과 비교한 후, 다음과 같은 안내 지침을 통해 말실행증으로 진단할 수 있는지 결정할 수 있다.

- 환자가 주된 임상적 특징 여섯 가지를 모두 가지고 있으면 말실행증일 가능성이 높다.
- 환자가 비특징적인 임상 특징과 주된 임상적 특징의 대부분을 보인다면 말실행증일 중등도의 가능성이 있다.
- 환자가 주로 다른 장애와 관련이 있는 네 가지 임상 특징을 보인다면 말실행증일 가능성이 낮다.
- 환자가 말실행증을 "배제"하는 임상적 특징 중 어떠한 것이라도 보인다면 말실행증이 아니다.

추가적인 진단의 고려점

말실행증의 최종 결정을 내리기 전에 실행증에서 나타나는 것과 유사한 운동 곤란을 야기할 수 있는 다른 조건을 배제하는 것이 중요하다. Brookshire(2007)는 이러한 네 가지 조건을 설명하였다. 첫 번째는 **근육 약화**(muscle weakness)로, 이는 손상된 신체 부위에 느리고 굼뜬 움직임을 만들어 낼 수 있다. 이러한 움직임은 때때로 말실행증의 증상과 유사할 수 있다. 약화와 말실행증 사이의 감별 진단을 내리는 첫 번째 단계는 어떤 운동이 영향을 받았느냐에 따라 결정된다. 근육 약화는 움직임의 어려움을 야기할 때, 영향을 받은 신체 부위의 모든 움직임에 약화가 나타난다. 그러나 실행증의 경우 문제는 단지 영향을 받은 신체 부위의 수의적인 움직임에만 존재한다. 자동적이고 자발적인 움직임은 대개 정상적으로 수행된다. 예를 들어, 실제 말실행증 환자는 치료 회기의 시작에 임상가와 인사를 할 때 "안녕하세요"라고 매우 분명하게 자발적으로 말할 수 있을 것이다. 그러나 그 후 치료 회기 중간에 환자가 "안녕하세요"라고 말하려는 의도적인 시도는 음소의 왜곡과 대치, 수정, 혹은 다른 실행증적 오류로 채워지게 될 것이다. 환자의 조음 오류가 약화에 의한 것이라면 "안녕하세요"라고 말하는 모든 시도는 부정확한 조음의 증거를 보여 줄 것이다.

감각 상실(sensory loss)은 실행증을 확진하기 전에 주의 깊게 평가할 필요가 있는 두 번째 조건이다. Brookshire는 감각 상실이 반드시 운동장애를 일으키지는 않지만, 그것은 영향을 받은 신체 부위의 느리고 둔한 운동에 기여할 것이라고 지적하였다. 예를 들어, 구강 구조의 감각 상실은 치과 치료를 위해 국소 마취를 한 사람과 유사하게 말소리의 부정확한 조음을 초래한다. 말실행증이 의심되는 사례에서 감각 상실이 있을 때, 임상가는 움직임의 어려움이 감각 상실 때문인지 혹은 실행증 때문인지 결정하는 것이 중요하다. 근육 약화의 사례와 마찬가지로, Brookshire는 감각 상실이 움직임의 결함에 기여할 때 그 문제가 의도적인 행동과 자동적인 행동 둘 다에서 나타난다고 지적하였다. 그러나 실행증에 의해 움직임의 결함이 나타난다면 대부분은 의도적인 행동에서만 나타난다.

이해력 손상(comprehension deficit)은 말실행증이 의심되는 사례에서 제외시켜야 하는 세 번째 요인이다. 임상가는 실행증적 오류는 실제로 과제 지시를 이해하는 환자의 능력이 저하되어 나타나는 것이 아님을 확신해야 한다. 과제 수행을 못하는 것이 실행증에 기인한 것인지, 이해력 손상에 의한 것인지를 결정하기 위해 Brookshire는 환자에게 목표 움직임에 대해 설명하고 "내가 컵으로 마시고 있나요?"나 "내가 입술을 둥글게 하고 있나요?"와 같이 움직임에 대해 질문하라고 제안한다. 그 질문에 대한 답이 정확하다면 임상가는 환자가 과제를 이해하고 움직임이 어떻게 표현되는지에 대한 지식을 가졌다고 가정할 수 있다. 이후로 환자가 과제를 시도하는 동안 관찰되는 어려움은 이해력의 손상과 관련이 없다고 판단할 수 있다.

비협응(incoordination)은 때때로 실행증의 움직임 문제와 혼동될 수 있는 네 번째 조건이다. 어떤 환자가 소뇌 실조증의 사례처럼 비협응의 징후를 보일 때 느리고 어색한 움직임이 나타나게 된다. 대개 움직임 개별 단계의 순차적 수행에 문제가 없다고 하더라도 그들의 어색한 움직임은 때때로 실행증에서 보이는 더듬거리고 힘들이는 움직임과 흡사하다. 실행증이 의심되는 사례에서 비협응을 제외하기 위해, Brookshire는 임상가가 움직임의 어려움이 의도적인 움직임에서만 나타나는지, 의도적 · 자동적 움직임 모두에서 나타나는지를 판단해야 한다고 다시 한 번 제안한다.

말실행증과 실어증의 구별

말실행증을 근육 약화나 감각 상실과 같은 상태와 구별하는 것에 더해, 임상가는 종종 실어증과 말실행증을 구별할 필요가 있다. 적어도 세 가지 상황이 이러한 두 장애의 감별 진단을 하는 임상가들에게 어려움으로 존재한다. 첫 번째는 순수 말실행증이나 실어증 중에 하나만을 가진 환자인지 혹은 말실행증과 실어증을 함께 가진 환자인지 진단하는 것이다. 이 장의 도입부에서 설명했듯이, 말실행증은 실어증과의 결합 없이 나타날 수 있다. 순수 말실행증이 드물긴 하지만, 임상가는 때로 그런 환자를 만나게 된다. 어떠한 환자가 순수 말실행증인지 혹은 실어증(실행증을 동반하고 있든 아니든)인지를 판단하기 위해서, 순수 실행증은 청각적 이해력, 읽기, 쓰기 능력에 손상이 거의 없다는 것을 기억하는 것이 중요하다. 이것은 이 세 언어 영역이 환자의 구어 표현 능력보다 훨씬 더 기능적이라는 것을 의미하는데, 구어 표현은 말실행증의 조음과 운율 손상을 나타낼 것이기 때문이다. 반대로 실어증은 네 가지 언어 양식 모두에 어느 정도 영향을 받는다. 순수 말실행증으로 진단되려면 말실행증의 순차적 수행 오류를 보이지만 청각적 이해, 읽기, 쓰기 능력에는 손상이 없어야 한다. 말과 언어 능력의 주의 깊은 진단적 평가만이 순수 말실행증을 찾아낼 수 있다.

임상가들에게 특별한 도전이 되는 두 번째 상황은 말실행증의 오류와 실어증의 음운 착어 오류의 구별이다. 음운 착어 오류는 한 단어 안에서 하나 혹은 그 이상의 음소를 부정확하게 위치시키는 것이다. 대부분의 이러한 오류는 주로 베르니케영역의 손상으로 나타나는 유창형 실어증을 가진 환자에게서 나타난다. 대부분의 예에서 음운 착어 오류는 단어의 음소나 어절의 이동, 음소나 음절 추가, 혹은 음소나 음절의 대치로 이루어진다(Brookshire, 2007). 얼핏 보면 말실행증과 음운 착어는 같은 음운에 기초한 오류 몇 개를 포함하기 때문에 거의 동일하게 보인다. 그러나 면밀한 평가는 명확한 차이를 드러낸다. Kent(1976)는 실행증적 오류와 음운 착어 사이의 몇 가지 차이점을 설명하였다.

- 말실행증 환자들은 종종 앞쪽 뇌손상과 우측 편마비가 있다. 음운 착어를 산출하는 실어증 환자들은 종종 뒤쪽 뇌손상이 있으며, 편마비는 없다.
- 말실행증 환자들은 대개 브로카실어증이 동반된다. 음운 착어를 산출하는 환자들은 대개 베르니케실어증이나 전도실어증을 보인다.
- 말실행증 환자들은 종종 정확한 조음 위치를 찾기 위해 말이 끊어지고 느려지기 때문에 운율이 손상된다. 말의 흐름에서 음운 착어 오류를 가진 실어증 환자들은 정상적인 운율을 보인다.

- 말실행증 환자들은 발화의 첫 번째 단어의 정확한 조음 위치를 찾느라 발화 시작에 어려움을 보인다. 음운 착어를 산출하는 실어증 환자들은 전형적으로 발화 시작에 많은 문제를 보이지 않는다.
- 말실행증 환자의 음소나 음절 대치는 대개 원래 의도하였던 소리에 가깝다. 예를 들어, /b/는 /d/로 대치될 수 있다. 음운 착어의 대치는 폐쇄 자음 위치에서 비음이 되거나, 심지어 자음이 모음으로 되는 등 의도하였던 소리와 거리가 멀 수 있다.

음운 착어로부터 말실행증을 구별할 때 고려해야 하는 그 외의 요인은 다음과 같다.

- 음소 왜곡은 말실행증의 사례에서 종종 나타난다. 이는 음운 착어를 보이는 환자의 말에서는 드물다.
- 조음 오류를 수정하고자 스스로 시작하는 노력은 말실행증의 경우 대개 조음의 개선을 가져오지 못한다. 음운 착어의 사례에서 이러한 자기 수정 노력은 종종 개선된 조음을 이끌어 낼 수 있다.
- 말실행증 환자들은 종종 음소에서 음소로, 단어에서 단어로 이동할 때 연장된 이동 시간을 가진다(단어가 정확히 조음되었을 때조차). 이들은 또한 종종 다음절 단어나 문장에서 모음을 연장한다. 음운 착어가 있는 환자들의 말에서는 이동 시간이 정상적이다.
- 말실행증 사례에서는 단어가 정확히 산출될 때조차 구와 문장에서 전반적으로 말 속도가 느리다. 음운 착어 사례에서는 오류 없는 발화 동안 말 속도가 정상적인 범위 안에 있다.
- 말실행증 환자가 자신의 말 속도를 증가시키기 위한 시도를 할 때, 음소 산출의 오류는 보통 매우 심하게 증가한다. 음운 착어 환자는 대개 정확한 음소 산출을 유지하면서 말 속도를 증가시킬 수 있다.

이러한 차이를 염두에 두고 환자의 오류를 면밀히 분석하는 것은 많은 예에서 실행증과 음운 착어의 오류를 알 수 있게 해 줄 것이다. 그러나 많은 지식을 가진 임상가조차도 모든 오류를 정확하게 구별할 수는 없다. 환자의 음소에 기초한 오류가 실행증에 의한 것인지, 유창형 실어증에 의한 것인지 결정해야 할 때에는 다양한 방법으로 중요한 증상을 찾아내는 것이 최선이다.

세 번째로 어려운 진단 상황은 말실행증을 브로카실어증의 비유창한 언어 오류와 구별하는 것이다. 이는 여러 가지 이유에서 특히 어려운 과제이다. 첫 번째 이유는 말실행증과 브로카실어증의 병소 사이에 해부학적인 차이가 거의 없다는 것이다. 브로카영역이 말실행증과 브로카실어증의 독점적인 병소는 아니지만, 하부 전두엽 손상은 말실행증, 브로카실어증과 관련이 있다. 결과적으로 병소 위치에 대한 정보는 대개 환자의 오류가 주로 말실행증에 의한 것인지, 브로카실어증 때문인지를 결정하는 데 별 도움이 되지 않는다. 또 다른 이유는 이 두 증상이 매우 빈번하게 함께 나타나기 때문에 이 둘을 별개라고 말하기 어렵다는 것이다. 대부분의 말실행증 환자들은 브로카실어증도 가지고 있다. 결과적으로 두 증상의 일반적인 설명은 유사하다. **비유창성**, **힘들임**, **더듬거림**과 같은 용어는 이 두 증상을 가진 환자들의 말을 묘사할 때 사용된다. 궁극적으로, 많은 경우에 환자의 오류 중 어느 정도가 실행증의 결과인지 혹은 브로카실어증의 결과인지를 정확하게 말하기는 어렵다. 때로는 임상가가 할 수 있는 최선의 일이 환자의 말, 언어 능력을 가능한 한 정확하게 평가하고 브로카실어증과 비교하여 실행증의 중증도를 추정하는 정도이다. Rosenbek(1978)은 하나의 증상이 다른 증상을 가릴 만큼 심각하다면, "고도의 실행증[혹은 실어증]을 가진 일부 환자의 진단은 치료의 효과가 나타날 때까지 기다려야 한다."(p. 193)고 제안하였다. 다시 말해, 더 명백한 증상에 대한 치료로 가려진 증상이 드러날 때까지 기다려야 한다.

말실행증과 마비말장애의 구별

초보 임상가들은 마비말장애의 오류와 말실행증의 오류를 구별하는 데 어려움을 겪는다. 이러한 과제를 성공적으로 수행하기 위한 열쇠는 환자의 말에 대한 주의 깊은 평가, 그리고 그 결과를 두 증상의 특성과 비교하는 것이다. 약간의 경험만 있으면 이 두 장애의 오류를 정확하게 구별하는 것은 다음에서 볼 수 있듯이 생각만큼 어렵지는 않다.

- 실행증의 말 오류는 단어의 길이와 복잡성이 증가함에 따라 증가하는 경향이 있다. 마비말장애의 말 오류는 대개 단어의 길이, 복잡성과 관계없이 상당히 일관적이다.
- 말실행증에서 근육의 운동, 긴장성, 협응과 힘의 범위는 정상 범위 안에 있다. 그러나 이러한 근육 특성 중 적어도 한 가지는 마비말장애의 거의 모든 사례에서 손상되어 있다.
- 말실행증은 주로 조음과 운율에 영향을 미친다. 마비말장애는 조음과 운율에 부가적으로 호흡, 발성, 공명에 영향을 줄 수 있다.
- 말실행증은 대개 단어의 첫 음소에서 조음 탐색행동을 야기할 수 있다. 조음 위치를 찾기 위한 이러한 힘들인 탐색은 마비말장애에서는 일반적이지 않다.
- 말실행증은 대개 언어 우세 반구의 실비안주변영역 손상으로 나타난다. 반대로 마비말장애는 상부운동신경, 하부운동신경, 소뇌, 기저핵 같은 신경계 다양한 부위의 손상 결과일 수 있다.
- 말실행증은 마비말장애와 비교하여 실어증과 함께 나타나는 경우가 훨씬 더 많다.
- 말실행증 환자들은 보통 자동적 발화와 감정적 발화를 거의 오류 없이 산출한다. 마비말장애 환자들은 일반적으로 발화가 이미 학습된 발화인지, 자연스러운 감정인지에 관계없이 동등한 말 오류를 나타낸다.

말실행증의 치료

대부분의 말실행증 치료는 환자들이 말소리를 정확히 선택하고 순차적으로 수행하는 능력을 개선시키도록 돕는 행동적 절차에 기반을 둔다. 마비말장애 치료와는 달리 말실행증을 위한 보철과 의학적 중재는 드물다. 가장 잘 알려진 치료법은 임상가와 환자가 간단한 것부터 복잡한 것까지 목표 단어와 구의 산출을 증진시키기 위해 과제를 순서대로 다루는 집중적인 일대일 치료 회기를 사용하는 것이다. 말실행증의 치료 회기는 시간적으로 집중적이고, 반복적이며, 고도로 구조화된 경향이 있다. 이 때문에 이 치료에 대한 환자의 첫 인상이 부정적일 수 있다. 그러나 특히 고도의 실어증을 동반하지 않는 경우 말실행증의 치료는 효과적일 수 있다는 것을 시사하는 매우 많은 증거가 존재한다(Wambaugh et al., 2006a, b). 이 장에서는 실행증 치료에 근간을 둔 일반적인 개념을 다룰 것이다. 다양한 치료 프로그램의 개별적 단계 또한 제시할 것이다. 이러한 단계들은 해당 프로그램 안에서 치료 회기가 어떻게 수행되는가에 대한 아이디어를 제공한다. 또한 말실행증 환자의 치료를 준비할 때, 치료의 이론적 근거를 제시할 것이다.

말실행증 치료의 일반적인 원리

Darley 등(1975)은 말실행증 치료 목표는 환자가 음소를 정확하게 산출하는 데 필요한 운동의 순차적인 수행을 재학습하는 것을 돕는 것이라고 진술하였다. 실행증 치료를 연구한 대부분의 연구자들은 피험자가 말운동을 재학습하는 것을 돕는 것이 중요하다는 일반적인 원리를 설명해 왔다(Darley et al., 1975; Duffy, 2005; Rosenbek, Lemme, Ahern, Harris, & Wertz, 1973; Wambaugh et al., 2006a, b; Wertz et al., 1991). 연구자들이 이렇듯 유사한 주장을 하는 것은 주목할 만하다. 그들은 치료의 핵심적 절차가 실제로 말운동의 재학습을 촉진시킬 수 있다는 데 동의한다. 다음은 말실행증 치료에 필수적으로 여겨지는 여섯 가지 원리이다.

- 말실행증을 가진 모든 사람이 치료 대상자가 되는 것은 아니다. Duffy(2005)는 고도의 실어증과 말실행증을 가진 일부 환자들은 실행증 치료로 효과를 얻기에는 실어증이 너무 심각할 수 있다는 것을 지적한다. 한 환자의 언어 손상이 기능적으로 말을 산출하는 것이 불가능할 만큼 심각하다면 실행증의 치료 효과는 무엇이겠는가? 이러한 상황에서는 환자의 언어 능력이 보다 나은 말산출이 가능할 만큼 충분히 개선될 때까지 실행증 치료를 미루는 것이 최선이다. 언어 능력이 어느 정도 개선되지 않는다면 실행증 치료는 적절하지 못하다. 이 시기의 치료는 지속적인 언어 능력의 치료나 제스처 및 보완적인 의사소통 절차의 사용을 거쳐 비구어적 의사소통 기술을 증진시키는 데 할애하는 것이 더 효과적일 수 있다.
- 환자와 가족들은 말실행증의 특성과 치료 과제의 이론적 근거를 이해해야 한다. Wertz 등(1991)은 말실행증의 특성과 치료 절차에 대해 환자와 가족들과 상담하는 것의 중요성을 강조하였다. 그들은 환자와 가족들이 왜 이러한 치료를 해야 하는지 이해하도록 돕는 것이 특히 중요하다고 주장하였다. 예를 들어, 환자와 가족들은 왜 치료가 대개 음절과 짧은 단어로 시작되는지, 왜 이렇게 많이 반복하는지, 진보는 왜 이렇게 더딘지에 대해 알 필요가 있다.
- 지속적이고 집중적인 반복(drill)은 대부분의 치료 프로그램에서 필수적인 요소이다. 명료한 말운동의 순차적 수행을 재학습하기 위해 말실행증 환자는 말산출의 움직임을 계속해서 연습하고 시연(rehearsal)할 필요가 있다. 말실행증 치료에서 반복의 특성은 대개 뇌손상과 관련이 있다. 이러한 환자들은 일반적으로 과제를 재학습하기 위해 뇌손상이 없는 사람들보다 힘들고 긴 연습이 필요하다(Rosenbek et al., 1973).
- 치료는 환자가 높은 성공률을 유지할 수 있도록 면밀하게 순차적으로 수행되어야 한다. 이는 환자가 쉬운 활동으로 시작하고 과제를 지속적으로 정확하게 할 수 있을 때에만 더 어려운 것으로 나아가야 한다는 것을 의미한다. Wertz

등(1991)은 치료의 성공률이 달라질 수 있다고 하였다. 예를 들어, 일반적인 환자들은 과제를 더 친숙하게 느끼는 후기에 비해 치료 프로그램의 초기에 더 많은 오류를 보인다. 이러한 상황에서 치료 초기의 적절한 성공률을 어떻게 정할 것인가 하는 것은 치료 후기에 어느 정도 용인할 것인가에 따라 다를 것이다.

- 환자는 자신의 말을 모니터링하는 것을 배워야 한다. 이것의 중요성은 여러 연구자에 의해 강조되었다(Duffy, 2005; Rosenbek et al., 1973; Wertz et al., 1991). 오류를 지각하고 자기 수정할 수 있다는 것은 말실행증 환자에게는 대단한 이점이다. 임상가의 피드백은 많은 경우 이러한 환자의 능력을 촉진시킬 수 있다. 임상가가 목표 음절, 단어, 구의 바람직한 산출이 어떤 것인지에 대한 정보를 주면 환자는 그것이 정확한지, 아닌지 더 잘 판단할 수 있다. 그러나 임상가의 도움 없이 자신의 말산출에 대한 정확한 판단을 할 수 있는 환자도 드물지 않다.
- 치료는 가능한 한 기능적이고 유용한 단어에 중점을 두어야 한다. Rosenbek 등(1973)은 말실행증 환자 대부분이 보통 구어로 의사소통하기 때문에 치료 절차의 초기에 가능한 한 의미 있는 단어를 사용하는 것이 중요하다고 주장하였다. 일부의 치료는 단음소 수준에서 시작하는 것이 필요하다고 인식되지만, Wertz 등(1991)은 의미 있는 자극이 무의미 단어보다 더 강화적이며, 실제 단어가 사용되었을 때 환자가 산출의 정확성을 판단하기 더 쉽다고 기술하였다.

특정 치료기법

많은 말실행증의 특정 치료법이 지난 수년 동안 개발되었다. 실행증 치료의 문헌 연구에서 Wambaugh 등(2006a, b)은 치료법의 이론적인 근거와 절차에서 사용된 치료 활동의 유형에 기초하여 치료 절차를 다섯 가지 범주로 분류하였다.

- 조음운동 치료는 모델링, 조음점의 위치 정하기, 반복을 통해 조음 움직

임의 타이밍과 위치를 개선시키는 데 중점을 둔다. 조음운동 절차의 예에는 이 장의 뒷부분에서 설명하게 될 8단계 연속법(Eight-Step Continuum)(Rosenbek et al., 1973)과 말소리 산출 치료(Sound Production Treatment, SPT)(Wambaugh & Nessler, 2004)가 포함된다.

- 속도와 리듬 치료에서는 말실행증이 주로 조음 타이밍 오류의 결과라고 가정한다. 이 치료법은 환자 말의 속도와 리듬을 조절함으로써 조음 움직임의 자연스러운 패턴의 복원을 시도한다. 속도와 리듬 치료는 말산출의 페이스를 맞추기 위한 메트로놈의 사용(Dworkin, Abkarian, & Johns, 1988)과 바람직한 속도로 자극을 제시하는 컴퓨터의 사용(Southwood, 1987)을 포함한다.
- 환자의 말실행증이 효율적인 구어 의사소통을 방해할 만큼 심각할 때 대개 보완대체 의사소통 방법이 권고된다. 말산출이 심각하게 손상되었을 때 임상가는 환자와 함께 매일매일의 요구를 충족시키기 위한 절차를 만들어내야 한다. 예를 들어, 그리기, 팬터마임, 쓰기는 특정 환자를 위한 종합적인 의사소통 체계 안에 모두 함께 통합될 수 있다(Fawcus & Fawcus, 1990; Yorkston & Waugh, 1989).
- 체계 간의 촉진과 재조직 치료에서 환자의 보다 강력한 의사소통 방법은 구어 말산출을 보조하는 것이다. Raymer와 Thompson(1991)은 단어의 말산출과 제스처를 결합하였고, Skelly, Schinsky, Smith와 Fust(1974)는 말과 아메리칸 인디언 수화를 결합시켰다.
- 말실행증 치료의 일부 유형은 위의 네 범주 어디에도 포함되지 않는다. 예를 들어, McNeil, Prescott과 Lemme(1976)은 이완(relaxation) 기법이 효과적이라 하였으며, Florance, Rabidoux와 McCauslin(1980)은 대화 기술을 평가하였다.

이러한 치료 방법들의 문헌 연구를 통해 Wambaugh 등(2006a, b)은 조음운동 치료 연구 30개, 속도와 리듬 치료 7개, 보완대체 의사소통 8개, 체계 간 재조직화 치료 8개, 그 밖의 범주 5개의 연구를 소개하였다. 그들은 이 연구들의 전반적인 질이 저조하다고 지적하지만(예: 적은 반복, 제한된 내적 통제, 전문가 의견의 과신), 피험자의 상당수는 말산출에서 측정 가능한 개선을 보였다. 연구자들은 "이를 종합해 보면, 말실행증 치료 문헌들은 말실행증 환자의 말산출이 만성적인 말실행증일지라도 치료를 통해 개선될 수 있다는 것을 보여 준다"라고 결론지었다. 또한 "이러한 결론의 강력한 증거가 말산출의 조음운동적 측면을 개선시키기 위해 고안된 치료에 존재한다"(Wambaugh et al., 2006b, p. lxiii)고 기술하였다. 이는 다른 절차들이 완전히 비효과적이라는 것이 아니라, 단지 조음운동 활동이 사용되었을 때 일관적으로 더 긍정적인 효과를 보여 준다는 증거가 강하다는 것을 의미한다.

다음 부분에서는 이러한 다양한 말실행증 치료를 더 자세하게 설명할 것이다. 정도의 차이는 있지만 이들 각각은 이미 언급했던 말실행증의 일반적인 치료 원리를 통합한다. 주어진 환자에게 어떠한 절차를 사용할 것인가를 선택할 때에는 다양한 요인을 고려해야 한다. 가장 중요한 것 중 하나는 환자의 선호도이다. 어떤 환자가 치료 프로그램의 절차를 불편해하거나 프로그램의 효과에 대해 의심을 가질 때 치료 효과는 감소할 것이다. 예를 들어, 어떤 환자들은 멜로디 억양 치료(Melodic Intonation Therapy, MIT)에서 멜로디 기반 반복 훈련을 즐기지만 어떤 환자들은 그렇지 않을 것이다. 어떤 환자들은 임상가가 PROMPT 프로그램의 일부로 그들의 구강 구조를 "직접(hands-on)" 조작하는 것을 허용하지만 어떤 환자들은 그렇지 않을 것이다. 환자의 선호도를 결정하는 것은 때때로 시행착오의 과정이며, 임상가는 특정 환자에게 적용할 수 없는 치료 절차를 수정하거나 중지할 필요가 있다.

치료기법 중 하나를 선택하는 데 고려해야 할 또 다른 요인은 실행증의 중증도이다. 일부 프로그램은 더 심한 환자들에게 초점이 맞춰져 있다(예: PROMPT, 멜로디 억양 치료). 어떤 치료법은 일부의 단계는 뛰어넘거나 수정하기 용이하기 때문에 보다 경도의 환자들에게 적합하다(예: 말소리 산출 치료, 8단계 연속법). 다양한 치료 프로그램과 절차의 친숙도는 서로 다른 중증도의 환자에게 어떤 치료법을 사용할지에 대한 임상가의 선택을 용이하게 한다.

마지막으로, 임상가의 선호도 또한 사용될 프로그램을 결정하는 요인이 될 수 있다. 모든 임상가는 일부 치료기법에 대한 취향이 있을 수 있다. 간혹 이러한 선호도는 개인의 임상 스타일에 어떤 것이 가장 적합하냐에 기반하거나 혹은 단지 더 효과적인 치료 절차가 무엇인지에 대해 학습한 결과이다. 환자뿐 아니라 임상가도 특정 치료법의 효과에 대한 확신이 필요하다. 어떤 치료법이 최선인가에 대한 지식을 일부는 프로그램에 대한 자료로부터, 일부는 임상적인 경험으로부터 얻을 수 있다.

8단계 연속법

이 조음운동 절차는 Rosenbek 등(1973)에 의해 개발되었다. 이는 구조화된 활동의 8단계 절차로, 목표 음소를 임상가와 함께 반복하는 것에서부터 역할극 상황에서 독립적으로 발화를 산출하는 것으로 이동해 간다. 이 치료에서 가장 중요한 요소는 **통합적**(integral) **자극**이며, 이 절차는 아동을 위한 조음치료로 1950년대에 개발되었다. 이 기법에서 임상가가 목표음을 산출하는 것을 들을 때 환자는 임상가의 얼굴을 주의 깊게 관찰해야 한다. 구어와 시각 모델을 함께 제시하는 것은 말산출에서 실행증 환자의 시도를 상당히 증진시킬 수 있다. 8단계 연속법에서 임상가는 종종 자극을 제시하기 전에 "저를 보고 제 말을 잘 들으세요"라는 직접적인 단서를 제공한다.

8단계 연속법 치료의 또 다른 중요한 요소는 목표음과 단어를 주의 깊게 선택해야 한다는 것이다. 연구자들은 이 치료 단계를 통해 환자의 진전을 촉진시키는 다섯 가지 원리를 소개하였다.

1 쉬운 말소리부터 시작해서 더 어려운 것으로 이동하라. 모음, 비음, 폐쇄음은 쉬운 소리이고, 마찰음과 파찰음, 복합자음은 더 어렵다.
2 환자가 일련의 소리를 함께 내기 시작하면, 목표 단어의 조음점 위치 사이의 거리를 점차적으로 증가시켜라. 예를 들어, 첫 단어나 음절은 양순 자음

만을 포함시키고 다음은 양순음과 치조음, 다음은 양순음과 연구개음의 순으로 나아간다.

3 목표 단어의 첫 음소를 주의 깊게 선택하라. 모음, 비음, 폐쇄음으로 시작하는 단어는 마찰음, 파찰음, 자음군으로 시작하는 단어보다 정확하게 산출될 가능성이 높다.

4 목표 단어의 길이를 점진적으로 증가시켜라. *B–B*, *so–so*, *ta–ta*같이 반복되는 음절을 가진 짧은 단어로 시작하는 것이 가장 좋다. 이러한 것들을 성공하면 더 복잡한 음절 구조를 가진 더 긴 단어를 사용해서 체계적으로 연습하라.

5 치료를 위해 실제 단어를 선택할 때, 일상 발화에서 더 많이 출현하는 단어(예: 고빈도어)로 시작하라.

이러한 원리들이 초기 목표 음절이나 단어의 선택 안에 통합되면 치료 절차를 시작할 준비가 된 것이다. 8개의 치료 단계를 거치는 동안 임상가는 여러 가지 일반적인 규칙을 명심해야 한다.

- 환자의 성공이 유지되는 속도로 단계를 이동하라.
- 반복은 환자가 의도적인 말산출에 필요한 운동의 순차적 수행을 재학습하는 데 필수적이다.
- 치료에서는 가능한 한 기능적이고 유용한 단어를 사용하라.
- 환자가 오류를 스스로 수정하도록 격려하라.
- 필요하다면 모음 연장, 느린 말 속도, 쉼과 같은 말산출의 보상적인 전략을 가르쳐라.

이 프로그램의 실제적인 치료 단계는 임상가에 의한 최대의 단서에서 최소의 단서로 이동하는 논리적인 순서로 진행된다. 다음은 8단계 각각에서 임상가와 환자가 무엇을 하는지를 요약한 것이다. 모든 환자들이 1단계에서 시작하거나 모든 단계를 다 거쳐야 하는 것은 아니다. 손상 정도에 따라 일부의 단계를 뛰어넘을 수 있다.

1 임상가는 환자에게 "저를 보고 제 말을 잘 들으세요"라고 하고 목표 단어를 말한다. 그런 다음 둘이 함께 목표 단어를 말한다.
2 임상가는 환자에게 "저를 보고 제 말을 잘 들으세요"라고 하고 목표 단어를 말한다. 그런 다음 임상가가 소리 내지 않고 목표 단어의 입 모양을 보여 주면 환자는 소리 내어 단어를 말한다.
3 임상가는 환자에게 "저를 보고 제 말을 잘 들으세요"라고 하고 목표 단어를 말한다. 그런 다음 환자는 독립적으로 그 단어를 따라 한다.
4 임상가는 환자에게 "저를 보고 제 말을 잘 들으세요"라고 하고 목표 단어를 말한다. 그런 다음 환자는 독립적으로 단어를 여러 번 반복해서 말한다.
5 임상가는 종이에 쓰인 목표 단어를 제시하고, 환자는 그것을 보면서 그 단어를 말한다.
6 임상가가 종이에 쓰인 목표 단어를 제시한 다음 그것을 제거하면 환자는 그 단어를 말한다.
7 환자는 임상가의 질문에 대한 반응으로 그 단어를 말한다. 예를 들어, 목표 단어가 환자의 이름이라면 임상가는 "당신의 이름은 무엇입니까?"라고 묻는다. 환자는 이름을 말한다.
8 임상가, 가족, 친구들과의 역할극을 이용하여 목표 단어가 적절한 대화적 문맥에서 나오도록 유도한다.

말소리 산출 치료

Wambaugh와 동료들은 8단계 연속법에 조음 위치 단서, 음운적 과제, 다양한 모델링을 결합한 실행증 치료법을 개발하였다(Wambaugh, Kalinyak-Fliszar, West, & Doyle, 1998). 8단계 연속법처럼 말소리 산출 치료(SPT)는 조음운동 절차이다. SPT는 네 단계의 치료 위계를 가지며 몇 가지 독특한 특성이 있다. 무엇보다 치료 위계에서 단계를 뛰어넘는 것은 실제로 치료 절차에 포함되어 있다.

임상가는 환자가 목표음을 얼마나 잘 산출하느냐에 따라 치료 과정 중의 단계를 생략할 수 있다. 예를 들어, 첫 번째 단계에서 환자가 목표 단어를 정확하게 산출했다면 환자는 다른 단어로 이동할 수 있다. SPT의 장점은 다른 치료법보다 빠른 속도로 진행할 수 있다는 것이다. SPT의 두 번째 독특한 특성은 전통적인 운동의 순차적 수행 활동에 음운 치료 과제를 결합했다는 것이다. 음운 과제가 포함된 이유는 일부의 연구자들이 말실행증은 운동의 순자적인 수행장애일 뿐 아니라 음운 수준의 장애라고 주장하고 있기 때문이다. 치료의 위계에서 운동과 음운 과제를 통합시켰기 때문에 SPT는 환자의 목표음 산출을 증진시킬 수 있다. 세 번째로 SPT의 독특한 점은 많은 연구에서 이 절차를 수행했다는 것이다. SPT는 가장 많이 연구된 말실행증 치료법이다(Wambaugh et al., 2006a, b).

이 책에서 소개하는 SPT의 위계는 원래의 절차를 Wambaugh와 Nessler (2004)가 수정한 것이다. 원래의 절차와는 달리 이 버전은 목표음을 곧바로 다루기 시작하고 환자에게 목표 단어를 더 많이 반복하도록 요구한다. SPT 순서에 대한 다음 설명은 환자가 음소 /m/을 산출하기 위해 임상가가 목표음을 포함한 5개의 단어 목록(mutt, me, mum, mow, man)을 준비했다고 가정한 것이다.

- **1단계(단어 말하기)**—임상가는 첫 번째 단어(mutt)를 말하고 환자에게 따라 하도록 한다. "mutt"를 정확하게 산출하면 환자는 독립적으로 다섯 번 이상 그 단어를 반복한다. 다섯 번의 반복을 성공하면 /m/이 포함된 다음 단어(me)를 제시하고 1단계를 다시 시작한다. "mutt"를 정확하게 산출하지 못했다면 임상가는 무엇이 잘못되었는지 설명하고 "다른 단어를 시도해 봅시다"라고 말한다. 임상가는 바로 "mutt"와 **최소대립쌍**(예: but)이 되는 단어를 제시하고 반복하도록 요청한다. 환자가 "but"을 정확하게 반복하면 임상가는 "좋아요, 다른 단어로 돌아가 봅시다"라고 말하고, "mutt"를 이용해 2단계로 이동한다.
- **2단계(글자 보여 주기)**—임상가는 목표음(M)이 쓰인 카드를 제시한다. 그다음 환자에게 단어 "mutt"를 따라 하게 한다. 환자의 산출이 정확하면 임상가

는 "mutt"를 독립적으로 다섯 번 반복하도록 한 다음, 다음 단어(me)를 이용해 1단계로 간다. 부정확하다면 임상가는 3단계로 간다.

- **3단계(저를 보고 잘 들으세요)**—임상가는 "저를 보고 잘 듣고, 저와 함께 단어를 말해요"라고 말하고, "mutt"를 세 번 말한다. 환자는 임상가와 함께 단어 산출을 시도한다. 정확하다면 임상가는 환자에게 독립적으로 다섯 번 반복하게 한 다음, 다음 단어를 이용해 1단계로 간다. 환자가 보고 들으면서 "mutt"를 정확하게 산출하지 못한다면 임상가는 4단계로 이동한다.
- **4단계(조음 위치 단서)**—환자가 보고 듣는 것으로 목표 단어를 말할 수 없을 때, 임상가는 목표음 산출에 대한 구어, 시각, 촉각이 결합된 단서를 제공한다. 지금의 예에서 단서는 /m/을 산출하기 위해 어떻게 입술이 모아져야 하는지, 그 소리가 입이 아닌 코를 통해 어떻게 이동되는지에 대한 단서를 보여 주거나 설명해 줄 수 있다. 단서를 준 후, 환자는 임상가를 다시 보고 듣도록 요청받고 그 단어(mutt)를 세 번 함께 말한다. 함께 산출된 것이 정확하다면 임상가와 환자는 당분간 "mutt"의 연습을 멈추고, 다음 단어(me)를 사용하여 1단계로 간다.

SPT의 설명을 읽으면 실제보다 더 복잡하게 느껴질 수 있다. 초보 임상가는 환자에게 시도하기 전에 친구나 동료와 함께 치료 단계를 전체적으로 연습해 보는 것이 좋다. 연습을 통해 SPT 회기는 편안한 속도로 진행될 수 있고, 각각의 단계는 단서의 논리적인 위계를 가지게 된다. 또한 환자가 SPT 단계 중 한 단계에서 다섯 번 자극 단어를 독립적으로 반복했을 때, Wambaugh는 환자의 시도 중 60% 정도에만 피드백을 제공하라고 추천한다. 너무 많은 피드백은 환자의 집중을 방해하고, 단어 산출 사이의 시간 간격이 지연되는 것은 환자에게 과제를 더 어렵게 만들어 실수를 부가할 수 있기 때문이다.

Darley, Aronson과 Brown의 절차

Darley 등(1975)은 말실행증 환자가 말산출에서 순차적 운동 수행을 재학습하는 것을 돕기 위한 또 다른 조음운동 접근법을 설명하였다. 이 기법의 효과를 보여주는 통제된 연구는 없지만, 일부 사례 연구는 이 치료법이 고도의 실행증을 가진 환자에게 유용하다고 설명한다. 예를 들어, 그들의 첫 단계는 의도적인 발성, 혀의 돌출, 다른 구강 움직임에 어려움을 가진 환자를 위해 고안되었다. Darley 등은 이러한 시작 절차를 "말행동 시작하기"라고 불렀다.

1 환자에게 "아" 연장을 시킨다. 이것이 불가능하다면 환자가 자발적으로 기침을 할 수 있는지 보라. 기침을 할 수 있다면 이를 이용하여 숨을 길게 내쉬거나 한숨을 쉬는 것으로 유도하라. 이것이 성공적이지 못하면 환자가 익숙한 노래를 허밍하거나, "The sky is ____"나 "Open the ____" 같은 개방형 구를 자동적으로 완성할 수 있는지를 보라.
2 발성이 산출되면 환자가 서로 다른 발성 시간이나 음성 크기를 사용하여 반복적으로 소리를 산출하도록 한다. 그런 다음 환자가 산출된 발성을 이용하여 "이", "오", "우" 등과 같은 다양한 모음을 말하도록 격려하라.
3 일단 모음이 산출되면 환자가 임상가의 모델(/m/)을 모방하도록 한다. Darley 등은 /m/에서 의도적인 입술의 폐쇄를 촉진시키기 위해 거울을 사용할 것을 추천한다. 이 자음이 산출되면 *me*, *moe*, *moo*같이 /m/으로 시작되는 음절을 만들어 보게 한다.
4 환자가 *moe–me*, *moe–me*, *moe–me*와 같이 개방, 폐쇄 모음과 결합된 음절을 교대로 산출하도록 함으로써 조금 더 복잡한 자음–모음(CV) 음절을 산출하도록 격려한다. 이는 또한 초성에 /w/가 오는 음절을 사용하여 수행될 수 있다.

이러한 과제들이 수행되면 환자는 "자동적 반응 사용하기"로 불리는 이 치료 프로그램의 다음 단계로의 준비를 하게 된다. 이 과제에서는 환자가 수 세기나 이미 학습된 다른 단어의 순차적인 운동과 같은 일종의 자동적 구를 산출할 수 있다는 것을 전제로 한다. Darley 등은 환자가 말을 쉽게 산출하는 경험을 되살릴 수 있도록 하기 위해 자동적 반응을 산출하는 시도를 하도록 추천한다. 추천된 자동적 반응 목록은 다음과 같다.

- 1부터 10까지 수 세기.
- 1주일의 요일과 1년의 달 말하기.
- "안녕(hello)", "어떻게 지내(how are you)?", "좋아(fine)", "아주 잘했어(very well)", "몰라(I don't know)" 등의 일상적인 표현.
- 전래 동요, 텔레비전 광고의 구, 주기도문을 포함한 잘 알려진 자료.
- 잘 알려진 노래 부르기.

다음 단계에서는 "음운 반복 훈련"이라 불리는 의도적인 말산출 과정으로 돌아간다. 이 단계에서 환자는 실행증적 오류가 있더라도 일부의 발화를 자발적으로 시도하기 시작한다. Darley 등은 환자에게 음운 반복 과제를 제시할 때 "보고 듣는" 방법인 통합 자극의 사용을 추천한다.

1. 첫 단계에는 /m/과 같이 쉬운 음소를 선택한다. 임상가가 어떻게 하는지 설명을 한 후 환자는 /m/을 허밍하도록 요청받는다.
2. 그러고 나서 환자는 *my*, *moe*, *maw*, *moo*, *may*, *me*와 같이 /m/에 모음을 추가한다. 이 단어를 각각 10~20번 연습한다.
3. 그런 다음 이러한 CV 단어들을 두 번 반복하여, *me*는 *me-me*가, *may*는 *may-may*가 된다. 환자는 이 단어들을 다시 10~20번 연습한다.
4. 다음 단계는 CV 단어들 뒤에 /m/을 추가하는 것이다. 예를 들어, *mom*, *moom*, *meem*은 이 단계에서 만들어진 단어의 일부가 된다.
5. 환자는 다음에 실제 단어를 말하기 시작한다. /m/으로 시작하고 다른 쉬운 음소를 포함한 단어를 선택하라. Darley 등은 *more*, *man*, *mine*, *moon*, *mare*, *mat*, *map*, *mum*과 같은 단어를 제안하였다. 이러한 단계 전체에서 단어들을 각각 적어도 10~20번 연습한다.
6. 두 단어로 이루어진 구를 산출하는 것이 다음 단계이다. 구에서 두 단어 모두 /m/으로 시작되어야 한다. 이 단계의 단어 예로는 *my mom*, *my mail*,

miss me, *much more*, *make me* 등을 들 수 있다.

7 이제 환자는 *come home*, *name him*, *lame lamb*, *dumb bum* 등과 같이 /m/으로 끝나는 두 단어 구를 산출한다.

8 이 단계에서 환자는 첫 단어의 초성과 두 번째 단어의 종성이 /m/인 두 단어의 구를 말한다. 예로 *make him*, *my home*, *must name*, *my name*, *meet them*, *Mary's room* 등을 들 수 있다.

9 마지막 단계에서 환자는 *moment by moment*, *my morning meeting*, *made much money*, *Monday morning*, *among my memories*같이 다음절 단어를 포함한 더 긴 구를 산출한다.

이로부터 환자는 /m/에서와 같은 절차를 사용하여 단어의 다른 자음 산출로 이동하게 된다. 환자는 이후로 *me*, *she*, *we*, *tea*, *bee*, *fee*, *key*처럼 같은 모음이 포함된 단어에서 자신이 성공한 자음을 사용하도록 요청받는다. 궁극적으로 목표는 이러한 단어에서 구로, 그리고 문장으로 통합되는 것이다.

멜로디 억양 치료

멜로디 억양 치료(MIT; Helm-Estabrooks, Nicholas, & Morgan, 1989)는 실행증 치료의 속도·리듬 치료 유형으로 분류된다. MIT는 실어증이나 말실행증 환자들이 노래에 있는 가사를 부를 때 대화에서 같은 단어를 말할 때보다 더 잘한다는 점에 기반을 두고 있다. 많은 임상가들은 잘 알려진 노래의 가사를 명료하게 부를 수 있지만 그 단어를 말하도록 했을 때는 실패하는 환자들을 치료실에서 만난 경험이 있다. 이러한 현상에 대한 하나의 이론적 근거는 노래는 손상되지 않은 우반구를 통해 접근한다는 것이다. 노래 가사를 부르는 것은 손상된 좌반구의 기능을 얼마간 우반구가 촉진하게 함으로써, 결과적으로 대화에서보다 노래에서 더 나은 구어가 나오게 된다. MIT는 실어증이나 말실행증 환자의 의도적인 발화에 리듬과 멜로디를 섞어 이를 활용하도록 고안되었다. 프로그램의 리듬과 멜로디 요소는 프로그램의 초기 단계에서 주로 강조된다. 마지막 단계에서 환자의 억양은 보다 자연스러운 운율로 수정된다.

연구자들은 이 프로그램의 가장 성공적인 치료 대상이 ⓐ 뇌졸중 환자이고, ⓑ 비유창형 실어증이나 다른 말산출의 제한이 있고, ⓒ 청각적 이해력이 좋고, ⓓ 조음이나 따라 말하기 능력이 저하되었고, ⓔ 동기부여가 되어 있고 적절한 주의력을 가진 환자라고 제안하였다. 베르니케영역에 광범위한 손상이 있거나 동시에 우반구가 손상된 환자들은 아마도 MIT 치료 프로그램이 효과적이지 않을 것이다.

MIT 프로그램은 여러 개별적 단계를 포함한 3개의 수준으로 나뉜다. 처음 두 수준에서 환자는 짧은 고빈도의 단어나 구를 산출하는 것을 연습한다. 세 번째 수준은 더 길고 복잡한 발화에 초점을 맞춘다. 전반적인 치료의 순서는 우선 목표 발화에 멜로디 억양을 통합하고, 그런 다음 점진적으로 과장된 운율로 단어를 말하는 것으로 옮겨 가며, 마지막으로 정상적인 운율로 단어를 말하게 하는 것이다. 다음은 멜로디 억양 치료 순서를 요약한 것이다.

초급 수준

1 처음에 임상가는 목표 단어의 허밍과 노래로 멜로디를 제시한다. 임상가는 단어나 구의 각 음절에 맞춰 환자의 손을 두드린다. 환자는 반응을 하지 않고 주의 깊게 듣기만 한다.

2 임상가와 환자는 함께 목표 단어를 노래하면서 음절에 맞춰 손을 두드린다.

3 임상가와 환자는 목표 단어를 함께 노래하면서 음절에 맞춰 손을 두드리다가 임상가는 중간에서 멈추고, 환자 혼자서 단어를 끝까지 완성한다.

4 임상가가 먼저 목표 단어를 노래하면서 음절에 맞춰 손을 두드린다. 그다음 환자는 그것을 바로 따라 한다.

5 환자가 위의 단계 4에서 단어를 반복하면 임상가는 즉시 "뭐라고 하셨죠?" 와 같은 질문을 한다. 환자는 이 질문에 대한 반응으로 목표 단어를 말한다.

중급 수준 이 수준의 네 단계는 임상가가 목표 단어를 제시하고 나서 환자가 반응하는 사이에 몇 초 동안의 지연 시간을 두는 것을 제외하면 초급 수준의 일반적인 순서를 따른다. 이 수준에서 목표 단어와 구의 길이와 복잡성은 초급 수준과 거의 같게 한다.

고급 수준 이 부분의 다섯 단계 역시 중급 수준에서 했던 것처럼 목표 구의 지연된 반복에 초점을 둔다. 그러나 앞의 수준에서 환자의 발화에 사용된 멜로디는 여기서 말-노래(speech-song)로 불리는 방법을 통해 정상적인 말 억양에 더 가깝도록 수정된다. 저자들은 말-노래가 목표 구의 리듬과 억양이 강조된 소리 내어 읽기와 유사하다고 설명한다. 구어는 실제로 멜로디로 노래 부르기가 아니다. 마지막 단계에서 임상가는 환자에게 질문을 하고 환자는 6초 정도 기다린 후에 정상적인 운율을 사용하여 정확한 목표 구로 대답한다.

PROMPT

PROMPT는 Prompts for Restructuring Oral Muscular Targets의 머릿글자를 딴 것으로 조음운동 치료 접근법의 하나이다. 이것은 원래 말실행증 아동의 치료를 위해 개발되었다. PROMPT 프로그램은 말을 위한 구강의 순차적인 움직임을 보여 주는 고유감각, 압력(pressure), 운동 단서의 결합을 사용한다(Square-Storer & Hayden, 1989). 임상가들은 환자의 얼굴을 만지거나 손으로 조음기를 목표음 산출에 필요한 적절한 위치로 안내함으로써 단서를 제공한다. 이러한 "직접" 단서는 조음점 위치, 턱 개방의 정도, 발성, 음절의 상대적 시간, 조음 방법, 동시조음(coarticulation)과 관련된 감각 정보를 환자에게 제공하기 위해 고안되었다. PROMPT의 기본 전제는 임상가가 목표음 산출을 위한 정확한 운동 순서대로 환자의 조음기를 안내할 때, 임상가는 외부의 말운동 프로그래머처럼 작용한다는 것이다. PROMPT는 말산출을 위한 적절한 위치로 조음기를 안내하기 위해 임상가가 손가락과 손으로 입, 턱 밑, 목 주변의 다양한 접촉점을 보여 준다. PROMPT 치료의 전체적인 순서에서, 먼저 임상가는 목표 음절, 단어, 구를 말한다. 그다음 환자가 그 단어를 말하게 한다. 정확하다면 다음 단어가 제시된다. 정확하지 않다면 임상가는 그 단어의 음소를 위한 정확한 접촉점을 찾아 환자의 조음기를 수동적으로 움직이게 한다. 그런 다음 환자로 하여금 임상가가 단어 내 음소의 정확한 조음점으로 조음기를 움직이는 것과 동시에 그 단어를 다시 말하도록 한다. 양순음, 유성음, 턱의 개방과 같이 어떤 단서는 간단하며, 어떤 임상가도 이해할 수 있다. 그러나 다른 많은 단서들은 복잡해서 완전히 이해하기 위해서는 PROMPT 워크숍을 통해 특정 교육을 받아야 할 필요가 있다. 예를 들어, 동시조음이나 구(phrases)와 같이 더 역동적인 단서는 상당히 복잡할 수 있다. 그렇지만 PROMPT는 고도의 브로카실어증과 말실행증이 합병되어 몇몇 핵심 단어나 구만 사용하는 환자를 돕는 데 효과적이다(Bose, Square, Schlosser, & van Lieshout, 2001; Freed, Marshall, & Frazier, 1997; Square, Chumpelik, & Adams, 1985; Square, Chumpelik, Morningstar, & Adams, 1986).

말실행증 요약

- 말실행증은 순차적 운동 수행의 장애이다. 이는 근육의 약화, 비정상적인 근긴장, 운동 범위의 저하, 근육 안정성의 저하로 야기되는 것이 아니다.
- 말실행증은 관념운동실행증의 하위 범주인데, 이는 행동을 완성하기 위한 수행 기능의 장애로 정의된다. 이것은 움직임의 개념이나 목적에 장애가 있는 관념실행증과 대조를 이룬다.
- 말 움직임의 순차적 수행을 조절하는 것으로 여겨지는 신경 네트워크를 "말 운동 프로그래머"라고 부른다. 이것은 주로 뇌의 실비안주변영역에 위치하는 것으로 여겨지는 불명확한 뇌 구조이다.
- 말실행증에는 뇌졸중, 퇴행질환, 외상, 종양을 포함한 많은 잠재적 원인이 있다.
- 말실행증은 주로 조음과 운율의 장애이다.
- 말실행증을 진단할 때, 말실행증과 유사한 말 오류를 일으킬 수 있는 조건을 배제시키는 것이 중요하다. Brookshire(2007)는 이러한 조건 네 가지를

나열하였다—근육 약화, 감각 상실, 이해력 손상, 비협응.

- 말실행증을 위한 많은 치료법이 개발되었다. 어떤 것을 선택하는 것이 최선이냐는 실행증의 정도, 환자와 임상가의 개인적인 선호도에 달려 있다.

연구 문제

1 말실행증을 정의하시오.
2 말실행증과 마비말장애의 유사점과 차이점이 무엇인지 설명하시오.
3 관념실행증과 관념운동실행증은 어떻게 다른가?
4 사지실행증, 비구어구강실행증, 말실행증은 어떤 유형의 실행증의 하위 범주인가?
5 비구어구강실행증과 말실행증의 차이는 무엇인가?
6 말운동 프로그래머란 무엇인가?
7 말운동 프로그래머는 뇌의 어떤 다른 부위로부터 입력을 받는가?
8 말실행증의 가장 일반적인 원인은 무엇인가?
9 왜 경도나 고도의 말실행증 환자는 중등도의 말실행증 환자보다 일반적으로 더 적은 실행증적 말 오류를 보이는가?
10 말실행증은 주로 말산출의 어떤 두 가지 요소의 장애인가?
11 말실행증이 운율에 영향을 미칠 수 있는 방법 두 가지는 무엇인가?
12 말실행증을 진단할 때, 왜 약화나 움직임의 범위 저하와 같은 조건이 말장애의 원인으로 배제되어야 하는가?
13 왜 브로카실어증으로부터 말실행증을 구별하는 것이 특히 어려울 수 있는가?
14 말실행증을 규정하기 위한 가장 민감한 평가 과제는 무엇인가?
15 통합적 자극이란 무엇인가? 어떤 말실행증 치료 절차에서 통합 자극이 사용되는가?

용어 해설

가연수 증상(pseudobulbar affect) 개인이 실제로 느끼는 감정과는 별개로 나타나는 조절할 수 없는 웃음 또는 울음이며, 말운동장애 중 경직형 마비말장애에서 가장 흔히 나타난다.

가연수(pseudobulbar) 뇌간에 손상을 입은 후 관찰되는 증상과 유사한 상태이나 실제로는 다른 원인에 의해 야기된 것이다.

간접 활성 경로(indirect activation system) 추체외로의 다른 이름.

감각 트릭(sensory tricks) 근긴장 이상증 환자들이 불수의적인 근수축을 일시적으로 억제하기 위해 보이는 특이한 행동. 예를 들면 아래턱에 나타나는 근긴장 이상증을 멈추기 위해 턱끝을 만지거나 혀에 나타나는 근긴장 이상증을 억제하기 위해 입안에 사탕을 물고 있는 것이다.

감각띠(sensory strip) 일차감각피질 또는 중심뒤이랑의 다른 이름.

감각신경(sensory neurons) 신경계를 통해 감각 자극을 전달하는 뉴런.

강세(stress) 음도, 강도, 음절의 지속 시간 등을 변화시켜 단어를 강조하거나 또는 의미를 명확하게 하는 것.

거친 음질(harsh vocal quality) 비정상적으로 성대가 세게 내전되어 발생하는 발성장애.

경로(tracts) 신경계에 위치한 축삭의 묶음으로 같은 곳에서 기원하고, 같은 정보를 전달하며, 같은 장소에서 끝난다.

경직(spasticity) 근긴장도가 비정상적으로 증가하는 것. 경직은 마비된 신체를 수동적으로 움직일 때 근긴장도가 일관적으로 증가되지 않는다는 점에서 경축(rigidity)과 다르다. 수동적으로 움직일 때 처음에는 근긴장도가 증가하지만 움직임이 계속되면 긴장도가 완전히 사라진다. 경축에서는 움직이는 내내 근긴장도가 지속적으로 증가된다.

경직형 마비말장애(spastic dysarthria) 추체로와 추체외로에 손상을 일으키는 양측 상부운동신경 손상과 관련된 마비말장애.

경축(rigidity) 근긴장도가 비정상적으로 증가하는 것으로, 근긴장도가 지속적으로 증가한다는 점에서 경직(spasticity)과 다르다. 경직은 신체 일부가 수동적으로 움직여지면 근긴장도가 증가하거나 감소한다.

곁(가지)(collateral) 축삭에서 뻗어 나온 작은 가지. 일반적으로 축삭을 통해 뉴런에서 다른 뉴런으로 직접 자극을 전달할 수 없는 경우, 이를 가능하게 한다.

고랑(sulcus) 뇌의 표면에 있는 홈.

공명(resonance) 말을 산출하는 동안 음소에 구강 또는 비강 울림을 배합하는 것.

과균등강세(equal and excess stress) 일반적인 구어에서는 강세가 다양하게 변하는데 모두 강세를 동일하게 하고 또한 강세가 없는 단어나 음절에 과도한 강세를 두는 것.

과다(hyper-) "지나친, 과도한, 정상보다 더 많은"이라는 의미의 접두사.

과다비성(hypernasality) 비음이 아닌 음소에서 과다하게 나타나는 비강 공명.

과다운동장애(hyperkinetic disorders) 수의적인 움직임을 방해하는 불수의적인 움직임이 특징인 운동장애.

과다운동형 마비말장애(hyperkinetic dysarthria) 불수의적인 움직임이 말을 방해하여 발생하는 마비말장애.

과다운동형(hyperkinetic) 과도한 불수의적 움직임이 특징인 운동장애군.

과소(hypo-) "너무 적은, 이하의, 정상보다 적은"이라는 의미의 접두사.

과소비성(hyponasal) 비음인 음소 산출 시에 너무 적게 나타나는 비강 공명.

과소운동형 마비말장애(hypokinetic dysarthria) 기저핵의 기능부전으로 인해 발생한 마비말장애. 주로 특발성 파킨슨병과 관련 있다.

과소운동형(hypokinetic) 움직임이 감소하거나 제한된 것이 특징인 운동장애군으로, 주로 파킨슨병 환자들에게서 볼 수 있다.

과조음(overarticulation) 자음을 의도적으로 과장해서 조음하는 것으로, 종종 마비말장애 환자의 명료도를 증가시킬 수 있다.

관념실행증(apraxia, ideational) 물건 또는 동작의 기능을 이해하지 못하여 물건을 사용하거나 동작을 수행하는 데 어려움을 보이는 장애.

관념운동실행증(apraxia, ideomotor) 물건을 사용하거나 동작을 수행하는 데 필요한 순차적 운동에 어려움을 보이는 장애. 관념실행증과는 달리 물건 또는 동작의 기능에 대해서는 이해하고 있다.

관상면(coronal section) 신체를 앞과 뒤로 이등분하는 것.

교대운동속도(alternative motion rate, AMR) 단일 동작의 빠른 반복. 주로 환자들은 정해진 시간 내에 "퍼, 퍼, 퍼"와 같은 음절을 가능한 한 빨리, 규칙적으로 정확하게 반복해야 한다.

구개거상(기)(palatal lift) 말을 하는 동안 연구개를 들어 올리기 위해 치아 교정기에 부착하는 구강 내 보철기. 불완전한 연인두 폐쇄를 치료하기 위해 사용된다.

구개인두후두근육간대경련(palatopharyngolaryngeal myoclonus) 구개, 인두, 후두 근육의 리드미컬하고 불수의적인 수축을 초래하는 간대성 근경련 운동장애.

구심 뉴런(afferent neurons) 말초신경계에서 중추신경계로 신경 자극을 전달하는 뉴런.

근-(myo-) "근 조직에 관련된 것"이라는 의미의 접두사.

근긴장 이상증(dystonia) 과다운동형 장애로 지속적이고 불수의적으로 근육이나 신체 부분, 혹은 신체의 넓은 영역이 수축되는 것.

근섬유다발 수축(fasciculations) 근조직의 부분적 동시 수축으로 종종 하부운동신경의 손상 후에 관찰된다.

근위축측삭경화증(amyotrophic laternal sclerosis, ALS) 상부운동신경과 하부운동신경에 영향을 미치는 퇴행성 신경계 질환. 병이 진행되어도 인지 기능은 손상되지 않고 보존된다.

근육 퇴행 위축(muscular dystrophy) 근육 조직의 퇴행을 유발하는 진행성 질환.

기저핵(basal ganglia) 움직임을 정교화하는 데 중요한 역할을 하는 피질하 회색질 구조.

길랭바레 증후군(Guillain-Barré syndrome) 축삭을 둘러싼 수초에 급성 염증이 발생하는 말초신경병증으로 "급성감염성다발신경염"으로도 알려져 있다.

내전, 닫힘, 폐쇄(adduction) 성대의 내전과 같이 중심선에 가까워지는 것.

내측(medial) 정중선 또는 한가운데와 관련된 것.

내포(internal capsule) 대뇌반구의 피질하 영역에 위치하며 하행운동신경로인 상부운동신경이 시상과 기저핵 사이를 통과하여 지나갈 때 모여서 밀집되는 곳.

뇌간(brainstem) 대뇌반구와 척수를 연결해 주는 대뇌의 한 부분. 중뇌, 뇌교, 연수로 구성된다.

뇌교(pons) 뇌간의 한 부분.

뇌수막(meninges) 뇌와 척수를 덮고 있는 세 개의 막, 즉 경막(dura mater), 거미막(arachnoid mater), 연막(pia mater).

뇌신경(cranial nerves) 뇌에서 나오는 12쌍의 신경 가지이며, 주로 뇌간에서 뻗어 나온다.

뇌신경핵(cranial nerve nuclei) 뇌간에 존재하며 뇌신경의 하부운동신경 세포체들이 모여 있다.

뇌심부자극술(deep brain stimulation) 중증 특발성 파킨슨병 환자들을 위한 수술적 치료. 기저핵이 전기적으로 자극되어 운동장애의 많은 부분이 감소된다.

뇌혈관 사고(cerebrovascular accident, CVA) 뇌로 혈액이 공급되지 않는 것으로 "뇌졸중"이라고도 불린다.

다계통 위축(multisystems atrophy) 흔히 파킨슨증을 증상 중의 하나로 보이는 퇴행질환의 집합. 주로 운동계에서 하나 이상의 영역에 영향을 미치기 때문에 종종 혼합형 마비말장애를 유발한다.

단속성 말(scanning speech) 실조형 마비말장애 환자가 음절이나 단어를 천천히 의도적으로 산출하는 것을 묘사하는, 의사들이 사용하는 용어.

단조로운 음도(monopitch) 말을 하는 동안 음도의 변화가 거의 없는 것.

단조로운 음성 크기(monoloudness) 말을 하는 동안 음성의 크기 변화가 거의 없는 것.

담창구 절단술(pallidotomy) 담창구의 조직을 의도적으로 절단하여 과흥분된 신경세포의 기능을 감소시키는 수술 절차.

담창구(globus pallidus) 기저핵의 한 부분으로 계획된 운동을 정교화하는 데 중요하다.

대뇌 무산소증(cerebral anoxia) 뇌 조직에 산소가 부족한 상태로, 종종 뇌에 있는 모세혈관을 통한 혈류의 흐름이 감소할 때 발생한다.

대뇌(cerebrum) 뇌의 주된 부분으로 중추신경계에서 가장 큰 부분이다.

대뇌피질(cerebral cortex) 대뇌의 가장 바깥층.

도구적 분석(instrumental anaysis) 말운동장애와 같은 장애를 전자기기 또는 컴퓨터화된 기기를 사용하여 분석하는 것.

도파민(dopamine) 중추신경계의 중요한 신경전달물질로 주로 기저핵에 위치하는 것으로 추정된다.

동맥류(aneurysm) 약해진 혈관이 "풍선처럼 부풀어 오르는 것". 동맥류는 파열될 수도 있다.

동어반복증(palilalia) 자신의 말을 강박적으로 반복하는 것.

동측(ipsilateral) 같은 쪽에 관련된 것.

두정연합영역(parietal association area) 연합피질의 한 부분.

두정엽(parietal lobe) 대뇌의 위쪽 중앙에 위치한 엽으로 중심고랑에서 후두엽 앞까지의 부분이다. 신체의 감각을 통합하는데 중요한 역할을 한다.

등쪽(dorsal) 뒤쪽에 관련된 것.

떨림(tremor) 불수의적이고 반복적인 신체 일부의 떨림.

뚜렛 증후군(Gilles de la Tourette's syndrome) 운동틱과 음성틱을 특징으로 하는 과다운동형 장애.

리 실버만 음성치료(Lee Silverman voice treatment, LSVT) 파킨슨병 환자들의 발성을 최대로 증가시키기 위해 매일 강도 높은 훈련을 수행하는 집중적인 치료 프로그램.

마비(palsy) 마비 또는 "비억제성 떨림".

마비말장애(dysarthria) 언어 기제에서 신경근의 조절 문제로 인해 발생하는 말산출 장애.

만성 약물 유발 근긴장 이상증(chronic drug-induced dystonia) 항정신병약물의 장기간 복용으로 인해 발생하는 과다운동형 장애.

말실행증(apraxia of speech) 조음기의 순차적 움직임의 결함으로, 주로 조음과 운율에 영향을 미친다.

말운동 프로그래머(motor speech programmer) 뇌의 언어 우세 반구의 신경 "매커니즘"으로 말산출을 위한 복잡한 움직임을 매끄럽게 배열하고 수행하는 데 필요한 운동 코드를 만들어 낸다. 말운동 프로그래머는 아직은 명확하게 정의되지 않은 신경학적 구조이다.

말운동장애(motor speech disorders) 운동계의 비정상적인 기능으로 말산출에 문제를 보이는 장애의 집합.

말초신경계(peripheral nervous system, PNS) 뇌신경과 척수신경.

망상척수로(reticulospinal tract) 추체외로 중 하나로 반사, 근긴장도, 자세에 영향을 미치는 신경 자극을 전달한다.

망상체(reticular formation) 의식 유지, 호흡, 혈압을 조절하는 뇌간에 위치한 특화된 복잡한 뉴런 집합체이며, 추체외로와 연결되어 자세반사에 중요한 역할을 한다.

무도병(chorea) 불수의적인 움직임을 보이는 과다운동형 장애. 이는 종종 "춤을 추는 것"과 같은 모습을 보이며, 주로 머리, 사지, 몸통과 같은 신체의 많은 부분에 영향을 미친다.

무산소증(anoxia) 신체 조직에 산소가 부족한 상태.

미상핵(caudate nucleus) 기저핵의 한 부분으로 계획된 움직임을 정교화하는 데 중요하다.

미세아교세포(microglia) 이동하며 신경 조직의 잔해물을 제거하는 아교세포.

박피 과정(ablative procedures) 조직을 제거하고, 근절시키고, 분리하는 수술적 기법.

반대측(contralateral) 반대쪽에 관련된 것.

반사(reflex) 자극에 대한 반응으로 빠르고 불수의적인 움직임.

발성(phonation) 성대의 진동에 의해 음향 에너지가 산출되는 것.

발성 부전(phonatory incompetence) 성대가 완전히 내전되지 못하는 것으로, 주로 성대 마비와 관련된다.

발성불능증(aphonia) 음성의 손실 또는 상실.

배쪽(ventral) 앞쪽과 관련된 것.

백질(white matter) 중추신경계에 있는 수초로 둘러싸인 축삭들인데, 이렇게 이름 붙인 이유는 수초가 백색이기 때문이다.

변연계(limbic system) 뇌에서 감정 조절을 담당하는 상호 연결된 여러 구조물.

별아교세포(astrocytes) 중추신경계에서 연결 조직을 만드는 섬유 모양의 돌기 세포.

보조운동영역(supplementary motor area) 뇌의 전두엽에 위치한 영역으로, 양손의 복잡한 움직임과 같이 운동을 정교화하는 데 중요한 역할을 한다.

본태 떨림(essential tremor) 과다운동형 장애 중 하나로 특정 신체 부위에서 활동 시 떨림이 나타난다. 이는 비교적 흔한 증상으로 전체 인구의 약 4%에서 발생하며 주로 노년기에 나타난다. 이러한 증상이 후두에 영향을 미친 것을 "본태 음성 떨림(essential voice tremor)"이라고 한다.

불규칙 조음 붕괴(irregular articulatory breakdowns) 화자가 예상치 않게 단어 내에서 음절을 오조음하는 것과 같은 조음장애로서, 주로 실조형 마비발장애와 관련된다.

비강 누출(nasal emission) 비음이 아닌 음소를 산출하는 동안 비강을 통해 누출된, 들을 수 있거나 측정할 수 있는 기류. 주로 무성 폐쇄음과 마찰음에서 나타난다.

비구어구강실행증(apraxia, nonverbal oral) 말산출과 관련 없는 구강의 움직임에 어려움을 보이는 장애.

사지실행증(apraxia, limb) 익숙한 팔다리 동작을 순차적으로 수행할 수 없는 장애. 관념운동실행증의 하위 범주이다.

상부운동신경(upper motor neuron) 중추신경계에 존재하는 뉴런으로 뇌신경, 척수신경의 하부운동신경과 신경 연결을 한다. 추체로, 추체외로를 구성하는 뉴런은 상부운동신경이다.

상소뇌다리(superior peduncle) 소뇌에서 중추신경계로 정보를 전달하는 커다란 축삭 경로.

생리학(physiology) 생체 기관 각 부분의 기능을 연구하는 학문.

선조체(striatum) 기저핵의 한 부분으로, 조가비핵과 미상핵으로 구성된다.

성문 폐쇄음(glottal stop) 성대에서 성문하 압력이 빠른 속도로 빠져나가면서 산출되는 폐쇄음.

성문(glottis) 진성대 사이의 공간.

세포체(cell body) 세포핵을 포함하고 있는 세포의 한 부분으로 세포의 대사 과정을 조절하는 역할을 한다.

소뇌 조절회로(cerebellar control circuits) 소뇌와 정보를 주고받는 신경로로 소뇌다리에서 볼 수 있다.

소뇌(cerebellum) 뇌의 한 부분으로 뇌간 뒤에 위치하며 협응운동의 역할을 한다.

소뇌다리(cerebellar peduncles) 소뇌와 중추신경계의 나머지 부분을 연결하는 세 묶음의 신경로.

소뇌 실조증(cerebellar ataxia) 소뇌의 손상으로 인해 야기되는 운동장애로 협응의 어려움과 불규칙적인 근수축이 특징이다.

수상돌기(dendrites) 뉴런의 세포체로부터 뻗어 나온 짧은 돌기이며, 다른 뉴런으로부터 신호를 전달받는 역할을 한다.

수초(myelin) 축삭을 둘러싸고 있는 백색 지방물질의 덮개로 절연체의 역할을 한다.

숨 새는 음성(breathy voice quality) 성대의 불완전 내전으로 인해 야기되는 발성장애. 종종 성대 마비와 관련된다.

슈반세포(Schwann cells) 말초신경계에서 축삭을 둘러싸고 있는 수초를 만들어 내는 신경아교세포.

시각연합영역(visual association area) 연합피질의 한 부분이며, 시각적으로 유도된 움직임을 계획하는 데 중요한 역할을 한다.

시냅스틈새(synaptic cleft) 축삭의 종말단추와 인접 신경세포의 수상돌기 사이의 아주 작은 틈새.

시상(thalamus) 피질하 회백질 구조로 감각 정보를 피질과 뇌의 다른 영역에 연결시키는 중계 역할을 한다. 시상은 계획된 운동을 정교화하는 역할은 하지 못한다.

시신경(optic nerve) 망막에서 기원하는 뇌신경(II)으로 후두엽에 시각 자극을 전달한다.

신경(nerves) 말초신경계에 위치한 신경세포 다발로 중추신경계와 특정 신체 부위 사이에서 자극을 전달한다.

신경근육접합부(neuromuscular junction) 하부운동신경 축삭의 끝 부분(종말단추)이 근육 조직과 접촉하는 부분.

신경로(neural tract) 중추신경계에 위치한 신경세포 다발. 같은 신경로에 있는 뉴런들은 비슷한 유형의 자극을 전달한다. 이는 보통 감각과 운동 자극 모두를 전달하는 신경(nerve)과는 대조를 이룬다.

신경세포(neuron) 전기화학 자극을 통과시키고 전달할 수 있는 신경계 세포.

신경이완제, 항정신병 약물(neuroleptic) 인지와 행동에 효능을 보이는 항정신병 약물.

신경전달물질(neurotransmitter) 축삭의 종말단추에 위치하며, 인접한 신경세포의 활동을 흥분시키거나 억제시킨다.

신경절(ganglion) 말초신경계의 구성요소로서 신경 세포체의 집합. 또한 작은 낭성 종양.

신경학(neurology) 신경계와 신경계 관련 질환을 연구하는 학문.

실비안주변영역(perisylvian area) 뇌에 위치한 실비안열(외측고랑) 주변 부분.

실어증(aphasia) 말산출, 청각적 이해, 읽기, 쓰기에 영향을 미치는 후천적 언어장애.

실조증(ataxia) 수의적 운동의 타이밍, 강도, 범위, 방향에서의 결함. 실조증은 소뇌 또는 소뇌 제어회로가 손상되어 발생한다.

실조형 마비말장애(ataxic dysarthria) 소뇌 또는 소뇌와 중추신경계를 연결하는 신경로가 손상되어 발생하는 마비말장애.

실행증(apraxia) 숙련된 행동을 수행하는 데 필요한 순차적 운동의 결함.

아교세포(glial cells) 신경계의 구조를 지지하는 세포.

아래턱(뼈)(mandible) 아래턱.

아세틸콜린(acetylcholine) 신경근접합부와 기저핵을 포함한 신경계 곳곳에 있는 신경전달물질.

앞쪽, 전방(anterior) 앞 또는 앞쪽.

양측(bilateral) 해부학 구조에서 좌우 양쪽.

억양(intonation) 질문할 때 끝을 올리거나 문장을 끝맺을 때 끝을 내리는 것처럼 의사소통의 목적으로 음도와 강세를 바꾸는 것.

연결 뉴런(interneurons) 서로 다른 두 뉴런 사이에 있는 뉴런으로, 다른 두 뉴런의 소통을 중재하는 역할을 한다.

연수(bulbar) 뇌간, 특히 연수(medulla)와 관련된 부분.

연수(medulla) 뇌간의 한 부분.

연인두 폐쇄부전(velopharyngeal incompetence) 연인두 폐쇄가 불완전하여 과다비성이 나타나는 것.

연축 발성장애(spasmodic dysphonia) 후두근의 불수의적인 수축을 유발하는 과다운동형 장애로 내전형, 외전형, 혼합형의 세 가지 하위 유형으로 나뉜다.

연축 사경증(spasmodic torticollis) 불수의적인 머리의 움직임을 유발하는 과다운동형 장애로, 경우에 따라서는 조음과 운율에 영향을 미칠 수도 있다.

연합피질(association cortex) 일차피질로부터 감각 정보를 해석하고 통합하는 대뇌피질의 부분.

엽(lobe) 기관(organ)에서 잘 구별되는 부분.

올리브뇌교소뇌변성증(olivopontocerebellar degeneration) 뇌간과 소뇌에 있는 뉴런에 영향을 미치는 진행성 퇴행질환.

외전, 열림, 개방(abduction) 성대의 외전과 같이 중심선에서 멀리 떨어지는 것.

외측고랑(lateral sulcus) 대뇌반구의 주요 고랑 중 하나로 측두엽으로부터 전두엽과 두정엽을 나누는 고랑.

운동 범위(range of movement) 근육이 수축할 때 신체 부위가 움직일 수 있는 거리.

운동 신경(motor neuron) 운동 자극을 전달하는 뉴런.

운동 해체(decomposition of movement) 실조형의 특징. 일련의 급격한 움직임을 보이는데 각 동작은 분리된 요소처럼 느껴진다.

운동계, 운동 시스템(motor system) 수의적, 불수의적 신체 움직임에 관여하는 신경계의 부분.

운동느림증(bradykinesia) 움직임이 느리고 운동 범위가 감소되는 신경학적 결함. 종종 파킨슨병에서 볼 수 있다.

운동띠(motor strip) 일차운동피질 또는 중심앞이랑의 다른 이름.

운동불능증(akinesia) 움직임의 시작이 지연되는 것으로, 파킨슨병의 가장 일반적인 특징 중 하나이다.

운율(prosody) 말의 멜로디로, 억양과 강세를 사용하여 발화 내의 의미를 전달한다 .

원심 뉴런(efferent neurons) 중추신경계로부터 말초신경계로 신경 자극을 전달하는 뉴런.

윌슨병(Wilson's disease) 각막, 뇌, 또는 다른 기관에 구리가 지나치게 축적되는 증상으로 대개 혼합형 마비말장애를 유발한다.

의도 떨림(action tremor) 손과 팔을 뻗는 것처럼 특정 신체 부위를 능동적으로 움직일 때만 나타나는 떨림. 신체 부위를 움직이지 않으면 떨림이 나타나지 않거나 떨림의 정도가 급격히 감소한다.

음성 끊김(voice stoppage) 성대가 과내전되어 연결된 구어를 산출하는 동안 발성이 끊기는 것.

음성 떨림(voice tremor) 후두근의 불수의적이고 리드미컬한 수축으로 인해 왜곡된 발성을 산출하는 것.

이랑(gyrus) 뇌의 표면에서 구부러져 불룩하게 솟은 능선 부분; 뇌의 표면에 있는 홈(고랑)과 반대되는 개념.

이완형 마비말장애(flaccid dysarthria) 하부운동신경의 손상으로 인한 마비말장애.

이완형(flaccid) 약한 또는 연한[무른].

이중음성(diplophonia) 두 가지 소리가 동시에 산출되는 것으로 주로 성대의 과내전으로 인해 가성대와 진성대가 진동하여 발생한다.

인두피판술(pharyngeal flap procedure) 인두에서 연구개까지 피판(살)을 붙이는 수술로, 불완전한 연구개 폐쇄를 치료하기 위해 사용된다.

일련운동속도(sequential motion rates, SMR) 일련의 움직임의 빠른 반복. 주로 환자들은 정해진 시간 내에 "퍼, 터, 커"와 같은 음절을 가능한 한 빨리, 규칙적으로, 정확하게 반복해야 한다.

일차 근긴장 이상증(primary dystonia) 다른 장애로 인한 이차적인 증상이 아닌 근긴장 이상증.

일차감각피질(primary sensory cortex) 신체로부터 감각 자극을 가장 먼저 받아들이는 대뇌피질 영역이며, "중심뒤이랑" 또는 "감각띠"로도 알려져 있다.

일차시각피질(primary visual cortex) 시각경로로부터 시각 자극을 가장 먼저 받아들이는 대뇌피질 영역.

일차운동피질(primary motor cortex) 정교화되고 숙련된 수의적인 움직임을 근육에 전달하는 역할을 하는 피질 영역이며, "중심앞이랑" 또는 "운동띠"로도 알려져 있다.

일차청각피질(primary auditory cortex) 내이로부터 소리 감각을 가장 먼저 받아들이는 피질의 한 부분.

일차피질(primary cortex) 신체로부터 감각 자극을 가장 먼저 받아들이는 대뇌피질 영역. 그러나 일차운동피질은 예외인데, 일차운동피질은 뇌의 피질, 피질하 영역으로부터 계획된 운동을 받아들이는 역할을 한다.

일측(unilateral) 한쪽에 관련된 것.

일측 상부운동신경형 마비말장애(unilateral upper motor neuron dysarthria) 한쪽 상부운동신경이 손상되어 발생한 마비말장애이며, 주로 조음에 문제를 보인다.

자세반사(postural reflexes) 걷기, 의자에서 일어서기, 어떤 물체에 손 뻗치기와 같은 움직임을 정상적으로 수행할 수 있도록 해 주는 반사 운동이며, 걸을 때 팔을 앞뒤로 젓는 것을 예로 들 수 있다.

자음압력 약화(weak pressure consonants) 구강에 공기를 모으지 못해 파열음, 마찰음, 파찰음이 왜곡된 것으로 보통 입술, 혀, 연구개의 약화로 인한 것이다.

적핵척수로(rubrospinal tract) 추체외로 중 하나로 반사, 근긴장도, 자세에 영향을 미치는 신경 자극을 전달한다.

전두(frontal) 이마와 관계된 것. 또한 앞(쪽)에 위치한 것.

전두연합영역(frontal association area) 연합피질의 한 부분으로 운동을 계획하고 시작하는 데 중요하다.

전두엽(frontal lobe) 전두극(frontal pole)에서부터 중심고랑까지의 범위로 대뇌에서 가장 앞쪽에 위치한 부분.

전운동영역(premotor area) 전두엽의 한 부분으로 움직임을 정교화하는 역할을 한다; 전운동영역은 특히 시각적으로 유도된 움직임을 통제하는 데 중요하다.

전이 종양(metastatic tumors) 병원성 세포의 순환을 통해 이차적인 위치에 전염된 종양.

조가비핵(putamen) 기저핵의 한 부분으로 계획된 운동을 정교화하는 데 중요한 역할을 한다.

조율판(pacing board) 손가락 넓이의 홈이 옆으로 여러 개 파인 장치로, 간혹 과소운동형 마비말장애 환자의 말 속도를 늦추는 데 사용된다.

조음(articulation) 음소, 음절, 단어를 산출하기 위한 언어 기제의 움직임.

조음기(articulators) 언어 기제의 구성요소로 주로 입술, 혀, 턱, 연구개로 불린다. 그러나 성문 마찰음 /h/를 산출한다는 점에서 성대 또한 조음기로 생각할 수 있다.

종말가지형성(terminal ramifications) 종말단추와 같은 말.

종말단추(terminal buttons) 축삭의 끝에 작게 돌출된 부분으로 근육, 기관, 샘(glands), 또는 다른 뉴런들과 신경 연결을 한다.

종양(tumor) 세포가 증가하여 조직이 통제할 수 없이 계속 자라는 것.

주변-(peri-) "주위에, 근처에"라는 의미의 접두사.

중간다리(middle peduncle) 연합피질에서부터 소뇌까지 정보를 전달하는 커다란 신경로.

중뇌(midbrain) 뇌간의 한 부분.

중심고랑(central sulcus) 전두엽과 두정엽을 나누는 고랑.

중심뒤이랑(postcentral gyrus) 일차감각피질의 다른 이름.

중심앞이랑(precentral gyrus) 일차운동피질의 다른 이름.

중증근무력증(myasthenia gravis) 근육 조직에 있는 아세틸콜린 수용체가 파괴되는 질환으로 근육이 쉽게 피로해진다.

중추신경계(CNS) 뇌와 척수.

쥐어짜는 음질(strained-strangled vocal quality) 성대가 과내전되어 발생하는 발성장애로 거친 음질에서 더 심한 것으로 간주된다.

지각적 분석(perceptual analysis) 임상가의 지각(perceptions)을 통해 말운동장애를 분석하고 평가하는 방법.

지연청각피드백(delayed auditory feedback, DAF) 전기적 생체 자기제어 효과. 개인에게 자신의 말소리를 지연해서 들리게 하는 장치. 때때로 파킨슨병 환자들의 말 속도를 늦추기 위해 사용된다.

지연성 근긴장 이상증(tardive dystonia) 특정 항정신성 약물을 장기간 복용하고 기간이 경과한 후 나타나는 불수의적 운동.

지연성 이상운동증(tardive dyskinesia) 특정 신경이완성(항정신성) 약물을 장기간 복용한 후 무도병 운동이 지연되어 나타나는 증상.

직접 활성 경로(direct activation system) 추체로의 다른 이름.

진행연수마비(progressive bulbar palsy) 상부운동신경과 하부운동신경에 영향을 미치는 진행성, 퇴행질환이며, 때때로 근위축측삭경화증의 하위 유형으로 간주된다.

척수신경(spinal nerves) 척수에서 뻗어 나온 31쌍의 신경으로 대부분의 신체 근육을 지배한다.

최종공통경로(final common pathway) 하부운동신경의 다른 이름인데, 이와 같이 이름 붙인 이유는 일단 하부운동신경에 운동 자극이 전달된 이후에는 추체로 또는 추체외로가 더 이상 운동 자극에 영향을 미치지 않기 때문이다.

추체외로(extrapyramidal system) 추체로의 "바깥에" 위치한 복잡한 상부운동신경경로. 이 경로는 자세, 반사, 근긴장을 조절하는 역할을 한다.

축삭(axon) 세포체로부터 신경 자극을 전달하는, 뉴런에서 가장 길게 뻗어 나온 줄기.

충부(vermis) 소뇌반구를 양쪽으로 나누는 깊은 고랑.

측두연합영역(temporal association area) 연합피질의 한 부분으로, 소리 정보의 처리와 기억 형성에 중요한 역할을 한다.

측두엽(teporal lobe) 대뇌의 하부에 위치한 엽으로 외측고랑에 의해 전두엽과 나누어진다.

테플론 주입(Teflon injection) 하인두벽에 테플론을 주입하여 작게 부풀어 오르게 하는 것으로, 연인두 폐쇄를 위해 연구개가 움직여야 하는 거리를 감소시킨다.

통제(innervation) 신체 부위와 기능적으로 연결되어 있는 신경섬유의 분포.

통제율(innervation ratio) 하나의 축삭이 몇 개의 운동섬유를 지배하고 있는가를 나타내는 것. 낮은 신경 지배율(예: 하나의 축삭이 25개의 신경섬유를 지배)은 정교하고 숙련된 움직임을 수행하는 신체 부위에서 볼 수 있다.

특발(idiopathic) 원인이 밝혀지지 않았거나 불분명한 질환을 일컫는 용어.

특발성 산발 후발성 소뇌 실조증(idiopathic sporadic late-onset cerebellar ataxia) 소뇌에 영향을 미치는 퇴행질환으로, 실조형 마비말장애를 유발한다.

틱(tic) 불수의적이고 강박적인 움직임으로 눈 깜빡이기, 어깨 으쓱거리기와 같이 적절히 협응된 것이다. 다른 과다운동형 장애와 달리 틱은 잠시 동안 수의적으로 억제할 수 있다.

파킨슨증(parkinsonism) 떨림, 운동느림증, 운동 불능증, 근육 경축, 자세반사의 어려움을 보이는 신경학적 질환의 집합.

펀치드렁크 뇌병증(punch drunk encephalopathy) 반복적인 머리 가격으로 인한 뇌손상으로 인지기능 저하, 마비말장애, 불협응 운동이 특징이다.

편도리깨운동증(hemiballism) 신체의 한쪽에서만 나타나는 격렬한 운동 동작으로 시상하핵(subthalamic nucleus)의 손상으로 인해 발생한다.

편측 안면연축(hemifacial spasm) 얼굴의 한쪽에서만 불수의적인 움직임이 나타나는 과다운동형 장애.

폐활량(vital capacity) 사람의 폐가 공기를 최대한 들이마시고 최대한 내쉴 수 있는 양.

프리드리히실조증(Friedreich's ataxia) 소뇌, 뇌간, 척수에 영향을 미치는 희귀한 퇴행질환. 이는 혼합형 마비말장애를 유발할 수 있다.

피라미드 교차(decussation of the pyramids) 피질척수로에 있는 대부분의 축삭이 연수에서 신체의 반대측으로 교차되는 것.

피라미드 시스템, 피라미드계(pyramidal system) 숙련된 수의적인 움직임을 수행하기 위해 운동 자극을 전달하는 상부운동신경로이며, 피질연수로와 피질척수로로 나뉜다.

피질(cortex) 바깥층. 주로 대뇌의 표면을 기술하기 위해 사용된다.

피질연수로(corticobulbar tract) 대뇌피질에서 뇌간까지 내려오는 상부운동신경연결로. 추체로 중 하나이며, 숙련된 수의적 움직임을 위해 주요 운동 자극을 전달한다.

피질척수로(corticospinal tract) 대뇌피질에서 척수까지 내려오는 상부운동신경연결로; 추체로 중 하나; 숙련된 수의적 움직임을 위해 주요 운동 자극을 전달한다.

하등급 별아교세포종(low-grade astrocytoma) 신경아교세포로 구성된 종양으로, 이러한 종양의 유형은 악성의 정도가 증가함에 따라 등급이 매겨진다.

하부운동신경(lower motor neuron) 뇌신경 또는 척수신경과 같이 운동 자극을 근육, 기관, 샘(gland)에 전달하는 뉴런으로 최종공통경로라고도 알려져 있다.

하소뇌다리(inferior peduncle) 신체감각을 소뇌로 전달하는 커다란 신경로.

해부, 해부학(anatomy) 신체의 부분과 각 부분들이 어떻게 구조적으로 연결되어 있는지를 연구하는 학문.

혈관모세포종(hemangioblastoma) 혈관의 수가 급증하는 뇌종양.

호흡(respiration) 말산출의 "동력 공급"으로 말산출 기제를 통해 음향학적 에너지로 바뀌는 성문하 압력을 제공한다.

활동 시 떨림(intention tremor) 사물을 향해 손을 뻗는 것과 같이 특정 신체 부위가 어떤 목표물로 다가갈 때 나타나는 떨림.

회색질 척수염(polio) 하부운동신경의 세포체를 공격하는 급성 바이러스 감염.

회색질(gray matter) 뉴런의 세포체들로 이루어진 회색을 띠는 신경 조직.

후두엽(occipital lobe) 대뇌의 가장 뒤에 위치한 엽으로 시각 자극의 처리에 중요한 역할을 한다.

후발성 상염색체우성소뇌실조증(autosomal dominant cerebellar ataxia of late onset) 실조형 마비말장애와 그 외 운동 결함을 유발할 수 있는 퇴행질환.

휴식 시 떨림(resting tremor) 가만히 있을 때 신체 일부에 발생하는 떨림이며, 일반적으로 움직이면 떨림이 없어진다. 휴식 시 떨림은 파킨슨증에서 흔히 볼 수 있다.

흑질(substantia nigra) 피질하 회색질 구조로 이곳에 위치한 뉴런은 선조체에 신경전달물질인 도파인을 공급한다. 이러한 뉴런이 퇴화하면 특발성 파킨슨병 증상을 유발할 수 있다.

흡기협착음(inhalatory stridor) 한쪽 또는 양쪽 성대 모두의 불완전 외전으로 인해 흡기 시에 나타나는 발성.

희소돌기아교세포(oligodendroglia) 중추신경계에 있는 축삭을 둘러싼 수초를 공급하는 신경아교세포.

히포크라테스(Hippocrates) 고대 그리스의 내과 의사로 현대 의학의 아버지라고 불린다.

히포크라테스 문집(Hippocratic Corpus) 기원전 4, 5세기에 쓰인 것으로 추정되는 그리스 의학 도서.

L-도파(L-dopa) 도파민의 전구물질로 파킨슨병 치료에 사용한다.

참고 문헌

Ackermann, H., & Ziegler, W. (1991). Cerebellar voice tremor: An acoustic analysis. *Journal of Neurology, Neurosurgery, and Psychiatry, 54*, 74–76.

Adams, S. G. (1994). Accelerating speech in a case of hypokinetic dysarthria: Descriptions and treatment. In: J. A. Till, K. M. Yorkston, & D. R. Beukelman (Eds.), *Motor speech disorders: Advances in assessment and treatment*. Baltimore: Paul H. Brookes, pp. 213–228.

"Aphorisms of Hippocratic Corpus." (400 BC/1995). [CD-ROM]. *World's greatest classic books*. Salinas, CA: Corel.

Aronson, A. E. (1990). *Clinical voice disorders*. New York: Thieme.

Azrin, N. H., & Peterson, A. L. (1990). Treatment of Tourette's syndrome by habit reversal: A waiting-list control group comparison. *Behavior Therapy, 21*, 305–318.

Bergin, A., Waranch, H. R., Brown, J., Carson, K., & Singer, H. S. (1998). Relaxation therapy in Tourette syndrome: A pilot study. *Pediatric Neurology, 18*, 136–142.

Berry, W. R., Aronson, A. E., Darley, R. L., & Goldstein, N. P. (1974). Effects of penicillamine therapy and low-copper diet on dysarthria in Wilson's disease (hepatolenticular degeneration). *Mayo Clinic Proceedings, 49*, 405–408.

Berry, W. R., Darley, F. L., Aronson, A. E., & Goldstein, N. P. (1974). Dysarthria in Wilson's disease. *Journal of Speech and Hearing Research, 17*, 169–183.

Beukelman, D. R., Kraft, G., & Freal, J. (1985). Expressive communication disorders in persons with multiple sclerosis: A survey. *Archives of Physical Medicine and Rehabilitation, 66*, 675–677.

Beukelman, D. R., & Mirenda, P. (2005). *Augmentative and alternative communication: Supporting children and adults with complex communication needs* (3rd ed.). Baltimore: Paul H. Brookes.

Bose, A., Square, P. A., Schlosser, R., & van Lieshout, P. (2001). Effects of PROMPT therapy on speech motor function in a person with aphasia. *Aphasiology, 15*(8), 767–785.

Brodal, P. (2010). *The central nervous system* (4th ed.). New York: Oxford University Press.

Brookshire, R. H. (2007). *Introduction to neurogenic communication disorders* (7th ed.). St. Louis: Mosby.

Cannito, M. P., & Marquardt, T. P. (1997). Ataxic dysarthria. In: M. R. McNeil (Ed.), *Clinical management of sensorimotor speech disorders*. New York: Thieme, pp. 217–248.

Canter, G. J. (1963). Speech characteristics of patients with Parkinson's disease: I. Intensity, pitch, and duration. *Journal of Speech and Hearing Disorders, 28*, 221–229.

Cole, M. R., & Cole, M. (1971). *Pierre Marie's papers on speech disorders*. New York: Hafner.

Dagenais, P. A., Southwood, M. H., & Lee, T. L. (1998). Rate reduction methods for improving speech intelligibility of dysarthric speakers with Parkinson's disease. *Journal of Medical Speech–Language Pathology, 3*, 143–157.

Darley, F. L. (1969, November). *Aphasia: Input and output disturbances in speech and language processing*. Paper presented at the annual meeting of the American Speech–Language–Hearing Association, Chicago.

Darley, F. L. (1983). Foreword. In: W. R. Berry (Ed.), *Clinical dysarthria*. San Diego: College–Hill Press, pp. xiii–xv.

Darley, F. L., Aronson, A. E., & Brown, J. R. (1969a). Clusters of deviant speech dimensions in the dysarthrias. *Journal of Speech and Hearing Research, 12*, 462–496.

Darley, F. L., Aronson, A. E., & Brown, J. R. (1969b). Differential diagnostic patterns of dysarthria. *Journal of Speech and Hearing Research, 12*, 246–269.

Darley, F. L., Aronson, A. E., & Brown, J. R. (1975). *Motor speech disorders*. Philadelphia: W. B. Saunders.

Darley, F. L., Brown, J. R., & Goldstein, N. P. (1972). Dysarthria in multiple sclerosis. *Journal of Speech and Hearing Research, 15*, 229–245.

Downie, A. W., Low, J. M., & Lindsay, D. D. (1981). Speech disorders in parkinsonism: Usefulness of delayed auditory feedback in selected cases. *British Journal of Disorders of Communication, 16*, 135–139.

Duffy, J. R. (1995). *Motor speech disorders: Substrates, differential diagnosis, and management*. St. Louis: Mosby.

Duffy, J. R. (2005). *Motor speech disorders: Substrates, differential diagnosis, and management* (2nd ed.). St. Louis: Elsevier Mosby.

Duffy, J. R., & Folger, N. W. (1986, November). Dysarthria in unilateral central nervous system lesions. Paper presented at the annual meeting of the American Speech-Language-Hearing Association, Detroit, MI.

Duffy, J. R., & Yorkston, K. M. (2003). Medical interventions for spasmodic dysphonia and some related conditions: A systematic review. *Journal of Medical Speech-Language Pathology, 11*(4), ix-iviii.

Dworkin, J. P. (1991). *Motor speech disorders: A treatment guide*. St Louis: Mosby.

Dworkin, J. P., Abkarian, G. G., & Johns, D. F. (1988). Apraxia of speech: The effectiveness of a treatment regime. *Journal of Speech and Hearing Disorders, 53*, 280-294.

Dworkin, J. P., & Johns, D. F. (1980). Management of velopharyngeal incompetence in dysarthria: A historical review. *Clinical Otolaryngology, 5*, 61-74.

Dworkin, J. P., & Meleca, R. (1997). *Vocal pathologies: Diagnosis, treatment, and case studies*. San Diego, CA: Singular Publishing Group.

Eggert, G. H. (1977). *Wernicke's works on aphasia: A sourcebook and review*. The Hague: Mouton.

Fawcus, M., & Fawcus, R. (1990). Information transfer in four cases of severe articulatory dyspraxia. *Aphasiology, 4*(2), 207-212.

Florance, C. L., Rabidoux, P. L., McCauslin, L. S. (1980). An environmental manipulation approach to treating apraxia of speech. In: R. H. Brookshire (Ed.), *Clinical aphasiology conference proceedings*. Minneapolis: BRK, pp. 285-293.

Freed, D. B., Marshall, R. C., & Frazier, K. E. (1997). Long-term effectiveness of PROMPT treatment in a severely apractic-aphasic speaker. *Aphasiology, 11*(4/5), 365-372.

Garratt, B. R., Hanson, D. G., & Berke, G. S. (1987). Glottographic measures of laryngeal function in individuals with abnormal motor control. In: T. Baer, C. Sasaki, & K. Harris (Eds.), *Laryngeal function in phonation and respiration*. Boston: College-Hill Press, pp. 521-532.

Garrison, F. H. (1925/1969). History of neurology [revised and enlarged by L. C. McHenry, Jr.]. Springfield, IL: Charles C. Thomas.

Gilman, S., & Winans, S. S. (1992). *Manter and Gatz's essentials of clinical neuroanatomy and neurophysiology*. Philadelphia, PA: F. A. Davis.

Goodglass, H., Kaplan, E., & Baressi, B. (2001). *The Boston diagnostic aphasia examination* (3rd ed.). Austin, TX: Pro-Ed.

Haines, D. E. (Ed.). (2002). *Fundamental neuroscience* (2nd ed.). Philadelphia: Churchill Livingstone.

Hardcastle, W. J., Barry, R. A., & Clark, C. J. (1985). Articulatory and voicing characteristics of adult dysarthric and verbal dyspraxic speakers: An instrumental study. *British Journal of Communication Disorders, 20*, 249-270.

Hartman, D. E., & Abbs, J. H. (1992). Dysarthria associated with focal unilateral upper motor neuron lesion. *European Journal of Disorders of Communication, 27*, 187-196.

Haynes, W. O., & Pindzola, R. H. (2011). *Diagnosis and evaluation in speech pathology* (8th ed.). Boston: Allyn & Bacon.

Heilman, K. M., Watson, R. T., & Greer, M. (1977). *Handbook for differential diagnosis of neurologic signs and symptoms*. New York: Appleton-Century-Crofts.

Helm-Estabrooks, N., Nicholas, M., & Morgan, A. R. (1989). *Melodic intonation therapy* (Manual). San Antonio, TX: Special Press.

Hirose, H. (1986). Pathophysiology of motor speech disorders (dysarthria). *Folia Phoniatria, 38*, 61-88.

Horton, S. K., Murdoch, B. E., Theodoros, D. G., & Thompson, E. C. (1997). Motor speech impairment in a case of childhood basilar artery stroke: Treatment directions derived from physiological and perceptual assessment. *Pediatric Rehabilitation, 1*(3), 163-177.

Itoh, M., Sasanuma, S., & Ushijima, T. (1979). Velar movements during speech in a patient with apraxia of speech. *Brain and Language, 7*, 227-239.

Jahanshahi, M. (2000). Factors that ameliorate or aggravate spasmodic torticollis. *Journal of Neurology, Neurosurgery, and Psychiatry, 68*, 227-229.

Joanette, Y., & Dudley, J. G. (1980). Dysarthric symptomatology of Friedreich's ataxia. *Brain and Language, 10*, 39-50.

Johnson, J. A., & Pring, T. R. (1990). Speech therapy and Parkinson's disease: A review and further data. *British Journal of Disorders of Communication, 25*, 187-192.

Keatley, M. A., & Pike, P. (1976). An automated pulmonary function laboratory: Clinical use in determining respiratory variations in apraxia. In: R. H. Brookshire (Ed.), *Clinical aphasiology conference proceedings*. Minneapolis: BRK.

Kent, R. (1976). Study of vocal tract characteristics in the dysarthrias. Paper presented at the Veterans Administration Workshop on Motor Speech Disorders, Madison, WI.

Kohen, D. P., & Botts, P. (1987). Relaxation-imagery (self-hypnosis) in Tourette syndrome: Experience with four children. *Journal of Clinical Hypnosis, 29*, 227-237.

Kuehn, D. P. (1997). The development of a new technique for treatment of hypernasality: CPAP. *American Journal of Speech-Language Pathology*, *6*(4), 5-8.

Lechtenberg, R. (1982). *The psychiatrist's guide to diseases of the nervous system*. New York: Wiley.

Linebaugh, C. W. (1979). The dysarthrias of Shy-Drager syndrome. *Journal of Speech and Hearing Disorders, 44*, 55-60.

Linebaugh, C. W. (1983). Treatment of flaccid dysarthria. In: W. H. Perkins (Ed.), *Current therapy in communication disorders: Dysarthria and apraxia*. New York: Thieme.

Liotti, M., Vogel, D., Ramig, L., New, P., Cook, C., Ingham, R. J., Ingham, J. C., & Fox, P. (2003). Hypophonia in Parkinson's disease: neural correlates of voice treatment revealed by PET. *Neurology, 60*, 432-440.

Liss, J. M., Kuehn, D. P., & Hinkle, K. P. (1994). Direct training of velopharyngeal musculature. *Journal of Medical Speech-Language Pathology*, *2*(3), 243-251.

Logemann, J. A., Fisher, H. B., Boshes, B., & Blonsky, E. R. (1978). Frequency and co-occurrence of vocal tract dysfunctions in the speech of a large sample of Parkinson patients. *Journal of Speech and Hearing Disorders, 43*, 47-57.

Luchsinger, R., & Arnold, G. E. (1965). *Voice-speech-language* (G. E. Arnold & E. R. Finkbeiner, Trans.). Belmont, CA: Wadsworth.

Ludlow, C. L., & Bassich, C. J. (1984). Relationships between perceptual ratings and acoustic measures of hypokinetic speech. In: M. R. McNeil, J. C. Rosenbek, & A. E. Aronson (Eds.), *The dysarthrias: Physiology, acoustics, perceptions, management*. San Diego: College-Hill Press, pp. 163-196.

Ludlow, C. L., Conner, N. P., & Bassich, C. J. (1987). Speech timing in Parkinson's and Huntington's disease. *Brain and Language, 32*, 195-214.

Luria, A. (1972). *The man with a shattered world*. Harmindsworth: Penguin.

Mahler, S. M., Luke, J. A., & Daltroff, W. (1945). Clinical and follow-up study of the tic syndrome in children. *American Journal of Orthopsychiatry, 15*, 631-647.

Marshall, R. C., Gandour, J., & Windsor, J. (1988). Selective impairment of phonation: A case study. *Brain and Language, 35*, 313-339.

McHenry, M. A. (1998). The ability to effect intended stress following traumatic brain injury. *Brain Injury, 12*(6), 495–503.

McNeil, M. R. (Ed.). (1997). *Clinical management of sensorimotor speech disorders.* New York: Thieme.

McNeil, M. R., Odell, K. H., Miller, S. B., Hunter, L. (1995). Consistency, variability, and target approximation for successive speech repetitions among apraxic, conduction aphasic and ataxic dysarthric speakers. *Clinical Aphasiology, 23*, 39–55.

McNeil, M. R., Prescott, T. E., & Lemme, M. L. (1976). An application of electromyographic biofeedback to aphasia/apraxia treatment. In: R. H. Brookshire (Ed.), *Clinical aphasiology conference proceedings.* Minneapolis: BRK, pp. 151–171.

McNeil, M. R., Robin, D. A., & Schmidt, R. A. (2009). Apraxia of speech: Theory and differential diagnosis. In: M. R. McNeil (Ed.), *Clinical management of sensorimotor speech disorders* (2nd ed.). New York: Thieme.

Miller, N. (1986). *Dyspraxia and its management.* Rockville, MD: Aspen.

Montgomery, G. K., & Erickson, L. M. (1987). Neuropsychological perspectives in amyotrophic lateral sclerosis. *Neurologic Clinics, 5*(1), 61–81.

Murdoch, B. E., Chenery, H., Stokes, P., & Hardcastle, W. (1991). Respiratory kinematics in speakers with cerebellar disease. *Journal of Speech and Hearing Research, 34*, 768–780.

Murdoch, B. E., Thompson, E. C., & Theodoros, D. G. (1997). In: M. R. McNeil (Ed.), *Clinical management of sensorimotor speech disorders.* New York: Thieme, pp. 287–310.

Netsell, R., & Kent, R. (1976). Paroxysmal ataxic dysarthria. *Journal of Speech and Hearing Disorders, 41*, 93–109.

Nicolosi, L., Harryman, E., & Kresheck, J. (1983). *Terminology of communication disorders: Speech-language-hearing* (2nd ed.). Baltimore: Williams & Wilkins.

"Of the epidemics of Hippocratic Corpus" (400 BC/1995). [CD-ROM]. *World's greatest classic books.* Salinas, CA: Corel.

O'Neill, Y. V. (1980). *Speech and speech disorders in western thought before 1600.* Westport, CT: Greenwood Press.

Peterson, B. S., & Cohen, D. J. (1998). The treatment of Tourette's syndrome: Multimodal, developmental intervention. *Journal of Clinical Psychiatry, 59*(Suppl 1), 62–72.

Piacentini, J., Woods, D. W., Scahill, L., Wilhelm, S., Peterson, A. L., Chang, S., Ginsburg, G. S., Deckersbach, T., Dziura, J., Levi-Pearl, S., Walkup, J. T. (2010). *JAMA, 303*(19),

1929–37.

Picheny, M., Durlach, N., & Braida, L. (1985). Speaking clearly for the hard of hearing. I: Intelligibility differences between clear and conversational speech. *Journal of Speech & Hearing Research, 28*(1), 96–103.

Przedborski, S., Brunko, E., Hubert, M., Mavroudakis, N., & de Beyl, D. Z. (1988). The effect of acute hemiplegia on intercostal muscle activity. *Neurology, 38*, 1882–1884.

Ramig, L. O. (1995). Voice therapy for neurologic disease. *Otolaryngology and Head and Neck Surgery, 3*, 174–182.

Ramig, L. O, Countryman, S., Thompson, L. L., & Horii, Y. (1995). A comparison of two forms of intensive speech treatment in Parkinson disease. *Journal of Speech and Hearing Research, 38*, 1232–1251.

Raymer, A. M., & Thompson, C. K. (1991). Effects of verbal plus gestural treatment in a patient with aphasia and severe apraxia of speech. In: T. E. Prescott (Ed.), *Clinical aphasiology* (vol. 20). Austin, TX: Pro–Ed, pp. 285–298.

Rippon, G. A., Scarmeas, N., Gordon, P. H., Murphy, P. L., Albert, S. M., Mitsumoto, H., Marder, K., Rowland, L. P., & Stern, Y. (2006). An observational study of cognitive impairment in amyotrophic lateral sclerosis. *Archives of Neurology, 63*(3), 345–52.

Robin, D. A., Yorkston, K. M., & Beukelman, D. R. (Eds.). (1996). *Disorders of motor speech: Assessment, treatment, and clinical characterization*. Baltimore: Paul H. Brookes.

Ropper, A. H. (1987). Severe dysarthria with right hemisphere stroke. *Neurology, 37*, 1061–1063.

Rosenbek, J. C. (1978). Treating apraxia of speech. In: D. F. Johns (Ed.), *Clinical management of neurogenic communicative disorders*. Boston: Little, Brown, pp. 191–242.

Rosenbek, J. C., & LaPointe, L. L. (1985). The dysarthrias: Description, diagnosis, and treatment. In: D. F. Johns (Ed.), *Clinical management of neruogenic communication disorders*. Boston: Little, Brown, pp. 251–310.

Rosenbek, J. C., LaPointe, L. L., & Wertz, R. T. (1989). *Aphasia: A clinical approach*. Boston: College–Hill Press.

Rosenbek, J. C., Lemme, M. L., Ahern, M. B., Harris, E. H., & Wertz, R. T. (1973). A treatment for apraxia of speech. *Journal of Speech and Hearing Disorders, 38*, 462–472.

Rubow, R., & Swift, E. (1985). A microcomputer-based wearable biofeedback device to improve transfer of treatment in parkinsonian dysarthria. *Journal of Speech and Hearing Disorders, 50*, 178-185.

Sapir, S., Spielman, J., Ramig, L., Story, B., & Fox, C. (2007). Effects of intensive voice treatment on vowel articulation in dysarthric individuals with idiopathic Parkinson's disease: Acoustic and perceptual findings. *Journal of Speech, Language, and Hearing Research, 50*, 899-912.

Saunders, C., Walsh, T., & Smith, M. (1981). Hospice care in the motor neuron diseases. In: C. Saunders & J. Teller (Eds.), *Hospice: The living idea*. London: Edward Arnold.

Scott, S., & Caird, F. I. (1983). Speech therapy for Parkinson's disease. *Journal of Neurology, Neurosurgery, and Psychiatry, 46*, 140-144.

Shuster, L., & Wambaugh, J. L. (2003, May). Consistency of Speech sound errors in apraxia of speech accompanied by aphasia. Paper presented at the Clinical Aphasiology Conference. Orcas Island, WA.

Singh, S., & Kent, R. D. (2000). *Singular's illustrated dictionary of speech-language pathology*. Clifton Park, NY: Delmar, Cengage Learning.

Skelly, M., Schinsky, L., Smith, R. W., & Fust, R. S. (1974). American Indian Sign (AMERIND) as a facilitator of verbalization for the oral verbal apraxic. *Journal of Speech and Hearing Disorders, 39*, 445-456.

Smith, W. D. (1994). *Hippocrates: Volume VII*. Cambridge, MA: Harvard University Press.

Southwood, H. (1987). The use of prolonged speech in the treatment of apraxia of speech. In: R. H. Brookshire (Ed.), *Clinical aphasiology conference proceedings*. Minneapolis: BRK, pp. 277-287.

Spencer, K., Yorkston, K., Duffy, J. (2003). Behavioral management of respiratory/phonatory dysfunction from dysarthria: A flowchart for guidance in clinical decision making. *Journal of Medical Speech-Language Pathology, 11*(2), xxxix-lxi.

Spielman, J., Ramig, L. O., Mahler, L., Halpern, A., & Gavin, W. J. (2007). Effects of an extended version of the Lee Silverman Voice Treatment on voice and speech in Parkinson's disease. *American Journal of Speech-Language Pathology, 16*(2), 95-107.

Square, P., Chumpelik, D., & Adams, S. (1985). Efficacy of the PROMPT system of therapy for the treatment of acquired apraxia of speech. In: R. Brookshire (Ed.), *Clinical aphasiology conference proceedings*. Minneapolis: BRK, pp. 319-320.

Square, P., Chumpelik, D., Morningstar, D., & Adams, S. (1986). Efficacy of the PROMPT system of therapy for the treatment of acquired apraxia of speech: A follow-up investigation. In: R. Brookshire (Ed.), *Clinical aphasiology conference proceedings.* Minneapolis: BRK, pp. 221-226.

Square-Storer, P., & Hayden, D. (1989). PROMPT treatment. In: P. Square-Storer (Ed.), *Acquired apraxia of speech in aphasic adults.* London: Taylor & Frances, pp. 165-189.

Strand, E. A. (2010, November). *Differential diagnosis of acute and progressive apraxia of speech in adults.* Paper presented at the annual meeting of the Academy of Neurologic Communication Disorders and Sciences, Philadelphia, PA.

Sulica, L. (2010). Clinical characteristics of essential voice tremor: A study of 34 cases. *Laryngoscope, 120*(3), 516-28.

Swigert, N. B. (1997). *The source for dysarthria.* East Moline, IL: LinguiSystems.

Uziel, A., Bohe, M., Cadilhac, J., et al. (1975). Les troubles de La voix et de la parole dans les syndromes parkinsoniens. *Folia Phoniatr, 27,* 166-175.

Wambaugh, J. L., Duffy, J., McNeil, M., Robin, D., Rogers, M. (2006a). Treatment guidelines for acquired apraxia of speech: A synthesis and evaluation of the evidence. *Journal of Medical Speech-Language Pathology, 14*(2), xv-xxxiii.

Wambaugh, J. L., Duffy, J., McNeil, M., Robin, D., Rogers, M. (2006b). Treatment guidelines for acquired apraxia of speech: Treatment descriptions and recommendations. *Journal of Medical Speech-Language Pathology, 14*(2), xxxv-lxvii.

Wambaugh, J. L., Kalinyak-Fliszar, M. M., West, J. E., & Doyle, P. J. (1998). Effects of treatment for sound errors in apraxia of speech. *Journal of Speech, Language, and Hearing Research, 41,* 725-743.

Wambaugh, J. L., & Nessler, C. (2004). Modification of Sound Production Treatment for aphasia: Generalization effects. *Aphasiology, 18*(5/6/7), 407-427.

Wambaugh, J. L., & Nessler, C., Bennett, J., & Mauszycki, S. C. (2004). Variability in apraxia of speech: A perceptual and VOT analysis. *Journal of Medical Speech-Language Pathology, 12*(4), 221-227.

Warlow, C. (1991). *Handbook of neurology.* Oxford: Blackwell Scientific.

Watson, P. J., & Hixon, T. J. (2001). Effects of abdominal trussing on breathing and speech in men with cervical spinal cord injury. *Journal of Speech, Language, and Hearing Research, 44*(4), 751-762.

Wertz, R. T., LaPointe, L. L., & Rosenbek, J. C. (1991). *Apraxia of speech in adults: The disorder and its management.* Clifton Park, NY: Delmar, Cengage Learning.

Wiederholt, W. C. (1995). *Neurology for non-neurologists*. Philadelphia: W. B. Saunders.

Yorkston, K. M., Beukelman, D. R., & Bell, K. (1988). *Clinical management of dysarthric speakers*. San Diego: College-Hill Press.

Yorkston, K. M., Beukelman, D. R., Strand, E. A., & Hakel, M. (2010). Management of motor speech disorders in children and adults. Austin, TX: Pro-Ed.

Yorkston, K. M., Hakel, M., Beukelman, D. R., & Fager, S. (2007). Evidence for effectiveness of treatment of loudness, rate or prosody in dysarthria: A systematic review. *Journal of Medical Speech-Language Pathology*, *15*(2), xi-xxxvi.

Yorkston, K. M., Miller, R. M., & Strand, E. A. (2004). *Management of speech and swallowing in degenerative diseases* (2nd ed.). Austin, TX: Pro-Ed.

Yorkston, K. M., Spencer, K. A., Duffy, J. R., Beukelman, D. R., Golper, L. A., Miller, R. M., Strand, E. A., & Sullivan, M. (2001). Evidence-based practice guidelines for dysarthria: Management of velopharyngeal function. *Journal of Medical Speech-Language Pathology*, *9*(4), 257-273.

Yorkston, K. M., & Waugh, P. F. (1989). Use of augmentative communication devices with apractic individuals. In P. Square-Storer (Ed.), *Acquired apraxia of speech aphasic adults*. London: Lawrence Erlbaum, pp. 267-283.

Zraick, R. I., & LaPointe, L. L. (1997). Hyperkinetic dysarthria. In: M. R. McNeil (Ed.), *Clinical management of sensorimotor speech disorders*. New York: Thieme, pp. 249-260.

찾아보기

[ㄱ]

[ㄴ]

[ㅅ]

[ㅇ]

[ㅊ]

[ㅋ]

[ㅌ]

[ㅍ]

[ㅎ]

[기타]

역자 소개

■ 권미선

- 연세대학교 국어국문학 학사
- 일본 National Rehabilitation Center Collage, Speech-Langague Pathology & Audiology 졸업
- 미국 Miami University, Speech-Language Pathology 석사
- 이화여자대학교 언어병리학 박사(신경언어장애전공)
- 현 울산의대 서울아산병원 신경과 연구교수

■ 김정완

- 이화여자대학교 사회복지학 학사
- 연세대학교 대학원 언어병리학 석사
- 연세대학교 대학원 언어병리학 박사(신경언어장애전공)
- 현 대구대학교 언어치료학과 교수

■ 이현정

- 연세대학교 아동학 학사
- 연세대학교 대학원 언어병리학 석사
- 연세대학교 대학원 언어병리학 박사(신경언어장애전공)
- 현 동명대학교 언어치료학과 교수

■ 최현주

- 이화여자대학교 특수교육학 학사
- 이화여자대학교 대학원 언어병리학 석사
- 일본 Tohoku University Graduate School of Medicine, Cognitive Neuroscience 박사(신경언어장애 전공)
- 현 나사렛대학교 언어치료학과 교수

■ 하지완

- 이화여자대학교 불어불문학 학사
- 이화여자대학교 대학원 언어병리학 석사
- 이화여자대학교 대학원 언어병리학 박사(신경언어장애전공)
- 현 대구대학교 언어치료학과 교수

말운동장애: 진단과 치료, 제2판

발 행 일 | 2017년 3월 2일 초판 2쇄 발행
저　　자 | Donald B. Freed
역　　자 | 권미선 · 김정완 · 이현정 · 최현주 · 하지완
발 행 인 | 구본하
발 행 처 | 도서출판 박학사
주　　소 | 서울시 마포구 서교동 460-26 동아빌딩 2층
전　　화 | (02)3142-3764~5
팩　　스 | (02)3142-3766
웹사이트 | www.pakhaksa.co.kr
등록번호 | 제10-2230호

정가 28,000원　　ISBN 978-89-98521-07-3